国家社科基金后期资助项目研究成果

颠覆与重构：危机传播新论

陈　虹　著

国家图书馆出版社

图书在版编目(CIP)数据

颠覆与重构:危机传播新论 / 陈虹著. —北京:国家图书馆出版社,
2019.5

ISBN 978 – 7 – 5013 – 6724 – 5

Ⅰ.①颠…　Ⅱ.①陈…　Ⅲ.①突发事件—传播学—研究　Ⅳ.
①G206

中国版本图书馆 CIP 数据核字(2019)第 051931 号

书　　名　颠覆与重构:危机传播新论
著　　者　陈　虹　著
责任编辑　高　爽　唐　澈

出版发行　国家图书馆出版社(北京市西城区文津街 7 号　　100034)
　　　　　　(原书目文献出版社　北京图书馆出版社)
　　　　　　010 – 66114536　63802249　nlcpress@ nlc. cn(邮购)
网　　址　http://www. nlcpress. com
排　　版　凡华(北京)文化传播有限公司
印　　装　北京鲁汇荣彩印刷有限公司
版次印次　2019 年 5 月第 1 版　　2019 年 5 月第 1 次印刷

开　　本　710×1000(毫米)　1/16
印　　张　24.5
字　　数　430千字
书　　号　ISBN 978 – 7 – 5013 – 6724 – 5
定　　价　100.00 元

国家社科基金后期资助项目
出版说明

后期资助项目是国家社科基金设立的一类重要项目,旨在鼓励广大社科研究者潜心治学,支持基础研究多出优秀成果。它是经过严格评审,从接近完成的科研成果中遴选立项的。为扩大后期资助项目的影响,更好地推动学术发展,促进成果转化,全国哲学社会科学工作办公室按照"统一设计、统一标识、统一版式、形成系列"的总体要求,组织出版国家社科基金后期资助项目成果。

全国哲学社会科学工作办公室

颠覆与重构:新媒体时代的危机传播①

(代序)

新媒体时代危机传播的哪些方面被颠覆? 危机传播网络如何重构新的话语场? 不同主体的危机传播形成还是消解了危机? 面对新媒体形成的新格局,危机传播实践应有哪些转型? 这是我们认知当前危机传播必须回答的问题。

危机传播场域的颠覆

危机传播是一个动态发展的过程,受到社会环境、文化心理、传播技术等因素的制约。在新媒体改变现实社会传播结构、社会运营模式、社会参与群体关系的过程中,危机传播的价值理念、话语阶层、话语关系、话语表达模式等都被颠覆。

首先,危机传播理念的改变,尤其是政府对危机传播的认知的改变。在管理思维模式下,我国的危机传播形成了自上而下的线性模式传统,有关危机的信息基本来自政府、企业、专家等组织或权威部门的代表,媒介是信息传达的中介,而公众则是信息的被动接收者,自主意识较弱。20 世纪90 年代,随着新型公共治理概念在西方的兴起,社会的多元主体协商治理原则在危机传播领域得以彰显,也逐渐影响了我国政府、媒体的行为模式,2008 年开始施行的《中华人民共和国政府信息公开条例》就是最好的例证。正视危机,重视突发公共事件中的信息开放,成为危机传播新的实践方向。

其次,话语边界的打破及多元话语阶层的形成。新媒体技术打破了媒

---

① 此文曾发表于 2017 年 6 月 15 日的《文汇报》,被收入本书时,笔者又对部分内容进行了修改。

体的垄断,给予曾经沉默的公众发声的可能,公众话语的加入形成了多个意见阶层。尽管在我国突发公共事件中仍存在话语分配不平等的现象,但是话语结构开始从权威部门完全掌控发展为多元意见阶层的兴起,既印证了危机传播理念的互动现状,又为推动边缘话语主体进一步参与危机传播提供了机会。在传播过程中,主体间的界限不断突破,话语开始进行跨越式的流动和融合。

最后,危机的立体化呈现。新媒体时代,媒介终端技术不断更新,终端与新媒体平台日益融合,危机话语的生产与传播技术逐渐多元化。危机传播不再局限于口语和文字,图像的运用丰富了危机传播的话语模态,语言、图像、视频、数据新闻等诸多方式更加全面、细致地呈现了危机,使各方全面掌握事件发展状况。

传播关系网络的重构

当前的网络平台中,一旦突发公共事件被呈现,即会引发舆论关注。政府、媒体、公众、专家、专业组织等都会通过网络平台发声。但是话语主体的聚焦点、观点都有所差异,或导致危机的深化,或有利于促进危机的消解,这种差异在很大程度上取决于传播关系。

在多数突发公共事件中,政府都有一定程度的参与,同时也是占据各类资源,尤其是信息资源的行动者,在事件中通常作为危机的定性者、直接责任者、间接责任者、不实信息的确证者出现。但是本应在危机传播中最具权威的政府却经常无法获得公众的认同,而且其话语经常造成危机的强化而非消解。这其中,政府回应信息模棱两可、无法切中公众需求要害是最为关键的原因。在突发公共事件中,政府很难以其"正在解决中"的态度表达引领舆论,不明确的信息反而会引发公众的猜疑。

新媒体参与架构的传播平台及对公众参与意识的技术提醒,形成了网络中公众的新型传播格局——从以少数人为核心的小团体状态逐渐走向核心话语权日益分散、个体联系愈加复杂的状态。前微博时代,论坛和博客易占据核心话语的主导地位,形成网络舆论场的"多元小团体态势"。而微博时代,核心话语的存在较为分散,身份多元化,网络大V、专家、当事人都可以成为传播网络中的核心行动者,形成了"多核心意见领袖—分散公众"的传播格局。不具有特殊身份的粒子公众在舆论场中形成影响力的重要条件,就是与意见领袖互动。公众在危机传播中,更多扮演了建构危机、深化危机的角色。通过对传播关系的分析发现,核心主导地位的话语一般属于两种类型的公众:一种是当事人——使危机显性化,用亲身经历说明当前社会存在的问题;另一种是网络大V——对事件的剖析指向了社会问题的根本,以其自带的光环效应将自身的认知传播给众多公众,如此往复,形成了公众对问题根源的惯性思维。

媒体是事实的传递者,也是真相的阐释者,之所以能在新媒体形塑的多主体话语场中依然占有中心地位,更主要在于其思辨性。媒体对事件的完整呈现过程其实就是对危机发生的深层原因的寻找过程。在突发公共事件发生时,危机就已经出现,这时的危机更多指向的是事件的直接关联方,但是随着媒体对事件报道的逐渐完整,则将危机指向了更深层的社会结构缺陷。同时,社会转型期间各种断裂造成的社会心理的影响,公众本已偏向负面的态度经由媒体的强化将更加固化在其认知及行为中。但必须在此强调,这并不是让媒体丧失其监督功能,而是让媒体承担危机反思功能。这是让危机逐渐消解的重要环节,却往往也是媒体缺失的一项功能。

新格局下的危机传播

在当前新媒体格局下,多元主体的多种声音令危机传播场域更加复杂,信息量的大幅增加提升了危机应对的难度。危机的形成不仅在于突发公共事件对平衡的瞬间打破,更在于日常中的行为积累和信任机制的破坏。因此在危机传播的实践中,各方应更加重视常规危机传播体系建设。

公共事件发生后,不论政府是否为主要责任人,都会被公众归为责任主体,因此首先需要进行危机传播的是政府。政府的公信力对其危机传播效果有显著影响,而其公信力的提升并非只在突发公共事件发生时对关键问题的及时回应,很大程度上还要依托常规的信任建设。新媒体时代,政府与公众的沟通具备了技术支持,但是仍缺少系统建设。首先,电子政务应成为政府对公众、媒体开放的资源平台,这一平台不仅是向公众提供更便利的生活方式,还应成为政府开展日常工作、公众咨询的端口,使公众更便捷地了解政府的公共决策,打破政府与外界的信息壁垒。其次,政府新闻发言人是危机传播的关键。新闻发言人应成为危机传播中的常规设定,政府应重视新闻发言人的形象塑造、思维和语言能力的提高,培养核心发言人,与媒体保持有效沟通,在突发公共事件中,发言人应及时建立政府与公众、媒体之间的联系,而非临时召集、临时任命。

媒体危机反思功能的欠缺加深了危机,突发公共事件中公众的心理和社会秩序都处于混乱状态,这种混乱加剧了对责任主体更加负面的认知。当前媒体在事件过程中的报道已经相对完善,但需要注意的是对各方信源的平衡报道。目前,在很多突发公共事件中,媒体对政府一方的回应、行为及决策的呈现相对滞后,不利于建立公众对政府的信任。因此,媒体应充分利用网络技术更快速地向公众传播信息,如媒体官方微博、微信公共平台的实时推送。而更为重要的是,媒体在突发公共事件过后应继续关注各方的行动,如政府管理政策的调整、建立的危机预防系统,及时向公众说明政府的危机预警措施,这既是对政府危机应对与传播工作的推动,也能增强公众的客观认知。

陈虹

2019 年 2 月修改

目　录

图 目 录

表目录

第一章　危机传播场域面临何种颠覆？

在"变化"成为不变定律的今天,我们有着一种无处安放的恐慌,我们短于思考且总是对新事物趋之若鹜。尽管无法精准判断未来会怎样,但是我们必须居安思危。危机,是对平衡状态的打破,它既来源于我们生活的外部环境,也来源于我们的生活本身。为了将危机发生时的损害降低到最小乃至避免消极后果的出现,各国都将危机研究作为重要议题,危机传播是其中的主要研究方向。

危机传播是在社会环境、文化心理等外在和内在因素相互作用下的研究领域。危机一旦发生,会快速引发集体共鸣,通过不同途径、手段,形成公共话语讨论空间。新媒体理念与技术的发展为我们构建了一个新型的危机传播场域,不仅引发场域内部各个主体的巨大变化,也受到其他场域的影响,带来各场域间协商与互动关系的重构。在机构角色、媒体环境、公众心理等因子的影响下,场域中危机传播理念、传播边界、传播关系、传播技术、表达方式发生变化,进而导致危机传播阶层、传播关系、表达样态及价值属性的改变。

第一节　危机传播与场域理论

英国社会学家安东尼·吉登斯(Anthony Giddens)指出:"在各种现代制度的范围中,风险不仅作为脱域机制的不良运作所导致的损害而存在,而且也作为'封闭的'、制度化的行动场所而存在。"①随着互联网技术的发展,新媒体在传播公共事务中发挥重要作用,满足了不同身份主体的信息需求。新型媒介以个性化、裂变式的信息传播特征

---

① 吉登斯.现代性的后果[M].田禾,译.南京:译林出版社,2011:112.

将话语"行动场所"推向了全民狂欢境地,伴随而来的是乌尔里希·贝克(Ulrich Beck)所言的"越来越多的破坏力被释放出来"①。新媒体在展现强大信息传播力的同时,其所形成的公共言论空间也潜藏着诸多风险。

突发公共事件在"媒介化社会"场域的传播中,每个参与者都成为危机的建构者或消解者。场域中由于媒介技术的变革导致了话语生产与传播的改变,使得突发公共事件本身的风险在传播的过程中得以释放。同时,当前中国社会正处于转型的关键时期,各种风险与现实危机表现得更为复杂、严峻,由新媒体所形成的"媒介化社会"成为现代风险形成的重要机制、条件和放大器②。新媒体物质技术的高速运行远远超出新媒体本身的人文环境运作,加之公众对新媒体报道框架的运用格外粗糙,这使信息的传播和事件归因常常杂糅民粹主义和极化现象③。因此,在公众所施加的影响下,媒介因其在信息传播过程中扮演的特殊身份担当了社会风险的"发动机"和"助推器"的角色,从而引起"媒介化风险":一是传媒本身"无中生有"地挑起了风险,制造了社会恐慌或混乱;二是传媒在传播既有社会风险过程中,有意识扩大或缩小,转而成为风险的参与制造者④。因而,事件本身风险与"媒介化风险"相互合成与叠加,使突发公共事件形成诸多危机。

然而,由突发公共事件带来的社会风险并非是在新媒体技术本身作用与影响之下简单形成的,而是融合了多种复杂的社会文化因素。贝克指出,"风险社会"实质上就是一个"世界风险社会"⑤,现代化的后果有着全球性特征,每个人既是风险的原因,也是风险的结果。特别是在突发公共事件的传播过程中,对于该风险的反思,实际上体现了人们对于生存命运的整体思考,没有人可以逃脱自己对人类生存命运主题所产生的问责。吉登斯所言的"被制造出来的风险"也更明确地凸显出任何的个体、团体和组织都该为自己的所为承担责任和后果,并唤醒人们共同

① 贝克.风险社会[M].何博闻,译.南京:译林出版社,2004:17.
② 杨魁,刘晓程.危机传播研究新论[M].北京:中国社会科学出版社,2011:11.
③ 李春雷,凌国卿.风险再造:新媒体对突发性事件的报道框架分析[J].新闻界,2013(16):60-66.
④ 庹继光.拟态环境下的"媒介化风险"及其预防[J].新闻知识,2008(2):38-40.
⑤ 贝克.世界风险社会[M].吴英姿,孙淑敏,译.南京:南京大学出版社,2004.

承担科技文明带来的风险责任①。因而,危机传播场域超越了国家的边界,成为现代风险社会语境下全球应该共同深入探索与研究的问题。

一、全新赋权场域的形成

由突发公共事件所形成的危机传播场域是一个围绕意义展开话语权争夺的隐含力量关系的公共空间。法国社会学家 P. 布尔迪厄(P. Bourdieu)认为,"场域概念所要表达的,主要是某一个社会空间中,由特定行动者相互关系网络所表现的各种社会力量和因素的综合体""场域的灵魂是贯穿于社会关系中的力量对比及其实际的紧张状态"②。其中,大众传媒作为公共空间,在公民社会话语场域中起着举足轻重的作用。场域作为一个相对独立的社会空间,由多种社会关系组成。因此,布尔迪厄将新闻场域视为不同场域间的至关重要的中介,新闻媒介只是掌握政治和经济权力者的代言人,它们都不是独立的媒介,只是在潜在地发挥独立作用③。意义包含在话语之内,而话语是指"所有被书写、被言说的东西,所有引起对话和交谈的东西"④。不同身份主体在场域中地位的高低,取决于其拥有资本的数量多少和质量优劣,由此决定了其话语权力的强弱。

新媒体传播语境下,信息传播不再是单向、线性的传播,而是形成了多元主体共同参与的形态。社交媒体平台的发展极大提升了公众参与议题讨论的程度,传统媒体主导信息的权力得到极大消解。相较于传统媒体之单向传播、缺乏互动等特点,日新月异的技术为媒介融合提供有利条件。新媒体的开放性与互动性,使得多种意见得以碰撞与交流,场域内部主体间的自主性得到了极大的提升。随着社会文明进程的演进,突发公共事件的频发日益引起政府、媒体、组织机构、公众的高度关注与积极参与。危机传播场域成为多元主体共同参与的公共空间,场域的赋权机制得以重新分配,其中的话语权力不再是一方占据主导。

同时,新媒体提升了公众地位,使得公众成为场域行动的重要主体。新媒体的出现一定程度上降低了传统话语建构者的可信度和权威性,如

①　李春雷,凌国卿.风险再造:新媒体对突发性事件的报道框架分析[J].新闻界,2013(16):60-66.

②　高宣扬.布迪厄的社会理论[M].上海:同济大学出版社,2006:139.

③　张国良.20 世纪传播学经典文本[M].上海:复旦大学出版社,2003:509.

④　罗斯诺.后现代主义与社会科学[M].张国清,译.上海:上海译文出版社,1998:80.

政府等官方系统。新媒体的出现造就了以公众为主的民间话语场域,在目前这个阶段,民间话语场域通常与官方话语场域呈现对立之势,在群体性事件中表现得尤为明显。

此外,被解构的权威还有专家及专家系统。作为突发公共事件的重要主体,专家及专家系统应该成为科学性与知识性话语的建构者,但是由于新媒体语境下危机传播具有的新的特征,专家系统的信任度不断降低。专家系统信任度的降低一定程度上反映了公众意见表达空间的扩展以及媒介素养的提升。然而,在科学性的突发公共事件中,专家对领域知识的掌握毕竟多于普通公众,其话语表达更偏向理性,因此这一主体在知识性话语表达中的作用不可缺,其信任度的降低在一定程度上不利于公众对于危机的正确认知。

场域作为一个关系的空间,此间行动者或机构因占有资本的不同,获得不同的权力,占据不同的位置,形成支配关系或屈从关系,进而决定着各自获取专门利润的得益权[①]。新媒体场域下的赋权机制重新解构与建立,不同身份主体凭借其资本,形成权力的争夺,建构了场域的话语意义。

二、危机传播场域的特征

法国社会学家皮埃尔·布尔迪厄提出的场域理论(field theory)为危机传播研究提供了一种新视角。"从分析的角度看,一个场域可以被定义为在各种位置之间存在的客观关系的一个网络(network),或一个构型(configuration)。"[②]布尔迪厄认为,这些场域并非由一个整体性的、普世性的逻辑统合起来,"一个场域不只是僵死的结构或'空洞的场所'聚合,而是一种游戏的空间"[③]。社会分化或者说社会形态的多样性,常常表现为多种差异化的场域的集结[④]。由此,传播生产实践受到社会中诸多场域力量的控制,任何媒介组织的自主性也始终在生产实践和社会控

---

① 张炳杰. 新媒体场域精英话语权的消解与重构[J]. 当代传播,2016(5):92 - 94.
② 布尔迪厄,华康德. 实践与反思:反思社会学导引[M]. 李猛,李康,译. 北京:中央编译出版社,1998:133 - 134.
③ 布尔迪厄,华康德. 实践与反思:反思社会学导引[M]. 李猛,李康,译. 北京:中央编译出版社,1998:20.
④ 张涛甫. 新闻转场与表达空间之变——以柴静为例[J]. 新闻记者,2015(4):73 - 78.

制的互动张力中方能生成①。基于场域理论,危机传播场域遵循其特有的运行规律:危机传播是政府、媒体、公众、专家等不同相关利益主体以及意识形态、文化、道德规范等各种场域力量共同作用与控制的复杂实践过程。

(一)场域的特征

场域理论强调了"关系"的重要性。场域行动者具有特定位置的存在,在这些位置的存在和它们强加于占据特定位置的行动者或机构之上的决定性因素之中,这些位置得到了客观的界定,进而在不同类型的权力分配中体现不同位置之间的客观关系②。由此,危机传播场域的特征体现在以下几个方面。

首先,场域本身作为一种关系式的存在,探讨的是场域中不同行动者之间的关系框架。在新媒体语境下的危机传播中,话语的传递是多元主体共同参与议题讨论与协商的过程。特别是我国社交媒体的迅速发展,为公众提供了公共发声平台,原来在传统媒体时代被埋没的公众声音在新媒体平台上得以彰显。公众对突发公共事件的关注令公众成为危机传播的重要主体,因此公众的参与与行动开始成为危机传播的重要内容。危机传播场域也呈现出政府、媒体、公众、专家等不同相关利益行动者之间的关系框架,通过多元主体的互动达成危机话语的协商与共识。

其次,场域强调社会生活的冲突性,是行动者通过对特定资本的垄断权以及场域规则的制定权的争夺,形成一个冲突的、竞争的空间。西方环境传播学者罗伯特·考克斯(Robert Cox)认为,只要有主导性话语存在的地方,就会有对主导性话语进行反抗的某种替代性话语形式③。这种话语抗争建立在合法的基础上,是不同于暴力反抗的一种和平抗争形式。在许多突发公共事件中,如 PX 等事件中,均伴随公众的话语抗争。他们往往通过"散步""静坐"等"资本"与政府决策者形成冲突性关系,试图改变已有的"场域规则"。

---

① 张志安.新闻场域的历史建构及其生产惯习——以《南方都市报》为个案的研究[J].新闻大学,2010(4):48－55.
② 布尔迪厄,华康德.实践与反思:反思社会学导引[M].李猛,李康,译.北京:中央编译出版社,1998:134.
③ 陈龙.对立认同与新媒体空间的对抗性话语再生产[J].新闻与传播研究,2014(11):70－79.

再次,场域的逻辑与规则是不断生成与变化的结果,而改变的动力就是行动者依据资本而展开的争夺。在危机传播场域中,突发公共事件中的多元主体在话语互动的过程中进行话语调适、协商,对场域内部逻辑与规则不断修正,最终旨在达成多元主体间共意性话语关系,并促成进一步的危机化解机制。

最后,行动者在场域中的位置是由资本的质量与数量的分布来决定的。依存资本的类型与总量的不同,行动者之间存在着支配和服从的关系。而行动者的策略取决于他们在场域中的位置[1]。在危机传播场域中,行动者拥有"资本"的能力与数量各不相同,因而危机传播场域采用不同的策略承担着不同的角色,共同构建有关危机的意义。

(二)场域的性质

作为一种客观关系的空间,场域中的位置一般指向行动者,有时也可以是集团、机构或者国家。不同的场域有不同的规则,认清场域的性质并以之对场域进行分类就非常必要。一般来说,可以从利益、游戏规则、行动者社会力量的性质三个不同角度来归类不同场域[2]。

首先,布尔迪厄常将场域比喻为游戏,认为其是基于一种利益或者"幻象"来运作的。利益是在游戏场域中的投资,也是进入这一游戏场域的一种条件。它既是场域运作的条件,也是场域运作方式的结果。正是利益推动行动者参与到特定的游戏场域中,或者说,行动者想要进入特定的场域,就是因为他们相信那里有他们所追求的利益。不同的场域有不同的利益,只有在特定场域中,特定的利益才能被相信和看重。

其次,各种场域尽管都具有一般的共同规律,但特定场域也都具有特定的逻辑与游戏规则。这些场域中的行动者都具有理解和承认这些内在游戏规则的生存心态,这也使得不同场域的游戏规则通常都不可通约。此外,场域本身也可以说是由占据不同社会位置和地位的行动者构成的社会关系网络,这一客观关系网络是靠社会性力量维持的,体现的也是一种力量关系的分布。这种力量就是场域内行动者所掌握的不同范围和不同大小的资本权力,不同的场域都有自己主要的资本力量。

由于公众的组织分散性与"去政治化"的身份特征,公众的话语表达

---

① 孙大平.社会媒介场域话语符号权力的探索与反思——以新浪微博为例[D].合肥:中国科学技术大学,2011:22.
② 宫留记.布迪厄的社会实践理论[D].南京:南京师范大学,2007:30.

往往诉诸邻避效应,出于保护自身利益的目的,引发冲突与危机;或诉诸公共政策的改变,从而在更大范围内形成对社会利益的维护。但公众的危机传播过程往往伴随着无理性、极端式的"游戏规则",促使行动趋于情绪化,很难以符合程序的方式参与到公共政策的制定与完善的过程中。

三、话语成为危机传播场域行动者竞争的资本

从符号学角度来看,社会是一个由一系列符号建构起来的集合体。"危机"之所以成为"问题",本质上是由于解释危机的符号体系和传播关系发生了改变。布尔迪厄的"符号资本"(symbolic capital)理论建构在"场域"概念基础上。他认为,一个场域可以被定义为在各种位置之间存在的客观关系的一个网络。而决定这些位置的因素主要有两个方面:一是在不同类型的权力(或资本)分配结构中,各种位置实际和潜在的处境;二是这些位置彼此之间的客观关系①。在场域中,位置与资本密切联系,行为者的处境由资本决定。他认为可以"把社会世界看成一个符号交换的领域,并且把行动简化为一种交流行为",而"这种交流行为注定要被一种符码(cipher)或代码(code),即语言或文化的方式所破译"②。正是通过符号资本、场域、惯习、关系、区隔等具有深刻符号性特征的概念,布尔迪厄建立起其独特的社会学理论体系,符号学成为其中重要的方法论资源③。

马克斯·韦伯(Max Weber)认为,权力就是某一关系中的行动者有多大可能推行自己的意志,行动者对权力关系中的优势地位必然存在竞争、冲突和选择,因而,权力关系意味着一种支配性关系④。而布尔迪厄则从社会文化的角度认为,除了建立在实质性力量基础上的、可见的权力,另有一种不那么可见的隐性权力,即"符号权力"(symbolic power),布尔迪厄在表述语言与权力关系时认为,语言是权力关系的一种工具或

① BOURDIEU P. Outline of a theory of practice[M]. Cambridge, UK: Cambridge University Press, 1977: 179-189.
② 布尔迪厄. 言语意味着什么——语言交换的经济[M]. 褚思真,刘晖,译. 北京:商务印书馆, 2005: 6.
③ 李红. 网络公共事件:符号、对话与社会认同[M]. 北京:中国社会科学出版社, 2015: 12.
④ WEBER M. From max weber: essays in sociology[M]. New York: Oxford University Press, 1946.

媒介，而不只是沟通的手段①。这种权力通过对符号资源的生产与再生产，形成一套社会分类系统，树立区分思想和行为的标准，建构社会认知框架②，成为权力存在的正当性基础。

网络通过"超文本"和"元语言"等技术在历史上首次将人类沟通的书写、口语和视听模态等符号表征整合到一个系统里。通过人脑两端，也就是机械与社会脉络之间的崭新互动，将人类心灵的不同向度重新结合起来③。网络时代是生产力发展和信息技术对人体的延伸的必然结果，目的是满足人类不断增长的信息需求和沟通需求④。我们把危机传播场域定位在文化生产的场域背景中，而文化生产的场域即围绕符号资本进行运作的场域，是权力场域的一部分，处于包罗社会各个阶级的"统治极"（dominant pole）之中，但随着经济资本支配文化资本的历史状态，该场域必然被在社会中更具统治地位的经济场域和政治场域所控制⑤。因而，危机传播场域的信息生产与流动离不开政治资本、经济资本、社会资本、文化资本等诸多力量控制，同时场域自身也遵循着独特的运作逻辑。也就是说，危机传播的实践过程是一个复杂的生产、流通和消费过程，是政府、媒介、组织结构、公众以及意识形态、道德规范等诸多力量在场域内部共同运作的过程与结果。在这样的过程中，危机话语呈现出多元的形态特征与特有的运行规律。

权力关系的建立有赖于对符号资源的策略性运用，从而产生内化于被支配者内心的认知结构，辅助客观社会结构的持续存在，巩固现有社会秩序的正当性⑥。法国思想家米歇尔·福柯（Michel Foucault）更进一步将关注点从符号转向话语，探讨话语与权力的关系。福柯所谓的话语，是指各个不同历史时期中产生的有意义的陈述和符合规范的各种规则和实践，因而话语同时涉及语言和实践。福柯的权力观是一种微观的

---

① 布尔迪厄，华康德.实践与反思：反思社会学导引[M].李猛，李康，译.北京：中央编译出版社，199：186.

②⑥ BOURDIEU P. Practical reason：on the theory of action[M]. Stanford：Stanford University Press，1998.

③ 卡斯特.网络社会的崛起[M].夏铸九，等，译.北京：社会科学文献出版社，2003：308.

④ 刘吉冬.论网络场域下的信息崇拜及网络风险形态[J].求索，2012（7）：49−51.

⑤ 本森.比较语境中的场域理论：媒介研究的新范式[J].韩钢，译.新闻与传播研究，2003（1）：2−23.

话语权力,这种权力通过话语的表征系统生产知识和意义①。福柯指出,权力是内在于它们运作的领域中的多种多样的力量关系,是一个微观的、循环的、流动的生产性网络。话语既是权力的工具和后果,又是权力的障碍和抗力,既承载和生产权力,又揭示和削弱权力②。福柯将话语视作一个需要解释的意义场,知识和权力在其中得以连接,人人都处于循环的权力网络中,其主体性和身份认同又不断经由流动的意义得以重构,因而并没有稳定的权力中心③。

布尔迪厄与福柯都强调了应关注符号、话语与权力的积极生产性,但忽视了在话语实践过程中多元行动者的能动性④。在突发公共事件中,参与主体具有较强的能动性与反思性,他们通过符号、话语等方式有意识地建构有关该事件的议题,从而形成自我的认知,引发后续的行为。因而,话语的权力不仅是言说者参与话语实践的机会,更重要的是其言辞影响力、控制力以及发生社会效力的程度与范围⑤。

话语实践是语言实践和社会实践相结合的产物。福柯认为,不应"再把话语当作符号的总体来研究(把能指成分归结于内容或者表达),而是把话语作为系统地形成这些话语所言及的对象的实践来研究"⑥。在危机传播场域的实践过程中,无论是共识论者,还是冲突论者都强调借助"话语流通"⑦形成权力的"合法性"解释,进而掌握权力,这实质上是权力的"生产"过程。简言之,权力再生产的策略就是在不同权力场域中争夺"资本"的话语实践。谁掌握了话语,谁就掌握了建构事物间"意义"的权力⑧。

在新媒体语境下,话语表现为文字、声音、图像、视频等可被传播的一切语言形式,话语权是言说者传播力、引导力、影响力、公信力及其效果发生的程度与范围,以及给言说者带来的物质或精神回报。不同话语

---

① FOUCAULT M. Power/knowledge:selected inerviews and other writings,1972—1977[M]. New York:Pantheon Book,1980.

②③ FOUCAULT M. The history of sexuality:a introduction[M]. New York:Vintage Books,1980.

④ 丁方舟."理想"与新媒体:中国新闻社群的话语建构与权力关系[J].新闻与传播研究,2015(3):6-22,126.

⑤ 陈伟球.新媒体时代话语权社会分配的调整[J].国际新闻界,2014(5):79-91.

⑥ FOUCAULT M. The archaeology of knowledge[M]. New York:Vintage Books,1972:49.

⑦ 转引自:刘涛.环境传播话语、修辞与政治[M].北京:北京大学出版社,2011:87.

⑧ 沈承诚.论环境话语权力的运行机理及场域[J].学术界(月刊),2014(8):85-94.

均借助自身特定知识体系的表征,建构超越传统知识认知的符号网络和陈述系统,这其中包括了知识、意义、符号、修辞及隐喻①。危机传播通过一系列的符号网络和陈述系统,将隐藏的科学知识、道德规范、文化伦理进行生产与传播,从而形成对场域内行动者的身份认同以及话语权力的维护,实现了对现实社会的阐释与批判,为危机决策的合法性建构提供依据。

第二节　危机传播场域新变化

依照唯物辩证法,部分与整体之间相互影响。网络技术对现实社会的介入结果,已不仅仅是前者对后者的搬演,更使网络成为社会的组成部分。网络技术改变了现实的整体架构,危机传播作为社会生活的组成部分,在传播格局、价值理念的演变中,不断呈现新的态势。话语作为危机传播的言说核心,在危机的形成、消解过程中都发挥着重要作用。第42次《互联网络使用统计报告》数据显示,截至2018年6月,微博用户使用率达42.1%,较2017年末增长1.2个百分点②,微博在内容分发等方面的价值进一步强化,并且成为诸多社会热点事件爆发、发酵的源头,如"全国打拐解救儿童寻亲公告平台上线""贵州9层居民楼坍塌4人遇难"等事件。微博已经成为当前包容最多主体的网络平台,也为突发公共事件的讨论提供了最开放的场域。对于不同主体,微博具有不同意义。政府和媒体在新媒体出现前就拥有话语阵地,新媒体技术帮助二者扩大了其传播领地,也建立了它们与公众之间的联系;新媒体对于公众的意义较大,它刺激了公众的参与意识,聚焦零散声音的同时使社会开始重视这些曾经沉默的声音。

危机传播"是一个动态发展的过程",是在"社会环境、文化心理、传播技术"等因素相互作用下形成的研究领域③。在新媒体技术的促进下,危机传播可被看作一个话语场,按照皮埃尔·布尔迪厄的观点,这个场

① 沈承诚.论环境话语权力的运行机理及场域[J].学术界(月刊),2014(8):85-94.
② 中国互联网络信息中心.第42次《中国互联网络发展状况统计报告》[R],2018-08-20.
③ 陈虹.颠覆与重构:新媒体时代的危机沟通[N].文汇报,2017-06-15.

域中行动者占有的资本及对资本的争夺形成了场域的结构。危机传播的话语场域十分复杂,受到权力场域、新闻场域、技术场域等诸多场域制约。也是在这些场域的不断变化中,危机传播场域的理念、话语阶层、话语关系、话语表达模式等都发生了变化。

一、受到政治场域影响的传播理念

危机传播理念的变革与公共治理理念的兴起密不可分。"治理"理论伴随着欧美国家公共管理领域的"新公共管理"运动的兴起而出现①。20世纪90年代,新型公共治理概念开始在西方兴起,这一概念的核心是"政府与社会之间的伙伴关系"②,政府成为公共治理的参与者,并非唯一的指挥者,一向处于被动地位的公众同样作为公共治理主体存在③。新媒体技术的发展促使社会结构由"全景监狱"转向"共景监狱",引来社会不同群体的强势"围观"。在传统社会,由于信息的不对称性,社会管理者拥有绝对的主导能力,就像古罗马人发明的一种金字塔式的监狱:狱卒处于最高一层牢房顶端的监视室内,可以俯视所有犯人,而犯人却看不到他。犯人之间由于被分别监禁在不同的牢房间而缺少有效的沟通,所有的信息来源均来自高高在上的狱卒,社会管理者就是通过"全景监狱"式的方式对社会进行控制④。而在互联网时代,信息的流通不再仅仅来自于管理者,随着传播技术的更新与进步,一种"共景监狱"式的围观结构开始形成,社会公众之间开始有了彼此的交流,设置社会的公共议题,进而反作用于政府管理者,这也促进了政府角色与管理理念的深刻变革。

新型公共治理理念强调社会的多元主体协商治理原则。在这一理念的基础上,危机传播应遵循主体互相尊重话语权、形成话语互动的原则。在公共治理理念兴起之前,国家、社会运营以管理为主,依赖传统公共管理的垄断和强制性质,全能政府的色彩浓重,较少采取协作、互动的

---

① 殷琦."治理"的兴起及其内涵衍变——以在中国传媒领域中的使用为例[J].国际新闻界,2011(12):37.
② 余军华,袁文艺.公共治理:概念与内涵[J].中国行政管理,2013(2):52.
③ 郑广嘉.新媒体与公共治理文献综述[C]//谢耘耕,陈虹.新媒体与社会.北京:社会科学文献出版社,2015:185.
④ 喻国明.媒体变革:从"全景监狱"到"共景监狱"[J].人民论坛,2009(15):21.

方式①。在管理思维模式下,有关危机的信息大多来自政府、企业等组织或权威部门,通过媒介传达给公众。这种自上而下的线性传播模式使公众成为信息的被动接收者,自主意识较弱。

21世纪初,我国政府开始转型,强调服务型政府的塑造。在政府角色转变、治理理念逐渐被认知、媒介技术发展等要素的共同作用下,危机传播理念开始更新,自上而下的传统传播理念被政府对公众话语的日益重视、公民意识的逐渐增强、公众参与公共事务的活跃度日渐提升所打破,公众话语成为危机传播常态话语。由此,政府话语开始出现了转变的趋势,并形成部分让渡。这种部分让渡发生在当下政府由全能型政府向"服务型政府"的转型、过渡阶段和民意日益被重视的新型语境中,体现了政府执政理念的进步和民主化进程的加强,也体现了政府在危机传播中的理念的逐渐转型。

首先体现在危机中的主体呈现方面。单向的危机传播主要依托大众媒体,此时大众媒体的危机呈现主体是政府,建构的是政府在危机传播中的话语及行为。比如,在自然灾害的危机中,大众传媒话语主要聚焦政府对救援行动的指示、领导看望受灾群众等,而对公众的关注较少。除此之外,政府是媒体的主要信源,媒体有关危机相关信息的报道多来自政府部门收集和发布的信息。但是在多向互动沟通的危机传播时代,倾听民意成为危机传播的前提,大众媒体在突发公共事件中开始注重对公众话语的收集和报道,公众成为媒体的重要呈现主体。更重要的是,公众开始通过新媒体平台彰显公共舆论的力量,依托新媒体平台汇聚民智、民意,实现危机传播中的自我建构与呈现。

其次体现在形象建构方面。最初的危机传播注重宣传,凸显正面形象的建构。以政府为主的危机传播主要是具有宣传性质的信息发布,如之前提到的政府行为的传播等,以官方指令性话语为主,主要目的是宣传政策法令,塑造政府全心全意服务人民的正面形象,反而忽略了有关危机本身的信息传播,而且指令性质的话语传播不利于公众的理解与接受。公众话语的兴起丰富了危机传播的话语表达方式,更多偏重解构式话语,经常使用戏谑、讽刺的方式传播危机信息,表达对政府、专家等主体的形象认知。各界对于危机传播的认知开始强调对民意的关注,危机信息逐渐从单向传递转为多向互动,目前已形成多元危机传播主体的话

---

① 魏伟新.从"管理"到"治理":治国理念新跨越[N].南方日报,2014-02-24(2).

语交织,新型危机传播理念——"政府主导,多元主体互动"——日益深入人心。

除了多元主体互动外,新型的危机传播理念还体现在现实话语场和虚拟话语场之间的互动。危机传播中存在两种话语场:一是依托真实社会空间形成的现实话语场;二是依托网络空间形成的虚拟话语场。在危机传播中,两种话语场相互依托、相互影响,共同传播危机信息,影响危机应对决策。在虚拟话语场中,公众可以摆脱现实身份的束缚,更加自由地表达观点,参与公共事务;个体之间的话语联系更加紧密,有助于主体之间的话语互动并形成公共舆论。这种线上形成的公共舆论可以影响公众的线下行动,进而影响现实舆论场。例如,近几年发生的针对二甲苯(PX)化工项目的群体性事件,很多都源于网络舆论的形成和网络动员,引发了公众在现实空间中通过群体性行为对政府决策进行抵制。这是虚拟话语场对现实话语场的影响。反之,现实话语场也作用于虚拟话语场。首先,虚拟话语聚焦的事务都来自现实空间,是公众就现实问题、现实危机的讨论的聚合;其次,在现实社会中占据一定话语权的主体仍在虚拟话语场中充当意见领袖的角色,引导虚拟话语场的公众舆论。由此可见,依托网络建构的虚拟话语场与现实话语场相互影响,共同作用于新媒体时代的危机传播。

二、受到新闻场域影响的话语阶层

新媒体赋予了公众更多的话语权,随着公共话语的崛起,危机传播出现了多个意见阶层。20 世纪 90 年代中期以来,中国社会呈现出新兴阶层逐渐成形、阶层分化严重、不平等现象突出的结构性特征[①]。学者认为,这一社会变迁与大众传媒紧密相关,甚至在某种程度上存在同构关系[②]。

有学者对我国改革开放以后的社会阶层进行了划分,以职业分类为基础,以组织资源、经济资源、文化资源的占有状况为标准,将我国社会成员划分成 10 个阶层:国家与社会管理者阶层,经理人员阶层,私营企业主阶层,专业技术人员阶层,办事人员阶层,个体工商户阶层,商业服务业员工阶层,产业工人阶层,农业劳动者阶层,城乡无业、失业、半失业

---

①② 何晶.媒介与阶层——一个传播学研究的经典进路[J].新闻与传播研究,2014(1): 78.

者阶层①。不同社会阶层的公众有不同的利益诉求,因此在共同参与公共事务时出现了多个意见阶层,代表不同的社会阶层发声。但同时,不同阶层由于掌握的信息、技术、文化等资源存在差异,因此对于媒介话语权的掌握程度亦有所区别。学者认为,在不同意见阶层的相互作用下,我国突发公共事件中的话语结构发生了改变。改革开放初期,突发公共事件的话语结构为:国家组织为核心话语发布者,知识分子为话语支持维护和印证者以及下情上传通道,广大工人农民阶级为话语响应者②。随着话语阶层逐渐分化,形成了国家与社会管理者占据媒介话语的强势,经理人阶层、企业主阶层、高级知识分子阶层等社会上层为媒介话语的主动表达者和话语环境的塑造者,普通知识分子、个体工商户、城市平民等为主导的中产阶层借助群体性成为媒介话语的广泛参与者和舆论的支撑者,服务业者、工人、外来务工人员、农民以及弱势群体作为媒介话语权力的边缘身份存在的话语结构③。在意见阶层分化重构的过程中,新媒体平台起到了重要的作用,在给予更多社会阶层话语权的同时,也在一定程度上赋予了不同阶层差异化的话语地位。突发公共事件中,由于新媒体技术推动中国社会的分化进一步加剧,信息作为一种资源也在新媒体技术下得到了重新分配,"不同阶层在媒介的话语表达、形象呈现等方面发生了巨大的结构性的变化"④。

话语空间源于舆论场概念,包含外部环境、话语主体、话语三个基本因素。在关系层面,话语空间包含着公共话语空间和私人话语空间两个维度,公开性话语成为公共话语空间的主体。公共话语空间并非一成不变,随着风险社会和媒介社会的双重作用,转型期的中国社会出现了包含政府话语、媒体话语、公众话语和专家话语在内的多重话语空间。

在危机传播主要借由传统媒体实现的阶段,公开的话语多数情况下只涵盖了政府和少数精英阶层,这时的言说基本保持危机认知、危机应对观点的一致,这时的合意是大多数公众没有参与的共识。新媒体诞生后,公众开始进入公共话语空间,但是最初这些意见相对零散,随着媒体

① 陆学艺.中国社会阶级阶层结构变迁60年[J].北京工业大学学报(社会科学版),2010(3):7.
② 许燕.以近年热点事件及其应对为例看中国社会各阶层媒介话语重构(上)[J].新闻大学,2012(6):115-116.
③④ 许燕.以近年热点事件及其应对为例看中国社会各阶层媒介话语重构(上)[J].新闻大学,2012(6):115-119.

平台和意见领袖的话语推动,多数突发公共事件中公众内部的话语开始出现合意,这时就有了与政府进行话语权与话语意义争夺的可能。政府始终是危机应对的主体,因此这种话语抗争更多出现在了政府与公众之间,尤其在意见领袖与普通公众意见一致时,公众话语空间的内部合意力量较大,由此可以推动公众议程进入媒体议程甚至政府议程。

尽管在我国突发公共事件中存在话语权分配不平等的现象,但是从多元意见阶层逐渐兴起的发展现状来看,突发公共事件的话语结构正逐渐转变。在危机传播过程中,主体间的界限不断被突破,话语呈现跨越式流动和融合,传播主体由权威部门完全掌控转向多元意见阶层的兴起,为推动多元话语主体参与危机传播提供了可能性。

三、受到技术场域影响的话语表达模式

新媒体时代,媒介终端技术不断更新,终端与新媒体平台不断融合,危机话语的生产与传播技术逐渐多元化,这些都决定了危机话语样态的变化。同时,多元主体沟通的危机传播理念的兴起也推动了话语表达偏向的变化。危机话语不再局限于口语和文字,图像运用的增多丰富了危机传播的话语表达模式。

(一)文字与多元媒介话语融合传播

新媒体时代的危机传播不仅依托口语和文字,还更多转向了多种媒介话语融合传播,运用听觉、视觉、触觉等多种感觉,通过语言、图像、声音、动作等多种手段和符号资源进行交际①。危机传播中多种媒介话语的融合传播,主要取决于媒介技术的发展,包括话语生产技术和话语传播技术,如用于图像生产的摄影摄像技术的出现、用于视频传输的网络技术及网络终端的发展等,技术的发展决定了生成的媒介形式及其承载的话语样态的多元化。具体而言,报刊时代,危机传播以文字、图片为主;广播时代,加入了口语传播;电视时代,新闻影像更为生动地展现了危机信息;网络时代,以多媒体融合为主要特征,形成了多模态话语并存且交互应用于危机传播的现状。

多元媒介话语在危机传播中的应用,一方面能够丰富危机传播主体的话语表达形式,建构各方对危机的全方位感知与认知。在传统的自上

---

① 张德禄.多模态话语分析综合理论框架探索[J].中国外语,2009(1):26.

而下的危机传播中,有关危机的信息,如文字与新闻的口语发布等均遵循线性规则,更偏重理性呈现,无法作用于主体的危机感知。同时由于危机的复杂性,仅凭文字、口语的线性叙述不能够展现危机全貌,容易引发危机认知的偏差。尤其在一些需要专业知识进行解读的危机中,如"东方之星"沉船事故①中,船体为何翻沉、龙卷风是否会造成船体翻沉、船体经过了哪些改造、船体改造是否影响运行安全,这些问题对于没有这方面专业知识储备的公众来说,如果仅凭借文字或口语传播很难使其理解。而新媒体通过多种话语模态,利用数据图表、3D 动画等丰富的信息表述功能,将图像符号所呈现出的直观性、形象性与现场性生动地表达了出来。

另一方面,多种媒介话语融合能够更好地呈现危机传播主体对危机认知的建构及其背后的意义指向,推动主体间的互动与沟通。危机传播主体对危机的关注、认知以及建构都有所差异,需要使用不同的话语样态来呈现危机。政府是危机传播的主导者,也是主要的危机应对者,在危机中更偏向对危机的理性传播和对危机应对行为的冷静指挥,因此偏重理性的文字、口语以及具有阐释性的图像等更适合政府的危机传播;媒体是危机的主要呈现者,是社会各方了解危机全貌的中介,因此媒体使用偏重真实性的图像,能够较为完整地建构危机;公众是危机传播的主要参与者和政府、媒体话语的主要反馈者,在进行危机传播时使用的话语样态较为多元,偏重带有情绪化的话语样态。多模态话语的出现迎合了多元主体进行危机传播时的需求,更好地表达了各个主体对危机的认知和理解,从而有利于主体间的交流和沟通。

（二）图像话语生产主体的扩大与图像话语场域的重构

马丁·海德格尔（Martin Heidegger）在 20 世纪中期提出"世界图像时代"的概念,他认为,在本质上,世界图像并非意指一幅关于世界的图像,而是指世界被把握为图像了②。这是目前在图像传播研究中被提及最多的观点。海德格尔的"世界被把握为图像"的核心是图像对于世界

---

① "东方之星"沉船事故:2015 年 6 月 1 日 21 时 30 分,隶属于重庆东方轮船公司的东方之星客轮,在从南京驶往重庆途中突遇龙卷风,在长江中游湖北监利水域沉没。截至 2015 年 6 月 13 日,"东方之星"号客轮上共有 454 人,其中成功获救 12 人,遇难 442 人。

② 海德格尔.世界图像时代[C]//孙周兴.海德格尔选集.上海:生活·读书·新知三联书店,1996:899.

的建构,人类对世界的理解逐渐成为对图像呈现的世界的理解并以此做出反应。图像传播是一种具有视觉符码特征的非语言传播形态,其特点可从其内容和作用于人类感官的角度进行总结:感受的、反理性的、反逻辑的;个体的、差异的;丰富的;偶然的、短暂的;想象的;原初的、体验的;能超越国界、排除语言障碍并进入各个领域与人们进行交流与沟通,是人类通用的沟通符号①。

伴随图像生产制作技术、设备及传播渠道的发展,图像开始日益占据公众的视野,从文字的辅助逐渐发展为与文字、口语并重的危机传播方式,影响公众对危机的认知和感知,也在很大程度上影响危机应对的决策选择。

图像话语主体的扩大主要依赖图像生产技术和传播设备的平民化和多元化。在传统媒体时代,无论是报刊中的图像生产还是电视媒介的图像传播,都需要强大的技术设备支撑和团队内部的配合,而能够调动多种资源进行图像生产的主体主要为政府和媒体,并且由于我国政府与媒体之间的紧密联系,图像话语权实际由政府掌控。移动互联网的兴起提供随时随地传播的可能性,公众能够自主生产图像并进行传播,开始参与图像话语权的分配。目前,危机传播中的图像话语生产者主要包括政府、媒体和公众,媒体的图像话语占据的比例最大,公众的其次,政府的较少。

1. 政府方面

政府在危机传播中对图像话语的应用较少,但是一直处于图像内容的核心。之前提到,20 世纪我国大众媒体图像传播的主体就是政府,当时应用于危机传播的图像也主要集中于政府部门及其领导人的形象建构,如自然灾害危机中对领导人行为、指示的描绘。但是在政府直接生产的话语中,图像的大幅应用同样出现在新媒体时代,尤其是在政务微博、政务微信出现后。政府的危机图像类型以静态的新闻照片为主,形式相对单一,而且使用数量较少,图像话语的传播效果较弱。

2. 媒体方面

我国大众媒体使用图像进行新闻报道开始于 19 世纪末,关于时局的画刊、画报上刊登的图画多来自手工绘制的图画新闻。其后,新闻照片、动态影像成为有关危机新闻报道的主要图像话语,尤其是随着电视

---

① 郭海沛.当代图像传播的特征[J].青年文学家,2010(9):143.

媒介的产生,图像成为媒体呈现危机的常规话语;但是此时的图像多聚焦政府部门的会议、国家领导人的视察和出访,主要目的为政治宣传,而应用于危机传播的图像还处于萌芽阶段。1998年长江流域发生洪水灾害时,电视媒介对洪水、灾民的视觉传播对公众形成了极大的心理冲击。进入21世纪,我国对于危机的重视程度大幅提升,媒体报道突发公共事件的频率增加,使用图像进行危机呈现成为常态;在这一阶段,媒体对图像的运用从主要服务于文字发展为以图像呈现为主。

3. 公众方面

公众成为图像的生产主体主要得益于移动互联网所提供的便利性。从2000年9月全球出现了首款具备拍照功能的夏普手机开始,公众具备了图像生产的能力,公众对摄影技术的应用最初仅限于私人领域,如个人、家庭拍照等。随着网络技术的发展和新媒体应用的出现及普及,公众的图像话语开始进入公共领域,逐渐参与到突发公共事件的传播中。2007年的"华南虎照片"事件[①]是由公众生产的图像引发的公共事件,之后各地"最牛钉子户"事件[②]也是如此。2012年"微笑局长"事件[③]之后,公众使用图像话语不仅参与危机传播,有时甚至引发危机的形成。在此过程中,公众从图像话语的边缘群体逐渐转为图像话语的核心建构群体,在获得图像话语权的过程中开启了其对危机的解构和建构的功能。

目前,掌握新媒体图像话语权的力量主要有:传统媒体与官方,新媒体商业集团的力量,来自于广大网民及手机用户的草根力量[④]。新媒体时代,图像话语的生产主体逐渐从政府与媒体扩展到公众,形成了政府、

[①] "华南虎照片"事件:2007年10月3日,陕西农民周正龙声称拍到了野生华南虎的照片,经专家考证后,12日陕西省林业厅举办新闻发布会称"照片真实可信",证明了野生华南虎在中国境内没有灭绝。照片公布后遭到公众的质疑,专家和网民开始分析照片的真假。在经过一系列调查之后证实照片为假,2008年6月29日,陕西省新闻办召开新闻发布会通报了"华南虎照片事件"调查处理情况,历时近9个月的争论终于尘埃落定。

[②] "最牛钉子户"事件:中国重庆市关于土地强制征用的拆迁事件。开发商为迫使一不肯搬迁的住户最终迁离,在住户宅房周围开挖基坑,使之成为高于地面十余米,像枚大钉子的"孤岛"。自2007年2月26日以来,一组以"史上最牛钉子户"为题描绘该住户境遇的图帖在中国各大网络论坛传播,引起网民与中外新闻媒体关注。

[③] "微笑局长"事件:2012年8月27日,在36人遇难的延安特大交通事故现场,陕西一官员杨达才面带微笑的照片成为舆论关注焦点。

[④] 陈娟.新媒体图像话语权建构的三个维度[J].当代传播,2014(4):72.

媒体、公众并存的图像话语场域。

（三）图像话语样态的多元及融合态势

随着图像生产技术的发展,图像话语的类型不断更新。用于危机传播的图像话语样态主要为新闻照片、事发现场视频、动漫、动画模拟、漫画、数据新闻中的信息图/交互式地图等形式。这些图像话语样态在表现形式和应用领域有所差异,在对公众的影响方面也存在偏向。

新闻照片和事发现场视频主要是对突发公共事件本身的呈现,其功能偏向公众的感知。这两种形式主要通过对公众的视觉形成冲击,以达成与公众的情感共鸣。尤其是对危机现场的还原式呈现,比如上海外滩踩踏事件①中,关于拥挤的人群和带有血迹的事发现场的图片记录,都令公众深切体验到事发时的场景,引发公众悲痛的情绪。而动态的影像更能真实地还原危机现场,是对危机更为全面的呈现。

动漫、动画模拟和数据新闻中的信息图/交互式地图等主要应用于对危机的阐释,其功能偏向公众的认知。应用于危机传播中的动漫类型主要分为新闻事件描述类动漫和平面、网络媒体借鉴类动漫,如在2007年台湾阿里山竹桥断裂事件②报道中,媒体就借用动漫形式对新闻事件的情节和断桥的因果过程进行了还原,并且告诫游客日后在类似事件中应注意的事项③。动画模拟主要应用于危机现场情境还原,在一些突发公共事件中,由于涉及的信息较为复杂或者专业性较强,运用模拟的方式可有助于公众理解。近年来,数据新闻作为一种新的新闻报道样态,广泛应用于突发公共事件报道中。数据新闻主要来源于两种传统新闻实践样态:信息图和计算机辅助新闻报道④,一般需要具备三种要素:数据、视觉化、故事。其中,数据是依托,可作为新闻背景,也可作为呈现故事内容的方式;视觉化是形式,数据通过图表、图形、地图等多种形式呈现,用这些形式表述故事更具视觉吸引力,也更易为受众理解;而故事才

---

① 上海外滩踩踏事件:2014年12月31日23时35分,上海市黄浦区外滩陈毅广场东南角通往黄浦江观景平台的人行通道阶梯处底部有人失衡跌倒,继而引发多人摔倒、叠压,致使拥挤踩踏事件发生,造成36人死亡、49人受伤。

② 台湾阿里山竹桥断裂事件:2007年4月15日,台湾阿里山风景区一群游客在竹桥上嬉戏拍照,竹桥不堪负荷,发生断裂意外,造成11人轻重伤。

③ 罗以澄,黄雅堃.论动漫在电视新闻传播中的叙事价值——以两岸三地的华语电视新闻节目为例[J].现代传播,2007(3):72-74.

④ KNIGHT M. Data journalism in the UK:a preliminary analysis of form and content[J]. Journal of media practice,2015(1):56,59,61.

是数据新闻的灵魂,故事是数据新闻的内容,讲好故事才意味着数据新闻报道的成功,数据和视觉化应为故事的讲述服务[①]。在我国的危机传播中,数据新闻主要为事实说明服务,用数据呈现事实和可视化的高标准使其对于危机的呈现更清晰,也更易帮助公众认知危机;同时数据新闻也可为危机应对决策选择提供参考,但是目前这种应用较少。

漫画主要是通过夸张、形象、生动的表现手法含蓄、隐晦地表达传播主体(包括媒体、公众等)对突发公共事件的评论和观点。隐喻是漫画的最主要特征,在漫画中存在源域与目标域,通过两者之间的相互作用及其对现实社会的映射,漫画的隐喻形成。在隐喻的作用下,除对事实进行陈述说明外,漫画还表达一定的批判观点。通过漫画的形式对事件进行评论具有趣味性,更易吸引公众关注。由于漫画的艺术性和与社会现实的紧密联系,公众需要具备一定的想象力和知识背景才能理解漫画所表达的意涵,因此相对之前的图像话语类型,漫画更能调动公众的思辨能力,使公众对于图像话语反映的社会现实理解得更加透彻。

在当前的图像话语场域中,各种图像类型并非单独出现,它们相互之间还具有交叉融合的趋势。比如在动态影像中,就会凸显具有强烈意指的新闻照片,这就是在全局的呈现中配合局部的视觉冲击,在相互配合中形成图像话语能指和所指的完整建构。场域具有一定的自主性,但是不同场域具有的自主性不同,布尔迪厄认为,一个场域的自主性越强,那么它的语言越具有科学性。显然,危机传播场域的自主性较低,受到来自权力、新闻、科学场域的影响,而更为复杂的是权力、新闻场域之间也存在相互作用。因此,在多种场域自身变化及相互的影响中,新型危机传播场域逐渐形成。

第三节　危机传播场域行动者变化

危机传播场域本身首先作为一种"关系"而存在,我们探讨的是场域中的不同行动者之间的关系框架,这种关系框架成为危机传播与舆论引导的重要议题。在危机传播中,话语的传递是多元主体共同参与议题讨

---

① 郑广嘉.国外数据新闻研究综述[C]//谢耘耕,陈虹.新媒体与社会.北京:社会科学文献出版社,2015:29-44.

论与协商的过程。特别是我国社交媒体的迅速发展,为公众提供了公共发声平台,原来在传统媒体时代被埋没的公众声音在新媒体平台上得以彰显。场域作为一个相对独立的社会空间,是由多种社会关系组成的。新媒体的开放性、多元化、交互性使得各种观点与意见得以相互碰撞、修正与整合,从而成为一定意义上的"观点的自由市场",这也意味着公众开始拥有自身的话语权,话语场域的自主性得到了极大的提高。作为"能动"的个体,他们不再被动地受制于媒体单向传送信息的权力,而是能够及时地、自下而上地参与信息传播①。其背后体现着新媒体价值观传播的转变,是一种社会关系网络的重构②。

基于危机传播宏观语境及微观传播关系的改变,话语主体的原有角色也在发生着潜移默化的替换或者弱化,每一个话语主体可能具有多种角色,但是这些角色存在主体间流动、替代或者主体内部弱化的现象。在危机传播场域中,危机传播是不同行动者共同协商与作用的实践过程,突发公共事件的发生打破了常规的话语秩序,更开启了不同话语主体进行话语互动与协商的可能性,其中政府、媒体、公众、专家等主体成为危机传播过程中的重要行动者。由此,本书确立了危机传播的四大话语主体——政府、媒体、公众及专家,并对其话语阐释过程、话语关系与意义进行深入考察与探讨。

一、政府:占有信息资本却未获得认同

在危机传播中,政府的信息资源依然可以说是最为丰富的,对于全局的把控能力也最强,因此在突发公共事件中,政府对于危机的认知也较为深刻,依然是媒体、公众等其他话语主体获得信息的源泉,也是危机应对的核心主体,在危机这一具有重要意义的转折时刻仍然掌握大局。20世纪80年代,尽管危机存在,但是政府对于社会的凝聚力和权威性都有着不容置疑的地位,政府在危机传播中也没有面临过多的压力,相对而言,危机传播的对象相对单一。然而现在的危机传播环境极为复杂,不仅面临多元的传播对象,而且信息的传播速度和范围已超过了政府驾驭的能力。在此情况下,政府的工作理念、方法与思维方式的转变相对

---

① 郭赫男.媒介融合与公民社会话语"场域"的萌发[J].当代传播,2012(5):30-31.
② 张洪忠.社交媒体的关系重构:从社会属性传播到价值观传播[J].教育传媒研究,2016(3):28-30.

于社会语境和公众的话语启蒙速度较为缓慢,导致政府的信任中心的角色有所衰落。从目前突发公共事件的传播来看,公众对于解构政府话语或者与政府观点不一致的意见主体信任程度较高,更愿意转发这些主体的言说内容。

目前,政府话语已经开始出现了转变的趋势,形成了部分让渡。政府话语的部分让渡发生在当下政府由全能型政府向"服务型政府"的转型、过渡阶段和民意日益被重视的新型语境中。值得注意的是,危机中不同话语主体的对抗,特别是在官方话语与公众话语的矛盾不断激化的同时,公众话语可能出现非理性和过激的情绪表达,并可能进一步产生防御、消极和抗争的集体心态,催生网络动员或群体运动,并可能导致网络暴力等负面结果,不利于危机的平息和解决。在此情况下,我们必须强调的是,尽管民意需要重视,但是大局观也必须树立,民意是危机传播中不可或缺的关键,但是完全依赖民意的危机决策并不一定有利于危机应对。因此,政府话语的部分让渡,不等同于政府话语权的式微,也并非是政府话语对公众话语的谄媚,而是科学和理性决策的需要。

二、媒体:在事实挖掘和反思缺乏中建构危机

现代社会的危机很多都是媒体制造的,或者说社会对危机的认知很大程度上依赖于媒体如何报道。这种结论从媒体对危机类型的选择就可以看出。在危机传播发展的初期,国际政治危机是媒体报道的重点,之后转向商业领域,企业危机成为焦点。而现在,媒体的报道重点转向了与人类生存紧密相关的生态环境、科技等领域。当然媒体的报道也是基于新闻价值的要素之一——"重要性"。但是媒体在呈现危机的时候都具有一定的态度倾向,尽管媒体的客观性一直被强调,但是完全的客观几乎不存在,媒体选择报道什么、在报道的过程中通过哪些信源获取信息和观点,都决定了最终呈现的危机状态。

媒体仍然是危机传播中重要的信息传送带,并且正在努力结束单向传送的历史,开始使用各种技术,利用文字、声音、图像等全方位地展现引发危机的突发公共事件,尤其2016年在VR(Virtual Reality,虚拟现实)声音的高涨中,虚拟的媒介环境正试图摆脱其拟态化的本性。但是我们必须明白,也正是由于这种更加全面的媒体展演,可能使我们在对危机更加了解的情况下,也恰恰将自己的判断更多地托付给了媒体。几乎每一起突发公共事件的曝光、舆论发展的后期，媒体都会呈现出自反性的报道、评论，而这也成为危机中媒体话语通过反思和修正实现自我整合的重要环节。反思和修正性报道主要有两个不同的层面：第一个层面是媒体基于旁观者立场，对突发公共事件的回顾和总结，对危机中的参与者或利益攸关者的评价、反思和倡议，即媒体发挥其作为协调者的功能。第二个层面，媒体并不能完全置身于危机之外，其作为危机的参与者之一，对其自身的反思或对其他媒体在危机中的经验和过失的评价，即媒体发挥其作为参与者的功能。

立足于本土事件，整体、历史、动态地结合中国特色国情，从语言使用和话语策略①进行话语整合的考察，我们发现公共话语空间中的媒体话语，在一定程度上受到政府、公众（直接利益攸关者和普通公众）、专家等话语的影响。这种影响直接表现在媒体，特别是传统媒体对消息源的选择和话语表达上：传统媒体对信源存在不同的偏好，这种偏好深受传统媒体意识形态和专业规范等影响，换言之，信源体现着一定的现实权力关系。此外，传统媒体还对精英消息源存在偏好，而政府话语和专家话语比起公众话语有成为精英消息源的更多可能性。新媒体环境下，微博、微信等提供了更多消息源，并进而影响传统媒体的情况颇多。这一方面扩大了消息的来源，理论上为公众话语进入媒体话语提供可能，丰富媒体的选择；另一方面亦带来了消息源存在侵权、海量信息淹没真正有价值信息、虚假等弊端。但总体上，新媒体环境中信源选择日益丰富。

信源选择的丰富折射出媒体话语选择的多样性，而在众声喧哗的舆论场中，媒体话语立场的摇摆现象也较为突出。在我国的国情下，以党报为代表的新闻媒体承担着"喉舌"的功能，在一些重大、权责明晰的危机中，媒体的报道立场和态度往往与官方话语口径一致；但对于一些权责尚未明晰、情况复杂的危机，占据上风的媒体专业主义立场可能使媒体话语的选择呈现暧昧，进而出现摇摆。对于此现象，借鉴文化制衡的概念：某种话语形式力量的呈现，能发挥均衡相对不平等的话语秩序的作用②。而媒体话语能够通过信源选择、框架、议程设置等完成话语内部的制衡。

结合具体的媒体话语和议题内容表达，危机传播中的媒体话语建构

①② 施旭.媒体话语中的文化制衡——中国理论与实证分析［J］.新闻与传播研究，2006（7）：53－60.

存在一定的共性，并大体在时间序列中依次展现出如下特点：注重时效性，迅速反应，通过不同的标题或话语表达吸引注意力；有意或无意地在危机中建构不同主体的二元对立，并暗示主体身份、社会地位、话语、行为和态度的矛盾或对立，来实现这种矛盾关系；媒体话语立场表现在对危机责任方的预设上，例如医疗卫生类危机往往被归咎为医患冲突矛盾加剧，食品安全类危机往往谈论监管不力，而实际上这种归因可能并不完全符合实际情况；媒体话语可能同时存在同情弱势方和为权势方摇旗呐喊的摇摆立场，而这种摇摆往往受到政治、经济等多种力量的共同作用；危机中的媒体话语往往在危机的方式阶段会出现对体制改革或相关政策的呼吁，以及反思倡议等诉求。

三、公众：在表层的惯性思维中强化危机

当下危机传播最重要的特点就是对民意的重视，不再仅将公众作为单纯的传播客体，而是将其纳入危机话语体系中，倾听民意。很多突发公共事件中，民意成为危机决策的推动者。新媒体技术在给社会各行各业带来便利的同时，对社会政治和民主生活带来的最大便利是提供了理论上平等的公共空间，促进了公众话语表达的多元。这一进步主要是基于新媒体环境的传播特质实现的：碎片化传播在一定程度上瓦解了传统科层式的大众传播；现实空间中的人际传播和虚拟空间中的社交网络部分重叠，并辅以匿名特性，为公众表达提供了更为宽松的环境。在新媒体推动下的去中心化过程在很大程度上消解了传统话语的权威地位，再中心化过程尚未完全实现，且一部分公众能够在此环节中受益，这样的背景环境和传播生态变化为来自基层的公众话语提供了生存空间。

新媒体技术发展中虚拟空间的拓展，为公众话语表达的多样性提供了条件。在表达形式上，从文字、图片、声音到全媒体表达方式为公众话语的储存和传播提供便利，同时也突破了人际传播中公众话语表达对空间的依赖。甚至技术革命解放了文本的束缚，话语以及围观、转发、点赞等行为的背后体现了更复杂的公众情绪，情绪机制驱动下的公众对话语权的诉求更为迫切。突发公共事件中，由于新媒体技术推动社会的分化进一步加剧，信息作为一种资源也在新媒体技术下得到了重新分配，"不

同阶层在媒介的话语表达、形象呈现等方面发生了巨大的结构性的变化"①。

同对空间的突破一样,对时间束缚的突破成为新媒体技术给公众表达带来的另一便利。相较于从前转瞬即逝依赖人际传播的公众话语,以微博、微信等为代表的新媒体提供了对话语文本的储存,进而提供了过去与现在的对话,当然这种技术的存储也存在客观的局限和风险。此外,新媒体的传播时效性加速,客观上推动了公众话语呈现出的网络流行语、网络热词等话语现象的传播,亦侧面表现了公众话语权的诉求。

这个世界并不是技术决定论的世界,但是技术的发展的确在一定程度上辅助了"话语启蒙运动",公众参与危机传播既能形成舆论力量推动对事件的应对,也能在讨论中形成对危机的更为本质的认知,但不可否认,这种多元化的声音也可能引发次生危机,比如多元化的诉求令危机应对主体无所适从,不确定的信息甚或谣言误导了对危机的认知和对危机造成的损害的估计,进一步引发心理恐慌等危机。但是归根结底,言说之下才能深入了解危机背后的本质。

尽管我们描述了新语境下公众参与危机传播,民意愈加受到重视的图景,然而,事实并非如此美好,公众参与危机传播在很多情况下如果没有中间力量的推动,则可能仍然是不被重视的碎片,而不能真正进入议程。在对不同话语主体传播关系及其话语中心的讨论结果显示,在新媒体平台上发声的公众话语中,存在意见领袖和粒子公众两大群体,二者都可能成为传播关系中的核心行动者或者传播桥梁,但是意见领袖更可能成为态度中心。多数情况下,粒子公众的话语需在意见领袖阶层中得到响应之时,或者被媒体主动化地吸纳之时,才可能真正进入危机传播议程,对其他话语主体产生影响。此外,在新媒体赋予公众更多话语权的同时,社会话语也出现了分流:去中心化的过程是对传统权威和精英的消解,而去中心化之后的再中心化过程中,新的网络社群产生,圈子与圈子之间的界限亦是对不同主体话语的区隔,这种现象集中体现在微信圈子等新媒体技术圈子文化中。对社会话语分流的考察存在不同的视角的分类。政府话语、媒体话语、公众话语和专家话语的基本分类是依据话语主体的不同,而由此也产生了对应的四大话语空间。在此基础

---

① 许燕.以近年热点事件及其应对为例看中国社会各阶层媒介话语重构(上)[J].新闻大学,2012(6):115-119.

上,根据对话语主体进一步细分,又存在第二层级的分类,如媒体话语中可能存在传统媒体话语和网络媒体话语等,诸如此类,产生树枝状的分类结构。结合传播渠道和传播过程的视角,社会话语分流又可能分为一对多的话语分流和多对多的话语分流,线性的话语分流和多层的话语分流等。从归因论视角,社会话语的分流又可分为由某一话语主体干预的"主导型话语交替"和由话语内部变迁衍生出的"自发型"话语变迁。

尽管社会话语进入政府话语的渠道扩大,政府话语吸纳社会话语的主动性增强,但从程度和效果上看,政府话语对社会话语的吸纳有限。公众话语很难直接影响政府话语,相比之下,政府话语更容易采纳媒体话语和专家话语。只有部分被纳入媒体话语中的公众话语,产生一定的社会影响力,才可能得到政府话语的回应。如天涯论坛上涉及医患关系危机的原创网帖,尽管点击率和回复率位居前十,但由于没有进入媒体话语,并没有得到官方回应[①]。

四、专家:作为权威主体的传播角色未被重视

作为专门领域的研究者,专家仍然在决策中占有重要的一席之地。公共话语空间中,由公众话语、媒体话语、专家话语合力催生的话语不断形成,并在公共舆论场中通过议程设置不断演变、沉淀和整合最终成为社会话语。危机传播场域中,议程设置主体的多元化、信源复杂化、影响力扩大化等趋势,为社会话语能够部分进入政府话语提供了依据。在危机传播社会话语的整合中,公众话语、媒体话语和专家话语可能存在部分重叠,但三者发挥着不同的作用。公众话语往往最接近危机中相关利益方,直接提供话语内容和关键信息,话语内容可能是碎片化的,蕴含着复杂或多元情绪;专家话语提供决策依据,但在风险社会中也可能因专家体制困境陷入信任缺失的状态;媒体话语在议程设置和框架下实现社会话语的重构和整合,进而可能影响政府话语。在相当长的时间内,政府话语是相对被动的,其通过意见或舆论的反馈来了解社会话语。而今越来越多的证据表明,政府话语中"决策者"主动吸纳专家"智囊团"和"民间"意见进行决策成为趋势[②],专家仍处于危机的决策中心。

---

① 陈虹,高云微.医患关系中的话语权重构[J].新闻与传播研究,2013(11):68-89.
② 王绍光.中国公共政策议程设置的模式[J].开放时代,2008(2):86-99.

但是仅就危机传播本身而言，专家的信任不断遭受瓦解，被寄予厚望的专家话语尚未形成独立于政府话语、媒体话语和公众话语的第四方话语体系。从其对应的话语空间来看，专家话语空间也是范围最小且最不稳定的。公共话语空间中，专家话语的表达和传播很大程度上依赖媒体的采访，大众媒体上的发声成为专家话语公开表达的最重要渠道，但受到媒介传播环境和新闻生产等影响，媒体上的专家具有固化的特征——专家都是熟悉的面孔。甚至在一些媒体报道和舆论中，专家仅仅是一种象征性的符号——媒体记者有选择性地采访专家，部分呈现专家观点，以此为新闻生产和观点表达提供支撑。呈现在公共话语中的专家话语在经过媒体对他者的选择和遮蔽后，可能会出现局部的失真。当然，在新媒体环境中，一部分专家话语能够直接呈现在公共话语空间中，得益于新媒体专家话语同盟呈现出新的表现形式，如"果壳网""知乎"等对专家话语的整合呈现，但由于来自专家话语内部的竞争，最终结果的呈现在很大程度上仍受新媒体选择左右。

专家话语的科技范式和理性、科学的客观话语表达，呈现出专家话语独立于其他话语的内在张力。但由于专家话语在体现决策功能时，存在"被主观的意见判断影响"[①]的可能性，因此专家话语不可避免地被政治、商业等权力共同左右。而与此同时，专家话语内部也存在不同观点的竞争，在专家体制下，专家所呈现的科学和理性往往受制于时代的局限性，专家话语呈现亦可能出现偏颇。在时效性上，追求科学和理性表达与权力制约的双重压力，使得专家话语落后于其他话语；在话语效果和影响力上，专家话语往往依赖进入媒体话语和政府话语才能实现表达，且在决策活动中表现出观望的特点。因此，依附成为现阶段主要的专家话语模式，专家话语并没有成为相对的独立话语体系。

风险社会的不确定性和专家对于危机传播的意识及其言说行为不当等都影响了专家的可信度。在当前的危机传播中，专家仍是媒体的主要信源，并且也是危机决策的重要主体，但是在传播过程中，专家话语并没有在公共空间中占有与其在危机决策中相同的地位。公众在进行危机认知时对专家话语的依赖程度较低，并且与政府话语的境遇类似，专家话语也经常遭遇公众话语的抗争。专家拥有的专业知识是社会进行

---

① 喻国明,王威.危机管理中的风险传播趋同效应分析[J].辽宁大学学报(哲学社会科学版),2012(4):90-94.

危机认知的重要依托,但是依照目前的案例分析结果,专家群体并没有重视自身的言说行为,主动传播的意识十分缺乏,发言基本以媒体主动采访为主。在话语主体的关系研究中,公众很少直接对专家的话语进行关注,专家在危机传播的链条中处于缺失状态。

本章小结:在危机传播场域中展开价值传播与意义争夺

关于场域行动者如何被规范的研究问题,布尔迪厄提出了"惯习"概念。布尔迪厄认为,人作为社会行动者,其思想与社会实践活动均与主观世界和客观世界有着紧密联系。所谓惯习,"是由知觉思维、外部评价和人类行动组成的综合性系统,它受到外部社会制度的影响,又深深植根于生命个体物理属性当中""惯习不是习惯,它是深刻存在于性情倾向系统中的、作为一种技艺存在的生存性的能力"①。惯习是"将特定社会的规则、体系、价值观念内化于社会成员的心智结构内,它将社会的历史文化关系作为下意识的行为方式固定于社会个体成员当中,体现为具有文化特色的思维、知觉和行动"②。因此,惯习从行动者的实践中获得,既旨在发挥指导实践的作用,又不断处在社会结构的生成过程之中,实现了客观社会结构与主观心智结构的融合。

在危机传播场域中,行动者的话语实践往往结合了内化于心智结构的自身秉性与外在的社会实践经历,其话语表达的逻辑往往遵循主观条件与客观条件两个层面,而场域内行动者之间达成共识的重要条件是行动者的惯习趋向一致性。因而,惯习既是结构性的结构,又是建构中的结构。实践遵循的是"模糊的逻辑"(fuzzy logic),而非全然的"理性的目的逻辑",它既受制于特定场域的规则,又具备反思性③。同时,惯习既是个人的也是集体的④。惯习存在于个人的心智结构中,在同一场域中的人由于地位的不同也会有不同的个人惯习。但由于惯习是场域的社会性在人身内化的结果,必然也是集体的,是一种社会化的主观性。同一场域内的行动者因此就容易理解彼此的策略与行为,也容易步调一致、方向统一。

---

① 布尔迪厄,华康德. 实践与反思:反思社会学导引[M]. 李猛,李康,译. 北京:中央编译出版社,1998:164－171.
② 布尔迪厄,华康德. 实践与反思:反思社会学导引[M]. 李猛,李康,译. 北京:中央编译出版社,1998:165.
③ BOURDIEU P. Distinction:a social critique of the judgement of taste[M]. Boston:Harvard University Press,1984.
④ 刘喆. 布迪厄的社会学思想研究[D]. 武汉:武汉大学,2005:21.

同时,布尔迪厄认为,行动者的惯习是一种生成性的结构,来源于行动者在场域中的社会化,并非进入场域就全然具备,是一种后天获得的生成性图式系统①。尽管有稳定持久性,却也在不断生成与变更,属于历史的产物。而社会场域的关系结构,又是诸多行动者竞争而建构的历史产物,所以惯习又是能动的。这一不断生成与建构的过程体现了惯习的动态性与开放性。网络时代满足了不同身份类型的公众参与到信息传播过程中,由于文化背景、社会阶层、生活区域等差异,导致了这一场域中的行动者具有不同的思想与行为逻辑,如微博使用者中年轻群体占据多数,导致微博内容在最终表现形式上以戏谑性、语录体、片段式、互文性为主②,因而,在突发公共事件的话语表达中,形成了另类的话语表达逻辑。

在以往的危机传播研究和实践中,我们更关注事实层面的信息传递,更注重危机前后的话语策略,我们仍然以管理学和公共关系学的思维方式,告知引发危机的原因是什么、面临什么样的危机以及我们为应对危机应采取或准备采取哪些策略。这种针对事件而形成的传播内容只是暂时性的危机言说,掩盖了对引发危机的深层原因的剖析。因此在危机传播中,需要颠覆局限于事实层面的传播,重构重视价值层面的传播。特别在社交媒体时代,价值观已经成为传播的一个实现纽带③。基于社交媒体平台,每个人都可以成为信息的生产者和传播者。面对海量的信息资源,公众选择信息的议题往往凭借自身的价值判断,而非仅仅来源于传统大众媒体,以"兴趣""爱好""观念"等来对社群进行划分。因而,在新媒体时代,媒介是人们用于分享信息和表征意义的中介,媒介的泛化和无所不在催生了媒介化社会诞生④。

一般来说,事件是危机的显性表现,对于显性的事实传播过于浮于表面,传递的信息通常只是为了解一时之忧,而且这种传播常常无法达成各方的合意。比如在自然灾害危机面前,在危机传播过程中我们通常重视政府层面的救援行为,反而对于真正受到损害的公众的信息描述较

---

① 刘喆.布迪厄的社会学思想研究[D].武汉:武汉大学,2005:21.
② 李畅.微博的文化分析:"惯习"和"场域"的视角[J].新闻界,2015(11):54–58.
③ 张洪忠.社交媒体的关系重构:从社会属性传播到价值观传播[J].教育传媒研究,2016(3):28–30.
④ 韦路,丁方舟.论新媒体时代的传播研究转型[J].浙江大学学报(人文社会科学报),2013(4):93–103.

少,这就在无形中形成了政府话语与公众话语的对抗。这种危机呈现的方式是建立在宣传色彩基础上的以政府为中心的"积极应对",其建构的意义仅针对这一次发生的自然灾害事件,并且以政府行为为主的报道,并没有契合公众的心理诉求,双方的共识无法达成。在不断经历这样的尴尬后,政府开始逐渐转向了以公众为中心的"以人为本"价值传播。价值传播并不是不需要基本的话语策略,而是其传达信息的方式、传播内容的侧重都开始突破了此时此地,在应对危机的基础上更加关注危机背后的价值层面,从而弥合话语共识。政府通过使用情感方式、多元的话语策略塑造人文关怀的价值传播,往往取得了良好的效果,形成了政府与公众的共鸣。

第二章 危机传播研究如何转向？

20 世纪 90 年代,危机传播研究开始兴起,目前形成了较为稳定的"管理取向""修辞取向"两大研究路径。近来,"批判取向"成为学界的关注热点,与前两种研究路径共同构建了危机传播研究的新图景。"管理取向"的研究路径聚焦组织的自主性、专业性、决策能力和传播/沟通策略的有效性等问题,偏重从宏观层面研究引发危机的主体;"修辞取向"的研究路径注重组织在危机中运用各种话语和符号资源化解危机①,偏重从微观层面进行研究。近几年学者重点转向的"批判取向"建立在危机是"文化的崩塌"、是对社会共识的冲击的理念之上,着重探究在危机中如何进行传播以形成新的社会共识②。

话语是"修辞取向"和"批判取向"研究路径的核心。话语参与危机传播全程,对危机应对效果具有较大程度的决定作用。在我国,目前已基本形成包含政府、媒体、公众、专家四个话语主体在内的话语场。关系是研究话语为何产生、谁是话语中心、话语如何传播的有效方式。意识的改变、技术的发展,都对我们生活的世界产生深刻的影响,也在很大程度上颠覆了危机传播的研究和实践。本书采用"批判取向"的危机传播研究路径,聚焦突发公共事件的危机传播主体间的话语关系。基于社会网络理论和框架理论,探析在不同类型的危机中,政府、媒体、公众、专家各方如何围绕危机议题展开话语表达,如何通过传播关系架构话语中心,如何通过话语生产和传递进行价值传播和意义争夺,如何通过话语互动建构共识以应对危机,在此基础上探讨风云变幻下危机传播中的颠

---

① 史安斌.危机传播研究的"西方范式"及其在中国语境下的"本土化"问题[J].国际新闻界,2008(6):24.

② 史安斌.危机传播研究的"西方范式"及其在中国语境下的"本土化"问题[J].国际新闻界,2008(6):26.

覆与重构。

第一节　危机传播研究的自我反思

社会语境和媒介生态推动危机传播理念、传播边界、传播关系、传播技术发生深刻变革，传统的危机话语阶层、话语关系、话语表达模式被颠覆。基于危机传播面临的复杂的现实情境，当前的危机传播研究亟须进行自我反思。

站在哲学的高度，发生在这个世界上的事情通常由三个问题追根溯源：是什么？为什么？怎么样？从政治、军事、商业的研究到关注人类生存的危机研究，其间经历了对危机本身的认知发展，整合了多元学科的研究思维，但是在这种多元化的作用下，危机研究领域也受到了"危机"的困扰。

一、"是什么"的自我认知危机：目的概念与过程概念

有关危机研究范畴和概念界定，直到目前也存在着危机管理、危机公关、危机传播等概念混淆不清的问题。危机管理和危机公关的研究体系构建早于危机传播，并且目前多数的观点认为危机传播脱胎于前两者。由于当代社会的学术界已然被学科细化所主导，各类学科都有自己的关注点，因此我们必须要明确"危机传播"的本体概念。

（一）危机是什么？

在我国古代，"危机"一词在其发展过程中有三种基本解释：第一种，危机强调潜伏的祸害或危险，如"常恐风波潜骇，危机密发"①；"众心日夥，危机将发，而方偃仰瞪昤，谓足以夸世"②；"吴主不此之思，不加夕惕，倭谄凡庸，委以重任，危机急于弦弩，亡征著于日月"③等。在此基础上，危机的第二种基本解释为"严重困难的关头"，如经济危机等说法。第三种，危机强调危险的机关，特别用于杀敌、猎兽、捕鱼等的器具，如

---

① （三国魏）赵至：《与嵇茂齐书》（一说吕安所作），载南朝梁萧统《文选》卷四十三，胡刻本。
② （西晋）陆机：《陆士衡文集》卷一《豪士赋并序》，清嘉庆《宛委别藏》本。
③ （东晋）葛洪：《抱朴子》外篇卷三十四，《四部丛刊》影印明本。

"贪听渔翁笛,惧触危机"①。在源远流长的中华文化危机观中,对危机的认识是以当时的个人直观感受为基本标准的,表达形式直观而且朴素,并且具有浓厚的人本思想,凸显对人和天命关系的忧虑与关切,人本意识较为浓厚。

危机对应的英文单词为crisis,该词为拉丁语用词。据考证,其来源于希腊语krinein,原意为"游离于生死之间"②。crisis在英语中的使用始于15世纪,最初作为一个医学术语,强调处于"病情急转期""危象"③。古时医生认为,病人的病情到了crisis时期,医生才能判断或者决定病情是往好还是往坏发展。17世纪以后,crisis逐渐使用在各种危机中,与现代意义上的"危机""转折点"等④内涵相关。《韦氏大辞典》中,crisis指的是一切危险的、不稳定的社会情况,包含经济、军事、个人和社会事务,尤其指具有决定意义的一个转变,即人们熟知的转折点或决定性时刻⑤。就词汇起源而言,西方的危机脱胎于具象的特殊情境,尽管也涉及主观判断和决定,但不同于中华文化的天命和人本观,更多呈现出一定的客观和理性的色彩。

现代的危机研究源于1962年古巴导弹危机,经历了从表层到本质的危机认知过程,对于"危机"的不同角度的认知形成了危机研究的三大路径:"管理取向""修辞取向""批判取向"。其中在"管理取向"研究中,危机就是非正常状态或者处境异常的事件,这是从事实和时间断裂性层面认知的危机,即危机是一段时间内存在的客观实在⑥。这一概念是对危机表面现象的描述,而忽略了危机的本质。尤尔根·哈贝马斯(Jürgen Habermas)在《合法性危机》一书中认为,从个体层面理解,危机首先是一个挑战旧有规范的问题;而从社会层面理解,危机则是系统整合的持续失调所导致的⑦。这一解释回归了危机的核心,并得到了国内外诸多学者的回应。2001年,乌里尔·罗森塔尔(Uri Rosenthal)提出,"危机是一段剧变和集体紧张的时期。在这段时间里,日常的生活方式

① 陈维崧.八声甘州·南耕斋中食鲥鱼作[EB/OL].[2018-10-30].http://www.zdic.net/c/1/10d/290573.htm.
② 高晓虹,隋岩.国际危机传播[M].北京:中国传媒大学出版社,2011:7.
③ 庄和诚.英语词源趣谈[M].上海:上海外国语教育出版社,1997:177.
④ 孙义飞.多元化、多样化、拓展化与开放性——西方学术界"17世纪普遍危机"论争及其启示[J].安徽史学,2006(1):99-106.
⑤ 高晓虹,隋岩.国际危机传播[M].北京:中国传媒大学出版社,2011:7.
⑥⑦ 苏蕾.建构危机传播的批判取向、主体意识与话语理性[J].编辑之友,2012(6):94.

和社会体系的核心价值观受到威胁,且威胁的方式是我们意想不到的,甚至是无法想象的"①。胡百精的危机"状态说"认为危机是一种情境、形势②。卞清认为,危机并不单纯指事件危机,更大程度上指的是人心的危机、舆论的危机、社会形势的危机③。对于"危机"本质的认知奠定了本书的整体研究基调,危机更多具有社会层面的含义,是对旧有秩序或曰共识的打破,是对实现既定目标的阻碍,急需建立新的共识体系。

危机与事件是无法分割的,事件是危机的显性化。本书中所讨论的危机涉及多种类型,但是在危机传播研究中,更偏重对政府形象、社会信任造成损害的事件,而对于归属于宏观政治、经济、企业形象的突发公共事件不做考察。

(二)传播是什么?

从更广泛的意义来看,传播构成了人类社会,我们生活的方方面面都不可能离开传播而存在。

从狭义的概念来说,传播就是信息的传递。我们通常所说的传播五要素,包括传者、传播内容、传播渠道、受众、传播效果。这是按照信息的传播过程划分的,适用于从人际传播到大众传播的所有类型。但是单纯这五个要素并不能构成传播的完整环节,传播的研究不能忽略信息存在的环境。詹姆斯·W.凯瑞(James W. Carey)使用"传递"和"仪式"来比喻两种不同的传播观念,认为传递观将传播从文化中孤立出来,将其视为一个简单的信息和影响传递过程。他所主张的仪式观认为传播就像仪式一样会造成共享的文化④。这就说明了在研究传播时,不应忽略传播生成的社会土壤。刘海龙对"传播"概念在中国的发展进行了梳理,认为传播概念的理解应从三个维度切入:关系、知识与权力,并提出传播的概念——传播是一定社会结构与社会关系中的信息传递与知识共享行为。在新媒体普及的现代社会,对于传播关系的考察成为热点,关系引导传播,传播反作用于关系;知识是由社会建构起来的关于世界的叙事,

---

① 来向武,王朋进.缘起、概念、对象:危机传播几个基本问题的辨析[J].国际新闻界,2013(3):69.
② 胡百精.危机传播管理[M].北京:中国传媒大学出版社,2005:5-6.
③ 卞清.修正"成见"建构"象征"——文化社会学视野下危机传播研究的想象和可能性[C].中国传媒大学第四届全国新闻学与传播学博士生学术研讨会论文集,2010:244-245.
④ 刘海龙.中国语境下"传播"概念的演变及意义[J].新闻与传播研究,2014(8):114.

处于事实与信仰之间;而权力是指经济与文化结构的不平等而导致的不公以及弥散性的、具有话语生产能力的知识/权力①。传播概念的三个维度认知对本书的危机传播研究具有借鉴作用。我们关注的传播概念的三个维度是关系、话语和价值。

关系主要探讨的是"谁对谁"的传播,这里的"谁"可看作一个传播节点,既包括新媒体平台上的个体,也包括政府、媒体、企业等组织。对传播关系的考察是探究危机建构的主要环节,尤其对于话语中心的甄别,能够在更深层面上获得危机阐释的路径和原因。

有关话语,目前语言学领域的学者对于话语的定义主要从以下三个方面切入。第一,从语言结构定义话语,话语是大于句子或从句的语言单位或超句单位;第二,从功能定义话语,话语是用于交际的语言使用,是行为方式、交际方式、思维方式、价值观念等的表现形式,是特定群体的人所扮演的特殊角色的实际表征;第三,从话语的社会性进行定义,将话语看作一种社会实践和再现社会事实的方式②。将话语与社会相结合的话语概念与危机传播中的"批判取向"紧密相关,其代表人物诺曼·费尔克拉夫(Norman Fairclough)对于话语及话语分析的研究是探寻危机话语生成、传播的重要基础。费尔克拉夫在其《话语与社会变迁》一书中试图将语言分析和社会理论结合在一起,这种关于话语和话语分析的思想中有三个向度:文本向度、话语实践向度和社会实践向度。其中,文本向度关注的是文本的语言分析。文本是指任何书写的或口头表达的产物,他将话语概念加以延伸,此处的文本是指能够涵盖其符号形态,诸如视觉形象,以及作为文字和影像之结合物的文本。话语实践向度说明文本生产过程和解释过程的性质。社会实践向度关注话语实践的机构和组织环境,包括话语事件如何构成话语实践的本质,如何构成话语的建设性或建构性效果③。这三个向度说明了话语与社会的关系,在危机传播研究中,"批判取向"同样关注的是危机背后的本质,即发生的根源、发生后的深层社会影响以及对后果的建设性弥补。费尔克拉夫的话语三向度思想奠定了本书中危机话语的研究对象及研究内容。作为研究对象

---

① 刘海龙.中国语境下"传播"概念的演变及意义[J].新闻与传播研究,2014:114.
② 王晋军.国外环境话语研究回顾[J].北京科技大学学报(社会科学版),2015(5):29 - 30.
③ 费尔克拉夫.话语与社会变迁[M].殷晓蓉,译.北京:华夏出版社,2003:5 - 6.

的危机话语针对文本向度而言,即围绕危机生产的文字、口语及图像;围绕这些文本内容,探寻不同危机传播主体如何建构自己和他者对危机的认知及其背后的话语意义。

有关价值,主要是指话语背后的意义。胡百精用"事实—价值"二分法解释了危机的偶然性与必然性[①],而这也给予了我们进行危机传播时的新思考。对于危机传播的探究,我们过于重视事实层面的信息传递,相对忽略了话语背后的意义和价值追求,这也是我们在研究了诸多话语策略后,危机传播仍然在很多时候无法解决问题并且造成了更为严重后果的原因。只停留于事实层面的信息传递在很多时候并不能反映危机的本质,也并不能形成话语认同重塑共识,因此在危机传播过程中,更应重视价值在话语中的汇入与传播。

(三)危机传播是什么?

尽管危机传播的发展离不开管理学、公共关系学的视角,但是对危机传播的本质的认识主要来源于我们对危机和传播两个概念的整体认知。从反向思维思考危机传播是什么,能够让我们不再迷茫于几个相似概念。

首先,危机传播不等同于危机管理。在危机管理研究中,危机被视作事件,希斯(Heath)认为,危机传播是"以道德的方式控制危机的高度不确定性,努力赢得外界阅听人的信心"[②]。尽管这里使用的表达是危机传播,但是对危机的理解,如危机控制等更偏向危机管理的概念。危机管理有其既定的程序:建立危机处理中心、制订应急计划、事先选定危机处理小组成员、提供完备与充足的通信设施以及建立重要的关系[③]。贝克说,我们已经进入了风险社会,这种风险更多的是对人们的认知和意识的描述。由此可推,我们也生活在危机的社会中,在生存主义不断被强调的当今,对危机的心理认知像我们对媒介的依赖一样,成为我们生活中的一部分,危机的不确定性基本不可控。

其次,危机传播不等同于危机公关。乔纳森·伯斯坦恩(Jonathan Bernstein)认为,公共关系可称为危机传播,即"在危机管理过程中借用公共关系手段来进行与公众之间的沟通及处理相关信息,如信息监测与

---

① 胡百精.中国危机管理报告(2008—2009)[M].北京:中国人民大学出版社,2009:8.
② 转引自:杨魁、刘晓程.危机传播研究新论[M].北京:中国社会科学出版社,2011:27.
③ 庞亮.危机传播视野下的媒介素养教育[M].北京:中国传媒大学出版社,2015:19.

传播、媒体关系管理等,从而弥补形象与声誉的损失"①。在危机公关中,危机对组织形象与声誉造成了巨大的损失,危机公关的主要目的是修复形象与声誉。

由此可见,危机管理和危机公关都是目的层面的概念,危机管理重视对危机或者事件本身的避免与控制,危机公关从更加具象的角度考察危机的后果并尝试规避或修复负面后果、重塑形象。危机传播则侧重过程层面,虽然也关注目的,但立足过程中的关系和变化,并以此为导向。学者史安斌认为,危机传播就是"在危机前后及其发生过程中,在政府部门、组织、媒体、公众之内和彼此之间进行的信息交流过程"②。这是立足信息的危机传播定义。将这一定义置于社会环境中就构成了本书所持的危机传播本质认知观点:危机传播重视的是在多主体言说的语境下的公共传播,在传播过程中讨论危机的本质是什么,如何在危机中寻找建立新规则的机会,强调的是传播过程中的一系列有关危机的阐释与认知、危机的应对等问题。

(四)新媒体语境下危机传播是什么?

1. 何谓新媒体话语?

"新媒体"这一概念起源于 1967 年,美国哥伦比亚广播电视网(CBS)的技术研究所所长金马克(P. Goldmark)在一份关于开发电子录像商品的计划中,将电子录像称为"新媒体"(new media)③。马诺维奇(Lev Manovich)认为,新媒体只不过是一种与传统媒体形式不相关的一组数字信息,但这些信息可以根据需要以相应的媒体形式展示出来。罗斯比(Vin Crosbie)对新媒体的阐释更加具体明确,即"能对大众同时提供个性化内容的媒体,使传播者和接受者融汇成对等的交流者,而无数的交流者相互间可以同时进行个性化交流的媒体"④。将新媒体的"新"概括为数值化的再现(numerical representation)、模组化(modularity)、自动化(automation)、可变性(variability)⑤,这些特性是新媒体"新"的源

---

① 转引自:庞亮.危机传播视野下的媒介素养教育[M].北京:中国传媒大学出版社,
2015:19.
② 史安斌.危机传播与新闻发布[M].广州:南方日报出版社,2004:6.
③ 匡文波."新媒体"概念辨析[J].国际新闻界,2008(6):66-69.
④ CROSBIE V. What is new media?[EB/OL].[2018-09-13].https://digmediaman.files.
wordpress.com/2011/09/what_is_new_media_by_vin_crosbie.pdf.
⑤ MANOVICH L. The language of new media[M]. Boston:MIT Press,2001:49-63.

头。国内研究者从内涵和外延两个方面对新媒体进行了界定:就内涵而言,新媒体是20世纪后期在世界科技进步背景下,在社会信息传播领域出现的建立在数字技术基础上的能使传播信息大大扩展、速度大大加快、方式大大丰富、与传统媒体迥然相异的新兴媒体;就外延而言,则主要包括光纤电缆通信网、电子计算机通信网、多媒体技术等①。

从某种意义上讲,"新媒体"是一个相对意义上的学术概念,人类社会在文明发展史上使用的所有在时间上"较晚"和"较近"的表意媒体都可以被称为"新媒体"②。技术的不断进步催生媒体自身的发展,因而,新媒体实际上是媒体发展的一种延续,是一个动态性的概念。本书讨论的新媒体指那些相对传统文字表意媒介、随着第三次技术革命浪潮而兴起的现代技术传媒,包括网络媒体、数字媒体、移动媒体、虚拟媒体和各种自媒体(We Media,包括博客、微博、微信、贴吧、BBS论坛等),具有高互动性、多媒体性、无国界性等特点。

人类生活在一个由媒介塑造的世界里,"话语"作为最重要的传播工具和载体,是连接人类心灵与媒介世界的桥梁;它不仅是解读媒介世界的密码,还几乎是构成媒介世界的全部③。正如德国存在主义哲学家海德格尔所言,"语言是存在的家""语言交际不是一种状态,而是一种实践,是一种运动过程,语言本质和语言交际的本质在这种实践和运动过程中充分展示出来。而且这种运动是一种语言、社会、人之间的互动过程,是这种语域的交际和那种领域的交际的互动过程"④。新媒体的出现使人类"处在一场有史以来最大的语言革命的边缘"⑤。在新媒体时代,话语携带丰富的社会意涵,它通过多种符号资源完成意义建构。《符号学视角下的媒体语言研究》一文对媒体话语的界定为:"第一,媒体语言是经由媒体生成、普及的全部篇章;第二,媒体语言是内部稳定的语言系

① 蒋宏,徐剑.新媒体导论[M].上海:上海交通大学出版社,2006:1-10.
② 鲍远福.新媒体文本表意论:从语图关系到"语图间性"[J].南京邮电大学学报(社会科学版),2016(1):11-22.
③ 李凌燕.从话语的双重功能看新媒体的文化角色含义[J].现代传播,2014(1):127-130.
④ 转引自:施春宏.网络语言的语言价值和语言学价值[J].语言文字应用,2010(3):70-80.
⑤ 克里斯特尔.语言与因特网[M].郭贵春,刘全明,译.上海:上海科技教育出版社,2006:241.

统;第三,媒体语言是混合类型的特殊符号系统。"①在此基础之上,本书认为,新媒体话语即言语交际过程中,以新媒介为传播载体、以某一信息为传播内容、以某种方式为话语策略的混合符号系统。新媒体话语是人们为传递信息、交流思想而使用的言语表达方式,是用于大众传播的符号,是新媒体向受众呈现社会现象、传达社会文化意义的重要载体。新媒体话语研究不仅涉及技术,更涉及新技术的使用主体以及主体背后的文化隐喻与社会网络和权力关系。与传统媒体话语不同,新媒体话语具有明显的话语表达的主体化倾向、话语行为的游戏化特征以及话语传播的模因性效力②,注重主体性的张扬,正如马克·波斯特(Mark Poster)曾详细论述过的那样,新媒体时代人的主体性提高,个人可以凭借着自己的兴趣在网络上跨域形成不同的共同体③。

2. 新媒体语境下的危机传播

危机传播牵扯多领域复杂的社会问题,在文化全球化和文化多样性的今天,不同文化背景主体间认知的偏差和碰撞极易引发冲突危机,整个世界处于高风险社会。移动互联网和新媒体作为一种革命性力量,扩展了公众话语表达空间,公众个体话语权被激活,成为错综复杂信息传播网络中的一个个节点。

在新媒体语境下,危机传播强调的是多元危机主体、复杂情境和多重话语相互联系的动态传播过程,需要政府、公众、媒体、专家等多重主体之间的话语融合以及危机传播话语共同体的重构,从多重声音视角切入思考危机传播参与者之间的竞争与协作,微观层面的风险感知与意义建构受到学界关注。已有研究表明,在国家层面,政治家们倾向于在突发公共事件中将有效的话语修辞作为获得和维持合法性和可信度的方式,通过使用有魅力的话语修辞改善与公众的沟通,以应对危机④。埃德塔·瑞切夫(Edyta Rachfal)对2011年英国世界新闻集团电话窃听丑闻的研究发现,危机主体基于言语结构(structural)、语义(semantic)和立场归属(stance attribution)三个维度,通过话语修辞说服/操纵利益相关者,

---

① 项男. 符号学视角下的媒体语言研究[D]. 哈尔滨:黑龙江大学,2012:30.
② 李凌燕. 新媒体话语引发的文化问题及制导策略[J]. 当代传播,2013(6):71-74.
③ POSTER M. The second media age[M]. Cambridge, UK:Polity Press,1995:65.
④ OLSSON E-R & HAMMARGARD K. The rhetoric of the president of the european commission:charismatic leader or neutral mediator? [J]. Journal of european public policy,2016,23(4):550-570.

改变其对突发公共事件及影响的认知,维护自身的公众形象①。

二、"为什么"的本源追溯危机:精确目标与一般目标

世界的发展就像自我的形成,尽管有各种规律可循,但是突变性的存在也会使规律暂时失效,世界的未来我们不能完全预测,但是依照现存向往美好仍然是我们的本能。探讨危机传播研究的最终目的有助于确立清晰的研究路径。

危机传播的目标与危机管理和危机公关有所不同。危机管理是为了对危机进行控制,危机公关是为了降低对组织的形象和声誉造成的影响,这两个目标都具有精确性,具有相对聚焦的维护主体。但是危机传播的目标相对泛化,一定程度上来讲,按照批判视角对危机的定义,其最终目的是建立符合各阶层期待的社会图景。但是这一目标的实现仍须经历若干步骤:首先,新媒体环境下,在多方参与的过程中建构危机认知,了解危机反映的社会本质;其次,在事实和价值的传递过程中重塑对新秩序的期待,建立对未来的认同。

在危机传播目标的实现过程中,泛化主要表现在涉及的主体的泛化、主体间关系的泛化和对危机本质认知的泛化。主体的泛化主要指参与危机传播的主体基本囊括了组成社会的主体。全球化时代,危机的传播打破了边界的局限,尤其是立足生存主义的危机,更加广泛。主体间关系的泛化主要是指主体间信息传递方向的泛化,危机管理和危机公关都具有明确的中心,并且这一中心基本固定;但在危机传播过程中,主体的中心性相对较弱,不论个体之间、组织之间、组织与个体之间,都存在相对复杂的传播关系。对危机本质的认知,也不再局限于对形象、声誉、利益等损害的认知,更多地指向了社会信任、道德、社会体制等。对一般目标的探讨丰富了危机传播研究的不同层面。

三、"怎么样"的研究路径危机:单一学科与融合领域

关于采用何种方式研究危机传播、如何研究危机传播的问题,主要立足于我国的具体情境来思考。由于危机传播研究是一项外来研究的

① RACHFAL E. Towards a linguistic model of crisis response(CRModel):a study of crisis communication in the phone hacking scandal[J]. Journal of language and politics,2016,15(2):215-236.

引入,我们在很大程度上依赖西方的研究框架、方法和理论,由于不同的政治、社会、文化语境,这种高度的借鉴和依赖在一定程度上构成了对研究中国本土问题的威胁。这并不是说我们不能借鉴,而是如何借鉴,如果只是一味对西方理论在中国的实践进行检验,那就意味着我们并没有实现本土化和理论化的创新。基于危机传播的历史及多学科进行的危机传播研究,多元学科多元视角的融合研究成为学者的共识,但这其中存在的问题就是危机传播研究如何与其他学科进行融合。龚伟亮认为,中国传播学科面临两个危机:学术共同体内学科公共性的缺失和社会共同体内学术公共性的缺失。前者主要指传播研究固守媒体本位,与其他社会科学缺少共通、共识[1]。现在多数的学科融合是对其他学科的研究理论、研究方法的分割引用,每一个学科都有其发展的逻辑和脉络,如果缺乏对其他学科的体系、理论来源和应用、研究方法本源的追溯,那么这种学科融合只能是对危机传播发展的拼凑而非形成体系的建构。

我们应如何进行危机传播的研究,本书围绕"话语""关系""价值"三个层面展开。

1. 立足话语

话语是语言与社会实践相结合的产物。福柯指出,"'话语'并不是一种'已在'的对象物,可以被我们的言谈所讲述,而是指我们可以透过'话语'自身,来认识世界并生产意义,进而形成一种隐藏在人际间的权力网络"[2]。从批判性话语分析而言,"话语分析不仅关注话语中的权力关系,而且关注权力关系和权力斗争如何构成和改变一个社会或机构的话语实践"[3]。危机传播不仅关注由话语引发的危机本身,描绘话语实践,呈现出话语如何由权力与意识形态的关系所构成,更应考察社会结构、文化习俗、社会心理等影响,从而揭示话语对于社会身份、社会关系以及知识信仰体系的建构性作用[4]。同时,全球化的发展在一定程度上打破了危机传播的国界局限,区域性的危机更容易形成国际化的危机,国际舆论场也会作用于危机传播的意义与效果。因而,需在社会大环境中考察危机主体间的传播关系、话语互动、话语调适及其建构的意义,建

[1] 龚伟亮.传播学的双重公共性问题与公共传播学的"诞生"[J].新闻界,2013(9):3-13.
[2] 转引自:廖炳惠.关键词200[M].南京:江苏教育出版社,2006:76.
[3] 费尔克拉夫.话语与社会变迁[M].殷晓蓉,译.北京:华夏出版社,2003:35.
[4] 费尔克拉夫.话语与社会变迁[M].殷晓蓉,译.北京:华夏出版社,2003:14.

立综合不同话语主体、囊括话语内部结构及其生成的外部环境的危机话语生态圈，为危机传播研究提供视角和理论启蒙。

2. 立足关系

"危机话语生态"概念的提出源自"媒介生态"（media ecology）。"媒介生态"是生态学思想在传播学研究领域的运用。生态系统是生态学中的核心概念，指一定时间和空间内由生物群落及其环境组成的一个整体，这个整体内部各组成要素之间保持着相互联系、相互制约的关系，并具有任何系统所必然具有的自我调节功能①。学界对"媒介生态"的认知即将其视为"一定时间和空间内各种媒介关系的总和"，既包括媒介内部各构成要素之间的关系、不同媒介之间的关系，也包括媒介与外部环境之间的关系。各种要素之间相互联系、相互制约，达到一种相对平衡的生态结构②。支庭荣在《大众传播生态学》一书中将传播生态分为三个层次：内层为"传播内生态"，主要探寻事件、信息、文化供给和受众需求；中间层为"传播原生态"，探讨传播媒介的管理、技术、专业性等内容；外层为"传播外生态"，讨论经济、社会和政治压力等③。这一结构清晰展示了媒介生态的内外部要素，为危机传播的研究提供新的视角。危机传播作为一个动态的发展演变过程，微观上受到不同危机传播的话语选择及策略影响，中观上受到主体间话语互动效果影响，宏观上受到社会语境、文化心理等外在多种因素影响。由此新媒体语境下危机传播被认为是多元危机主体、复杂情境和多重话语相互联系的动态传播过程，危机主体内部、各主体之间相互联系、互动博弈，形成了多元、共生的危机传播生态。基于"媒介生态"的视角，危机话语生态圈的建立受到微观、中观、宏观三个维度的影响，即不同危机传播主体的话语选择与话语修辞策略，到危机传播主体间的话语互动效果，再到危机传播所处的社会语境等外在因素。在内部和外部因素共同作用下形成的危机话语生态圈，既包括不同危机传播主体内部的话语结构，也包括主体间话语互动的表现模式，同时涵盖了危机话语与社会、文化背景之间的相互影响的关系。多元主体之间互动博弈，构成相对平衡的生态结构，形成一个具

① 李博.生态学[M].北京:高等教育出版社,2000:197.
② 喻国明,张超,等."个人被激活"的时代:互联网逻辑下传播生态的重构——关于"互联网是一种高维媒介"观点的延伸探讨[J].现代传播,2015(5):2.
③ 支庭荣.大众传播生态学[M].杭州:浙江大学出版社,2004:11-13.

有多元、互动、共生、演进等特征的危机话语生态。

3. 立足价值

危机传播包括事实层面和价值层面,事实层面的传播是描述,形成各方对危机导火索、危机是什么的认知,这是知情;价值层面的传播是艺术,不是局限于危机表面信息的传递,而是对危机造成的文化、信仰坍塌的重建,这是形成对话的根本。目前,危机传播研究过度重视事实层面的信息传递,相对忽视了价值层面的本质对话,而这往往也阻碍了各方认同形成、重塑共识的危机传播希冀。

第二节　危机传播研究的历史追溯

1967 年,一篇由传播学者撰写的危机传播论文探讨了 1961 年秋季在苏联和芬兰之间发生的一场外交危机中,西方新闻媒体所扮演的角色。这是美国权威论文索引(如美国的 Communication Abstract)查找到的有关危机传播研究的最早记录①。20 世纪 90 年代以后,危机传播的重要性逐渐显现,逐渐从危机管理研究体系中脱离出来,危机管理环节中的信息传播的重要性被越来越多的学者关注并加以肯定。1993 年,伊恩·I. 米特洛夫(Ian I. Mitroff)和 C. M. 皮尔逊(C. M. Pearson)切入危机管理的核心环节进行分析,指出搜集、分析和传播信息是危机管理者的直接任务②。危机传播从危机管理中"脱离",形成独立的研究领域,在吴宜蓁看来,这得益于公共关系和语艺学的加盟③。

危机传播是一种适应媒介技术与社会发展的研究领域,并不完全隶属于哪一门具体学科,是对分类学科范式的一种解构。危机传播是在管理学、公共关系学、传播学、心理学、社会学等多个学科相互作用的过程中形成的具有多元学科理论和研究方法的研究新领域。在危机传播研

---

①　PAKARINEN E. News communication in crisis:a study of newspaper coverage of Scandinavian newspapers during the Russo-Finnish note crisis in the autumn of 1961[J]. Communication monograph,1967(2):224 - 228.

②　MITROFF I I,PEARSON C M. Crisis management[M]. San Francisco:Jossey-Bass,1993.

③　吴宜蓁. 危机传播——公共关系与语艺观点的理论与实证[M]. 苏州:苏州大学出版社,2005:7. 原文:"从研究脉络的发展过程来看,危机管理研究发展在先,危机传播研究从公共关系主轴分枝出来,发展在后,加上语艺批评取向加入研究阵营,在危机研究中另树一格。"

究的发展过程中,由于各学科的交互作用,我们很难断定危机传播研究的发展究竟受到哪一门具体学科的影响较大,我们所能理解的是这些学科背景已经为或即将为危机传播研究带来何种可能。危机传播理论并非孤立的存在,而是与研究者的学科背景、价值取向和研究兴趣等密切相关,经典的危机传播理论也并非一成不变,而是发展中存在相互借鉴交融之处。总体而言,由于危机传播研究是一门较为新兴的研究,其理论建构出现得较为滞后。斯格(Seeger)在危机传播发展20余年时曾通过梳理危机传播领域的概念、研究文献等,以"零散的""尚缺乏框架的建构和理论的综合"①来评论当前的危机传播研究现状。

概括地说,从管理学中衍生下的危机管理与从公共关系学中衍生下的危机公关,是危机传播研究诞生的历史土壤;而之后传播学者的介入奠定了危机传播的两大取向("管理取向"和"修辞取向"),"内容 + 关系"研究成为危机传播的重要研究路径;随着心理学的介入,危机传播研究开始发生转向,而后社会学的加入与心理学一起为目前危机传播的社会和文化研究视角("批判取向")的形成提供了依据,构成了危机传播的"意义"研究层面。在这些转变的过程中,可以看到学术界对危机传播的本质认知的发展,目前的危机传播应从"内容 + 关系 + 意义"的研究路径进行。

一、以组织为中心的危机管理框架建立

以组织为中心的危机管理研究框架源于管理学视角。危机管理是危机传播诞生的土壤。早期的危机传播研究学者基本来自管理学派,在危机管理发展过程中,逐渐产生了倾向于危机信息传播的研究取向。管理学对于危机传播研究的影响主要体现在三个方面:聚焦危机本身,以组织为中心,线性传播模式。

"危机管理"概念创建于20世纪60年代,由美国学者提出危机管理属于决策学的分支,首先被运用于外交和国际政治领域,之后被引入企业②。1962年的古巴导弹危机催生了现代危机管理学的诞生,1966年,巴肯(A. Buchan)在《大西洋论丛》发表的《危机管理:新的外交》中首次

---

① 高世屹. 美国危机传播研究初探[EB/OL].[2018 – 10 – 30]. http://academic. mediachina. net.
② 何苏湘. 对企业危机管理的理论界定[J]. 商业经济研究,1998(5):29.

明确提出危机管理概念。时任哈佛大学肯尼迪政府学院院长的格雷厄姆·T.阿利森(Graham T. Allison)根据古巴导弹危机撰写了《决策的本质》(The Essence of Decision)一书,徐立德将此书称为"一本危机管理的经典之作"。

危机管理研究聚焦事件控制。"危机管理"是对危机进行管理,以达到防止和回避危机,使组织或个人在危机中得以生存,并将危机所造成的损害限制在最低程度的目的①,希望通过管理规划,预防危机、处理危机乃至评估绩效②。从某种角度而言,危机管理的过程就是组织维护、巩固或重新设计、重新塑造自身公众形象的过程,同时获得了良好形象的组织又反过来强化组织危机管理的能力③。对危机管理的研究成果进行梳理发现,危机管理是面对危机所产生的一系列或处于某一时段的所有应对行为的集成,包括预防、处理、评估的过程,人员组织与分配的主体调动,或是对于某一危机预防与应对的长时间的教育与强化。所有这些行为都围绕危机本身或者引发危机的具体事件进行,偏重规划,一定程度上忽略了危机的内涵及其生成的社会文化环境。

在危机管理中,组织是危机管理的中心,是危机应对的主体,组织对于公众的关注较少。在以往的危机传播研究中,被学者经常提及的事件,如古巴导弹危机、美国强生公司的泰勒诺胶囊掺毒事件,组织在这些事件中的危机应对都聚焦危机本身的解决,从组织具备的能力、资源角度出发,对危机进行控制。以组织为中心进行危机控制是危机管理学派的重要特征,早期的危机管理也因此相对忽略公众这一群体。

近几年,危机管理研究出现了以语言学为基础的转向,有学者将危机看成是语言问题,认为可以通过言语行为达到预防、控制、消解危机的目的④。在这一转向的研究中,学者更重视言语行为的表层实践,如话语介入的时间、说话者介入的语序、话语强度、清晰度等⑤。这种话语转向

① 魏加宁.危机与危机管理[J].管理世界,1994(6):53.
② 汪臻真,褚建勋.情境危机传播理论:危机传播研究的新视角[J].华东经济管理,2012(1):98.
③ 薛澜,张强,钟开斌.危机管理——转型期中国面临的挑战[M].北京:清华大学出版社,2003:45.
④ 胡范铸.突发危机管理的一个语用学分析——兼论语言学的研究视界[J].华东师范大学学报(哲学社会科学版),2002(6):51.
⑤ 胡范铸.突发危机管理的一个语用学分析——兼论语言学的研究视界[J].华东师范大学学报(哲学社会科学版),2002(6):55-56.

表明了危机管理研究的趋向，将危机传播提炼成一个重要的组成部分，但是语言学转向并没有普遍存在于危机管理研究中，对于危机的整体预防以至应对的架构仍然是危机管理的核心，但是语言学的转向为危机传播的话语研究提供了支撑。

以斯蒂文·芬克（Steven Fink）等为代表的危机生命周期理论较能说明危机管理研究倾向。危机生命周期理论认为，危机与人的生命周期类似，需要经历不同的生长发展阶段。建立在这一理论基础上的代表观点聚焦企业的危机阶段，共有三阶段模型、四阶段模型、五阶段模型和六阶段模型四种代表观点。伯奇（Birch）和古斯（David W. Guth）把企业危机分为危机前（precrisis）、危机（crisis）、危机后（post-crisis）三大阶段，每一阶段又分为若干小阶段①。美国管理学者斯蒂文·芬克借助医学术语"生命周期"模型，把危机的发生过程划分为四个阶段：危机潜伏期（prodromal）、危机爆发期（breakout or acute）、危机延续期（chronic）及危机解决期（resolution），这一理论揭示了危机传播的规律性，并奠定了这一研究领域的基本理念。米特洛夫提出了五阶段论：警讯侦测（signal detection）阶段，主要是发现危机的警讯，并采取行动来避免危机的发生；探测与防范（probing and prevention）阶段，寻找已知的危机风险要素，并设法降低可能带来的伤害；损害抑制（damage containment）阶段，尽量使危机不扩大到组织的其他部分或周遭环境，以避免危害进一步加剧；恢复（recovery）阶段，使组织尽快恢复正常的运作；学习（leaning）阶段，反省与批判危机的处理过程，从而增强组织的记忆②。凯瑟琳·弗恩—班克斯（Kathleen Fearn-Banks）把危机事件处理分为：监测（detection）、预防/准备（prevention/preparation）、抑制（containment）、恢复（recovery）、反思（learning）五个基本步骤③。诺曼·R.奥古斯汀（N. R. Augustine）将危机管理分成六个阶段：危机的避免、危机管理的准备、危机的确认、危机的控制、危机的解决、从危机中获利④。在阶段论中，学者主要针对危机发展的不同阶段的特征进行策略和目标的设定，并且已经彰显出危机传

①② 王慧.基于危机生命周期理论的企业危机管理策略探讨［J］.企业经济,2009（10）: 38.

③ 弗恩－班克斯.危机传播——基于经典案例的观点（第四版）［M］.陈虹,等,译.上海: 复旦大学出版社,2013:4－8.

④ 周永生,蒋蓉华,赵瑞峰.企业危机管理（ECM）的评述与展望［J］.系统工程,2003（6）: 19.

播的研究倾向,比如奥古斯汀在六阶段理论的危机控制阶段中,已经开始关注信息传播的主动性,并且考虑到公众与媒体的介入将对危机产生的影响。

二、关注公众的危机传播模式开启

危机公关是以公共关系视角进行的危机研究与实践,吴宜蓁在《危机传播》一书中对危机公关的研究缘起和发展进行了较为完整的梳理。在期刊方面,从20世纪60年代到80年代,有关危机公关的研究文献较少;在公关书籍方面,21世纪以前也没有过多论述①。班克斯在其《危机传播——基于经典案例的观点》一书中对于危机传播的研究从整体上更加偏向危机公关,认为危机是指"一种潜在的可能发生的重大事件,它会对组织、公司、工业机器顾客、产品、服务和名誉造成诸多负面影响"。危机传播是指"在危机事件的发生前期、过程中期和事态后期,实现组织和其受众群之间的沟通对话"②。公共关系对于危机传播从线性到多向、从以组织为中心到以公众为中心的理念发展具有启示意义。公共关系作为一个学科形成和成熟是在20世纪以后③。该学科从建立开始,就聚焦组织和公众的关系研究。1952年,美国学者斯科特·M.卡特里普(Scott M. Cutlip)等人在《有效的公共关系》一书中,将公共关系定义为"一种管理职能,它用以建立和维持社会组织与其公众的互利关系"④。可以说,公共关系关注的核心问题是公众对组织的意见,聚焦组织与公众关系是该学科的立足根本。公共关系是"对一个组织与其公众的传播管理,其目的是建立一种与这些公众互相信任的关系"⑤。

公共关系学科发展的主要原因之一就是商品经济的高度发展,因此这一学科最早应用于企业。19世纪末20世纪初,欧美国家的商品经济已经达到了高度发展状态,市场竞争激烈。在此背景下,为了组织的良好发展,组织必须不断与外界交换信息,树立自身良好的社会形象,在竞

① 吴宜蓁.危机传播——公共关系与语艺观点的理论与实证[M].苏州:苏州大学出版社,2005:29.
② 弗恩-班克斯.危机传播——基于经典案例的观点[M].陈虹,等,译.4版.上海:复旦大学出版社,2013:2.
③⑤ 格鲁尼格,郭惠民.公共关系是一种传播管理[J].国际新闻界,1998(2):71.
④ 陈怡如.格鲁尼格伉俪:卓越公共关系[J].国际公关,2005(3):22.

争中占据有利位置①。而这种竞争所争取的最主要的对象就是公众。

公共关系理论发展主要分为四个阶段：公共关系理论的出现、公共关系理论成熟时期、公共关系创新时期、公共关系学全球化传播时期②。在这四个阶段中，都有代表性理论产生，每一阶段的理论都具有不同特征。其中，第一和第二阶段较为突出组织与公众的关系。尤其是公共关系理论的出现阶段，对于公众地位的推崇最为明显。这一阶段的代表人物是"公共关系理论之父"爱德华·L. 伯内斯（Edward L. Bernays），他认为，公共关系思想的核心是"投公众所好"，确定公众的价值观和态度是公共关系工作的首要任务③。作为公共关系学科的创始人，爱德华·L. 伯内斯学科建设的开始就建立了"以公众为核心"的基调。

公共关系理论发展的第二阶段是一系列代表性理论出现，公共关系理论建构趋于成熟，其中三个理论重点强调了对公众地位的重视。美国学者卡特利普（S. Cutlip）和森特（A. Center）提出了"双向对称"的公共关系模式，认为公共关系是信息的双向传播，把组织的想法与信息传播给公众，把公众的想法与信息反馈给组织，在组织与公众之间形成一种和谐的关系④。格鲁尼格夫妇建立的卓越公关理论同样持此观点。詹姆斯·E. 格鲁尼格（James E. Grunig）认为，双向对称传播能促进组织及其公众的相互了解，为彼此带来最大的利益；拉莉莎·A. 格鲁尼格（Larissa A. Grunig）认为公共关系较新闻专业更能帮助组织及组织如何面对公众。二人为现代公共关系理论的确立奠定了基础⑤。英国公共关系学专家弗兰克·杰夫金斯（Frank Jefkins）提出了"公共关系工作六部曲"，认为公共关系工作包括"估计形势、确定目标、确认公众、选择传播媒介与技巧、编制预算方案、评价结果"⑥六个部分。其中，确认公众成为组织进行公关的稳定性环节，对于公众的分析是进行公关的基本前提。格罗尼格和亨特的"公众分类理论"从组织对公众引起的"后果"出发，把公众分为四种类型：非公众、潜在公众、知晓公众、行动公众。这一理论按照公众与组织的关系对公众进行类型划分，从中确定的是公共关系的对

---

① - ④ 卢山冰. 公共关系理论发展百年综述[J]. 西北大学学报（哲学社会科学版），2003（2）：168 - 172.

⑤ 陈怡如. 格鲁尼格伉俪：卓越公共关系[J]. 国际公关，2005（3）：22.

⑥ 卢山冰. 公共关系理论发展百年综述[J]. 西北大学学报（哲学社会科学版），2003（2）：172.

象和公关效果的可能性①。

公共关系学科从一开始对于公关过程中公众重要地位的强调奠定了这个学科的研究基础,在与传播学的互动过程中,公共关系的这一理念逐渐渗透到传播学研究中,为后来的危机传播研究的双向甚至多向关注、从以组织中心向以公众中心的理念演变提供了借鉴。

班尼特创立的"形象修复理论"是从公共关系视角开展研究的代表。形象管理是组织或个体为建立和维护其合宜形象而采取的一系列活动,是宏观管理层面的系统化措施,一般的形象管理模式主要基于社会心理学研究②。该理论的逻辑假设为:个人或组织最重要的资产是它的声誉,任何社会组织必须最大限度地提高其声誉和形象③。该理论的使用有两个前提,"一是组织被认为对危机事件的发生承担责任,二是社会大众对组织责任的看法比危机事件的真相本身更加重要"④,这两个条件都强调了公众是危机传播的核心。在此基础上,该理论提出五种基本的形象修复策略:否认(denial)、回避责任(evasion of responsibility)、减少敌意(reduce offensiveness)、纠正行为(corrective actions)、责任分离(separation)。形象修复理论多应用于政治家与政府形象、企业形象、名人形象等领域,但是也有一定的局限性:没有考虑组织或个人所面临的社会环境因素,忽略了危机发生前、危机发生时所特有的社会背景和危机情境;班尼特的形象修复理论将复杂过程降低为简单的"刺激—反应"事件,说服强过沟通,独白多过对话,而缺乏人与人之间的双向沟通。这个理论已经开始有了心理学视角的转向,将公众对事件责任的认知作为危机传播的前提条件。形象修复理论开始转向修辞和心理两个层面,突出了公众在危机传播中的地位以及话语对危机应对的意义。

与传播过程类似,危机传播的发展历史也遵循了由关注人、信息到关注效果的变化规律。对危机的管理和对公众的关注虽然也注重传播效果的研究,但是主要聚焦于危机本身或参与危机传播的主体的传播效果,缺乏对宏观传播效果的考察。1997 年,托马斯·A.伯克兰(Thomas

① 卢山冰.公共关系理论发展百年综述[J].西北大学学报(哲学社会科学版),2003(2):171.
② 廖为建.公共危机传播管理[M].广州:中山大学出版社,2010:331.
③ 转引自:吴宜蓁.危机沟通策略与媒体效能之模式建构——关于肠病毒风暴的个案研究[J].新闻学研究,2000(1):1-34.
④ 胡百精.危机传播管理[M].北京:中国传媒大学出版社,2005:224.

A. Birkland）提出焦点事件理论。基于议程设置理论,伯克兰提出"突然发生的、不可预知的事件(焦点事件)"在促进公共政策讨论方面起着重要作用。焦点事件分为"常规性"焦点事件和以前从未发生或者发生时间很久已被人们淡忘的"新型的事件",这些事件由于其突发性、违反常规性,往往获得公众的高度关注,并且激发了公众"我们能够帮助受害者做些什么"的思考①。托马斯·伯克兰所提出的"焦点事件理论"(the focal point event theory)开始将危机传播与社会语境连接起来,开始像考察技术对社会、人类的影响一般探索危机传播对社会的作用,这是宏观意义上的传播效果研究。

三、危机传播的归因认知心理介入

从认知行为学的背景来看,认知是行为产生的主要依据,我们对事物的反应来自我们对事物的认知。心理学介入危机传播研究的重要成果就是 W. 蒂莫西·库姆斯(W. Timothy Coombs)根据归因理论创建的"情境式危机传播"理论,该理论拓展了以往危机传播策略研究的影响维度,将危机类型和危机史对危机传播策略选择的影响纳入研究范畴。

归因理论是社会心理学的理论之一,这一理论认为"在生活中,人们总是在寻找事件发生的原因,特别是针对产生负面影响的突发事件"②。人们对事件发生的归因和组织的危机史影响人们对组织危机应对行为的期待,进而影响组织应对危机时的策略选择及策略使用的效果。库姆斯对归因理论的引入,不仅强化了危机传播中"重视公众"的观点的确立,而且形成了有关危机及危机传播新的认知,即已有的危机历史会形成记忆影响危机传播策略选择。

危机传播研究的基本立足点在于:危机具有"交流性",可以通过"沟通"进行应对。在危机中,我们应该沟通什么? 传统意义上我们认为,危机是一个客观的存在,是物质世界的产物,危机传播是对于客观事实的传递。归因理论的引入为我们提供了危机传播主观判断的一种解释,公众对危机的认知是危机传播的重要部分,组织在危机传播中不能只考虑危机的客观事实,还需要考虑公众对危机的认知。

---

① 王芳. 危机传播经典案例透析[M]. 北京:中国社会科学出版社,2010:16 - 17.
② WEINER B. An attributional theory of achievement motivation and emotion[J]. Psychology review,1985,92(4):548.

　　由此形成的危机传播代表理论为蒂莫西·库姆斯提出的"情境式危机传播"理论(situational crisis communication theory),作为近几年危机传播领域研究成果较多的重要理论,主要应用于企业危机传播领域。库姆斯等人在归因理论的基础上研究发展出一套情境危机传播理论,通过吸收实验方法和社会心理学理论,从个案研究转向实证研究,提供了一个以证据为基础的框架,在危机发生后通过一定的回应策略最大限度地保证组织的声誉不受损害①。危机情境、危机沟通策略以及危机情境和反应策略的对应成为该理论的三个主要论题②。根据归因理论,库姆斯提出公众进行归因的两个依据,即危机类型和危机史,这主要基于可控性和稳定性是人们进行归因时的依据。可控性具体是指危机发生是可以避免还是不可控制;而稳定性是指危机发生是经常性还是偶然性。库姆斯首先对已有研究中的危机成因进行划分,然后通过实验测量公众对于这些危机的责任归因的感知,根据实验结果进一步将其分为三类:受害者型危机(victim)、意外型危机(accidental)、可预防型危机(preventable)③。采用类似的方法,汪臻真、褚建勋将危机策略分为否认型策略、弱化型策略、重建型策略以及一种补充性的支援型策略,最后建构了以危机情境为基础的危机反应策略模型④。吴宜蓁进一步整理出哀兵、提供信息、建构新议题三个策略作为增补的策略选项。黄懿慧则丰富了危机反应形式,提出及时、主动、一致的三个维度⑤。在库姆斯危机情境理论的基础上,吴宜蓁提出了三效能说——"媒体效能、社会效能、组织学习效能"⑥,进一步从本土化的角度丰富了该理论。情境式危机传播理论主要应用于企业等组织机构,因此我们在进行危机传播研究过程中,需要对危机涉及的主体进行分析,不可完全使用这一理论所涉及

①　COOMBS W T. Protecting organization reputations during a crisis:the development and application of situational crisis communication theory[J]. Corporate reputation review,2007,10(3):163 – 176.

②③　COOMBS W T. Impact of past crises on current crisis communications:insights from situational crisis communication theory[J]. Journal of business communication,2004(41):265 – 289.

④　汪臻真,褚建勋.情境危机传播理论:危机传播研究的新视角[J].华东经济管理,2012(1):99.

⑤　HUANG Y H. Trust and relational commitment in corporate crises:the effects of crisis communicative strategy and form of crisis response[J]. Journal of public relations research,2008,20(2):297 – 327.

⑥　吴宜蓁.危机传播——公共关系与语艺观点的理论与实证[M].苏州:苏州大学出版社,2005:7.

的策略。

四、转向微观话语修辞视角的危机传播与互动

全球传播时代,传统社会不对称的、单向性的、局域式的传播格局被打破,隐匿的公众由后台走向前台,形成了多极化传播格局,危机被认为是"共同体话语被打破"①,危机主体内部、各主体之间相互联系、互动博弈,形成了多元、共生的危机传播生态。

早期危机传播研究偏向管理学派,是一种以组织为中心的危机控制研究路径。移动互联网和社交媒体的发展使得危机传播不再单纯以组织为中心,而是基于多元语境视角的话语修辞视角成为一种描述和阐释危机话语实践的新的模式。这一模式在历时维度上关注危机修辞话语场域中行动者的危机关系管理及其在语境互动中获得的符号资本;在共时维度上评估行动者进入修辞话语场域及其发声强弱的关键因素、依赖资源及其话语生产和意义争夺机制,为从宏观管理学视角向微观话语修辞视角的危机传播研究视角转向、观察动态的危机传播生态、在积极的危机传播框架内制定战略规划提供了新的视野。

就理论层面而言,传统危机传播研究多采用以组织为中心的自上而下的线性危机传播模式,已难以从本体论和认识论层面解释复杂危机情境②,基于文本视角的形象修复理论以及基于语境视角的情境式危机传播理论被认为"已无法满足危机传播高度复杂性和动态性的需求",危机传播研究在理论和实践层面均呈多向度纵深发展之势。"修辞话语场理论"(the rhetoric discourse arena theory),以话语定义危机传播方式,通过介绍"多重声音法",将危机情境中所有参与危机传播的利益相关者纳入研究范畴③,详尽描述和解释危机演变过程以及复杂国际危机情境中主体间的话语博弈,为危机传播研究开辟了新的视野。

微观话语修辞视角强调的是组织、公众、媒体等多重主体之间的话

① SUNG M-J,HWANG J-S. Who drives a crisis? The diffusion of an issue through social networks[J]. Computers in human behavior,2014,36(36):246－257.
② 胡百精."非典"以来我国危机管理研究的总体回顾与评价——兼论危机管理的核心概念、研究路径和学术范式[J].国际新闻界,2008(6):12－16.
③ FRANDSEN F,JOHANSEN W. Crisis communication and the rhetorical arena:a multi-vocal approach. Paper presented at the annual meeting of the international communication association[C]. TBA,San Francisco,2007.

语融合以及危机话语共同体的重构,从多重声音视角切入思考危机传播参与者之间的竞争与协作。社交媒体改变了危机传播格局和语境,为危机传播提供了平台和机遇。如在突发公共事件中,卡托姆·胡塞因(Kalthom Husain)等人以马航 MH370 失联事件[1]为例,对公共关系从业者进行访谈,指出社交媒体凭借其强大的传播力改变了传统的危机报道方式以及危机管理方式,提高了组织危机传播的必要性,组织官方博客和微博均成为组织危机传播的有效途径[2]。同时,在危机实践中,数字媒体,尤其是社交媒体被认为是变革的催化剂。组织外部利益相关者以社区代表的身份对组织提供的信息做出回应,通过 Twitter 等社交媒体生产内容,影响公众的集体情绪,组织外部利益相关者社交媒体用户被认为是确定公众信息和情感需求的良好资源[3]。在危机期间,基于社交媒体和移动技术创造的虚拟空间为青年志愿者提供聚集和交流危机应对经验、行动及参与方式的场所,建构起组织内部成员间的即时联络网以及与外部组织的联结[4]。移动信息技术拓展了公众的交往空间,也改变了公众接收危机信息的方式,为个休进入危机修辞话语场发声提供机会。学者 Sabine A. Einwiller 和 Sarah Steilen 审视美国大型企业如何处理公司 Facebook 和 Twitter 网页上的投诉发现,社交媒体为消费者公开发表对企业的投诉提供平台,而企业往往试图使投诉者远离社交网站。充分利用社交媒体与消费者互动、有效处理投诉,不仅可以安抚投诉者,还可能赢得相互影响的旁观者[5]。

社交媒体的出现与普及,对于危机传播的影响具有两面性:一方面,

---

① 马航 MH370 失联事件:2014 年 3 月 8 日凌晨 2 点 40 分,马来西亚航空公司称一架波音 777 - 200 飞机与管制中心失去联系,该飞机航班号为 MH370,原定由吉隆坡飞往北京。失去联络的客机上载有 227 名乘客(包括两名婴儿)和 12 名机组人员。其中有 154 名中国人。

② HUSAIN K,ABDULLAH A N,ISHAK M,et al. A preliminary study on effects of social media in crisis communication from public relations practitioners' views[J]. Social and behavioral sciences,2014,155:223 - 224.

③ BRUMMETTE J,SISCO H F. Using twitter as a means of coping with emotionsand uncontrollable crises[J]. Public relations review,2015,41(1):89 - 96.

④ SARAH L,KAY W C,DEBASHISH M,et al. The self-organising of youth volunteers during the Rena oil spill in New Zealand[J]. New Zealand journal of marine and freshwater research,2016,50(1):28 - 41.

⑤ EINWILLER S A,STEILEN S. Handling complaints on social network sites-an analysis of complaints and complaint responses on facebook and twitter pages of large US companies[J]. Public relations review,2015,41(2):195 - 204.

社交媒体促进组织和公众之间实现即时互动沟通;另一方面,社交媒体即时、快速传播也极易加速不实信息的传播,使危机升级,甚至引发新的危机,成为制造、传播危机的平台,危机主体间的关系建构更为复杂①。因而,危机传播不能简单地套用危机应对策略来应对所有情境,必须从微观层面考虑不同主体间话语的内在动力。

五、"共识重塑"的批判视角兴起

危机传播研究在很长一段时间内都遵循"管理取向"和"修辞取向"两种研究路径,这两种研究路径的共通之处都是对危机的静态研究。学者认为两种研究路径都没有摆脱行政式研究模式的局限性,对于社会现状、机制和权力关系的反思和批判有所缺失。现代性的社会是将社会各组成部分联系在一起,因而使危机具有了普遍性,而与此同时,我们也应认识到这种联系还是危机产生的重要机理。在一些学者看来,危机并不是偶然发生的,而是在制度、文化背景下必然发生的现象。20 世纪 90 年代末,一些学者开始将社会文化理论引入危机传播研究,形成危机传播研究的"批判取向"②。

危机传播研究的"批判取向"重视危机产生的背景因素,这一取向源于麦克黑尔等人提出的"霸权"(hegemony)模式。该模式强调在一个多元化的社会文化体系中,占主导地位的"在执行群体"通过与其他社会群体的协商和谈判,达成价值观和意识形态上的共识③。虽然此模式基于文化研究学派的观点,但是同时与 20 世纪 90 年代兴起的公共治理理念有着异曲同工之妙。在符号互动理论与以公众为中心理念的交织作用下,协商、互动已成为危机传播研究的思想基础。而"批判取向"中的危机传播研究不仅关注群体之间的交流,也关注制度内部结构之间的互动。

按照"批判取向"路径进行的危机传播研究是从深层原因探讨危机形成和危机认知。哈贝马斯和乔纳森 · H. 特纳(Honathan H. Turner)两位学者对于危机的定义为这一研究取向提供了概念支持。哈贝马斯认

---

①　陈虹,秦静.国外危机传播研究前沿与趋势——基于 2014—2015 年 Web of Science 数据库的分析[J].新闻记者,2015(11):78 - 84.

②　史安斌.危机传播理论和实践的范式转向[N].中国社会科学院报,2009 - 05 - 26(8).

③　史安斌.危机传播研究的"西方范式"及其在中国语境下的"本土化"问题[J].国际新闻界,2008(6):26.

为,所谓危机来临,是指寻常、普通、合理的状态瓦解了,随意、混乱和漂浮压倒了规则和秩序①。而特纳认为危机就是一种"文化的倒塌",原本大家共同信奉、遵守的东西,在某一情况下,突然变得毫无意义②。这两种观点都从危机产生的意识形态原因进行分析。规则、秩序或者文化的倒塌其实就是原有框架的崩塌。我国学者温琼娟认为,危机击垮了既有的"框架",如果新的"框架"不能形成,那么危机就会蔓延,而危机"框架"的建构是组织通过与公众或利益相关者进行沟通,并达成共识,从而得以形成,即为框架视角下的危机传播③。这主要源于社会学心理学中的"框架理论"。框架是人们认知世界的依据,是经过互动形成的一系列有关事物概念、意义的认知沿革,危机是对框架的冲击。在危机发生时,人们失去了"共享的意义",对事物的认知处于混乱状态,因此需要重新进行框架或者规则、秩序、意义的建立,而在重新建立的过程中,仍需要运用框架进行新框架的重塑。

将框架理论用于"批判取向"的危机传播研究,既可以进行危机形成原因和认知的分析,又可以进行危机传播策略选择的研究。目前,运用框架理论进行危机传播研究的成果较多,呈现出不同危机认知,但多数学者只是对危机传播中不同主体使用的框架进行分析,而对于危机造成哪种框架的崩塌、何种框架的使用重构了意义、构建了何种新的"共享的意义"等问题研究较少,尤其对于危机造成何种框架的崩塌的相关研究几乎处于空白。不了解危机造成何种共识断裂的危机传播,只能浮于表面的话语策略,可能短时间内可以降低危机造成的危害,但是无法从意义层面解读、应对危机。

六、危机传播理论的"符号互动"转向

用符号互动理论解释危机传播,源于公共治理理念和新媒体平台对于危机传播理念和实践的影响。20世纪90年代,公共治理理念兴起,核心内容是"多元主体协商对话",这逐渐成为危机传播的实践理念。新媒体的出现和发展在为这种协商对话提供平台契机的同时,也在一定程度

① HABERMAS J. Legitimation crisis[M]. Boston:Beacon Press,1975.
② TURNER B. The organizational and interoranizational development of disasters[J]. Administrative science quarterly,1976(21).
③ 温琼娟.框架分析视野下的政府危机传播策略——以中国政府网的玉树地震报道为例[J].湖北大学学报(哲学社会科学版),2012(5):103.

上从技术层面促成了人们公民意识的觉醒,使得公民积极参与危机传播和危机应对。在公共治理理念、新媒体、公民意识发展的社会环境中,危机传播需要改变以往的单向传播模式。至此我们已经知晓,协商对话是未来危机传播取得良好效果的重要路径,那么如何在危机传播中实现协商对话? 协商源于对同一事物在同一意义层面进行交流互动,而对话实现的根本是对他者进行角色领会。因此,从根本上讲,协商对话的实现路径来源于符号互动理论对自我、社会之间互动关系的研究。本节主要从符号互动论的视角出发,厘清符号互动论的基本要义及形成过程,以及对危机传播研究的影响,进而提出本书中的重要理念,即多元话语互动建构了现代危机传播场域。而本书的主要内容也将基于此理念,关注突发公共事件,研究危机传播主体在突发公共事件发展过程中使用的话语框架、背后的意义指向及话语框架变化,并进而探讨以下问题:危机传播主体如何进行危机的话语传播,形成了哪些话语框架,多元主体话语背后的意义指向是否一致,在传播过程中各主体如何进行话语调适,在调适过程中是否遵循了协商对话理念,调适过后是否形成对危机认知和危机应对较为一致的态度,在突发公共事件发展过程中各主体使用的话语框架是否取得良好的危机传播效果。

符号是表征,具有象征意义,其外在表现为文字、语言、图像等。符号是人们认知世界、理解世界的基础。符号互动论是在人类能够使用符号的基本前提下发展起来的。"符号互动论"这一名词首先由布鲁默(Herbert Blumer)提出,在他之前,詹姆斯(William James)、库利(Charles Horton Cooley)、杜威(John Dewey)、米德(George Herbert Mead)都为这一理论的发展奠定了基础,尤其是米德对于其他三位学者理论的综合,最终成就了符号互动论。

(一)符号互动论的基本要义

库利认为,人类生命可分为生物遗传的生命和社会遗传的生命两个方面[①],生物遗传的生命即达尔文生物进化论所描述的那样,而社会遗传的生命则是指互动的遗传。人们对于社会的认知,可以说几乎全部来源于社会互动,即便是自我感知,也建立在符号已有意义以及互动的基础之上。符号互动论将情境知识与社会互动的双向建构作为重要的研究

---

① 转引自:郭景萍.库利:符号互动论视野中的情感研究[J].求索,2004(4):162.

议题,将"意义"视为关于"自我"和客观世界的知识,这种知识产生于行动者对行动情境的反应和泛化他人的态度①。弗兰克·N.玛吉尔(Frank N. Magill)认为,人对情境的定义过程,是一种符号互动;在个体面对面的互动中有待于协商的中心对象是身份和身份的意义,个人和他人并不存在于人自身之中,而是存在于互动本身之中②。

符号互动论发展的奠基人主要包括詹姆斯、库利、杜威、米德,之后由布鲁默最先提出该名词并将前人尤其是米德的思想发展成理论。米德是符号互动论发展的核心人物,其主要贡献是对詹姆斯、库利、杜威等人思想的融合,在融合过程中探讨了心智、自我、社会的形成过程。乔纳森·H.特纳对符号互动论的发展过程做过系统的阐述,下面结合乔纳森·H.特纳的梳理和相关文献,对符号互动论的发展过程、基本概念和理念及其对危机传播的影响进行概述。

1.符号互动论的奠基者:詹姆斯、库利和杜威

首先,詹姆斯提出的"社会自我"概念为符号互动理论的提出奠定了基础。詹姆斯认为自我包括物质自我、社会自我和精神自我,其中社会自我是指由于同他人交往而形成的个体的自我感觉③。这里强调个体对自我的认知是在与他人互动的过程中形成的,与他者互动成为自我发展的关键。库利延续了詹姆斯对自我的认知,但是他延伸了自我这一概念,他把自我看作是个体在社会环境中把自身视为客体的过程④,即我们可以认知自我,正如我们可以认知他人一样。杜威提出的心智意识影响了米德关于自我发展、个体互动形成社会的理论。杜威将心智意识视为一个过程:对环境中的客体进行定义,明确行动的潜在路线,想象走每一条路线可能产生的结果,抑制不恰当的反应,随后选择一条有利于调适的行动路线⑤。这就是后来米德所谓的"想象性预演"。杜威的这一条有关心智的过程其实是对个体、群体行动过程的描述,这一过程考虑了他者对于个体行动可能存在的反应,说明了个体行为建立在他者的认知基础之上。这一概念对于公共治理理念下的危机传播具有启示意义,

① 王振林,王松岩.米德的"符号互动论"解义[J].吉林大学社会科学学报,2014(5): 116.

② 转引自:段红伟.青少年网络犯罪诱因分析——基于符号互动论视野[J].人民论坛, 2010(2):98-99.

③④⑤ 特纳.社会学理论的结构[M].邱泽奇,张茂元,译.北京:华夏出版社,2006:324- 326.

公共治理强调多元主体协商,传统的危机传播具有线性传播的缺陷,是政府对公众的单向危机信息传播,而事实上危机传播基于心智过程,应是基于公众认知和感知的信息传播,这就具有了互动意识。

2.符号互动论基础概念的集大成者:米德

米德对于詹姆斯、库利、杜威提出的概念及理论进行了整合。首先,在心智概念上,米德与杜威对心智的理解基本一致,区别在于米德研究了心智形成的过程,认为心智的形成从婴儿时期开始,通过检错和对婴儿的有意识训练,使得婴儿的姿态与周围其他人的姿态具有了共同的意义,一个具有普世意义的姿态被称作"常规姿态"[①]。这是人们可以进行交流的基础,即通常所述的在同一意义层面进行交流。这也是本书所要考察的重要内容,即多元危机话语主体是否在危机指涉的同一意义层面进行交流,这是影响危机传播效果的主要因素。以往的危机传播研究主要聚焦危机传播表面的话语,过于偏重表层的语言策略,忽略了话语背后的意义指向,如果主体没有在同一意义指涉层面进行交流,就相当于自说自话,那么这种相互间的危机传播并不具有实际意义。

其次,米德发展了自我理论。"我是谁"这一寻找人类本原的哲学问题在米德的自我理论中被进一步诠释。自我不是一个独立概念,它是在个体与他人、与社会互动的过程中逐渐形成的。这是理解自我概念的基础,即自我是在社会情境中通过社会活动形成的。米德认为,自我生成于社会化的互动过程中,是一个由外到内不断发展的过程。自我从外部看是个体和他人之间的一种交互性影响的结果,从内部看是主我和客我之间相互作用的结果[②]。米德认为,一个个体的合理行为具备一个基本条件,即个体必须将自身投入到特定社会的情境之中,并在经验行为背景中,采取"一种客观的、非个人的态度",从而不仅使他能够从"泛化的他人"视界返视自身,而且使他能够从经验中走出他自己而成为他自身的对象,同时也使他具有"自我意识"并意识到自身的存在[③]。米德借助语言机制,揭示了心灵的生成与本性,而且顺理成章地延展出具有心灵的有机体,在社会交流过程的"角色扮演"中所形成的"自我"的独特品

①　特纳.社会学理论的结构[M].邱泽奇,张茂元,译.北京:华夏出版社,2006:326.

②　葛熠.浅谈主我和客我在自我构建中的特征和关系——对米德自我构建理论的研究[J].剑南文学:经典教苑(下),2012(7):257-258.

③　王振林,王松岩.米德的"符号互动论"解义[J].吉林大学社会科学学报,2014(5):116.

性;在个体与社会之间的相互作用中,以"泛化的他人"的角色参与共同的活动所构成的自我的基本结构,即"客我"与"主我"的统一①。凭借语言这个媒介,个体经验到他的自我本身,并非直接的经验,而是间接地从他所属的整个社会群体的一般观点来看待他的自我。当一个有机体能够采取他人的态度并用这些态度控制他自己的行动时,"合理性"便出现了。表意符号意义上的"交流",使得自我的出现成为可能。自我的生成,既以语言的普遍性为前提,又以"他人"的态度为前提②。

米德在《现在的哲学》这本书中写道:"我们所要解决的问题是:首先确定正在发生的状态之前的状态是什么样子的,从而借助时间演进的方向可以确定世界将会是什么样子。"《现在的哲学》是米德哲学思想的重要汇集,这有助于更好地理解本书中阐释的自我概念。在对自我概念进行解读的过程中,我们首先确定他人对自己的态度,即"客我",进而"主我"对这种他者态度做出反应。主我和客我的概念最初来自詹姆斯,米德是为了说明个体间调适互动形成的社会的变迁具有不确定性,才引用了主我和客我这两个概念,"主我"指的是个体的能动倾向,"客我"表示的是行为发出之后的自我形象③。

米德认为自我形成于三个阶段:模仿、游戏、整体透视。模仿阶段主要通过婴儿的语言学习和玩耍进行。这一阶段婴儿只能对有限的几个他人设定透视,婴儿开始把外物对象化,并在与家庭成员的交往中形成初步的社会关系。婴儿在这一阶段中存在一个特别有趣的部分,就是在自己经验中创造看不见的、想象中的玩耍伙伴,并且同这些想象中的玩伴玩耍,在这个过程中自我概念不再完全混沌④。在生理成熟和角色领会的实践中,开始体味并理解处于有组织活动中他人的角色⑤,开始进入游戏阶段。游戏与玩耍有着本质的差异,游戏具有规则性、逻辑性、竞技性,参与一场游戏的儿童必须准备采取对待这场游戏中所涉及的其他每一个人的态度,而且,这些各不相同的角色之间必定存在某种明确的关

① 赵万里,李路彬.情境知识与社会互动——符号互动论的知识社会学思想评析[J].科学技术哲学研究,2009(5):87.
② 王振林,王松岩.米德的"符号互动论"解义[J].吉林大学社会科学学报,2014(5):116.
③ 特纳.社会学理论的结构[M].邱泽奇,张茂元,译.北京:华夏出版社,2006:330.
④ 米德.心灵、自我与社会[M].赵月瑟,译.上海:上海译文出版社,2005.
⑤ 特纳.社会学理论的结构[M].邱泽奇,张茂元,译.北京:华夏出版社,2006:329.

系,即游戏规则。米德以棒球比赛为例对该阶段中的自我形成进行了阐释。棒球游戏中,每一个参与个体的动作都取决于他所设想的其他参与者动作,也就是说,一个正在扮演某个角色的儿童,必须根据其他儿童的反应而随时准备扮演其他任何一个伙伴扮演的角色①。由于儿童需要协调多种角色才能顺利完成整个游戏,这有助于儿童进一步发展其更有组织的整体自我。因此,游戏的过程也就是儿童逐渐形成整体自我而成为社会的有机成员的过程。在随后到来的整体透视阶段,个体能够对社区或一般信仰、价值观和规范做出整体性的透视设定,在更大范围内提高角色领会能力②。

自我在社会化的互动过程中产生,这是一个由外到内不断发展的过程,它既强调社会环境对儿童生理、心理、意识发展的塑造和引导,又强调个体在这个过程中做出的积极反应。完整的自我是主我和客我的有机统一,自我与他人的互动构成自我理论的核心。自我不止一个,我们结合他人对自己的认知和自我认知,把自己分成多种不同的自我,多样的自我与各种不同的社会反应相对应,人们通常根据其所属的群体以及所处的社会情境对整个自我进行组织,人虽然具有多重自我,但是这些自我的内涵并不是剧烈变动的,在特有的社会背景下也具有相对的稳定性。

3.符号互动论的提出及理论阐释

布鲁默的符号互动论是在米德的心智、自我和社会的综合理论范畴中发展起来的,虽然截至目前,关于符号互动论还存在爱荷华学派和芝加哥学派之间的分歧,但是他们对于符号互动论的一些观点也达成了共识,主要包括以下四个论点:使用符号的人类,符号性交往,互动和角色领会,互动、人类和社会的相连性③。人类使用符号进行交往,通过对他人姿态的解读和解释进行行为选择,并在与他人互动中不断调适行为方式,社会就是在个体互动和彼此调适过程中发展并发生社会结构变迁的。而危机传播同样也是一个不断纠错、调适的过程。从这个意义而言,危机传播的实质是关于"常规姿态"的交流,也就是危机背后的意义指向——不同主体对于危机背后的意义指向是否统一,是否在同一意义

① 米德.心灵、自我与社会[M].赵月瑟,译.上海:上海译文出版社,2005.
② 特纳.社会学理论的结构[M].邱泽奇,张茂元,译.北京:华夏出版社,2006:329.
③ 特纳.社会学理论的结构[M].邱泽奇,张茂元,译.北京:华夏出版社,2006:334.

层面进行交流成为决定危机传播效果的关键因素。而这一"常规姿态"、同一意义层面的寻找就需要通过不断的调适，这一过程既存在于每一个具体的突发公共事件中，又存在于危机传播的历史中。在对于每一次突发公共事件进行梳理的过程中，可以通过研究各个危机传播主体的话语框架来探讨其背后的意义指向，进而研究哪些话语框架更适合哪一种危机情境；当然这一话语框架需要不断根据社会环境、危机语境的变化而改变，也需要通过其他危机传播主体的话语框架及其背后的意义指向进行调适。

（二）危机传播理论视角变迁中的符号互动趋向

危机传播发展依托的几种研究视角都强调信息传播的有效性，尤其在公共关系视角中，危机传播一共经历了新闻代理/宣告模式、公共信息模式、不对等模式、对等模式四个阶段，从中可以看出危机传播实践者日益重视多方危机传播主体的交流，重视话语地位的平等，这体现了符号互动的理论趋向。

危机传播传递的是危机的相关信息，信息的流动存在于多方话语主体中。在危机传播的最初发展阶段，危机传播主体重视信息的单向流动，从新闻代理/宣告模式和公共信息模式中就可以看出，最初的危机信息主要掌控在权威手中，信息的流通主要呈现"权威到公众"的线性过程，这时的危机传播行为主要基于危机信息本身和权威内部意识形态，几乎没有来自公众或其他危机传播主体的制约，危机话语较为单一。

然而随着媒体技术的发展，公共治理理念的出现，社会转型后各个社会主体角色的变迁，危机传播也开始出现新的方式——从单向传递转为多向互动。在这一方式出现后，就出现了话语生产和传播的问题，每一个危机传播主体都开始面对多个主体，不同主体对于危机的认知和应对都存在差异，此时危机话语必须考虑其他危机传播主体的角色、对危机的理解等多方面信息，符号互动的理论在此过程中开始发挥作用。符号互动理论在危机传播理论发展过程中的应用主要体现在两个方面：一是不同危机话语主体在不同危机类型中的自我定位；二是不同危机话语主体的话语生产和传播语境的变化。

根据情境式危机传播理论，危机情境成为危机话语策略和话语框架选择的重要依据。该理论对危机情境的界定主要依托危机产生的原因，然而就各个主体在危机中的话语应对策略而言，这些主体在危机中的角色也是其选择不同话语策略的重要基础。库姆斯将归因归责理论应用于危机情境中，即组织或个人是否为危机负责成为话语策略选择的主要参考之一，这种归因归责主要来源于其他组织或群体的认知。这就是自我理论在危机传播中的应用。自我的形成需要主我和客我的互动，也需要个体与他人之间的互动，泛化的他人由个体所属的整个社会群体的社会态度的组织所构成，而在危机传播中，"主体的自我"是指处于危机传播中的组织或群体。比如，政府在危机传播中的自我定位需要建立在公众、媒体、专家等其他危机传播主体的认知基础之上，而这种定位就需要在符号互动过程中产生。同时，与他人的互动还体现在危机传播主体的话语关系层面，格雷马斯的矩阵理论是对主体关系的建立，将对立与矛盾关系引入矩阵的各项中，通过对各项的赋值找到文本中深藏的两两对立关系，这种关系是各主体进行角色定位、选择话语策略的重要依据。

此外，危机传播话语产生于语境中。在突发公共事件中，不同主体呈现的话语矛盾为多主体的互动，那么为了形成对话，某一危机传播主体的话语生成必须建立在其他主体的话语意义之上，产生统一的话语语境。这种统一的话语语境并非立场的统一，而是指话语意义的统一，包括指代的统一、内容指向的统一等，不能自说自话。意义的统一要求符号互动，政府在危机传播中如何选择话语策略，除了对其自身在危机传播中的角色认知外，还需要了解其他危机传播主体的话语内容、话语指向等，以此选择话语策略、建构话语内容，与其他主体进行对话。多数危机传播案例研究表明，政府、媒体、公众、专家的话语对象、话语内容若存在于不同层面，则无法形成良好的沟通，易引发话语的次生危机。如近些年在我国发生的关于环境问题的群体性事件中，正是因为公众急于知晓欲建项目的安全性、环境污染的可能性及其危害，而政府、专家等却没有对此进行说明，而仅仅突出项目将带来的经济利益，这就违背了符号互动的前提——没有在危机传播主体之间形成统一的语境，也就无法产生良好的信息交流。因此在危机传播中，各个主体都应在与他者的互动中形成自己的话语和行为。

从上述论述可以看出，符号互动在危机传播中主要体现为危机传播主体的话语关系、话语角色定位、统一意义语境的建立。这也延伸了情境式危机传播理论中的危机情境。传统危机传播理论中，危机情境由危机产生原因进行定位，但是在危机的传播话语研究中，话语的生成和传播背景将更加泛化，不同危机传播主体不仅仅需要考虑其在危机中的角色,还要考虑在危机语境中的角色,进而选择话语策略。而这种角色的定位主要包括三个方面:自我认知、他者认知、自我对他者认知的理解。在危机传播研究中,政府、媒体、公众、专家都被视为一个个"自我",这些自我都通过符号进行互动和角色确认,通过话语关系进行自我定位,而这种话语关系的形成和演变主要通过话语互动进行。

七、关系研究为主的危机话语网络探析

近年来,社会网络理论成为危机话语研究的新取向,社会网络分析方法的运用开始受到学者的关注。最初对社会网络感兴趣的是英国著名的人类学家雷德克金夫·布朗(Radcliffe Brown),他在对社会结构的关注中,以相对来说非技术的形式提出了"社会网络"的思想。社会网络分析最初起源于心理学家雅各布·莫雷诺(Jacob Levy Moreno)的研究,其在1934年出版的著作《谁将生存?》中介绍了计量社会学概念——关于人群心理特质的数理研究方法[1]。莫雷诺对纽约哈德逊一所学校女生突然的逃离行为进行了研究,研究结果显示逃跑人的行为受到个人特征的影响较小,反而很大程度上受到女生之间关系的影响。自此以后,社会网络分析方法进入了社会学和行为科学的研究视野,结构、网络成为研究热点。网络视角不仅关注自主个体单位的属性、这些属性的集合或通过一个或多个属性预测另一个属性的水平,更加认为社会单位的特征源自结构的或关系的进程,并且把注意力放在关系体系本身的属性上[2]。

社会网络分析方法(Social Network Analysis,SNA),是对社会单位间关系的模式这一社会结构的重要本质进行的研究。结点和纽带是重要的研究对象。结点是网络分析的单位,可以是自然人、位置、法人或集体行动者,或者任何能与另一个实体发生联系的实体;纽带是指结点之间的联系。在社会网络分析中,纽带的数量、方向(网络资源流经的方向)、纽带的互惠、纽带的传递、纽带的密度、纽带的力度、桥梁、中介、中心、等效是社会网络分析的基本过程,每一个过程都是对社会网络关系结点之间连接特征的考察,如纽带的数量可以从全局考察结点之间的关系,中

① WASSERMAN S, FAUST K. Social network analysis:methods and applications[M]. Cambridge:Cambridge University Press,1994.
② 沃斯曼,福斯特. 社会网络分析:方法与应用[M]. 陈禹,孙彩虹,译. 北京:中国人民大学出版社,2012.

心可以测量出网络的核心结点。这些考察被广泛应用于国内外研究中。

对于国外研究文献的分析结果显示，社会网络分析研究领域的国家发文量中，美国居首位，其次为中国①。国外学者对社会网络分析方法的应用研究主要用于考察宏观的网络结构和微观的中心主体挖掘两个层面。首先体现在管理领域中。古力安尼（Giuliani）和贝尔（Bell）考察了智利酒厂的组织知识分享、集群和创新②；卡克莫（P. F. Cárcamo）、加雷-弗吕曼（R. Garay-Flühmann）、斯奎奥和盖默（F. A. Squeo，C. F. Gaymer）考察了沿海海洋生态系统管理中的组织间关系，认为通过社会网络分析研究政府机构、海运企业、渔业组织和大学之间的协作和知识分享，对于理解组织间的相互作用和他们在系统中的角色具有重要的作用③。莫纳汉（Monaghan）、甘内冈（Gunnigle）和拉韦尔（Lavelle）运用社会网络分析方法，分析了成功进入国外市场的企业的资源沟通、业务关系拓展和基于网络关系的隐性知识获取，进而分析了这些企业成功进入国外市场的原因④。艾蕾斯贝·罗卡（Eliasbet Roca）等人探究了不同级别的组织和个人在沿海风险管理中的角色，通过分析沿海利益者和管理者在风险决策和管理风险时与哪些结构联系、通过正式还是非正式方式等问题，研究并比较了西班牙两个城镇在沿海风险管理中的核心组织⑤。上述研究更多利用社会网络分析考察组织间关系，是宏观层面的结构考察。还有部分学者对社会网络中的中心结点挖掘进行了研究，弗朗森（Katrien Fransen）等人对运动队的核心领袖进行了研究，改变了以往仅研究组织之外领袖的思维方式，将组织成员也纳入核心领袖体系，在将核心领袖分为目标领导者、动力领导者、社交领导者、外部领导者四种类型的基础

① 赵蓉英，王静. 社会网络分析（SNA）研究热点与前沿的可视化分析[J]. 图书情报知识，2011（1）：88.
② GIULIANI E，BELL M. The micro-determinants of meso-level learning and innovation：evidence from a Chilean wine cluster[J]. Research policy，2005，34（1）：47 - 68.
③ CÁRCAMO P F，GARAY-FLÜHMANN R，SQUEO F A，et al. Using stakeholders' perspective of ecosystem services and biodiversity features to plan a marine protected area[J]. Environmental science & policy，2014，40：116 - 131.
④ MONAGHAN S，GUNNIGLE P，LAVELLE J. "Courting the multinational"：subnational institutional capacity and foreign market insidership[J]. Journal of international business studies，2014，45（2）：131 - 150.
⑤ ROCA E，VILLARES M，OROVAL L，et al. Public perception and social network analysis for coastal risk management in Maresme Sud（Barcelona，Catalonia）[J]. Coast conserve，2015，19：693 - 706.

上,通过问卷调查与社会网络分析方法挖掘了运动队的核心领袖①。

其次,社会网络分析方法还被用来解释个体间知识的传递甚至个体运转现象。卡斯珀(Casper)研究了圣地亚哥生物科技产业中工人和经理的移动轨迹,并且绘制了可持续技术集群出现的地图。布雷斯基(Breschi)和里索尼(Lissoni)使用社交网络分析工具绘制了生物技术产业中高技能工人的分布,并且研究了局部知识的流动和创新集群以及他们对专利引用的影响②。

在国外学者的研究中,社会网络分析方法通常与问卷调查、访谈法等结合使用,偏重生产实践的研究领域,囊括了政府、企业、社团等多个主体,社会网络分析的方法和关系视角研究能够帮助解释组织成果的产出过程。同时,有利于组织清楚认知自己的内外部关系,了解自身在更大的社会网络中的位置,更好地厘清内部人员的角色及关系,有利于组织运转。但是在研究过程中,过于局限关系的考察,相对忽略了由关系聚合的个体的属性研究。

我国的危机传播研究也逐渐开始转向关系考察,学者对社会网络分析方法在危机传播中的应用主要集中于舆情研究层面,围绕事件或话题,聚焦网络舆情的传播结构分析和意见领袖挖掘。学者认为可用此种方法探析网络舆论中的主体和传播的信息,并由此确定网络舆情的管理路径,主要探析凝聚子群、子群中节点的中心性、子群的舆论主题③。石彭辉认为社会网络分析分为动态分级、角色评价、专家和社群的发现三个目标,并通过"延迟退休你怎么看"的主题帖及其相关回复作为研究对象,对网络中各个节点的度、网络密度等进行了量化分析④。沈阳等人对微博公益中的动员行为进行了研究,通过社会网络分析探讨了群内动员模式,中心性、小团体的研究结果显示,群内动员以公益团体为核心、以"小团带动大群"为特征⑤。王东以探讨民间信仰的管理策略为最终目

① FRANSEN K, et al. Who takes the lead? Social network analysis as a pioneering tool to investigate shared leadership within sports teams[J]. Social networks,2015(43):28 – 38.

② BRESCHI S,LISSONI F. Mobility of skilled workers and co-invention networks:an anatomy of localized knowledge flows[J]. Journal of economic geography,2009,9(4):439 – 468.

③ 李勇,张科,周明.基于社会网络分析的网络论坛舆论管理探讨[J].重庆大学学报(社会科学版),2010(3):59 – 60.

④ 石彭辉.基于社会网络分析的网络舆情实证研究[J].现代情报,2013(2):27.

⑤ 沈阳,刘朝阳,芦何秋,等.微公益传播的动员模式研究[J].新闻与传播研究,2013(3):96.

标,研究了民间信仰群体结构及与社会系统的互动关系,通过问卷调查的方法获取了数据,并建立了事件节点之间、行为者节点与事件节点之间两个模态网络,运用社会网络分析方法对其中的中心度和网络凝聚性进行了定量研究①。还有学者针对特殊群体的网络关系进行研究,例如,陈先红、张凌对中国艾滋病病毒携带者联盟(CAP)的积极行动者构成的网络进行了研究,对积极行动者构成的社会网络的密度、社会网络中的核心人物等进行了分析,使用社会网络分析方法分析 CAP 所构建的虚拟社会网络中,积极行动者之间的关注关系和结构特征②。黄卫东等人运用社会网络分析方法探析了 2013 年食品安全事件中谣言的传播网络,以新浪微博为研究数据库,通过网络结构分析、关键节点挖掘、子群分析研究了谣言传播中的核心传播者以及谣言网络的子群构成及网络稳定性。吴少华等人分析了网络整体及网民个体的社会网络分析法属性参数,即网络密度、中心度、点度中心势等,以揭示网络舆论信息的传递过程、特征和规律③。

社会网络分析为危机传播研究提供了新的视角,但是我国学者在研究过程中出现研究视角、研究主体和研究内容相对单一的不足。首先,研究视角多集中于网络舆情研究领域,重点关注中心性挖掘,相对忽视了关系网络整体结构的讨论。其次,对于公众的研究较多,对于社会主体间关系的研究较少,忽略了主体外部环境对主体内部关系形成的影响。最后,与国外学者研究类似,多聚焦关系本身,对于其中个体的属性研究较少,因此无法深入解读舆论场形成的深层原因。

第三节　危机传播研究的创新议题

一、研究目的:在"话语—关系—价值"中探讨颠覆与重构

危机传播的最终目的是形成对危机相对一致的认知和一致的应对策略,取得良好的危机传播效果,而这种一致或共识建立在对危机同一

---

① 王东.基于社会网络分析的民间信仰管理研究[D].北京:中国科学院大学,2014.
② 陈先红,张凌.草根组织的虚拟动员结构:"中国艾滋病病毒携带者联盟"新浪微博个案研究[J].国际新闻界,2015(4):142.
③ 吴少华,崔鑫,胡勇.基于 SNA 的网络舆情演变分析方法[J].四川大学学报(工程科学版),2015(1):138-142.

意义层面的对话基础之上。本书主要围绕"话语""关系""价值"三个维度,从三重关系展开研究:危机传播主体内部的话语关系,主体间话语互动关系,以及社会环境与话语之间的互动关系。通过对不同类型突发公共事件中的传播主体的话语框架及框架形成的关系网络进行研究,从中探索不同危机传播主体在互动过程中对危机的认知、采用何种框架传播自我对危机的认知、不同传播主体是否在同一意义层面进行对话、如何在关系网络中调整框架以形成不同主体的对话。同时在社会大环境中考察不同危机传播主体间的话语互动意义与效果,建立不同话语主体、话语内部结构与其外部环境的危机话语生态圈。

具体而言,本书研究的主要目的是探究关系颠覆了危机传播的哪些方面,如何在危机中重构共识。这就如同米德研究自我形成的过程一样,研究每一个危机传播主体在突发公共事件发生后的最初话语框架的使用、话语框架中涉及的话语策略、话语框架指向的危机认知与危机背后的意义、与他者话语框架互动过程中对话语框架的调适、最终形成的话语框架是否取得了良好的危机传播效果。这其实是对每一种危机传播主体内在话语框架和话语策略的静态和动态的研究。同时,本书旨在从社会大环境中考察危机传播主体间的传播关系、话语互动、话语调适及其建构的意义,建立综合不同话语主体、囊括话语内部结构及其生成的外部环境的危机话语生态圈,为危机传播研究提供视角和理论启蒙。

二、研究内容:在对话中建构话语中心与价值中心

本书围绕新媒体时代危机传播领域中的"颠覆"与"重构"进行架构,重点回答以下四个问题:什么被颠覆;颠覆如何形成;谁来重构;怎样重构。突发公共事件的发生打破了常规的话语秩序,事件中相关信息的不确定性与模糊性导致相关涉事主体无法形成一致性认知,造成话语主体间的话语冲突与危机。正是由于这种常规话语秩序的断裂为不同危机话语主体的沟通与协商开启了可能性。本书尝试从关系视角,通过社会网络分析、探索性个案研究等方法,探讨不同危机传播主体内部话语的形成过程、对危机的阐释及话语的意义,并借助交换关系模型整合多元主体话语关系,探寻面对同一危机不同主体间认知差异的形成原因及阻碍认同实现的影响因素,建立在危机传播中能够达成各方认同的话语互动范式。

由此,本书依据社会舆情指数,选取 2003—2017 年 15 年间热度排名较高的 80 起热点突发公共事件作为研究案例。分析危机传播四大主体——政府、媒体、专家、公众在突发公共事件中作为言说者(真实言说者、隐含言说者),对危机本质、危机责任、危机应对策略的阐释及在此过程中建构的话语意义,探析四大主体内部对危机进行阐释的关键结点及其文本对主体话语形成的作用。同时考察网络谣言、网络流行语及国际话语在多元话语互动与博弈中的传播过程及作用影响,为达成危机传播多元主体间的共识,应对危机提供关系视角的参考。

本研究主要由三部分构成:

1. 基础理论研究,建立危机传播多元主体话语关系

首先在宏观语境中讨论社会变迁对危机传播的颠覆,包括:新媒体普及对危机传播理念和传播关系的颠覆、全球化对危机传播视角的颠覆、反思现代性对危机传播本质的颠覆。在危机传播经典研究视角及理论梳理分析基础上,阐释危机传播研究的历史脉络,对中外危机传播的研究范式、主题、前沿理论等进行归纳,并融合社会网络理论和符号互动论,提出危机话语研究的关系视角,建立危机传播多元主体话语关系模型。

2. 应用研究,解读新媒体时代危机传播中的"颠覆"

本书从话语关系视角研究危机的形成及阐释,围绕"传播关系如何阐释危机"这一核心问题,从话语关系视角出发,通过解析突发公共事件中的传播结构——话语中心的形成,信息中心与态度中心的承担者,对危机不同层面、不同方向的阐释在舆论场中的扩散及影响,进而解读新媒体时代危机的形成及各方对危机认知的形成过程。对各主体内部传播关系、关键结点及其建构的话语意义,以及主体间传递关系及其对话语中心争夺的影响进行分析。厘清各主体产生危机认知差异的原因、危机传播中的结构断层,从整体上把握危机话语结构的调整。研究结合探索性个案研究、社会网络分析和内容分析方法,依托多模态话语,探析危机传播四大主体——政府、媒体、公众、专家的内部话语关系及由关系确立的话语意义。同时,鉴于国内危机传播日益受到国外话语的影响,也对国际话语对我国危机传播的影响进行探析。由此分析当前危机话语生态的颠覆现状。

首先,新媒体时代,危机传播新渠道不断拓展,网络新闻、微博、微信

等依托网络平台的信息传播渠道为危机传播提供了实时性的保证,多样传播渠道沟通了社会多元主体,为危机传播架构了错综复杂的"信息公路"。

其次,传播理念不断更新,自上而下的危机传播理念应转向以互动为核心的危机传播。传播渠道的多样化推动了危机在第一时间被揭露,开放的媒介环境拓展了危机监测的视野,危机的传播与应对需要多方的互动与沟通。

最后,话语结构与话语中心被颠覆。对危机话语权的争夺日益激烈,公众一方在新媒体环境下,形成了以开放个人为主体的意见表达机制、以开放性互联网为技术平台的意见组织机制,建立了更为广泛的意见传播机制,形成了群体力量争夺危机阐释权。但是,政府和媒体尚未完全适应新的危机传播语境,对于突发公共事件的危机传播常常受到质疑和批判,这一现象为何形成,需要从关系视角进行解读。

传播关系形成了话语结构,决定了话语中心,因此本部分依托社会网络分析方法,对各主体内部传播关系、关键节点及其建构的话语意义,以及主体间传递关系及其对话语中心争夺的影响进行分析。探讨危机传播场域中特殊的话语形态——谣言、网络流行语及国际话语对于危机阐释、危机应对的影响。厘清各主体产生危机认知差异的原因、危机传播中的结构断层,从整体上把握危机话语结构的调整。

3. 策略研究,重点分析危机传播中的"重构"策略

在宏观层面的危机话语关系讨论基础上,建立基于中国当前的社会语境、媒介环境、政策环境、信息扩散模式的危机传播多元主体话语关系模型。模型将突出信息、表达、行动三维动态视角。信息维度是指危机传播中不同话语主体信息的获取、输入、修正、输出、互动过程,体现话语主体在危机传播场域中的话语关系与角色重构;表达维度主要凸显符号景观下的话语权力与斗争,即危机话语意义中心的寻找;行动维度着重建立虚拟空间与现实社会的互动,实现线上舆论向线下行动的转化。

首先,社会语境层面,主要分析中国当前的社会阶层结构及公众的心理语境。其次,媒介环境层面,主要考察不同媒介渠道可承载的话语样态、可描绘的危机图景及对危机理性认知和情感认知的影响,实现不同媒介的交互补充传播。再次,政策环境层面,主要探析产业政策和危机管理政策,在法律和道德层面规范危机传播伦理,衡量危机传播应对

效果。最后,信息扩散模式层面,进行危机传播中的话语中心性分析,讨论突发公共事件中,政府、媒体、公众、专家之间的纽带方向和信息属性,寻找意义中心主体。在关系模式和文本阐释基础上,建构在危机传播中有利于实现共识的多元主体话语互动范式。

三、基本思路:从内容、关系到意义的主体话语建构

首先,本书在历时性研究基础上回溯了危机传播的理论和实践发展,从中寻找危机传播研究的新兴增长点,即危机话语的结构研究,在融合社会网络理论和符号互动理论基础上,对已有危机传播理论进行本土化调适,提出危机传播多元主体话语关系模型,将关系研究引入了危机传播话语领域。

其次,通过探索性个案研究和内容分析方法,研究发现我国当前的危机传播领域呈现主体间认同缺失的现象,政府和媒体不能完全适应话语权重组的危机传播场,在很多突发公共事件中受到公众质疑甚至批判。本书的核心是探讨这种现象产生的原因,即:从关系层面探讨各个危机传播主体形成不同危机阐释的过程,寻找此过程中具有重大影响的话语中心,研究其文本,在关系和内容的共同分析中探究危机传播主体间认同缺失的原因。

最后,基于我国当前的政治文化环境、媒介环境、政策环境,建立危机传播多元主体话语关系模型,从而为建构良性互动的危机话语生态提供策略参考。

四、研究方法:综合运用定性与定量分析危机话语

本书综合运用定性以及定量的研究方法开展研究,跳脱局限于案例描述的个案研究,结合地域文化、公众诉求等展开全面分析。定量方面包括大数据的挖掘,从中寻找行为模式以及内容分析法对话语中的议题、话语指向、话语主体等的统计分析,以及寻找危机类型、危机主体和话语策略三者之间的关系;结合社会网络分析和文本分析方法,探析危机传播主体内部话语关系及由关系确立的话语意义。定性方面则通过探索性个案分析与批评性话语分析的方法,对政府、媒体、专家、公众的话语内容及其意义指向进行深入研究,即在突发公共事件中不同话语主体在危机传播中如何阐释与理解危机,表达了何种话语意义,社会文化

语境对于主体的话语表达有何影响,在与其他主体的话语互动中构建了哪些意义指向。

(一)社会网络分析

在对80起突发公共事件进行个案剖析的基础上,本书重点以50起热点突发公共事件为研究对象,分析危机传播四大主体——政府、媒体、专家、公众在突发公共事件中如何扮演传播网络的中心言说者,考察中心话语与其他话语主体之间的互动关系、话语意义及指向。结合社会网络分析和文本分析方法,探析危机传播主体内部话语关系及由关系确立的话语意义。该部分是对每一个危机传播主体的多模态话语研究,侧重言说者(真实言说者、隐含言说者)、危机本质、危机责任、危机应对策略及话语意义分析,探析话语意义形成的关键节点。

本书以微博、博客、论坛、贴吧等不同身份主体参与的新媒体平台作为考察对象,通过点度中心性(点入度、点出度)、中间中心性等测量指标,找出某一突发公共事件中的话语中心,并对这些中心发布的微博、博客、帖子的内容进行深入剖析,包括内容的信源引用、议题框架及主体指向、对事件或者提到的事件主体的态度、情绪等方面。

(二)探索性个案研究

探索性个案研究通过研究一系列具有典型意义的个案,形成对某一类现象或问题的较为深入与全面的认识。本书微观话语分析部分采用此种方法,且选取案例有三个标准:一是在我国危机传播实践中具有关键节点意义的事件;二是主要通过媒体热度和公众热度确立的影响较大的热点事件;三是传播主体话语在其中起到重要影响的突发公共事件。

本书针对突发公共事件中危机主体话语的文本内容进行分析,资料主要来源于政府新闻发布、媒体报道、公众论坛和微博。涉及的分析内容主要包括:话语主体身份、议题框架、话语策略、话语来源、话语指向、话语归因、危机传播中话语主体的出现比例、不同话语平台的使用频率、危机传播方式、危机传播中的高频词汇等。

(三)批评性话语分析

本书采用批评性话语分析的方法,对政府、媒体、公众、专家四大危机话语主体的话语意义进行深入探究,关注不同类型突发公共事件的话语实践,并将危机话语置于宏观语境进行综合考察。基于危机传播的关系视角,话语可被看作为一种"交际活动",应符合话语构成的

7 项标准：衔接性（cohesion）、连贯性（coherence）、意向性（intenionality）、可接受性（acceptability）、信息度（informativity）、语境性（situationality）及互文性（intertextuality）①。学者罗选民将这 7 个话语要素整合为一个话语建构模型（如图 2 - 1），既体现话语的内在关联，又受到其他关联性话语、语境的制约，从而达成话语的动态互动过程。本书将针对构成话语交际过程的 7 个要素对四大话语主体的话语内容及意义进行深入考察。

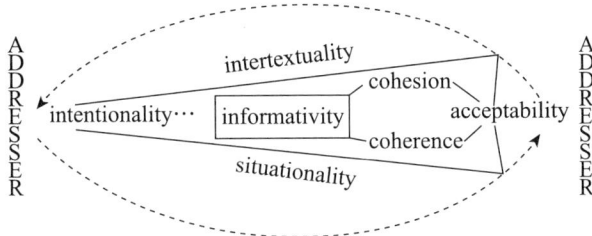

图 2 - 1　话语建构模型②

具体而言，本书从符号互动论的理论视角出发，对危机传播中不同模态话语（文字、口语、图像等）间、不同主体间的话语互动、意义建构及传播效果进行研究，注重考察构建危机话语的语境、结构及其背后的意义指向，关注危机传播语境下不同主体间、与其他语境间的动态互动过程。

五、研究创新："微观—中观—宏观"的危机话语动态与静态研究

（一）理论创新

引入社会网络理论和符号互动论，从关系视角对危机话语进行全景式研究，由此衍生出话语互动的理论基调，提出了危机传播新的理论依托。基于关系视角提出危机传播多元主体关系模型，建立危机传播的多元主体话语互动范式，进而构建中国危机传播"合和式"治理的实现路径。

（二）方法创新

综合运用多学科研究方法，将社会网络分析方法扩展到不同主体间

---

① BEAUGRANDE R D，DRESSLER W. Introduction to text linguistics［M］. London：Longman Group Ltd，1981：3.
② 罗选民. 话语的认知模式与翻译的文本建构［J］. 外语与外语教学，2002（7）：11 - 14.

的话语研究层面。在危机话语现状研究中,以内容分析为主,研究各个主体在突发公共事件中的危机阐释。在探究危机话语现状的形成过程中,主要运用社会网络分析方法,探究不同主体的互动关系及关键节点,结合内容分析方法对关键节点的信息属性进行研究,以探讨不同主体危机话语认同缺失的原因。

(三)工具创新

依托文理工结合的优势针对课题研发多元测量分析工具,对危机传播四大主体的权力中心性进行了考察。研究结合社会网络分析方法和交换理论模型,基于各主体危机阐释的形成及对危机传播场域的影响,探讨了危机传播中话语权力中心性主导与移动。

(四)描述创新

在梳理与总结危机传播经典研究视角及理论的基础上,掌握中外危机传播研究的发展脉络与趋势,从而提出危机传播研究的关系视角,对本书的研究议题进行系统性的架构,注重论证的严谨性与表述的规范性。同时,危机传播研究涉及多个学科领域,本书广泛、充分地搜集研究资料与经典案例,注重从多个理论视角与研究维度考察危机传播研究议题,力求全方位地考察当前危机话语生态。

六、研究意义:建构危机传播的多元主体话语互动范式

我国当前正处于社会转型期,新媒体赋权,公众话语权扩张,危机传播中的话语边界不断被打破,新的传播渠道、话语样态的介入形成了新的话语格局。但是政府和媒体还没有完全适应这种变化,对突发公共事件的应对经常被公众质疑。此外,鉴于中西方不同的社会环境,西方危机传播理论不能完全适用于中国语境,因此必须建立能够指导实践的本土化危机传播理论,为理论发展提供新的视角和可能。

学术层面:提出符合中国语境的"危机传播的多元主体话语互动范式"。本书首先将话语置于由社会环境、话语内部和外部互动构成的生态圈中,依次对政府话语、媒体话语、公众话语、专家话语进行分析,归纳概括出不同危机传播主体在新媒体语境下的危机传播话语特征,在我国社会语境下考察了危机话语的现状和问题。从宏观—中观—微观三个层面考察危机传播实践过程中不同利益相关者的话语关系与话语意义,建立危机传播的多元主体话语互动范式,从而为完善建立危机传播话语

体系建设提供参考。

实践层面:本书对如何实现话语互动的思考,以及在对危机话语构成的网络进行结构分析过程中,探析四大主体建构不同话语意义的原因,寻找阻碍话语认同形成、共识重塑的因子,为危机传播话语的调适提供了依据,有利于政府和机构提升沟通能力,化解社会矛盾,促进危机解决。同时,危机传播的目的不仅仅为了平息危机,更旨在将每一次危机的发生作为不同主体互动与协商的机会,进而建构危机传播多元主体话语互动范式,让社会更加掌握危机的本质,化危为机。

本章小结:重塑危机传播话语共同体

危机传播是一个动态发展的过程,受到社会诸多因素的制约,其最终目的是形成相对一致的认知与危机决策,而达成这一目的需建立在对危机同一意义层面的对话与共识的基础上。突发公共事件的频发使常规话语秩序与既有语境的断裂,为不同危机话语主体的对话与协商开启了可能性。危机传播话语共同体的建立旨在将每一次危机作为多元话语主体互动并努力达成共识的契机,形成多重话语空间秩序的调适,进而建构多元话语良性互动的危机话语生态。

危机传播研究兴起于 20 世纪 90 年代,经历了"管理取向""修辞取向""批判取向"的三大研究路径,共同构建了危机传播研究的图景。随着危机传播研究的深入,不同学科理论相互融合。符号互动理论与社会网络理论的介入,使危机传播研究转向对危机话语主体关系的考察,即不同主体通过危机话语的互动与调适,探讨危机传播主体内部的话语关系,主体间话语互动关系,以及社会环境与话语之间的互动关系,在关系网络中形成不同主体的危机认知与冲突对话,并在这种动态的沟通互动中建立事实共识转向价值共识的基础,重塑危机传播话语共同体。

当前突发公共事件频发的语境下,危机传播既有研究理论与取向已不能更清晰地阐释危机的本质,需要不同的理论关照下转向一种新的危机传播研究路径,不仅从危机传播场域内部探讨不同危机传播主体话语的形成过程、话语的阐释与意义及话语的关系,而且从内外场域互动的视角探寻面对同一危机不同主体间认知差异的形成原因及阻碍认同实现的社会因素,尝试构建在危机传播中能够达成各方共识的多元主体话语互动范式。在此基础上,提出新媒体语境下中国"合和式"危机传播话语互动的实现路径。

第三章　政府还是话语中心吗？

中国政府进入全面转型阶段,政府形象的塑造和建构意义非凡,而危机传播是政府形象塑造的关键环节。政府是危机传播的重要主体,其进行危机传播的主要方式为举行新闻发布会、在官网上发布公告、运用政务微博、接受媒体访问等。在传统的危机传播理念中,政府是唯一的指挥者,扮演全能角色,完全掌握危机信息的发布和传播以及危机应对的决策制定。随着新型公共治理理念的兴起及政府向服务型角色的转型,政府继续成为危机传播的主导,在危机传播中仍然发挥核心作用。这种核心作用一方面体现在政府是危机信息的协调中心,另一方面体现在政府是危机应对策略的主要制定者和执行者。

首先,危机信息的传播是一个复杂的动态过程,尤其在新媒体平台日益强大、各方话语层叠出现的环境下,政府对于信息的搜集、整合、分析、处理,在很大程度上影响危机传播和应对策略的制定。同时,政府是信息的重要集成者,较其他危机传播主体更有能力对海量信息进行搜集与处理,因此政府首先是危机信息的协调中心。其次,政府在拥有大量危机信息的基础上,能够调动各方权威力量共同讨论危机应对策略,而这种集合各方的能力只有政府才拥有,因此在危机传播中,政府能够汲取各方意见,制定较为妥善的危机应对策略,是危机决策者和危机应对的执行者。第一章提到,危机传播的目的在于"共识"的再造,在危机传播的四大主体中,政府的共识再造能力较强。本章以政府话语为研究样本,探讨危机传播中的政府话语框架及其背后的话语意义,揭示政府话语共识再造的过程。

第一节　曾经处于中心的政府话语

政府话语代表着社会权威,既包含相关政府组织机构,也包括政府机构人员的话语。以政府官方网站为例,所指可能是政府官网,也可能是权威机构或者企业等网站运营建设方的网站,以区别普通公众所建设的同主题网站。此外,政府话语还涉及新闻发布、政务微博、政务微信等话语形态。

一、危机传播中的政府话语概念

在大多数社会语言学研究中,政府话语被表达为"政治话语(political discourse)、政治语言(political language)、政治修辞(political rhetoric)或政治演讲(political speech)"①。对于政府话语的理解,主要存在两种视角。一种视角从政治领导人的行为出发,分为广义和狭义两个概念层面。广义上,一切涉及政治的话语都是政治话语。狭义上,奇尔顿(Chilton)和夏弗纳(Schaffner)从功能进行解读,认为一旦话语包含了强迫、抵制/反对/抗议、演示、合法化与非法化这四个功能,就是政治语篇②。无论是广义还是狭义的理解,政治话语是政治领导人的一种政治行为,诸如"议会辩论、议案、法律、政府或其他部门颁布的政策法规、其他机构文件、政治广告、政治演讲、媒体对政治领导人的采访、政治新闻发布会、政治脱口秀节目、党纲、政治选举"③都可以纳入政治话语。尽管政府话语主要是政治话语,但两者并不完全等同。另一种视角从强调机构性主体的分析角度进行阐释,即政府话语主要是政治机构的话语。在姆比(Mumby)和克莱尔(Clair)看来,社会机构是构成社会的重要单元,它是机构成员在不断地以目标为导向的交际活动中建构、生成和转

① 王磊. 权力的修辞——美国外交话语解析[M]. 北京:北京出版社,2000:6.
② CHILTON P,SCHAFFNER C. Discourse and politics[C]//VAN DIJK T A. Discourse as social interaction. London:Sage Publications Ltd. ,1997:206 - 230.
③ VAN DIJK T A. Multidiscplinary CDA:a plea for diversity[C]//MEYER W. Methods of critical discourse analysis. London:Sage Publications Inc,2001;CHILTON P. Analysing political discourse:theory and practice[M]. London and New York:Routledge,2004.

化的社会集合①。由此可以推论出官方话语在一定程度上等于国家政治机构话语。当然,正如徐涛所指出的那样,"机构话语不是简单地指在机构内部出现的话语,而是表明机构不是独立于话语之外的客体。它只有在其成员通过话语实践的过程中才能存在……话语是机构成员借以建构客观社会现实的重要手段"②。机构话语一般指代表某种权威的专业人士与专业人士之间,或者专业人士与业外人士之间的谈话,它所具有的共同特征区别日常会话,自成一种文体类型③。对机构话语实践的解读,特别是对国家政治机构话语的分析具有十分重要的意义,从中可以剖析国家权威部门如何通过话语对自身行为合法性、社会运营模式进行阐释和建构。在费尔克拉夫看来,跨学科的研究,连接宏观社会分析和微观言语分析的有机结合途径在于"把注意力集中在社会机构的话语研究,而不是语言学上的流行的日常对话研究上"④。

在对政府话语进行可操作概念化之前,首先回顾一下中西方学术界对政府话语的研究范畴。在利尼尔(Linell)看来,西方研究中的政府话语具体涉及:其一,某一特定机构的话语;其二,不同机构间的话语;其三,机构人员与大众之间的话语⑤。而"国内学术著作通常倾向于对某一机构的单一文体进行研究,而对不同机构文体间以及文体与机构背景之间的动态关系研究少"⑥。

无论是政治话语还是机构话语,都是作为政府话语的内在包含对象而言的。何舟、陈先红把官方话语置换表达为官方话语空间,采用对比或者说二元对立的方式,通过非官方(即民间)与官方对立,建构出双重话语空间⑦。两位学者对官方话语的分析,强调以"官方大众传播媒体、文字和会议为载体";而非官方即公众话语空间,强调"以互联网、手机短信和各种人际传播渠道为载体"⑧。孟建等人的研究也暗示了其官方话语与公众话语的界定建立在二者的对立基础上,"官方话语空间,主要由

① MUMBY D K,CLAIR R P. Organizational discourse[C]//VANDIJK T A. Discourse as social interaction, London:Sage Publications Ltd. ,1997:181 - 205.
② 徐涛. 机构话语的"越界"[J]. 外语教学,2006(3):28 - 32.
③⑥ 窦卫霞. 中美官方话语的比较研究[D]. 上海:上海外国语大学,2011:44.
④ FAIRCLOUGH N. Critical and descriptive goals in discourse analysis[J]. Journal of pragmatics,1985(9):739 - 763.
⑤ LINELL P. Approaching dialogue[M]. Amesterdam:JohnBenjamins,1998:143.
⑦⑧ 何舟,陈先红. 双重话语空间——公共危机传播中的中国官方与非官方话语互动模式研究[J]. 国际新闻界,2010(8):21 - 27.

党和政府传达公共政策、发布权威信息而形成,以政府文件公告、法律法规、新闻发布会、大众媒介等为传播载体"①。在表达所谓公众话语空间时,直接借鉴了何舟的定义"各种民间思潮(如自由民主主义、民族主义、犬儒主义、拜金主义等),由于个人言论相对的宽松形成的一个与官方话语相对独立并有一定交错的公众话语空间,主要以互联网、手机短信和各种人际传播渠道为载体"②。在这样的逻辑起点上,进一步提出重新审视两者的互动、博弈的动态关系,得出提高引导舆论效果的重要策略。

此外,政府话语涉及面极为广泛,包括政治、经济、军事、外交话语等,特别在国家利益层面上,几乎所有领域的内容都有政治意义,即都满足政治话语的指向;而机构性也只对话语主体进行一定的限制,并不对话语内容有所界定。也正因为其范畴的广泛,所以大部分侧重政府话语分析的研究都不得不选择相对宏大的主题,相比之下,聚焦某一特定的政府话语分析相对有限,特别是危机传播中的政府话语分析。

综上所述,本书研究的政府话语包含两个维度:政治性话语与机构性话语。为实现政府话语的操作化定义,本书的政府话语对象,是指政府机构领导人、官方文本资料或官方新闻发言人发表的正式的公开观点。其中,"正式的公开"包含如下内涵;①区别于人际的口语或随意性谈话,即使谈话内容涉及国家政治,国家领导人、执政党领导人或官方新闻发言人的随意性谈话也不算作本研究的政府话语。②"正式"意味着话语呈现必须在官方的场合表达与使用,具有某一具体的目的意图。③"公开"意味着政府话语能够进入大众媒介或公众的视线,得到一定的反馈,或者经过发酵、讨论,形成话题或者议题,并呈现出或转化为一定的话语实践形式。

二、危机传播政府话语类型及传播原则

鉴于媒介技术的发展和公众参与公共事务意识的提高,政府话语的传播平台、传播样态以及传播原则都产生了重大变化。新媒体平台的发展拓展了政府话语传播的渠道,由以往主要通过传统媒体传播转向了"传统媒体为主,新媒体为重要辅助"的传播模式。同时,政府官方网站、

---

① 孟建,卞清.我国舆论引导的新视域——关于官方话语和公众话语互动、博弈的理论思考[J].新闻传播,2011(2):6-8,10.
② 何舟.中国政治传播研究的路向[J].新闻大学,2008(2):34-36.

政务微博和微信等的兴起,丰富了政府话语的类型,转变了政府话语的传播理念和原则。

（一）占据主体的新闻发布和日益兴起的政务微博

政府话语主要以政府文件公告、法律法规、新闻发布会、大众媒介等为传播载体①。在突发公共事件中,按照话语承载的媒介差异进行政府话语分类,主要分为:传统媒体中的新闻发布会、新媒体平台中的官方网站信息、政务微博及政务微信。

1. 占据主要地位的新闻发布

1980 年,我国政府召开了第一次针对危机的新闻发布会。1983 年,中国记协首次向中外记者介绍国务院各部委和人民团体的新闻发言人,新闻发言人制度初步建立。2003 年"非典"事件②的爆发让我国政府充分意识到危机中新闻发布的重要性,因此,2003 年成为中国新闻发言人及新闻发布制度建设的一个重要转折点。

第一次针对危机的新闻发布是 1980 年召开的"渤海二号"石油钻井船翻沉事故③的新闻发布会,"这是中国政府首次对突发公共事件进行的新闻发布,成为改革开放后中国政府新闻发布的起点"④。当时,由于存在"报喜不报忧"的思维⑤,突发公共事件的新闻发布不仅不规范,而且存在"把丧事当喜事办"的情况:召开了遇难同志追悼会,并追认英雄烈士。"1983 年 4 月 23 日,中国记协首次向中外记者介绍国务院各部委和人民团体的新闻发言人,正式宣布了我国新闻发言人制度的建立。"⑥国务院新闻办负责突发公共事件的报道从 1994 年"千岛湖事件"开始,事件发生于 3 月 30 日,但第一条新闻在 4 月 2 日才播出,报道的不及时

---

① 何舟,陈先红. 双重话语空间——公共危机传播中的中国官方与非官方话语互动模式研究[J]. 国际新闻界,2010(8):21－27.
② "非典"事件:2002 年 11 月 16 日,中国广东首先发现严重急性呼吸道综合征(SARS)的病例,短短几个月的时间内 SARS 迅速扩散和蔓延。据世界卫生组织(WHO)统计,截至 2003 年 5 月 5 日有 30 个国家和地区发现 SARS 和疑似 SARS 患者,中国(包括香港、台湾)受感染地区占全球总感染区的一大半以上。
③ "渤海二号"石油钻井船翻沉事故:1979 年 11 月 25 日,石油工业部海洋石油勘探局"渤海二号"钻井船在渤海湾迁移井位拖航作业途中翻沉,造成 72 人遇难,直接经济损失达 3700 多万元,是天津市以及石油系统自中华人民共和国成立以来最重大的死亡事故。
④ 殷莉. 全国"两会"新闻发布会历史回顾[J]. 新闻与写作,2009(4):11－12.
⑤ 汪兴明,李希光. 政府发言人 15 讲[M]. 北京:清华大学出版社,2006:128,134.
⑥ 国务院新闻办公室. 政府新闻发言人的素质[EB/OL]. [2018－01－19]. http://www.scio.gov.cn/xwfbh/llyj/Document/847605/847605.htm.

"给一些境外媒体留下了很多歪曲炒作的时间空间"①。

2003 年"非典"事件的发生成为突发公共事件新闻发布的一个重大转折。在"非典"事件早期,新闻发布不及时、信息不公开。瞒报行为和信息的不公开不仅滋生了谣言和恐慌情绪,更不利于疫情的遏制和治疗,影响了政府形象和公信力。在这种情况下,政府意识到信息公开在应对突发公共事件中的重要作用。随后北京市和各地在"非典"事件期间召开多场新闻发布会;国务院新闻办也通过电视直播发布疫情通报;卫生部每日报告疫情,以数字说话。这一系列信息发布的举措陆续实施,公众的紧张情绪逐渐缓解,从而避免了危机的持续扩大。新闻发布会"数量在 2003 年突破 40 场,此后逐年增加"②。定期的信息发布、政策宣传和突发事件中的新闻发布、政府应对成为新闻发布的两种常见表现形式,且后者地位日益凸显③。同年 5 月,《突发公共卫生事件应急条例》发布,旨在建立突发公共事件中的信息发布制度。

2008 年发生了诸多颇具影响力的重大事件,如南方雪灾、拉萨"3·15"骚乱、"瓮安事件"、汶川地震、北京奥运会、"神九"上天、"三鹿奶粉事件"等。这一系列突发事件或重大事件给中国政府的执政能力,特别给政府的信息公开和新闻发布带来挑战,也为我国突发公共事件中信息公开制度的建立提供了契机。2008 年 5 月 1 日,《中华人民共和国政府信息公开条例》正式生效。该条例颁布后,信息及时公开在汶川地震中有了明显的体现。此次危机中政府及时准确地通报灾情,在地震发生 20 多分钟后,官方网站便发布了权威信息,通过媒体切实有效地报道救灾举措,赢得了国内外舆论的一致好评。国防部新闻发言人也因此走到前台,客观推动了我国新闻发言人制度的发展。北京奥运会期间,政府信息公开的力度进一步加大,并承诺为外国记者提供便利。2008 年 10 月 17 日,《中华人民共和国外国常驻新闻机构和外国记者采访条例》颁布实施,从此外国记者赴开放地区采访,无须地方外事部门的批准。该条例的颁布在立法和制度层面进一步促进了信息公开,特别是敏感信息的对外公开,为中国政府在国际舆论中争取了更多的支持。

① 汪兴明,李希光.政府发言人15讲[M].北京:清华大学出版社,2006:128,134.
② 华清.政府新闻发布工作60年:进展、经验与前瞻[J].对外传播,2009(12):31-32.
③ 陈虹,高云微.关于完善中国新闻发言人制度若干问题的思考[J].现代传播,2014(1):40-44.

　　一系列的信息公开政策、条例推动了我国政府在危机中新闻发布的规范化和常态化发展。2003年以前,我国政府在危机中的新闻发布呈现零星、碎片的特点。此后,伴随着越来越多的突发公共事件进入公众视野,政府的新闻发布也呈现出新的特点。新闻发布会数量显著增加,新闻发布主体身份呈现了从单一到多元的变化。从纵向的组织结构看,我国已经建立了三级新闻发言人制度,即国务院办公室、中央各部委、省级人民政府三级发言人制度。

　　新闻发布会以措辞严谨为基本特征,已成为突发公共事件中具有主导地位的政府话语样态。在突发公共事件发生后,召开新闻发布会是官方主动传播话语的象征,同时也是官方进行议程设置的方式。新闻发布会的流程基本包含以下几个环节:首先是主持人的简短致辞,说明发布会的进程、所需时间、现场的技术支持以及一些注意事项等。其次是由与危机应对相关的发言人讲话,介绍相关事件的背景信息。最后一项是问答环节,记者针对发言人所做的陈述,或者借助其他渠道获得的信息发问;有些新闻发布会的最后部分由发言人做简短的总结[1]。其中第二个环节——新闻发言人讲话是官方主动设置议题的环节,实质就是官方对于危机指向的意义与新的共识的建构,需要对危机本身和官方行动进行说明。在这部分内容的阐释中,新闻发言人需要对已掌握的信息进行真实、准确、明晰化的叙述,而对于尚未完全掌握或因某些原因无法阐述的内容,不能够闪烁回避,应说明不可言说的原因,或者说明可能公布这些信息的时间。在回答媒体或者公众提问时,需注意问题的情绪语境。通常突发公共事件的出现会带来一定程度的损失,进而引发负面情绪的弥漫,当回答预先无法知晓的问题时,新闻发言人需要考虑问题提出的情绪背景。

　　尽管就发布策略和发布理念而言,新闻发布的整体趋势是伴随着信息公开的程度不断完善,新闻发布策略也呈现从遮遮掩掩的封锁回避、拖延被动到主动发布的变化,但也存在一些问题。这些问题主要表现为:首先,新闻发言人方面。新闻发布活动中新闻发言人的话语影响力有限,新闻发言人个性不足、辨识度不高,不少新闻发言人并未给公众留下深刻印象,存在新闻发言人不会说、不敢说的现象。新闻发言人任期较短,不少新闻发言人选择低调沉默,其任职期间的新闻发布活动甚至

---

　　① 段丽杰.新闻发布会的话语构建模式[J].中州学刊,2011(9):253-255.

处于"缺位"和"失语"的状态。据统计,国务院新闻办公室公布的第一批新闻发言人中,有 19 位从不发言①。导致新闻发言人缺位的原因在于,新闻发布活动可能存在职业风险,根本原因在于我国新闻发言人职业化程度不够,新闻发言人角色定位相对模糊不清。如在对"7·23"甬温线特别重大铁路交通事故②新闻发布会的分析中,有学者认为除了时任新闻发言人王勇平表现欠妥外,"让一个新闻发言人来面对媒体"是导致此场新闻发布会效果违背初衷的重要原因之一,"至少要让一个常务副部长或专门负责安全的副部长以上的官员接受采访"③。其次,新闻发布会数量相对集中在少数几个部门上,如国务院新闻办公室、教育部、卫生部等,部分机构甚至在一些重要的突发公共事件中都没有召开过新闻发布会。例如,2013 年 H7N9 型禽流感④在中国爆发期间,农业部并没有为此展开相关新闻发布会,相关新闻发言人亦没有公开对此事发表言论。我国虽然已经确立新闻发布和新闻发言人制度,但是在实践过程中仍存在从新闻发布主体到新闻发布内容的欠缺,这种欠缺不利于权威话语的传播和公众对权威的信任评价,因此需在实践中不断完善。

2. 日益受到关注的政务微博

新媒体平台的兴起拓展了政府话语的传播渠道,官方新媒体平台也逐渐成为官方危机传播的常规载体。官方新媒体平台主要包括官方网站、政务微博和政务微信等载体。但是对官方新媒体平台使用率的调研结果表明,目前公众对官方新媒体平台的关注和使用程度较低⑤,且官方新媒体平台的信息发布具有地域的局限性和内容的零散性,因此在很多事件中多半作为新闻发布会、媒体新闻报道的辅助出现。近年来,官方新媒体平台尤其是政务微博,逐渐成为危机传播的重要载体,多元的话

---

① 桂杰.新闻发言人制度面临困境官员病致不愿说不敢说[N].中国青年报,2011 - 08 - 28;桂杰.别让新闻发言人成为高危职业[N].中国青年报,2011 - 08 - 28(3).

② "7·23"甬温线特别重大铁路交通事故:2011 年 7 月 23 日,甬温线浙江省温州市境内,由北京南站开往福州站的 D301 次列车与杭州站开往福州南站的 D3115 次列车发生动车组列车追尾事故,造成 40 人死亡、172 人受伤,中断行车 32 小时 35 分,直接经济损失 19371.65 万元.

③ 叶皓.对温州高铁事故新闻发布的反思[J].现代传播,2011(10):131 - 132.

④ H7N9 型禽流感:一种新型禽流感,于 2013 年 3 月底在上海和安徽两地率先被发现,是全球首次发现的新亚型流感病毒,尚未纳入我国法定报告传染病监测报告系统,并且至 2013 年 4 月初尚未有疫苗推出.

⑤ 谢耘耕.舆情蓝皮书——中国社会舆情与危机管理报告(2014)[M].北京:社会科学文献出版社,2015:240 - 273.

语样态、注重互动的特性赢得了公众的关注和信赖。例如,在"7·21"北京特大暴雨事件[①]中,"@平安北京"等政务微博对事件的持续、多角度报道引发公众关注。

政务微博成为政府话语表达平台的一个新方式,并发挥着日益重要的作用。2010年以来,随着政府主动地推动,政务微博进入快速发展期。2011年,国家互联网信息办公室在北京召开"积极运用微博客服务社会经验交流会",提出"希望党政机关和党政领导干部、以更加开放自信的态度开设微博客、用好微博客[②]。这一年成为"政务微博元年",政务微博进入高速发展阶段,越来越多的政府机构和官员开设政务微博。《2018年度人民日报政务指数·微博影响力报告》显示,2018年政务微博的总阅读量超过3890亿,在政务公开、政民互动、政务服务、规范运营方面均有明显表现,实现了从发布到问政再到行政的综合价值升级,并继续在政务新媒体矩阵中发挥核心作用[③]。

政府微博主要包括两种:政府官员/公务员的个人微博和政府机构微博。其中,政府官员/公务员的个人微博是指政府官员与公务员以个人身份开通的微博,共有三种类别:出于私人目的使用的微博;出于公务目的使用的微博;兼具以上两种使用目的的混合型微博[④]。政府机构微博则指可以代表一级政府机构或部门,其内容与政务密切相关、具权威性的官方微博,具体包括三类:政府机构微博,如某市公安局微博;政府发言人微博;以某一公共事件或主题命名的由政府开通的主题微博[⑤]。

近年来,移动互联网的迅速发展,智能手机等移动终端成为社会公众获取信息与社交的重要方式,为我国电子政务发展提出了新的要求。2014年,政务微信实现了全面的发展,《2018微信公众平台政务、媒体类

---

① "7·21"北京特大暴雨事件:2012年7月21日至22日,北京及其周边地区遭遇61年来最强暴雨及洪涝灾害,截至8月6日,造成79人因此次暴雨死亡。

② 国家互联网信息办召开积极运用微博客服务社会经验交流会[EB/OL].[2018-10-13].http://news.xinhuanet.com/politics/2011-10/13/c_122155033.htm.

③ 人民网舆情数据中心.2018年度人民日报政务指数·微博影响力报告[EB/OL].[2019-01-20].http://xj.people.com.cn/NMediaFile/2019/0122/LOCAL201901222343000592175150621.pdf.

④ 刘宁雯.中国政务微博研究文献综述[J].电子政务,2012(6):38-43.

⑤ 郑磊、任雅丽.中国政府机构微博现状研究[J].图书情报工作,2012(3):14.

账号发展报告》显示政务及媒体类公众号粉丝总量达到 35 亿①,成为政府信息公开、公共服务、政民互动的智慧平台,并在突发公共事件的传播与危机应对中发挥便捷优势。同时,政务微信、政务 APP、政务头条号等多个平台的出现,实现了政府新媒体在信息公开、危机应对、便民服务等功能与作用。

(二)情境主导、内容明确、时效先行的传播原则

政府收集危机信息的能力较强,能够掌握较多危机信息,话语具有权威性,公众期待较高。政府在突发公共事件中的话语受到各方关注,为了实现有效的危机传播,避免由话语引发的次生危机,政府话语须遵循以下三个原则。

首先,对于任何危机传播主体来说,在进行危机话语传播时都需要考虑危机情境。就宏观层面而言,政府在危机传播时面临的是媒体、公众、专家等多个话语主体共同构成的危机情境,这些话语主体对危机的呈现以及建构的意义指向都影响政府的危机传播。注重沟通的危机传播理念的发展,重塑了政府在危机传播中的角色,由“以我为主”转为“沟通后的主导”。政府在危机传播中需要重点考虑的情境分为两种:一是与事件本身相关的话语情境,即围绕事件产生的社会舆论和社会情绪(社会舆论包含媒体舆论和公众舆论),尤其是公众对政府责任归属的认知和公众情绪。有些突发公共事件属于意外型危机,如自然灾害等,这时的社会舆论和情绪都在事件发生后产生;但是有些突发公共事件在发生前就已经具有了舆论背景,如由于某种制度缺陷造成的危机的重复出现,这时有关危机的话语传播需要考虑到已经存在和弥漫的舆论和情绪。二是与事件产生的社会背景相关的话语情境,即由政治、经济、文化等共同构成的制度语境、文化语境等。政府的危机传播目的在于解决或减少社会矛盾、缓解负面情绪、号召社会共同应对危机、维护或重塑政府形象,这些目标都涉及基点的问题,即当下矛盾是什么,有哪些负面情绪,负面情绪因何产生,政府形象受到了哪些损害,这些问题构成了政府危机传播的情境。

其次,如果需要政府主动发声,最重要的就是明确“要说什么”和“可能会说什么”。政府主动发声的代表形式是新闻发布会和政务新媒体平

---

① 腾讯公司.2018 微信公众平台政务、媒体类账号发展报告[R],2018 – 01 – 17.

台的信息发布,在这种场合下,社会各方有两个需求:一是"获知";二是"获证"。"获知"主要针对突发公共事件信息、责任主体应对进展、未来可能行动等。在一般情况下,政府掌握着较多的危机信息资源,信息渠道较为通畅,并掌握大量的危机背景、现状信息,因此社会各方需要从政府获得其他危机传播主体无法全面掌握的信息。"获证"主要针对突发公共事件中未经证实的流言。从以往的突发公共事件中可以看到,流言和谣言是危机传播话语的重要组成部分,这些信息或与事实部分相符但未经阐释引发公众误会,或者与事实相悖可能引发公众的负面情绪,不利于危机的解决。因此在政府主动发声时,要对已经传播的流言和谣言进行澄清。"可能会说"的内容主要是针对其他危机传播主体的提问进行预判,多数情况下以媒体为主要提问方;但在新媒体平台中,公众可能直接成为提问者。在这种情况下,政府可能处于两种境遇:一种为涉及国家机密不能说;另一种为没有掌握足够的信息无法说。对于前者政府可以明确告知"目前不方便透露";但对于后者,政府在告知"目前还不知道"的同时,还需要告知具体信息发布的时间截点,并适当解释原因——这是取得各方信任的前提,即有理有据、不回避不遮掩。

最后,"第一时间说"仍然很重要,但是第一时间说什么是需要推敲的。在危机传播原则中,"tell it fast"(迅速地说)是公认的有效定律,但同时政府话语权威性的树立在很大程度上还要依托话语内容的真实性和有效性。在这种情况下,如果一味追求信息发布的时效性而忽略话语内容的真实性,就会造成信息的偏颇甚至错误,反而不利于赢得信任。因此"第一时间说"的话语内容需要依据情境而定,如果政府承担突发公共事件的主要责任,则需要第一时间表明对此事件负责的立场,并且告知各方如何应对危机;如果对于危机信息掌握不充足或不确定,则可以只对事件进行叙述式呈现,但是需要阐明后续信息将在什么情况下公开。如果政府并非是突发公共事件的主要责任主体,那么政府在第一时间发声时就需要考虑危机对政府的影响、公众/媒体等对政府发声的期待与诉求等要素。

政府在突发公共事件中的发声,会对危机本身定下基调,不仅对危机的应对产生影响,还可能左右其他危机传播主体的态度,社会对政府的期待源于政府话语的权威性,因此政府使用的话语策略和话语框架都需经过谨慎的情境考察之后再进行选择。

三、政府危机传播话语表达方式的新变化

随着我国政府向服务型角色的转变以及在危机传播中对公众话语的日益重视,危机传播中政府话语的传播载体、话语表达方式都有所变化。

(一)政务微博成为危机话语的主要承载

新媒体的发展使危机传播话语平台呈现多元化,我国政府也逐渐将新媒体平台作为危机传播的主要平台,尤其是对政务微博的利用,已经开始将其纳入危机传播的常规载体。笔者曾对上海市全部5所"211工程"院校和4所"985工程"院校的1717名在校学生进行问卷调查后发现,政府新媒体平台使用率与其信任度显著正相关,这就要求政府新媒体平台加强传播能力和公信力,抓住机遇扩大影响力,争取更多的使用者[1]。同时,高校学生对突发公共事件的关注程度较高(M = 3.88),政府信息公开程度的评价与政府信任评价显著正相关。然而27.4%的高校受访学生认为,当地政府在发布公共事件信息时存在比较严重的"缓报瞒报"现象[2]。当前,政府新媒体平台专业化建设尚不完善,未充分掌握新媒体平台的传播特性,在危机传播中往往因为新媒体平台信息运用能力不足而产生公众的信任危机。

政务微博在危机传播中的最大优势是兼具时效性和互动性。在时效性方面,政务微博往往作为突发公共事件发展进程的实时播报器,及时向社会说明突发公共事件的进展及应对策略的实施。互动性的优势主要表现为能够与公众进行较为充分的实时互动。目前,一些政府微博发展较为成熟,已能较快速地回应公众的提问。由于新媒体平台的互动功能,政务新媒体平台也成为突发公共事件中信息收集的重要工具,收集的信息多为其他危机传播主体对事件信息的反馈,成为政府制定危机传播话语策略的基础。虽然政务微博平台话语的发布呈现碎片化,但是因其对信息的聚合功能较强,已成为当前突发公共事件中政府话语的主要传播平台。

但是在政务微博的危机传播中也存在一些问题:研究者大多认为,政务微博整体发展不均衡,具体包括地域上的不均衡和职能部门上的不

---

①② 陈虹,李明哲,郑广嘉,等.政府新媒体平台信任度影响因素研究——基于上海市9所高校的调查分析[J].新闻与传播研究,2015(4):36–45,126–127.

平衡(公安微博一枝独秀)③。在危机话语方面,"内容形式刻板,语言文风杂乱"④;或者是"以单向信息传达为主,缺乏有效互动;部分政务微博关注人数较少,尤其缺乏对意见领袖的关注;解决百姓切身问题方面仍显不足,施政效果有限;政务微博国际化建设滞后,影响我国国际话语权竞争"⑤。同时,政务微博的话语形式较为单一,多注重文字和新闻照片的使用,缺少对危机进行阐释的信息图表等。

(二)宣传指令式的话语色彩有所减弱

我国政府在1980年第一次针对危机召开新闻发布会,此后新闻发布与媒体报道成为我国政府在突发公共事件中重要的话语渠道。在由政府直接进行信息传播的新闻发布会上,政府方面主要对于危机情况进行通报,自上而下的宣传话语使用较多,如领导人对危机应对有何指示、政府方面采取了哪些措施等,建构的是"政府积极应对危机"的意义框架。但是随着服务型理念的深入和新闻发布制度与实践的日益完善与成熟,政府的危机传播更加注重人文关怀,新闻发布逐渐开始基于利益相关者,关注受到危机影响的公众,对其情况、诉求等信息进行发布和回应,建构"以人为本"的危机传播意义框架。

在通过政务微博进行的危机传播话语中,政府的表达方式相对更加生动,通过表情符号、新闻照片或动漫等形式进行危机传播。文字和图像结合的话语表达方式丰富了危机传播中的政府话语,也拉近了政府与公众的距离。相比新闻发布、官方网站等信息发布方式,政务微博更重视与公众的互动,关注公众针对危机的提问并且进行应答,在突发公共事件中开始采用"微访谈"等新兴渠道与公众进行对话。显然,后者更利于设置一个互动式的危机传播情境,实现"意义的共享",并真正实现"以人为本"的信息发布理念。

但是政府在运用图像进行危机传播的过程中也存在一定缺陷。首先,在政府主要的危机传播形式——新闻发布会上缺少图像话语的呈

---

③　邓遂."微博问政"热潮的冷思考——当前政务微博发展存在的问题及对策分析[J].对外传播,2011(8):55-56.

④　丁正洪.政务微博特性[N].吉林日报,2013-06-02(2).

⑤　刘锐,谢耘耕.中国政务微博运作现状,问题与对策[J].编辑之友,2012(7):4.

现。例如,在"4·10"兰州自来水苯超标事件①中,有关受污染的自来水的走向问题,由于受到地理位置的限制,公众对其了解处于模糊状态,此时如果使用交互式地图进行说明,则更加有助于公众对危机的认知。其次,在政务微博的图像运用中,图片、新闻照片是其主要形式。但相对媒体、公众的图像话语而言,形式单一。运营相对完善的"@平安北京""@上海发布"等微博,尽管在信息发布方面较为完善,但是对于图像话语的使用仍然处于初级阶段,在危机传播过程中无法形成文字与图片的良好互动。最后,在突发公共事件的政务微博图像话语传播中,图像主体主要聚焦权威部门及其代表人物,通过文字配合建构其正面形象,但是这种图片的宣传与舆论引导效果主要通过文字体现,图像本身并不构成明显的意指,对于公众的视觉冲击力较小。如在"7·21"北京特大暴雨事件中,"@平安北京"发布了多条微博以对此事件进行全面呈现,其中不乏图片的使用,但是这些图片仅仅以陈述方式传播了暴雨的后果和救援的情况,视觉修辞运用较少,使得本来具有浓重情感意义的突发公共事件转变为普通的公共危机。这里的图片使用效果并没有符合公众的情感诉求,也未通过建构文化意象形成公众有关危机的感知和认知。作为政府直接运营的媒体方式,政务微博在获得突发公共事件的信息方面具有天然的便利性,尤其在涉及复杂事件的话语建构中,更应使用图像对相关信息进行更为直观、清晰的梳理、整合和传播。

(三)理性与情感共建的方式逐渐形成

政府是危机传播的主导者,对危机的信息掌握得更加全面,了解得更为透彻,因此政府在进行危机传播时,应更注重理性地传播危机信息,以使社会各方全方位了解危机的信息。由此可见,对危机的理性陈述是政府话语的主要特征,对危机的定性和危机应对措施的说明构成了政府话语的主要内容。不过,在新媒体平台被广泛应用于突发公共事件,公众积极参与危机传播的今天,政府的话语方式开始逐渐向情感沟通方式转变。

① "4·10"兰州自来水苯超标事件:2014年4月10日17时,兰州市威立雅水务公司出厂水检测出苯含量118微克/升,远超国家限值的10微克/升。一个月前,在民间就有传言说兰州有水污染的情况,当地政府对此进行"辟谣"并处置了"造谣者"。4月11日中午12时,大多数市民依然不知道自来水被污染的消息,直至16时30分,才最终证实"自来水苯指标超标事故"属实。在事件中,由水污染本身激发的公众恐慌的情绪、威立雅水务公司对责任的淡漠以及政府信息通报的迟滞等因素交织在一起,引发了网络舆论场中复杂多样的意见表达。

新媒体时代,情感启动是沟通的首要策略,社会管理者应充分考虑各利益方的诉求,寻找合意空间,在互动基础上形成社会共识,最终达到"议程设置、框选效果和情绪启动"的引导目标①。利用情感方式进行危机传播是实现政府话语与公众话语良好沟通与互动的关键环节。在突发公共事件引发的危机中,公众需要信息和情感两方面的诉求。情绪是引发公众舆论的主要因素,如果政府仅从公众的信息需求方面进行传播,只能满足公众的危机认知需求,而情感需求出现空白,将不利于两大话语场的互动。我国政府已经意识到危机话语中情感表达方式的重要性,在危机传播中开始关注公众情绪,主动运用情感方式建构政府话语框架。例如,在灾难事件中对遇难者的哀悼、对利益损失的公众表达关怀等,在危机传播中逐渐形成了理性传播和情感启动共建政府话语的新态势。

第二节　关系重构中的政府话语

危机传播议题日渐丰富,逐渐覆盖了外交、政治、经济、文化、卫生等诸多领域。同时,网络应用技术的发展使得越来越多的公众参与到社会公共事件的讨论之中。网民意见逐渐形成强大的网络舆论,对突发公共事件的发展甚至社会进程产生重大的影响。这样的转变使得政府相关部门越来越注重危机传播过程中的角色塑造以及危机话语的表达策略。

政府作为危机传播的主导者,拥有强大的危机信息分配权力与信息驾驭能力,成为建构危机话语框架的首要动力。尽管在社会网络场域中社会权力下放,各个危机主体话语表达呈现多元化,但政府话语仍然处于危机传播场域中的核心节点,掌握丰富的媒介信息与话语交换资源,并通过多元信息交换形式建构政府在危机传播中的话语意义。在本书选取的 50 起突发公共事件中,研究小组根据社会网络分析结果,选择 7起②政府主体身份突出、政府话语对事件传播起到重要作用的事件进行

---

① 喻国明.情感启动是微博时代政府与公众沟通的策略[EB/OL].[2018 - 12 - 03]. http://edu. ifeng. com/gaoxiao/detail_2012_12/03/19779662_0. shtml.

② 本节选取的 7 个研究个案为:郭美美炫富事件(2011)、宁波镇海 PX 项目事件(2012)、四川什邡钼铜项目(2012)、南京官员殴打护士事件(2014)、"8·12"天津滨海新区爆炸事故(2015)、上海外滩踩踏事件(2014)、"4·3"北京和颐酒店劫持事件(2016)。

具体探讨。侧重探究政府话语在危机传播中所扮演的角色与所起的作用,从话语内容、方式、策略等方面研究政府话语与其他主体话语在突发公共事件中的关系以及话语背后的意义指向。

一、作为危机话语脚本的提供者

从具体的突发公共事件导致的危机来看,政府话语在阐释危机的过程中,政府内部组织成为其政府危机话语脚本的主要提供者。而随着新媒体时代公民意识的觉醒,公众参与公共事务的程度加深,政府危机话语脚本的提供者也产生了重大变化,媒体、公众、专家也通过多元信息交换渠道提供多样态信息资源,共同构成危机传播的交换情境。在危机话语的交换渠道方面,新媒体平台的发展延伸了政府话语的传播渠道,以政务微博为代表的政务新媒体平台成为政府危机传播的常规载体,成为政府与其他危机主体危机资源交换的渠道。

如"8·12"天津滨海新区爆炸事故①发生后,立即在微博上引发热议。基于微博数据样本,我们选取转发量较大的微博用户构成一级节点,通过转发与被转发关系绘制有关此次事件不同话语主体在微博平台上的社会网络关系。"@天津发布""@滨海发布""@平安天津""@天津消防""@天津交警"等政府微博,在此次事件发展过程中参与其中,提供了一定的危机话语脚本。其中"@天津发布"具有较高的点度中心性以及中间中心性,成为此次突发公共事件中危机话语的重要提供者。

然而,从"@天津发布"微博内容看,"@天津发布"相比于其他节点具有最高点出度,意味着该政务微博虽然较活跃地设置危机话语议题,但较多地转发来自其他节点的信息,主动设置话语脚本的能力较弱。对8月13日全天"@天津发布"所设置的微博本文进行统计得出,该政务微博在事发后24小时共发布微博48条,而转发微博数量达22条之多(其中2条微博为单纯转发微博,没有任何附加信息)。多数议题仅涉及危机识别信息中的基本事实、事故所造成的初步影响,而事故发展到何种程度、事故如何处置、事故发生的原因以及危机中的归责等系列问题缺失,危机话语脚本的提供不够准确与全面,无法满足网民对于事故的关注欲望,这在一定程度上失去了舆论引导的主动权。

---

① "8·12"天津滨海新区爆炸事故:2015年8月12日23:30左右,位于天津滨海新区塘沽开发区的天津东疆保税港区瑞海国际物流有限公司所属危险品仓库发生爆炸。

对在此事故中同样发声的其他地方政务微博"@滨海发布""@平安天津""@天津消防""@天津交警"等进行分析后发现,政府官方微博的主要话语主题是对救援情况进行通报,发布救援综合信息,发布最新救援进展,交通限制提示,应急便民举措等。

从原创微博内容设置来看,"祈福""众志成城""我们在一起"等话语表达以及[爱心][祈祷][蜡烛]等符号成为"@天津发布"在危机产生前期主要的话语框架。而自身微博信息多采用情感诉求话语框架,没有针对事故本身的发展与处置情况等进行详细的说明,此次事故所产生的影响在危机产生初期并未得到政府组织内部的重视,导致了网络结构中其他社会主体强烈的不满,对于政府后续危机应对策略的建构形成负面的影响。

同时,不同政务微博内容上同质化倾向和形式化倾向较为严重,而对于网民热议和关心的焦点问题,都没有给予及时的回答,甚至对于群众的情绪安抚和相关救援知识普及的内容都较少,因此导致在该事故发生后的前期,网结构中各主体之间的关系松散,未能与其他话语主体形成良好的互动。正如李克强总理所言:"权威发布跟不上,谣言就会满天飞。"在事故发生后,"@天津发布"等政务微博迟迟没有公开相关信息,导致事故发生后信息公开不及时、不透明,网络上质疑、谣言蔓延。这些谣言一方面混淆了公众对事故本身的认知,另一方面也影响了当地政府甚至中央政府的公信力,使得政府话语的危机反应策略失效。

就"8·12"天津滨海新区爆炸事故而言,在此次危机阐释的过程中,政府话语作为危机话语的主导者,最需要的就是明确自身的话语主题。在突发公共事件进展的过程中,社会各方急需获得有价值、权威的资源,对未经证实的流言与谣言,也需要危机资源的掌控方进行说明和辟谣。在危机传播的过程中,政府话语发声时应该明确话语主题,在危机传播的网络结构中发挥积极主导的作用,在掌握大量危机脚本、深入查证求实之后向社会其他主体进行言说,进而有理有据地对危机本身定性。同时应针对网络结构中其他主体尤其是公众所关注的议题,在场域内部进行有效的沟通与互动,并对是否需要承担危机责任进行说明,做到不逃避、不遮掩。

二、作为危机话语情境的主导者

互联网技术的发展使越来越多的公众参与到社会公共事件的讨论

之中。网民意见逐渐形成强大的网络舆论,对公共事件的发展甚至社会进程产生重大的影响。这种转变使政府越来越注重由公众所创设的危机传播情境的改善以及危机回应和处理机制的完善。政府作为危机传播的主导,也是危机发生后减少争议、共识再造的重要主体。政府在危机传播中的意义建构对于塑造政府正面形象,赢得公众信任也具有重要意义。

因此,政府话语在危机传播中不仅应为危机本身提供脚本,更要在危机传播的网络结构中起到主导作用。具体来说,政府话语应对危机传播中的争议性话题明确定性,对危机话语中的不实信息做出权威确证,对危机传播中的消极负面情绪及时疏导,从而改善危机话语情境,达到有效地应对危机,提升危机传播效果。

(一)政府话语为危机话语定性

在"4·3"北京和颐酒店劫持事件①中,事件当事人在微博上发布信息,称自己在4月3日晚间10点50分左右,在北京如家集团的和颐酒店遇袭击,微博发布后引发社会公众广泛讨论。对如家集团的回应、事件的真伪、警方的回应、法律保障、对人性道德的讨论等诸多争议性话题成为焦点。其中"@平安北京"政务微博作为政府话语的主要表达平台,成为此次事件传播网络结构中的重要节点。对微博平台中有关该事件的微博用户进行网络结构关系图的绘制与分析后发现,"@平安北京"在危机话语传播过程中具有最高的点出度以及中间中心性。在事件传播过程中,成为连接其他主体的重要节点,占有话语的主导位置。

面对公众质疑,"@平安北京"官方微博在事件发展过程中共发布3条微博(见表3-1)。其中第一条微博发布于事件发生后的第3天,仅为"警方正在彻查,请您继续关注"一句话。警方的这一表态引起了网民的不满,虽然在该微博中警方表明正在对事件采取行动,但由于内容空洞,加上涉事企业一方危机应对不恰当,导致了危机进一步恶化。

此后的两条微博对事件的基本事实、事件处理情况以及事件的归因归责进行了说明,同时还表明将继续打击公共场所卡片招嫖的活动,维

---

① "4·3"北京和颐酒店劫持事件:2016年4月3日,从外地来北京的女士弯弯(化名)在位于朝阳区酒仙桥北路望京798和颐酒店入住时,被陌生男子跟踪后强行拖拽,并抓住头发用力撕扯。在该女士大声呼喊后,围观者逐渐增多,受害者被一女顾客搭救后,陌生男子逃走。

护社会治安。但微博信息只是以文字公告的形式发布,对事件中的诸多细节并未进行详细的阐释,对有关争议性话题没有做出权威解答,仍无法完全满足公众的信息诉求。

表3-1　"@平安北京"官方微博在和颐酒店女生遇袭事件中发布信息

序号	发布时间	发布议题
1	2016-04-06　11:01	警方正在彻查,请您继续关注
2	2016-04-08　9:20	事件基本事实(将涉案人员抓获) 事件处理
3	2016-04-09　18:37	事件归因归责 事件处理 情感引导

（二）政府作为危机涉事主体

2014年2月25日,南京口腔医院发生病人家属殴打护士事件。在这次"南京官员殴打护士事件"中,打人者为江苏省科技馆处级干部,其丈夫则是江苏省检察院宣传处副处长。这使得事件本身具有一定特殊性。政府官员形象的标签化,导致事件发生的初期就形成了公众对于政府工作人员一边倒的指责。因而,政府虽然在事件发生后的第一时间及时进行了危机回应,公众一方负面的情绪有所缓解,但由于责任主体的身份,公众对于政府话语的权威性与真实性仍存在一定疑问。同时,相关部门在掌握了更加有力的证据事实后,没有及时地对外公布,错过了危机处置的最佳时期,使公众的质疑声、指责声不断积累,导致公众由对政府机构中的个人的指责上升至对于政府组织层面的不信任。

就此次事件网络结构中的点度中心性看,涉事主体所在单位——江苏省检察院官方微博"@江苏检察在线"成为此次危机传播网络结构中的重要节点。在点度中心性的统计分析中具有最高的点入度中心性,意味着网络结构中的其他主体对于该政务微博有较多的关注与讨论。事件发生后的三个小时左右,"@江苏检察在线"微博以【权威发布】为标题,向公众阐释面对突发状况,政府一方并没有以回避、躲闪的姿态来面对,不对当事人进行包庇,话语指向事件处理框架,旨在树立公正、权威的政府形象。政府话语的及时介入,使网民的情绪趋于平缓,几乎一致转发带有"静待结果"字眼的微博。

然而在此事件处理阶段，政府话语亦有不足之处，使其陷入不被信任的困境，为危机的处理增添了难度。首先当地政府没有及时与全面地向公众告知有关事件的关键信息，例如官员殴打护士的过程中，医院的监控设备有详细的录像记录，然而警方在事发两天后才对此视频进行公布，视频时长不过两分钟。同时，警方没有在事件发生后及时地公布相关信息，让公众产生怀疑，使政府话语的真实性与权威性打了折扣。事件发展过程中，2014年2月26日12时20分，医学行业的专业网站"丁香园"，在微博上曝出猛料——"被打护士脊髓损伤，下肢瘫痪"。之后，鼓楼医院一名医生也在微博上称"可怜的口腔医院同行真的下肢瘫痪了"。"瘫痪"的消息刺激了网民的关注度。面对尚未有定论的"瘫痪"信息，当地政府针对此信息的回应也迟缓。另一方面，鼓楼医院专家的正式诊断报告中写道，"存在外伤性脊髓损伤（脊髓震荡）可能，心包少量积液，是否由外伤所致需要进一步观察"。从诊断报告的话语呈现来看，过于专业化的话语表述无法满足公众的信息需求，更无法对"瘫痪"传言进行对冲，从而使得官方处境较为不利。

政府话语危机表达的不足与话语策略运用的失当，引发了公众对政府公信力质疑的危机。政府相关部门应该从公众互动议题所延伸的意义中，找到适合的危机话语策略，在参与社会议程设置的过程中，积极主动地应对公众质疑、接纳公众提议，在与公众的议程互动中找到相对平衡的角色，与公众平等对话，进而从根本上解决问题，化解危机。

（三）政府作为间接责任主体

"宁波镇海PX项目事件"①最终在宁波市政府做出的"坚决不上PX项目"决定中告一段落，民众的利益诉求最终得以落实，可能恶化的局面暂时得以控制。基于微博平台对宁波PX事件的传播网络结构进行绘制，在此基础上分析此网络结构的中心性。其中"@宁波发布"（认证信息为宁波市政府新闻办公室）在该网络中与多个节点相联系，点出度和点入度均较高，即"@宁波发布"所发表的微博被他人转发，同时也注重转发其他节点微博，意味着"@宁波发布"在此社会网络中占据着中心地位，其发布的信息内容在传播网络中发挥重要的作用。在此事件中，危

---

① 宁波镇海PX项目事件：2012年10月22日，宁波镇海湾塘等村数百名村民，以该市一化工企业（PX项目）距离村庄太近为由，到区政府集体上访，并围堵了城区一交通路口，造成群体性事件。

机并没有直接的责任主体,但由于危机发生前期,政府一方没有及时、公开地向公众详细解释该项目的具体信息,同时事件涉及健康环境等民生问题,民众自然将责任归结到政府一方。

事件发生后,在微博平台上,"@宁波发布"和"@宁波公安"(认证信息为宁波市公安局)积极发布相关消息,传递官方处理态度和措施。其中,"@宁波发布"于10月28日18时45分发布的"坚决不上PX项目"迅速成为各大媒体微博转载的信源,这则微博消息短时间内被转发和评论超过11万次,较为有效地传递了官方的最终处理结果。在政府话语的危机应对中,一方面,镇海区人民政府办公室网络发言人于10月24日发布的《关于镇海炼化一体化项目有关情况的说明》中,呼吁村民理性表达诉求,强调"对于极少数别有用心造谣煽动、有违法行为、组织违法活动的,将依法惩处"①,这种表达方式并未拉近政府与群众之间的距离;另一方面,早在2月20日左右已有一些市民有聚集的现象,但当地政府没有予以重视,而在发生群体聚集事件的两天后才做出回应,缺乏一套行之有效的危机预判机制,并增加了危机应对的压力。

从政府相关职能部门来说,政务微博的出现使得政府透明、公开和公正的形象快速地构建起来,对突发公共事件全过程的处理情况应该毫无保留地呈现在公众面前,如果进行有效的话语表达与议题设置,可以化解公众负面情绪,进而避免危机进一步激化。而从公众的角度来说,一些质疑与不满的情绪可以通过微博平台发泄和表达,微博也更好地满足了网民的参与权和知情权。及时、有效和理性的微博话语互动与沟通使得政府能够在最短的时间内找到有效的话语策略,从网络舆论危机中走出来,较好地疏通和消解网民的负面情绪,使危机不致走向极端,而以一种较为完美的方式落幕。

(四)政府作为不实信息的确证者

在"上海外滩踩踏事件"中,有人在网上说是炫富撒钱造成了场面混乱,微博一度沦陷到对炫富的责骂中。网民对撒钱这一议题关注度极高,在某种程度上迎合了网民对于炫富的质疑心理,使得大量的不实信息广泛传播。

"@警民直通车—上海"在2015年1月1日22:18发布了一条【针

---

① 区政府办发布《关于镇海炼化一体化项目有关情况的说明》[EB/OL].[2018-10-24]. http://zh.cnnb.com.cn/zhnews4071/xwzx/bdyw/20121024002745.htm.

对网传"12·31"外滩陈毅广场拥挤踩踏事件系有人在外滩18号抛撒疑似"美金"引发一事的警方调查】的辟谣官方声明。作为上海市公安局的官方微博,"@警民直通车—上海"在网络传播结构中占据中心位置,起到话语主导的重要作用。它替政府发声,也就是充当了发言人的角色,并且肩负着极其重要的任务——辟谣。

微博的开放性与匿名性等特征削弱了传播者本应该负的社会责任,使得不实消息得以广泛传播,对社会产生负面的影响,扰乱了社会正常生活秩序。由此,作为不实信息的确证者,政府应第一时间有效地粉碎网络谣言,从而安抚公众紧张、恐慌的社会心理,净化网络环境,为突发公共事件中政府有效的公共管理和维护社会秩序提供良好的外部环境。

而在"郭美美炫富事件"①中,中国红十字会向北京警方报案,并通过"@平安北京"政务微博作为政府话语发布平台介入该事件,于2011年7月7日,连续发三条对该事件的调查结果,称郭美美只是为了满足其炫耀心理才杜撰了"中国红十字会商业总经理"这一身份,对事件中的不实信息进行权威更正。

> "@平安北京":郭美美认为原来在新浪微博上注册认证的"主持人、演员"身份层次较低,为满足其炫耀心理,于5月自行杜撰了"中国红十字会商业总经理"身份,提交新浪微博网站审核通过并加"V"认证。在审查中,郭美美对自己的不当行为表示后悔和歉意。②

然而,大部分公众对其发布的调查结果存在异议,认为没有触碰到核心问题。大量公众以及"@青年时报""@黄健翔"等媒体官方微博、意见领袖均对此微博进行转发和评论,证明公众对政府对此事的解释并

---

① 郭美美炫富事件:2011年6月20日,新浪微博上一个叫作"@郭美美Baby"的ID账号引起了公众的注意。"@郭美美Baby"的微博认证身份为"红十字会商业总经理",但是她在自己的微博账号中却发了大量开玛莎拉蒂跑车,以及在别墅办生日酒会以及展示各种皮包、手表、首饰等奢侈品的生活照,这些照片将她富裕的生活状态展现在网民面前,照片与身份的叠加引发了公众对其财富来源的质疑以及对红十字会的信任危机。
② @平安北京微博[EB/OL].[2018-01-06]. https://weibo.com/1288915263/eDvF-wOXhlia?from=page_1001061288915263_profile&wvr=6&mod=weibotime&type=comment.

不买单,在意见领袖和媒体的带领下对此政务微博消息进行批判。同时,其他政务微博并没有对该事件有过相关说明,事件中心红十字会也是在事件发生后才开通的微博。突发公共事件以及与之对应的危机传播已经成为当下中国转型社会的常态。行政体制中的各级政府是危机传播中最为重要的主体之一,政府是危机传播的主导者,从根本上决定着危机传播的实施过程与效果。因而,政府应当从法定职能以及社会利益出发,承担领航者的重大责任。

三、作为危机话语决策的制定者

危机话语决策是政府进行危机应对的基础环节,是政府管理者对社会公共事务进行治理从而使社会有效运行的重要组成部分。就危机传播的具体事件而言,任何危机话语的决策都需要从社会公共利益出发,进行系统而科学化的调研,寻求有效的制度政策与管理措施,从而避免风险以及危机的发生。同时,在危机发生后,应该在有限的时间内,厘清危机的事实性信息,并就社会公众所关注的焦点问题进行权威确认,追究事件的责任主体,同时应及时制定危机应对策略,避免事态的进一步恶化。

政府在突发公共事件中,具有信源、定性、决策者等多重身份。但在以这些身份进行信息发布时,政府话语有时却未获得公众的充分信任,这主要是以下几方面的原因造成的。第一,政府未及时发布公众希冀知晓的信息,给公众造成隐瞒的印象。第二,公众将政府与自身身份相对立。当涉及与政府相关的当事人时,公众首先进行的是身份的差异划分。

在以政府话语为主导的危机传播中,政府组织机构与政府官员作为危机话语脚本的言说者,控制着信息交换的纽带方向,而政府的危机话语应对策略与决策影响着危机传播的最终结果。政府话语常常建构了以政府单方垄断为主的纽带方向,以全能型的姿态来应对危机、做出决策。随着公共治理理念的兴起,倡导对话协商、互通共识的危机话语互动场域初步形成。然而由于话语权力交换的不对称性,导致了各个危机主体间话语权力分配并不均衡,很难形成危机话语互动式的交换网络模式。同时,参与主体的复杂性与多样性导致政府层面很难以"全能型政府"的角色做出恰当的、有效的危机决策。在当前的危机传播情境中,科学的危机决策要求政府在尊重社会公共利益的基础上,综合考虑各方利益主体的意见,从而做出决策,尤其是与社会公共生活环境与生命健康息息相关的危机决策。

在 2012 年的"四川什邡钼铜项目事件"①中,由于当地政府对于项目的前期宣传解释力度不足,相关政策不公开、不透明而导致了社会公众强烈的反对。在此次事件发展过程中,由少数市民的不满逐步发展成部分群众的抗议,再到大规模市民和学生参与集会直至被警察驱散。在社会公众线上的语言层面的表达与情绪的发泄到线下的抗议行为的整个过程中,当地政府及相关部门的危机话语应对与决策速度迟缓,表达手段简单、片面,使其成为此次危机传播中的责任主体,并由此形成了政府与公众的冲突关系以及政府与涉事企业的组合关系。

"@活力什邡"作为四川省什邡市人民政府新闻办公室的官方微博,成为此次突发公共事件传播过程中政府的话语表达平台,在此次事件的传播网络结构中成为政府话语的重要节点。我们以微博平台为样本数据库对此次事件的相关微博文本进行搜索与统计,发现"@活力什邡"于 2012 年 7 月 3 日发布的长微博获得较高的转发数与评论数。从微博设置议题来看,在此条微博中,什邡市政府明确表示今后不再建设钼铜项目,同时也针对项目的相关事实性信息进行了较全面的表述与阐释。此外针对当时引发的不实信息,"@活力什邡"在此条微博中也进行了明确的辟谣,并引导社会公众要理性对待此次事件,成为此次事件讨论的高潮点。

"@活力什邡"在所发布的微博中,强调了"项目按照国家最新标准和最高要求,进行了国家级环境评价,在 2012 年 3 月 26 日通过了国家环保局的审批"以及"这个项目,是'5·12'特大地震灾区产业发展振兴的重大支持性项目"。但此次群体性事件的爆发原因是普通民众出于对该项目可能引发环境污染的担忧而进行的抗议。这就是风险认知在不同群体中出现偏差的反映。当公众认为项目带来较大风险时,官方却发布了与公众认知相悖的信息,这使得公众对官方的不信任感增加,引发公众对环评本身的准确性和公开性表示质疑。除此之外,面对公众的抗议行为,官方采用了"部分群众""不信谣、不传谣""极少数别有用心的人"等措辞直指参与

---

① 四川什邡钼铜项目事件:2012 年 7 月 2 日至 3 日,因担心钼铜多金属资源深加工综合利用项目引发环境污染问题,四川省什邡市部分市民聚集在市委、市政府门口,反对钼铜项目建设,并最终演变为群体性事件。该事件被部分网民通过手机、电脑等在微博进行了图文全程直播,迅速在微博引发了大范围讨论。

此次群体性事件的普通公众，暗指该事件是一次非正义、受煽动的恶性事件，有将事件责任推向群众之嫌，引起了多数转发者的反感。此外，针对在此次冲突中发生的人员受伤问题，官方对解决方案只字未提，这也是引发公众不满的一大原因。由此可见，在突发公共事件中，政府作为被质询的对象之一，本身就居于舆论的弱势方，因此在针对群体性事件做出重要发声时，政府的不当措辞可能直接将政府形象引向深渊。

就"四川什邡钼铜项目事件"的微博网络结构的中心性而言，"@头条新闻"在此传播网络中具有最大的中心性。但就微博内容来说，"@头条新闻"只是单纯转发了"@活力什邡"的原微博，并没有添加评论。从此微博的参与程度来说，"@头条新闻"在网络结构中具有最高的点度中心性，成为其他社会主体获取有关此次事件的主要来源。"@头条新闻"凭借其本身所积累的粉丝数量（"@头条新闻"粉丝量为5121万，远远高于"@活力什邡"2万的粉丝量），能够在微博平台中产生更大的影响，在一定程度上促进了社会公众在网络结构中的互动以及政府的策略调节。因而，在经过媒体和意见领袖的转发扩散过后，"@活力什邡"政务微博作为政府话语的表达平台，获得极大的曝光度和关注度。

政府通过多元传播平台及时向社会进行危机的沟通，告知危机处理进度，消除公众疑虑，争取公众的理解、信任和支持。同时，政府应充分发挥对各媒体的"聚拢效应"和对社会公众的"向心效应"，在危机传播的网络结构中占据主导角色，才能有效地对危机进行决策与化解。

第三节　政府话语建构与意义指向

新闻发布和政务微博已成为我国政府在危机传播中的主要话语平台，二者共同传播的危机议题日渐丰富，逐渐覆盖了外交、政治、经济、文化、卫生等诸多领域。本节将重点围绕"华南虎事件"①、"7·23"甬温线

---

① 华南虎事件：2007年10月3日，陕西农民周正龙声称拍到了野生华南虎的照片，经专家考证后，12日陕西省林业厅举办新闻发布会称"照片真实可信"，证明了野生华南虎在中国境内没有灭绝。照片公布后，遭到公众质疑，专家和网民开始分析照片的真假。在经过一系列调查之后证实照片为假，2008年6月29日，陕西省新闻办召开新闻发布会通报了"华南虎照片事件"调查处理情况，至此，经过近9个月的曲折，事件终于尘埃落定。

特别重大铁路交通事故、"5·26"深圳交通事故①、"7·21"北京特大暴雨事件、"黄浦江漂流死猪事件"②5 起突发公共事件,侧重每起事件中突出的政府话语进行分析,从话语内容、方式、策略等方面研究政府在不同突发公共事件中的话语框架及其建构的意义。

一、政府话语基调建构危机传播情境

危机传播过程中,话语基调决定了政府与公众的关系,包括突发公共事件发生时,政府话语出现的时机、话语态度及对于危机的认知与理解等方面。"像话语的其他方面一样,一切语调都面向两个方向:针对作为同盟者或者见证人的听者和针对作为第三个生动参与者的表述客体,语调骂它、抚爱、轻视或推崇它"③。因而,政府在危机传播过程中采用什么样的话语基调决定了其与公众的角色关系,架构了政府话语意义指向,建构了危机传播情境。

(一)危机酝酿期政府重视度不足激发公众的负面情绪

"7·23"甬温线特别重大铁路交通事故发生之前,动车已经在半个月内,接连发生了几次事故,引发社会高度关注。2011 年 7 月 10 日,京沪高铁 G151 次列车在济南段发生忽然断电停车事故;7 月 12 日,京沪高铁发生故障抛锚;7 月 14 日,G105 次列车发生故障中途停车并致晚点 40 分钟。事故频发引发公众的不满情绪,对于动车组安全问题,公众爆发出集中的担忧。

7 月 18 日,铁道部召开京沪高铁运营安全工作会议,铁道部副部长胡亚东发表讲话,通报了京沪高铁开通以来的运行情况,对一下阶段确保京沪高铁运行安全提出了要求,并且针对存在的问题,铁道部决定开展京沪高铁运营安全大检查,对线路、车辆、供电、设施等开展全方位的

① "5·26"深圳交通事故:2012 年 5 月 26 日凌晨 3 时 8 分,深圳滨海大道一辆高速行驶的跑车与两辆出租车相撞,致使其中一辆电动出租车着火,车内 3 人当场死亡。在深圳警方通报肇事者后,有媒体和公众发现一男子前往事发地附近的华侨医院就医,而其与投案自首者的相貌特征存在诸多不符之处,怀疑事件背后存在"顶包",瞬时引爆舆论,成为焦点议题。
② 黄浦江漂流死猪事件:2013 年 3 月 8 日,上海松江网友"@少林寺的猪1986"发布一条图文微博,显示大量死猪伴随着垃圾漂浮在黄浦江上游水源地,引起网民关注。
③ 巴赫金.巴赫金全集(第二卷)[M].石家庄:河北教育出版社,1998:91.

查找隐患活动,确保设备完好①。可见,在"7·23"甬温线特别重大铁路交通事故发生之前,由于动车组列车事故不断发生,公众的负面情绪已经出现,并持续了相当长的一段时间。经过重大事故这一"刺点"的激化,公众的负面情绪被瞬间激发,迅速将话语责任主体指向政府层面。

危机传播的情境中,归责和情绪是其中两种最为重要的情境。"7·23"甬温线特别重大铁路交通事故中,归责及情绪的形成在危机酝酿期便已形成,由于政府对于风险的重视与引导程度不足,导致公众的负面情绪不断积累。事故发生后,加之由于新闻发布会中新闻发言人的部分不当话语,如"至于你信不信,我反正信了"等,引发危机并遭到了新一轮的舆论指责,使本就备受争议的铁道部形象雪上加霜。

(二)单纯否定的话语策略导致危机升级

在"华南虎事件"中,陕西省地方政府和国家级相关机构在话语的议题设置与话语策略等方面存在冲突与矛盾,进而形成话语危机,影响了政府的公信力。在村民周正龙宣称拍摄到了华南虎照片后的 9 天时间内,陕西省林业厅与镇坪县林业局完成了专家考证工作,召开新闻发布会,并紧急下发通知,申请国家级保护区,希望申请有关的国家经费。在利益驱动的背景下,镇坪县政府、林业局以及陕西省林业厅形成倾向一致的话语主体,将未经严谨证实的新闻事件作为信息进行权威发布。

然而,此次考证受到了较大质疑,其调查结论是十分草率的,地方政府这样的议题设置,引发了广大公众质疑,使地方政府在事件发生初期就处于相对被动的状态。当地政府有关部门面对公众的质疑,并没有改变在事件发生初期设置的话语立场,以强硬的态度坚持华南虎照片的真实性,在与公众的议题互动中站到了对立面。10 月 16 日,省林业厅野生动物保护处的王万云更采用较为情绪化的话语表示,愿以人头担保照片是真的②。在事件发生初期,地方政府采用"否定"的话语策略,试图降低公众对其的质疑。话语中采用"驳斥""略显气愤"等词表达了地方政府面对质疑时的强硬态度③。地方政府一味否认的话语态度遭到公众负

① 南车.中国南车进一步确保动车组运行安全[EB/OL].[2018-07-25].http://www.cinn.cn/zbzz/240479.shtml.
② 拍摄华南虎者拿人头担保照片真实性拍照为获利[EB/OL].[2018-10-18].http://www.china.com.cn/news/txt/2007-10/18/content_9078604.htm.
③ 陕西省林业厅驳斥华南虎照片造假说[EB/OL].[2018-10-17].http://society.people.com.cn/GB/8217/6388688.html.

面情绪的宣泄，进而导致危机进一步升级。

（三）闪避的话语态度使政府话语处于被动

在"5·26"深圳交通事故中，公众对"顶包"的质疑讨论不断，而事件中电动出租车三名乘客死亡导致舆论对电动出租车质量的担忧。面对网络舆论的压力，深圳交警先后三次针对公众质疑举行官方新闻发布会，并透过微博呈现了发布会的相关情况。

在政务微博话语表达中，主要采用了文字、图片、长微博等话语表达形式，在议题设置方面，主要针对网民的质疑就事故基本事实、驾驶员情况、车辆情况、伤亡情况以及事故调查情况等议题进行发布，所采用的话语策略则是公众质疑什么，官方就回应什么，基本上没有超出公众质疑之外的其他内容。深圳交警微博总体上处于舆论倒逼式的回应，使自己处于十分被动的状态，在很大程度上影响了当地政府的公信力与积极的良好形象，更使这个单纯的交通事故转变为成因更加复杂的危机事件。长期积累的负面情绪使公众对当地交警部门形成不信任的"刻板印象"，使得公众呈现出非理性的社会心态。

此外，在信息发布过程中，深圳交警部门一直处于非常被动的状态，虽然对公众的质疑都采用相应的话语策略加以回应，但每一次的话语表达都首先由公众进行议题的设置，而交警部门都是针对公众所设置的议题框架做出下一步的话语回应，而没有积极主动地对整个突发公共事件进行全方位的掌控，被动地回应严重影响了政府相关职能部门的形象与公信力，引发公众对其的强烈质疑与不满。同时微博主题设置模糊，部分主旨句辨析度不高。部分微博内容缺乏显著的标题或主题，较难判断微博内容是否与本起危机有关。同时，政府话语表达对待此危机名称表达前后不统一，有"5·26特大交通事故""5·26交通事故""5·26滨河大道交通事故""5·26道路交通事故"等多种表达方式，甚至部分微博没有任何字词和短语提及交通事故，只能凭借上下文来判断该微博是否与此起事故有关，观点阐释过少，主旨句模糊，不利于危机信息的传播。

二、事实与情感共建政府话语"以人为本"的意义指向

在话语建构模型中，"意向性"要素承载着发话人的意图，即"意向性"。在危机传播过程中，政府话语最终的意义指向必须蕴含丰富的"信

息度"才能实现。政府通过新闻发布、政务微博的话语形式,构建出基于不同危机情境的话语框架,进而达成帮助公众形成良好的危机认知、引导舆论、塑造政府形象等意图。而在这一过程中,政府话语开始注重陈述式框架与情感框架共建,其危机传播理念也开始从理性建构危机认知转向注重以情感建构"为人民负责""以人为本"的最终指向。

(一)陈述式框架丰富政府话语的"信息度"

"7·23"甬温线特别重大铁路交通事故中,政府新闻发布成为政府主要的话语载体。在第一次由铁道部组织的新闻发布会与时任总理温家宝与记者的见面会中,政府话语主要使用事件陈述方式框架,传播了事故事实、事故后果、事故救援、事故原因、事故处理五个方面的议题,重点构建了"政府全力救人,以人民利益为重"的意义框架。

事故事实议题。事故事实议题是指对"发生了什么"的说明,出现在第一次新闻发布会上。新闻发言人王勇平在新闻发布会的第一个议题中,就详细阐释了这次事故发生的时间、地点、涉及的列车车次、涉及的人员数量、事故的现场等详细情况,这是对事故的还原式描述,事实说明较具体。事实的说明框架较适用于危机发生后的短时间内,对事实的详细说明有利于媒体和公众明确事故发生的详细过程。因此这一议题只在第一次新闻发布会中得到了具体阐述。

事故后果议题。对于事故造成的伤亡是第一次新闻发布会的重点,这一议题是媒体和公众急于知道的,同时也是谣言的聚焦点。对于事故后果的说明,王勇平的语气过于肯定,"事故造成 35 人死亡,192 人受伤"。第一次新闻发布会召开时,虽然救援工作已基本完成,但是对于重伤人员的救治还在继续,因此具体的伤亡人数说明应使用"截至目前"等具有时间限制的话语。

事故救援议题。事故救援是重大灾难事件的主要政府话语,在此次事故发生后的第一次新闻发布会上,事故救援介绍占据了新闻发布会的大部分。第一次新闻发布会上救援阐述主要建构了"救人第一"的话语框架。新闻发言人重点介绍了中央领导、铁道部负责人的救援指示,这些救援指示成为新闻发布会的主要内容,并且在反复强调救人第一的理念时,运用了"全力以赴""不惜一切代价""千方百计""尽最大努力"等词语。政府通过对事故救援这一议题的重点传播建构了政府将公众利益放在第一位的危机应对理念,也是对当时流传的"车体掩埋"谣言的回应。

但是在事故救援议题的建构中,话语较为生硬和口号式,是对上级命令的重复,而非对现场的描述。领导指示的话语在灾难事件传播中一直占据主导地位,但是这种话语需要用具体的行为表述进行阐释。第一次新闻发布会很少对救人第一的理念进行具体行为的描述,只是简单表述将旅客进行了转移,将受伤人员送到了医院,对于哪些力量投入了救援、不同的救援力量的分工和具体实施、受伤人员的严重程度等都没有详细地说明。这样的救援表述没有满足媒体和公众对细节的求知欲,给公众一种宣传式的印象。

事故原因议题。事故原因是此次事故中媒体和公众热议的话题,这也反映了社会对动车安全的态度。在第一次新闻发布会上,对于事故发生的原因只用了一句话进行说明,"对这起事故,铁路部门将深入调查分析,查明原因,深刻吸取教训,坚决杜绝类似事故的再次发生"。这句话强调了铁路部门准备进行原因调查,事故发生已过 26 小时,并且之前已有媒体报道说是由于雷电原因,但是铁道部的此次新闻发布会对于事故发生的原因没有任何解释,也没有对媒体的报道进行回应,没有满足媒体和公众的信息需求。

事故处理议题。事故原因的调查说明与之后的事故处理议题发生了矛盾。在事故处理议题中,新闻发言人表示目前已免去上海铁路局的几位负责人的职位,如果事故原因还未查明,那么为什么会有几位负责人接受调查的结果,这也成为之后记者提问环节的问题之一。

面对"7·23"甬温线特别重大铁路交通事故所造成的严重影响中,时任总理温家宝则通过记者见面会对事故原因进行了较详细的说明,尽管同样没有具体说明事故发生的原因,但是勇于直面公众的质疑,体现了"为人民负责"的意义指向。在与记者的见面会上,他首先对公众的质疑进行了回应:

> 这次事故发生以后,社会和群众对于事故的原因,对于事故的处置工作有很多质疑。我认为,我们应当认真听取群众的意见,严肃对待并且给群众一个负责任的交代。

这段话没有避开公众的质疑声音,明确表示政府已知晓,并且会本着"对人民负责,倾听民众"的态度进行事故原因的调查,并且将最终向社会说明事故发生的原因。在第一次新闻发布会上,新闻发言人只说了对事故原因进行"深入调查分析",对重要信息一笔带过。但是温家宝在记者见面会上,他详细说明了深入调查的过程,包括事故调查组有哪些部门参与、调查的具体步骤,并且在最后强调"接受社会和群众监督",对于事故原因调查全程的阐释赢得了媒体和公众的信任。在回答记者"事故是天灾还是人祸"的问题时,温家宝做出了解答:

> 我们的调查处理一定要对人民负责,无论是机械设备问题,还是管理问题,以及生产厂家制造问题,我们都要一追到底。如果在查案过程中,背后隐藏着腐败问题,我们也将依法处理,毫不手软。

这是对于事故发生后社会上流传的各种事故原因猜测或是公众对于动车负面情绪和态度的回应。"反腐"一直是舆论的聚焦点,尤其在突发公共事件涉及政府部门时,腐败议题便会迅速成为舆论焦点。温家宝在回答记者提问时没有回避这一舆论焦点,可以说这一正面的回答直击公众内心,呈现出政府积极应对危机的态度,正是这种毫不掩饰、直面问题的回答在一定程度上扭转了当时公众对于政府的负面情绪。

而在"黄浦江漂流死猪事件"中,上海市政府新闻办公室官方微博"@上海发布"成为此次事件信息传播的主要载体。上海市政府新闻办公室官方微博"@上海发布"具有较大的影响力,在此次事件中它也成为上海政务微博圈政府话语的"领袖",在发帖数量上较政务微博圈其他微博多;在发帖内容上,原创性较高,得到了政务微博圈其他成员的转发。

尽管"@上海发布"在此事件中反应较慢(事件发生后的第4天才出现第一条有关事件的内容),但是从2013年3月11日至3月23日,每天都会发布关于事件处理的信息,4月1日还发出长微博,对事件处理结果进行了较为详细的说明,并对于事件的关注具有持续性,从整体上看信息发布较为完整。陈述方式框架是"@上海发布"在此次事件中主要使用的话语框架,政府话语运用此框架设置了死猪打捞情况、水质监测情况、死猪无害化处理举措、猪肉安全市场监测、生猪死亡原因五大议题,建构了"政府积极处理事件并将严加防范"的意义框架,具有较丰富的话语"信息度"。

死猪打捞议题。在这一议题中,"@上海发布"对于主旨句的描述从模糊到精准,不少表达具有"截至今天 XX 时,XX 打捞起漂浮死猪 xx 具"这样的基本结构,但这种表达存在细微的差异,从第二条微博开始,时间的表达更为精准且固定在每日的 15 时。在死猪数据的表达上,前两条微博分别是"2800 余头"和"死猪 5916 具",从第三条微博开始,数据的表达变成了强调"新"打捞的数量,最后减少为"0",直观上降低了公众的风险感知。关于死猪打捞的议题,一直贯穿微博发布的始终,这一议题是社会最为关注的焦点,因此是持续性议题。政府对于这一议题中数字表达方式的转变,是降低公众风险感知、平息公众负面情绪的话语表达策略,收到了较好的危机传播效果。

水质监测议题。死猪漂浮事件发生后,公众最为关注的是水质和疫情。因此从第一条微博开始,水质监测成为常规议题。水质的监测从开始的结果一直到后来的监测指标具体说明,监测过程逐渐明晰化,提高了公众的信任度:

> 3 月 11 日:"本市环保、水务部门加大取水口监测密度和水面巡察,松江、金山等供水企业出厂水符合国家卫生标准。"
>
> 3 月 13 日:"在继续做好水源地水质监测基础上,本市已将猪圆环病毒等微生物指标作为水厂消毒的主要针对指标,同时增加猪链球菌等三项指标的检测,保障出厂水质安全。"
>
> 3 月 17 日:"相关水厂进水原水和出厂水中加测的 6 种病毒及 5 种细菌均为阴性,水质稳定。"
>
> 3 月 21 日:"上海水质监测一直严格按照新国标的 106 项指标进行,近期进一步加强监测出厂水质,对反映微生物污染的菌落总数、总大肠菌群、耐热大肠菌群等指标的检测频率增至每 4 小时 1 次。"

以上关于水质监测的微博内容的摘录中,可以看到水质监测说明逐渐细化的过程。但这里存在两个问题:第一,水质及相关词汇表达存在名词分类的含糊和过度专业化的现象。"@上海发布"所代表的政府话语在对水质情况进行表达时,缺乏相应的规范,饮用水、供水、原水、出厂水混用,且存在一定的过度专业化。背后反映出话语表达者对潜在话语对象界定上的模糊。第二,专业词语的使用不利于公众进行理解。其中出现的猪链球菌、菌落总数、总大肠菌群等术语,都没有进行专门的解释,公众无法了解为什么要检测这些指标,这种专业术语的罗列可能会在某种程度上增加公众的质疑。

死猪漂浮事件发生的原因阐释。对于这一议题,"@上海发布"全程并没有对为什么发生死猪漂浮事件进行解释,而只是对生猪死亡的原因引用了专家的话语。"黄浦江死猪漂浮"事件发生后,公众一直希望得到事件发生原因的权威方面的说明,但是官方在此议题中一直失声,只是说明了死猪并不来自上海,而来自嘉兴等地。直到3月16日,事件曝光后的第9天,"@上海发布"引用了农业部官网上发布的国家首席兽医师解释生猪死亡原因的公告,而这一公告只是针对死猪产生的原因进行说明,而并没有阐释为什么大量死猪会出现在黄浦江,这一原因在事件最后也没有公之于众,这是该事件处理结果的一大缺失,这也是该事件处理结果并没有得到公众完全认可的原因之一,分析最后一条微博的评论,还有公众对于事故原因的质疑言论。

（二）情感框架构建"以人为本"的意义指向

2011年"7·23"甬温线特别重大铁路交通事故发生后的第一次新闻发布会于7月24日22点30分举行,新闻发言人是时任铁道部新闻发言人王勇平。在新闻发布会开始时,王勇平与往常一样试图与记者建立较为亲密的互动关系,问了一句"记者朋友们要不要我站起来说"。这种口语化的沟通,呈现出一种较为亲和的表达,但是这种亲和不适用于动车事故新闻发布会这种严肃的场合,给人留下发言人不稳重的印象。第一次新闻发布会距离事故发生已经26小时,记者急于知晓有关事故的最新动态,这种情感关系的建立方式由于不适合当时的情境而失败。

情感框架还在事故事实说明和事故救援说明之后,发言人说:

> 对遇难者表示沉痛的哀悼,对受伤人员或伤亡人员家属表示深切的慰问,对广大旅客表示深深的歉意……这次事故造成人员伤亡严重、损失惨重,我们非常痛心。

这是重大灾难事故中政府话语经常运用的情感表述,尤其在新闻发布会现场，并不能引发公众的情感共鸣。

而在 7 月 28 日的记者见面会上，温家宝的开场白把记者称呼为"朋友们"，又以"讲一讲我心里的话"拉近了与现场媒体的距离，这不是一次领导人对媒体的发言，而是一位关心人民的朋友之间的交谈，这些话语顿时让人感觉到亲切；又通过倡导对遇难者的哀悼，凝聚了现场的气氛，体现了发言人的稳重。温家宝在开场便说道：

> 我们不要忘记这起事故，不要忘记在这起事故中死难的人……发展和建设都是为了人民，而最重要的是人的生命安全……

这就奠定了话语的基调，建构的是"以人民利益"为主的框架，但是这一框架的建构采用的是情感方式，与第一次新闻发布会中采用陈述方式重复领导命令的宣传口号不一样，这种情感方式的意义建构深入人心。并且温家宝说明了为什么在事故发生后的第六天才来到现场，是因为生病了，而且"今天医生才勉强允许我出行"，这些话语都是对"人民第一"框架的具体阐释。在之后回答事故善后问题时，温家宝提出了"人性化"理念，并且运用了最为贴近生活的话语阐释了"人性化"的理念：

> 谁都有父母、丈夫、妻子、儿女，谁都有亲人，亲人遇难失去了生命，是多少钱买不回来的。

这些将心比心的话语方式，虽运用最为平常的话语，却能拉近与遇难者亲属的距离，其中体现的就是在事故处理中，要学会换位思考，这才是真正意义上的人性化。温家宝没有进行口号式的宣传，尽管这段话同样在阐释事故救援的议题，但是这种情感方式较第一次新闻发布会中对上级命令的口号重复更能赢得尊重和信赖。包括在提到遗物处理问题时，温家宝认为遗物不仅仅是财产问题，"它实际上是亲人对死者的怀念"，这是对遗物物质属性的上升，更加体现了政府在处理此次事故中"以人为本"的理念。

在"7·21"北京特大暴雨事件中，"@北京发布"微博承担了信息通知、寻人求助、动员号召以及议题设置和舆论引导等功能，时效性强，反应速度快；发布频率高，更新频率快，提供丰富信息，设置不同议题；实现资源整合和信息的互通有无。"@北京发布"多次设置情感框架，不仅涉及对救援人员的致敬，也体现了救援现场凝聚北京精神，社会各界人士为北京受灾群众捐款，提供医疗、住宿等方便服务。

> @北京发布：【5名基层干部因公殉职】他们是房山区韩村河镇副镇长高大辉（男40岁）、燕山公安分局向阳路派出所所长李方洪（男45岁）、房山区周口店镇新街村干部冷永成（男58岁），房山区长阳第二供水厂抢险队队长郭云峰（男29岁）、密云县大城子镇党委副书记镇长李建民（男46岁）。让我们悼念所有逝者，缅怀人民公仆。

> @北京发布：大雨过后，丰台长辛店街道的受灾居民住进了安置点，大雨后的防疫消毒工作特别重要。医务工作者们穿梭在居民中间，发放救助物资、清理救助站卫生、安抚受灾群众的情绪，给小朋友检查身体、给老人们量血压。感谢这些一直工作在抗灾一线的工作人员。

地方政府通过微博话语表达，表明了其在面对灾难时积极应对的态度，旨在与公众一起共同应对困难，并表达了对于灾后救援的决心，安抚民心，努力与公众形成统一的话语互动框架。

同时，北京市政府在发布微博危机话语信息时，采用亲切自然的话语表达，数字等细节刻画也较为凸显。"@北京发布"的语言表达亲切、生动，在多条微博中，"@北京发布"亲切地称呼网友为"同学"，有效拉近了政府和网民之间的距离；"密云水库'喝进'14个昆明湖"（2012年7月23日微博），在这种形象的表达的背后，传达出的是一种乐观的态度，而非暴雨灾害后的一蹶不振。此外，在降雨量、受灾情况和救灾物资方面多处使用数字刻画细节，在一定程度上体现着政府部门灵活的话语策略，将话语情感上升至团结、和谐、互助、友爱等精神层面，使公众在心理上予以话语的认同。

三、多元话语表达形式增强危机认知

政府通过事实与情感双重框架构建其话语"信息度"，"信息度"的

有效传播是决定"意向性"能否实现的重要因素。政府所建构的危机议题不仅依靠内容上的议程设置,也需要依靠话语表达形式上的"衔接";将不同议题有机地组合起来则需要话语内部结构与修辞的"连贯性"。在危机传播过程中,政府话语通过不同话语表达形式,提升了话语内部的"衔接性"与"连贯性",从而提升公众对危机的认知能力,进而形成有效的危机传播。

(一)原创性信息体现政府话语表达的主动性

在 2012 年"7·21"北京特大暴雨事件中,"@北京发布"微博主要通过转发其他政务微博群的微博原文来形成议题。其中,第一条相关微博出现在 7 月 21 日 16:52 分。该微博转发自北京市水务局官方微博"@水润京华",这一信息距暴雨发生(14:00 左右)已约 3 个小时,距暴雨形成灾害(15:30 分左右)约 1 小时 30 分。在 21 日当天,"@北京发布"共转发了"@北京消防""@北京市石景山""@首都机场"等官方微博共 11 条,总体上响应较为及时。然而,"@北京发布"在当天并未发布与事件有关的任何原创微博,设置议题涉及防汛单位电话号码与求救电话号码、道路通行情况、航班信息、房山地区受灾情况等话语框架表达,在这一阶段,当地政务微博以第三者的角色,客观转发事件相关信息,将自身置于事件之外,显示出其作为上级新闻宣传部门官方微博的滞后性。

7 月 22 日凌晨 2 点 07 分,"@北京发布"发布首条原创微博信息,阐述北京市应急指挥中心办公会会议主要内容:

> @北京发布:【北京市应急指挥中心办公会】#正在进行#截至零点,市区绝大多数积水点得到疏通。重灾区房山 12 个乡受灾,部分供电,供水,通信设施受阻。郭金龙要求以人为本组织受灾群众转移。转移工作要抢在早 6 点洪峰到来前完成。还要注意不能在转移过程中出现安全事故。

这一微博涉及议题包括北京市内与重灾区房山受灾情况、地方政府救援与处置情况等框架,并以"#正在进行#"为微博话题,较为迅速地反映出地方政府的救援处理情况。同时,用"【】"设置微博主要议题,让公众一目了然地看到微博的主要内容。同时,由北京微博发布厅成员"@

北京发布"" @平安北京"" @北京气象台"" @气象北京"" @北京消防"
等组成的微博政务群发挥了重要的信息传播、议题设置、网络动员等作
用,合力形成了官方舆论场,产生了较强的危机传播影响力。以" @北京
发布"为代表的北京政务微博,能够较及时地对危机进行有效、正面、积
极的应对,体现了政府话语表达的主动性。

（二）调整性表达呈现政府话语的直观性

在"7·21"北京特大暴雨事件中," @北京发布"微博文本设置的文本
形式逐步调整为适应微博话语表达的形式,形成了" 【标题】+#话题#+内
容"的本文格式。" @北京发布"以" 【】"符号与"##"微博话题相结合的
方式,对不同议题框架有序建构,具有较强的指向性。其中," 【】"的符
号呈现,是对微博正文内容的具体概括,更像新闻报道的标题。同时,使
用"##"的符号,进行不同的话题引导,如"#正在进行#"主要内容涉及北
京市各政府机构正在（7 月 22 日）采取的救援行动等危机应对;"#雨夜
聚焦#"出现在暴雨后的第二日,是对前一日暴雨中的细节的回顾;"#聚
焦北京#""#聚焦#"和"#提示#"等话题在暴雨后几天陆续出现。尽管
" @北京发布"在危机中发布议题众多,信息量大,但由于标题设置清晰
明了,使得微博话语多而不杂乱,内容丰富而有序。

" @深圳交警"在应对"5·26"深圳交通事故所形成的危机时,运用
微博的传播手段与形式,开设"微访谈"解答部分网友的质疑,旨在与公
众形成有效的话语互动。" @深圳交警"在新浪微博进行"深圳交警回
应跑车肇事案质疑"的微访谈,历时一个小时。在大部分对话中," @深
圳交警"并没有直接回应问题,而是采取了闪避策略,通过"看深圳都市
频道《第一现场》"或"新闻通报会",暗示应该由其他机构或其他方式进
行信息发布。如:

　　@吖迪在岸边等你向@深圳交警提问:既然下午的发布会
你说是射灯的问题,那么我们要求一个模拟技术视频,是怎么
样实现到头上发光的。而且也给我实现一下,如何醉中还能一
秒走三步! 如果你能技术性击倒我,我就信你说的! http://
t. cn/zOdkVKf

　　@深圳交警:请看今天深圳都市频道《第一现场》,对您所
提的问题有详细的展示。

当然，微博字数的限制可能导致呈现证据、说服网友的不便，而劝说网友观看详细报道可能更为谨慎。但这种回答方式会产生疏离感，并不能产生良好的沟通效果，以至于网友发出"那种应酬话还是说得越少越好""一大堆废话，说了等于白说"的不满和感叹。从"@深圳交警"回应的18个微访谈微博中可以看出，微博话语多次使用了"您""请关注""谢谢""理解""请"等表达，以较亲切的情感态度，试图与公众拉近距离，但针对网友所提出的许多细节上的问题，并未做出直接的回应，议题设置相对模糊，有些答非所问，因此引起网友强烈的不满。如：

> @离不开肉的灰太狼向@深圳交警提问：目击者称看到有另外一辆跑车高速通过该路段，警方是否找到了相关车辆？要是没有的话，如何解释目击者看到的那辆车呢？难道那辆车是ET开的吗？还有就是警方称7小时嫌疑人不可能串供，这是基于什么事实做出的判断呢？如何知道他们没串供？http://t.cn/zOdkVKf
>
> @深圳交警：您可以通过已公布的视频对整个过程有全面的掌握，谢谢。

在此次"微访谈"中，网民共提出2113个问题，@深圳交警仅回复18个问题，并且每一条微博内容极为有限，主要为对与视频相关的问题的回应和"交警做了什么"的回答，没有充分利用微博的140字对网友所质疑的相关细节予以正面回应，引发公众不满情绪急速上升。从此次"微访谈"的话语表达角度来看，议题框架的设置本身较为空洞，没有对网民所质疑的问题进行正面的回应，而情感框架在这一阶段占据主导位置，目的在于向公众呈现出沟通的诚意与态度，想要营造一个有效的话语互动空间。然而事实上，地方政府话语并没有与公众话语形成一致性话语认知框架，导致了话语的冲突，进而引发话语危机。

（三）规范性修辞增强政府危机处理的积极性

在"5·26"深圳交通事故发生后的8个小时，深圳警方通过其官方微博"@深圳交警"，以文字加图片的话语表达形式发布事故的基本情况：

@深圳交警:26日凌晨3:08许,一辆粤BG077R红色跑车在滨海大道由东往西行至侨城东路段,与同方向行驶的两辆的士发生碰撞,造成粤BH1Q78的士起火,导致车内三人当场死亡,三车损坏的重大交通事故。初步调查,粤BG077R红色跑车司机侯某涉嫌超速行驶、酒后驾驶,在超越同方向车辆时与前方同方向车辆发生碰撞。(2012-05-26　11:43)

在上述微博中,阐释了事故发生的时间、地点、涉事车的车型,造成的后果,初步的调查与处理情况等框架议题,对相关细节描述较为翔实,发布时效较强,并对事故定性为"强烈碰撞"的"重大交通事故"。但"红色跑车""超速行驶"等话语符号的表达,不免让公众猜测肇事司机的身份,一定程度上导致此后危机舆情的引爆。

此后,"@深圳交警"多次发帖说明事故进展情况,进一步完善事故事实框架的构建。

@深圳交警:事故续报:3名死者为粤BH1Q78出租车司机和车内2名女乘客,1名轻伤者为粤BG077R号红色小车内乘客。事故发生后红色小车司机侯某(男)现场弃车逃逸,后于当日上午10时许到福田交警大队自首,交警立即对其进行呼气式酒精测试(结果为104mg/100ml)和血液检测(结果待检测出来后立即公布)。(2012-05-26　17:04)

@深圳交警:刚刚获悉,交警已对5·26特大交通事故肇事司机侯某办理了刑事拘留!(2012-05-26　18:16)

@深圳交警:5·26交通事故,交警经对事故肇事嫌疑人侯某(男,29岁,广西平南县人)血液酒精检测,结果为90.2mg/100ml,属醉酒驾驶。粤BH1Q78出租车上2名死者(乘客)身份也已确认。目前,该事故仍在进一步调查处理中,我们将会严格依法、公正处理。(2012-05-27　19:59)

"@深圳交警"在微博话语表达中,频繁采用"立即""迅速""在最短时间内""及时公布"等词语以及"救援""调查""走访""取证""检测""追捕"等一系列施事行为动词,突出强调当地警方反应迅速,并积极行动,给公众营造出警方积极的工作状态与对事故处理的行为态度。在微博话语相对客观、冷静地陈述事故事实框架的同时,设置"严格依法、公正处理"等情感框架直接向公众表明警方态度,增强了话语表达效果。

同时,"@深圳交警"合理地运用微博发布特点,采用多元话语形式的表达,包括文字、图片、视频、超链接、长微博等,话语互动效果较好。但在"@深圳交警"微博话语表达中,亦有不足之处:书面语和口语表达混用。一方面,"@深圳交警"陈述事故经过、给事故定性时,使用的是较为客观、精准、专业化的表达,如"血液酒精检测,结果为90.2mg/100ml",但另一方面偏口语的表达和错别字暴露了政府话语的不严谨,导致网友在事件认知上的差异。

又如在"7·21"北京特大暴雨事件中,面对网友的提问,"@北京发布"与其形成有效的话语互动,如:

@怪胎胎:既然人类无法抵挡天灾,为何要等事情出现了,我们才懂得反思吗?为何我们不预防呢?为何要白白牺牲那么多人呢?这到底是为什么呢?

回复@怪胎胎:您说得对,我们确实(要)认真总结反思,汲取教训,在全力做好善后工作的同时,不断提高防灾抗灾水平。

在这条微博的话语表达中,"@北京发布"微博运用"您""确实""认真""全力"等修饰词语,表现出真诚的态度,并对公众所提出的质疑积极面对,运用修正行动的话语策略,做出正面回应,化解危机话语冲突。

(四)非语言符号的适当运用提升政府话语表达效果

非语言符号是指声音、表情、体态等语言形式,这些符号与一般意义上的语言共同建构了语言背后的意义,尤其在视频、音频为载体的传播过程中,符号对于话语的传播效果可能产生重要的影响。例如,"7·23"甬温线特别重大铁路交通事故的第一次新闻发布会上,王勇平一贯随和的态度和坐姿被解读为随便,职业性的微笑被解读为冷漠,过于丰富的表情传达出一种不够严肃的态度,最终导致当时新闻发言人与媒体之间关系的恶化。相比之下,温家宝总理坚持站在事故现场,坚定的眼神和手势构建出一个负责任的"发言人"形象,在语速上,总体缓慢,重点突出的语言暗示了对遇难者的同情和对事故的反思。

政府是危机传播的主导,也是危机发生后共识再造的重要主体,政府在危机传播中的意义建构对于塑造政府正面形象,赢得公众信任也具有重要意义。在"7·23"甬温线特别重大铁路交通事故的两次新闻发布会上,两位发言人都在建构"政府努力救人,以人民利益为重"的人文关怀意义框架。就表现方式而言,在第一次新闻发布会中,新闻发言人虽然反复提到政府在此次事故中的第一任务是救人,主要运用陈述方式,但是基本是对上级命令的反复陈述,并没有具体说明如何救人,句式多呈现出"领导做出重要指示""领导第一时间赶到现场"等口号式话语,并不能真正体现政府以人为本的意义框架。而在之后的中外记者见面会上,国务院时任总理温家宝同样强调的是这一意义框架,却恰当运用了情感方式,运用平易近人的口语化叙述,拉近了与媒体、遇难者家属的距离,真正体现了人性化救援、人性化关怀的意义框架,取得了良好的话语效果,一定程度上提升了公众对政府的信任。

四、多主体话语的融合提升政府话语的"互文性"

话语的"互文性"指的是话语在与别的话语的联系中得到表达和理解的状况①。在危机传播过程中,政府通过与其他话语主体形成互动丰富其话语意义,其中既包括政府话语内部的互动,也涉及政府话语与其他主体的话语互动。在政府话语与其他主体的相互调适与融合过程中,形成一致性的话语框架,达成话语共识。政府话语形成集群化的话语表达方式,通过不同主体间的话语互动,扩大危机话语传播的影响范围,进而形成"互文性"的危机传播效果。

（一）官员个人微博直接对话公众诉求

除了政府部门的官方微博,政府官员的个人微博也能起到重要的话语互动与调适作用。在"7·21"北京特大暴雨事件中,北京市政府新闻办公室主任王惠的微博"@北京王惠"通过"惠直播""惠转发""惠提醒""惠感动"话题设置,进行政府话语的发布。就涉水熄火车辆被贴罚单一事,及时向社会公众做出回应,并将处理结果向网友公布,赢得众多网民的认同与称赞。

---

① 胡春阳.话语分析:传播研究的新路径[M].上海:上海人民出版社,2007:44.

@北京王惠:#惠直播#今早,有网友@我说了涉水熄火车辆被贴罚单事,我即向市领导反映了这一情况,市领导对此事高度重视。刚才常务副市长吉林在市应急指挥中心表示,在遭遇突发灾害的情况下,对熄火车辆贴罚单是不对的,所贴罚单作废。吉林已责成市交管局处理此事。感谢网友的监督!(7月22日 19:19)

王惠在个人的微博中,首先表明了议题解决的渠道与过程,并阐明了事件最终的处理情况,并以非常真诚的态度,用"感谢网友的监督"等话语,向全市公众做出承诺,表明一定会处理好这个事件,赢得公众话语认同,取得良好的危机话语传播效果。

随着微博社交平台的迅速普及,政务微博已经成为政府及其相关职能部门同公众之间重要的话语沟通桥梁。在突发公共事件中,政务微博在危机话语表达与策略运用方面都应有相应的拓展与完善。一方面,政府通过其官方微博实现危机应急管理,进而优化应急服务,有效地化解危机,对政府及相关职能部门形象与公信力的提升有所助益;另一方面,公众通过微博这一平台,广泛参与议题的互动,可为相关部门提供资源线索、提出建议与质疑,有效地帮助政府及其职能部门积极应对危机话语,进而实现政府话语与公众话语的平等互动。

在事实框架的建构中,议题设置包括:防汛单位电话号码和求救电话号码、道路通行情况、航班延误及取消信息、天气情况、洪峰过境警报、受灾情况、余灾情况、灾害救援与处理情况、事件伤亡情况、灾后总结等。同时在事实框架的建构中,政府官方微博更多地体现了服务性的话语表达,议题框架涉及:提醒拨打查询或求救电话,提醒民众注意防范,科普"遭遇洪水怎么办",涉水车辆发动需谨慎,提供最佳路线方案,暴雨车辆送修办法等。事件救援与处理框架的建构体现了政府相关部门应对危机时的态度与行为。在情感框架的话语表达中,主要涉及向救援人员致敬以及救援现场凝聚北京精神等议题的设置,将危机传播上升至更大格局与更深层面。

(二)引入科学话语为危机定性

在"华南虎事件"中,舆论关注的焦点在于虎照的真伪性,以及由此产生的地方政府的权责和公信力等问题。地方政府与中央政府部门表现出两种截然不同的态度：地方政府部门口径前后不一致，中央政府部门自始至终表现出明显的权责意识。陕西省林业厅在初步认定虎照时，采用了经过"省……专家界定""照片真实可行"的表达方式，正是这种不公布细节和过程，"越位"地鉴定照片，引起舆论普遍质疑，大包大揽意识下的"林业厅"和不知名的"专家"陷入危机。反观之下，国家林业局的两次新闻发布中十分明确权责的边界：当地政府林业部门应该管自然保护区而非照片的鉴定，"政府不能越位"也被一再重申，明确了事件中责任主体各自的职责。2007 年 12 月 3 日，来自六方面的鉴定报告和专家意见汇总认为其为假照片。林业局发表声明，但未就照片鉴定做出回应。12 月 9 日，国家林业局举行新闻发布会，在回答记者关于华南虎照片问题时，发言人卓榕生表示：

> ……陕西省林业厅是"虎照"信息的发布方，是负责本行政区域野生动物保护工作的行政主管部门。按照地方各级人民代表大会和地方各级人民政府组织法的有关规定，鉴定结果的后续处理事宜由地方政府负责。因此，12 月 9 日，国家林业局已要求陕西省林业厅本着实事求是、科学严谨和对公众负责的态度，委托国家专业鉴定机构对周正龙所拍摄的华南虎照片等原始材料依法进行鉴定，并如实公布鉴定结果。

从归因与归责的角度看，国家林业局此次新闻发布中的议题设置清晰明了，首先阐明了此次事件的责任方在于陕西省林业厅，并且说明了这一责任承载的法律依据，表明国家林业局并没有推卸责任。其次也说明了国家林业局目前的行为进展，即要求陕西省林业厅鉴定照片并公布鉴定结果，在这里特意强调了"实事求是、科学严谨和对公众负责"，这些话语的使用表明了国家林业局对此事件和公众的重视以及专业的态度，赢得了各方信任。

（三）积极的危机处理态度与公众话语形成互动

在"黄浦江漂流死猪事件"中，"@上海发布"主要运用了陈述框架和互动框架。互动框架是官方新媒体平台较具特色的方式框架，能够拉近政府与公众的距离，提升政府话语的"可接受性"，进而更好地诠释"政府重视公众舆论，积极应对危机"的意义框架。同时，互动框架实质是对公众话语构成的危机情境的反应,能够帮助政府准确把握危机发生后的话语情境,进行准确的话语传播。事件中,"@上海发布"微博与公众形成互动模式,构建政府与公众互动框架,成为建构政府积极态度的重要方式框架。

互动框架主要体现在死猪无害化处理和死猪组织样本检测两个议题中。在死猪无害化处理议题中,2013年3月11日和3月14日的"@上海发布"中都提到要对死猪进行无害化处理,但是都没有进行详细的说明。因此有网友提出怎样进行无害化处理?对公众的这一疑问,"@上海发布"在3月14日的"你问我答"中通过"@上海三农"做了详细的说明:

> 【你问我答:死猪打捞后如何无害化处理?】@老马一匹知足常乐问:无害化处理如何进行?@上海三农答:严格按国家标准,部分死猪通过焚烧炉和高温高压灭菌无害化处理设施集中处理;部分死猪选取符合条件的地方就地深埋,坑深达7米,坑底放置生石灰,覆土前再铺一层生石灰,覆土层不少于3米。①

这条微博中还附有长微博,并引用市农委和上海市动物无害化处理中心的话语,对无害化处理的具体实施步骤做了阐释。这一对公众话语的回应构成了政务微博危机传播的优势。之前提到,政府的危机传播在宏观层面上是对公众、媒体、专家话语的回应,这三种话语构成政府的危机传播情境,政务微博平台的互动功能为研究情境、回应情境提供了平台。在这样的互动过程中,政府方面能够快速了解和回应公众的欲知,建构了政府积极回应、积极应对的危机处理态度。

在死猪组织样本检测议题中,政务微博主要针对公众"黄浦江上漂浮死猪打捞上来后,是否检测出砷"的问题进行回应,在此次回应中,政务微博引用了农业部官网的话语,对权威话语的引用增加了信息的可靠程度:

---

① @上海发布新浪微博[EB/OL].[2018 – 09 – 25]. https://weibo.com/2539961154/znombrBDs? type = comment#_rnd1553159844502.

【你问我答:黄浦江漂浮死猪组织样品均未检出砷】@再见Vancouver@水水水水水水中空等问,黄浦江上漂浮死猪打捞上来后,是否检测过砷? 农业部官网回应:上海市兽医饲料检测所采集了30份从黄浦江及上游水域打捞的漂浮死猪的组织样品进行砷检测,所有样品均未检出砷。

这一互动过程存在一定的缺陷,即没有对问题进行解释,这条微博发布的前后信息中并没有涉及砷检验的相关内容,很多公众会产生为什么要检验砷,农业部如何进行检验,30份样本是否具有代表性等疑问,因此在这条信息发布时,应对这些疑问进行详细回答,才能够消除公众质疑。但是就整体而言,"@上海发布"对于互动框架的使用表明了政府重视公众意见的态度,对公众疑问的积极回应是对公众话语形成的危机情境的应对。

在形式上,话语表达所呈现的主题结构较完善。在突发公共事件中,越来越多的政务微博会通过设置"【】"或"##"等符号,用以区隔微博标题和正式文本。而这种标题往往位于正文的前面,在大部分情况下,微博标题能够起到概括文本内容的作用。在这种意义上,政务微博的标题借鉴了传统新闻报道中的标题形式,发挥着标题或导语的作用。而通过内容和形式的合二为一,使得"【】"和"##"成为一个特定的信号,成为政务微博图示中的典型特征。此次事件的政务微博存在两种形式的主题设定。一种为能够引起注意,但没有实际内容的"主题",如第一条微博"【注意】",以及随后几乎每天都出现的"【后续】";另一种为提供内容的标题。【注意】和【后续】的前后照应,使得政府话语的表达不仅连贯,且具有互文性的特点,有助于该事件中信息发布节奏的一致。

但是此次事件的政务微博发布也存在一定缺陷。"@上海发布"作为上海地区最具影响力的政务微博,针对该事件的发帖时间较晚,在危机处理时间上略失先机;发帖形式主要为纯文字,图片和视频相对缺乏,微博形式略显单一,这就造成了政务微博话语呈现的扁平化。而且虽然政务微博对此事件形成了持续的关注,但是随着时间的推移,无论在事件议题的呈现还是议题的陈述方式上都缺乏新意。另外,对于专业术语的运用和专家话语的引用缺乏平民化的说明,造成了公众在一定程度上的理解困难,影响了危机传播的效果。

本章小结:政府话语以人文关怀为核心建构共识

政府是危机传播的主导,也是最有能力进行共识重塑的危机传播主体。尽管新媒体时代,社会意见阶层逐渐多元化,但是政府话语仍然处于核心地位,掌握了丰富的媒介资源、信息资源,拥有更多的话语资源,能够通过多元渠道,传播试图建构的话语意义。

在以政府话语为主导的危机传播中,政府组织机构与政府官员作为危机的言说者,控制着信息交换的纽带方向。政府危机应对策略与决策影响着危机传播的最终结果,因而政府话语建构了以政府单方垄断为主的纽带方向。随着公共治理理念的兴起,倡导对话协商、互通共识的危机话语互动场域初步形成。然而由于话语权力交换的不对称性,导致了各个危机主体间话语权力分配并不均衡,很难形成危机话语互动式的交换网络模式。

危机传播中的政府话语经历了宣传色彩较为浓厚的线性危机传播理念阶段,在此阶段中,政府主要建构的议题是如何应对危机,政府决策和行为是其危机传播的主要内容,宣传指令式的话语占据主体。随着公共治理理念的兴起、服务型政府观点的普及以及新媒体时代公众话语的发展,政府的危机传播理念开始转变,对于公众的关注程度日益提升,话语方式出现了变化,从注重理性建构危机认知转向了注重以情感建构人文关怀共识。尽管如此,政府共识重塑的目的并没有如愿以偿,公众舆论场对官方舆论场的消解作用仍在持续,这主要源于政府与公众的互动刚刚开始,还需要通过理念上的逐渐更新、新媒体平台的完善等不断调适双方话语,形成有效的话语互动。同时,在未来的新闻发布中,政府在新闻发布中可以采用陌生化策略,即把僵化的、惯性的、日常的话语转化为丰富的文学性语言,令政府话语更加生动、亲切,拉近与公众的心理距离。

从具体突发公共事件导致的危机来看,政府内部组织成为其政府危机话语脚本的主要提供者。而随着新媒体时代公民意识的觉醒,公众参与公共事务的程度加深,官方危机话语脚本的提供者也发生了重大变化,媒体、公众、专家也通过多元信息交换渠道提供多样态信息资源,共同构成危机传播的交换情境。在危机话语的交换渠道方面,新闻发布会占据主要地位,相关政府组织机构与政府官员具有权威信息发布与分配的权力,全面掌握与控制危机资源。同时,新媒体平台的发展延伸了政府话语的传播渠道,以政务微博为代表的官方新媒体平台成为政府危机传播的常规载体,成为政府与公众直接互动的途径①。以信息共享为特征的政务新媒体在一定程度上充当了填补信息的角色②,通过搭建合理的对话机制、对民众的疑虑展开充分的回应,有利于控制与回应谣言③,构建与保护良好的政府形象。

在危机阐释的过程中,政府应采用适宜的危机传播与话语策略,明确自身的话语主题。基于不同的危机情境,政府应选择相应的危机回应策略与话语方式④。J. L. 布拉德福德(J. L. Bradford)和 D. E. 格瑞特(D. E. Garrett)将危机情境与话语策略相结合,提出"组织沟通回应模式"(corporate communicative response model)。他们将危机情境细分为犯错情境(commission situation)、控制情境(control situation)、各持标准情境(standards situation)和同意情境(agreement situation)四类,并针对四类具体情境归纳出否认(包含"简单否认"和"转移议题"两个子策略)、借口(包含"出于自卫""纯属意外""出于善意"三个子策略)、让步(包含"减轻灾害感受""与更严重事件对比""表现自己的优点"三个子策略)、辩护(包含"全面致歉"和"采取修复行动"两个子策略)四种危机回应策略⑤。基于中国危机传播语境,政府话语发声时应该选择符合具体情境的危机传播策略,明确话语主题,而非选择以往惯用的"否认"与"辩护"策略。政府应在掌握大量危机脚本、深入查证求实之后向社会进行言说,进而有理有据地对危机本身进行定性,并对是否需要承担危机责任

① MARKEN G A. Social media... the hunted can become the hunter[J]. Public relations quarterly,2007,52(4):9-12.
② SUTTON J,PALEN L,SHKLOVSKI L. Backchannels on the front lines:emergent uses of social media in the 2007 Southern California Wildfires[C]//Proceedings of the 5th International ISCRAM conference. Washington,DC,2008:624-632.
③ WATERS R D,BURNETT E,LAMM A,et al. Engaging stakeholders through social networking:how nonprofit organizations are using Facebook[J]. Public relations review,2009,35(2):102-106.
④ COOMBS W T. An analytic framework for crisis situations:better responses from a better understanding of the situation[J]. Journal of public relations research,1998,10(3):177-191.
⑤ BRADFORD J L,GARRETT D E. The effectiveness of corporate communicative responses to accusations of unethical behavior[J]. Journal of business ethics,1995,14(11):875-892.

进行说明,对危机产生的原因进行深入的反思,做到不逃避、不遮掩。

除了选择符合具体危机情境的传播策略,政府话语还应重视危机传播机制的合理搭建与完善。政府应从宣传色彩较为浓厚的危机管理模式走出来,而逐步向多元主体共同协商互动,重塑共识的危机治理模式转变,进而构建多元主体对话机制与互动范式。在话语表达上也更加注重多样态媒体表现形式,丰富政府话语的危机资源。在危机话语交换的过程中,注重陈述式框架与情感式框架共建,政府的危机传播理念从理性建构危机认知转向注重以情感建构人文关怀共识。但由于媒体、公众、专家等危机主体仍然更多地依赖政府一方的话语议题,在话语权力的分配与呈现方面产生不均衡的危机传播效果,协商互动机制初步显现,还需要政府以及其他危机主体在危机传播理念、应对策略与话语表达手段等方面不断调适,实现危机话语交换网络内部结构的稳定均衡,进而形成互动共识的危机话语生态圈。

随着微博社交平台的迅速普及,政务微博已经成为政府及其相关职能部门同公众之间重要的话语沟通桥梁。在突发公共事件中,政务微博在危机话语表达与策略运用方面都应有相应的拓展与完善。一方面,政府通过其官方微博实现危机应急管理,进而优化应急服务,有效地化解危机,对政府及相关职能部门形象与公信力的提升有所助益;另一方面,公众通过微博这一平台,广泛参与议题的互动,可为相关部门提供资源线索、提出建议与质疑,有效地帮助政府及其职能部门积极应对危机话语,进而实现政府话语与公众话语的平等互动。在政务微博中,政府相关部门须建设"情感银行"①,在日常的生活中多与公众进行沟通,增进政府与公众之间的认知和理解,提升公众对政府的信任,在危机出现后,就可以从"情感银行"中提取平时积累的情感资本以化解危机。

在突发公共事件导致的危机中,政府最为核心的意义框架由以政府为中心的"积极应对"逐渐转向以公众为中心的"以人为本",从仅针对危机本身进行话语传播转向以塑造政府形象、与公众互动为主导的危机传播。这就是政府话语的危机传播新模式(见图3-1)。在这种转向过程中,政府通过使用情感方式、多元的话语策略塑造人文关怀的共识。

---

① 史安斌.全媒体时代的新闻发言人媒体素养和沟通技巧(上篇)[EB/OL].[2018-09-25].http://blog.sina.com.cn/s/blog_81651ac20101ov41.html.

官方话语交换情境

政府危机话语脚本提供者
政府(话语主导者)
媒体、公众、专家

言说纽带方向
政府单方垄断为主
危机话语互动分工尚不均等

言说者
政府组织机构
政府官员

言说渠道
传统媒体—新闻发布会
新媒体—政务微博

危机阐释
危机定性
责任主体
应对策略

资源明确、有理有据、澄清谣言

理性与情感并重
多元话语策略
信息交换、重塑共识理念初显

意义建构
"以人为本"

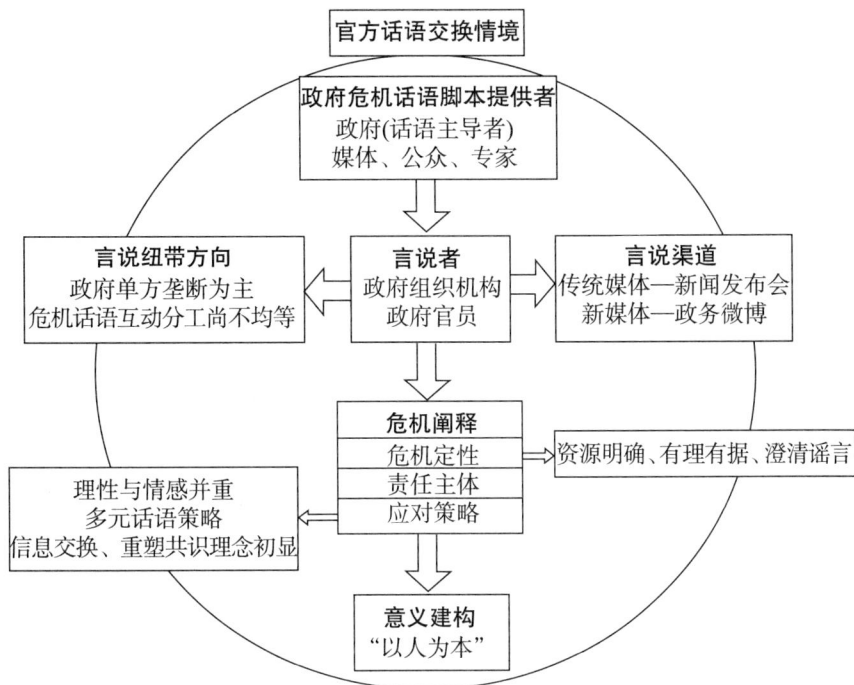

图 3-1　政府话语的危机传播新模式

第四章　媒体还只是话语中介吗？

　　媒体，是最重要的信息传播者，是社会的黏合剂，是地域、文化、群体之间的桥梁，在危机传播中起着传播信息、交流观点的重要作用。媒体的话语在建构、呈现危机的同时也影响着公众对危机及危机应对主体的认知，进而影响危机传播的效果。

　　在危机传播中，大众媒体经历了从信息的单向传递到双向沟通的角色转变。在依托网络技术的新媒体平台出现之前，大众媒体对于危机信息源的选择主要来自政府和专家，之后将信息单向传递给公众；而随着新媒体平台上公众话语的逐渐兴起，大众媒体也开始将公众作为主要信源，注重危机信息的双向沟通。目前，媒体主要承担危机建构和沟通桥梁两个功能。一方面，媒体通过议题选择、描述危机，向社会各方传递危机相关信息，危机传播各主体尤其是公众对危机的认知主要来源于媒体报道，因此媒体承担建构危机认知的职能。另一方面，媒体通过对不同信源话语的转述和表达，呈现了不同危机主体的观点和事件过程，具有呈现、沟通、反馈的功能，扮演着信息沟通者的角色。但是我们应该认识到，媒体在建构危机的过程中，通过信源和议题等选择，直接或间接地参与危机过程，可能有助于危机的解决，亦可能放大危机后果，客观上成为危机的推波助澜者。

第一节　曾经作为中介的媒体

　　媒体是各方认知危机的主要来源，其中媒体的议程设置是建构危机认知的主要方式。传统媒体时代，突发公共事件中的议程设置基本遵循"政府议程—媒体议程—公众议程"的设置顺序。这一顺序在新媒体语境下形成变革,议程设置也不仅仅作为传播效果出现,更确切地说,它从某种角度实现了媒体的话语功能。

一、媒体话语的危机呈现与建构

媒体在危机传播中的首要作用是呈现事实,这种呈现主要依托议程设置理论,媒体对危机的呈现和传播对公众如何认知危机产生影响,一定程度上决定了公众对危机发生的归因和归责,也决定了公众对危机的议题探讨。公众在形成对危机的认知之后,也会影响政府在公共事件中的危机传播效果,由此影响政府的形象塑造。

(一)媒体的危机呈现是社会认知的主要来源

媒体对危机认知的建构影响社会对危机的认知。作为危机传播的中介,媒介在危机传播各主体之间进行信息传递,是各主体进行沟通交流的重要载体。媒体既是危机传播的主体,也是危机传播的中介。媒体作为危机传播的主体之一具有能动选择性。危机无处不在,但是媒体对于是否报道危机,报道哪些危机,从哪个角度报道危机等具有能动的选择权。

作为传播危机信息的重要中介,在传递危机信息过程中,媒体对信息的选择性报道起到了建构危机认知的重要作用。媒体建构危机认知来源于媒介建构论。该理论源于社会建构主义,其中彼得·伯格(Peter Berger)和托马斯·卢克曼(Thomas Luckmann)的思想为多数传播学者所引用,他们认为,生活世界是环绕着每个行动者,又通过这些行动者的日复一日的互动建构起来的;李普曼(Walter Lippmann)提出媒介虚拟世界的观点,并提出了拟态环境的概念;W. 米尔斯(W. Mills)提出"二手世界"的概念,认为我们所认识的世界不完全来自人们自己的体验,而是通过大众媒介的中介建构之后形成的二手世界①。上述成为媒介建构论的主要来源。

媒体对危机认知的建构首先体现在内容的选择上。具有主观能动性的媒体在进行危机信息的传递时以新闻为主,由于新闻本身具有的新闻价值属性,因此媒体在进行危机信息的选择时也需要考虑新闻价值,不同的媒体性质甚至具体的记者个人色彩等都会导致报道存在差异,这

---

① 江根源,季靖.媒介建构论:权力、意义及其现实互动[J].中国传媒报告,2010(2):1 – 17.

源于媒体内部的价值观立场。媒体存在报道理念上的差异,这种差异也会影响媒体选择何种事实、何种方式进行报道。

在社会环境中对危机的认知,公众主要通过自身对危机认知的建构实践和媒体渠道两个方面获得信息,而多数情况下,公众主要通过媒体获得信息,媒体在很大程度上影响了公众对危机的感知。媒体对公众认知危机的影响主要依赖议程设置理论。尽管议程设置理论认为媒体能够决定公众想什么,而不是公众怎么想,但当媒体选择将何种内容呈现在公众面前时,就渗透了媒体的价值观,而这种渗透也在一定程度上影响了公众的态度。

如在"穿山甲事件"①中,媒体基本遵循穿山甲弱势身份建构—人的强者地位呈现—保护话语建构的叙述策略。《中国环境报》《生命时报》等的报道细致地描述了穿山甲的生物特征,体现了穿山甲弱势的身份。而这种弱势身份在人类的"炫耀"和"特权"式消费面前,被更加凸显出来。例如,《南方日报》在评论文章《穿山甲是如何被送上餐桌的?》中写道:"'穿山甲公子''穿山甲公主''穿山甲经理'等在微博自炫吃穿山甲的一系列事件,让我们再次关注穿山甲这·濒危动物。"②正是由于弱势身份的成功建构,唤醒社会公众对穿山甲要从法律层面保护的意识和观念层面的革新。

(二)媒体的形象建构影响各方危机话语表达

媒体在呈现和传播突发公共事件时,从信源选择到议题框架,都呈现出媒体的倾向和立场。在这种对报道内容的整体选择和架构过程中,媒体塑造了政府的危机传播形象,并影响政府在突发公共事件中的传播话语效果。

首先,媒体对消息来源的选择对危机归因产生重要影响。在消息来源与风险归因的研究中,学者认为,消息来源是媒体建构风险话语体系的关键参数,来源的偏向性直接对媒体风险归因动机的三个原因维度产生影响。王庆通过对媒体在雾霾风险中的归因研究,对媒体报道进行了内容分析,将雾霾风险的消息来源分为媒介、政府机构、企业、环保组织、

① 穿山甲事件:2015年7月15日,一个微博名为"Ah_cal"的网友自曝考察广西时在高官办公室煮穿山甲吃,称爱上这野味,还曾喝特供酒,坐飞机直接进驾驶舱,与高官合影。2017年2月6日,这条吃穿山甲的微博被大量网友转发,引发社会广泛关注。
② 施经.穿山甲是如何被送上餐桌的?[N].南方日报,2017-02-21.

专家学者、公众及其他七类。不同的消息来源对于雾霾发生的解释存在差异，结果显示，此次研究中媒体多将政府作为消息来源，这就产生了归因的"行动者—观察者效应"，行为者倾向于将自己的行为看作其所处情境造成的结果，而观察者则倾向于将行为者做出该行为归因于行为者本身具有的特点①。在我国突发公共事件中，媒体多选择政府等权威作为新闻报道来源，因此对危机的归因也多数为权威机构外部因素，这样就减轻了权威部门的责任。

帕奇(Burch)等人认为，消息来源是塑造新闻框架的重要变量，在媒介场域中，消息来源偏向的背后代表着权力的争夺和力量的交锋，谁的声音在新闻报道中最常被听到正是保证话语霸权的关键步骤②。信源是构成新闻报道倾向的一个基础，对于信源的选择在很大程度上决定了媒体对事件的呈现立场。不同的信源在突发公共事件中的立场存在差异，信源在对突发公共事件进行阐释时会将有利于自己的信息传播出去，因此媒体在信源呈现的过程中其实也是对不同危机传播主体立场的传播。我国媒体在对突发公共事件的报道中，多选取政府作为信源。这主要源于我国媒体的本质，既是信息的客观传播者，也是政府的喉舌。在选择政府作为主要信源的过程中，我国社会对危机的认知在一定程度上也主要来源于政府的危机决策。这就为政府的言说提供了场所，政府掌握危机传播的话语权，也为政府形象的塑造提供了前提。

其次，媒体的议题框架是政府在突发公共事件中塑造自身形象的基础。这主要依托框架理论对社会认知的决定作用。一般认为框架理论来源于社会学理论和心理学理论两条线索。前者由戈夫曼(Erving Goffman)在1974年提出，认为"个人组织事件的心理原则和主观过程"③就是框架理论，而"人们是将日常生活的现实图景纳入框架之中，以便对社会情景进行理解和反映"，并"赋予一定的意义"④。后者基于心理学的个人认知过程提出了基模概念。媒体对议题的选择反映了危机信息的

---

① 王庆.媒体归因归责策略与被"雾化"的雾霾风险——基于对人民网雾霾报道的内容分析[J].现代传播,2014(12):39.

② BURCH E A,HARRY J C. Counter-Hegemony and environmental justice in California newspapers:source use patterns in stories about pesticides and farm workers[J]. Journalism & mass communication quarterly,2004,81(3):559 – 577.

③ 臧国仁.新闻媒体与消息来源——媒介框架与真实建构之论述[M].台北:三民书局,1999:32 – 44.

④ 李特约翰.人类传播理论[M].史安斌,译.北京:清华大学出版社,2004:178.

不同层面,建构不同的话语框架会影响公众对危机的认知,进而影响公众对政府应对危机的评价,形成对政府在突发公共事件中的形象认知。

二、媒体的议程设置与议题演化

(一)从议程设置到议题注意力周期

议程设置理论从提出开始,就重点考察媒体与公众的关系——大众媒体如何对公众施加影响力。20 世纪 70 年代,麦克斯韦尔·麦库姆斯(Maxwell MeCombs)和唐纳德·肖(Donald Shaw)通过对北卡罗来纳州查珀希尔的选民议题和媒介所报道的公共议题的比较研究,描述了媒体引导公众关注舆论的重要性①。迄今相关实证论文超过 300 篇,大量研究论证了存在议题设置效果——"媒介不仅能够告诉我们想什么,并且能成功告诉我们如何去想"②。这些研究在某种程度上改变了前期议程设置理论"媒体仅能决定人们想什么,而不能左右人们如何想"的理论假设。

议程设置理论的提出凸显了媒体在传播过程中的地位。随着议程设置理论的发展,研究重心逐渐转移到属性议程研究。库西斯(Kiousis)强调,当新闻媒体认为媒体议题的重要性程度越高时,则该媒体议题的媒体显著度就越高③。注意(attention)、显度(prominence)、效价(valence)成为媒体显著度的三个维度。其中,注意是指新闻媒体对新闻议题的知晓程度高低,通过新闻报道量、所占版面或播出时间的多少来表达;显度是指新闻议题在新闻媒体位置的重要性,新闻出现在媒体的位置越重要则该媒体显著度越高;效价偏重考察新闻媒体在新闻议题上所呈现的情感。

媒体显著度的探讨为议题文本的解读提供了前提,而结合危机的特定情境、阶段特征和周期规律,对危机传播中的媒体议程研究需要引入议题注意力周期的概念假设。该假设由安索尼·道斯(Anthony Downs)基于生态学理论提出,他将周期分为五个阶段:①前问题阶段(the pre-

---

① 麦库姆斯.议程设置理论概览:过去,现在与未来[J].郭镇之,邓理峰,译.新闻大学,2007(3):55-67.
② 麦库姆斯.议程设置:大众媒介与舆论[M].郭镇之,徐培喜,译.北京:北京大学出版社,2008:84.
③ KIOUSIS S. Explicating media salience: a factor analysis of New York Times issue coverage during the 2000 U. S. presidential election[J]. Journal of communication,2004,54:71-87.

problem state),此阶段一些状况已经出现,但尚未引起公众足够多的注意,这一方面因为问题尚不严重,另一方面受到公众认知或意识的局限影响。②警报的发现和(公众)持续热情阶段(alarmed discovery and euphoric enthusiasm),通常意味着对事件的聚焦,公众开始重视或考察危机的负面情况,此阶段也表现出公众对社会的责任和短时间内解决问题的持续热情。③认识到重大进展的代价阶段(realizing the costs of significant progress),公众开始从经济或者社会价值方面评估解决途径。④兴趣的逐渐下降阶段(gradual decline of public interest),公众个人可能会对结果感到失望,或者觉得有威胁,甚至可能厌烦了该议题。同样地,媒体可能很快地将注意力转移到新的议题上。⑤后问题阶段(the post-problem state),一个议题可能会成为一个被长期关注的议题,相当长时间内该议题成为一种潜伏状态,随时可能再度引起媒体的关注①。

议题生命力周期理论并非适用于所有的社会问题,尽管最初该理论重点关注政治领域,如道斯关注美国国内政治②,稍后 B. W. 霍格伍德(B. W. Hogwood)和 B. G. 彼得斯(B. G. Peters)进一步扩展了该理论的研究范畴③,并认为其有助于促进国家社会的发展。此外,不少研究者关注媒体注意力和议题注意力周期的合理性。

(二)危机传播中的议题演化与话语权争夺

议题注意力周期提供了一种发展和循环的视角来讨论议题,为诠释议题为什么发生变化提供了解释。卡麦恩(Edward G. Carmines)和史汀生(James A. Stimson)提出了议题演化的三点假设:其一,存在无限多的议题种类并且议题变异不断发生;其二,议题之间存在对有限资源的竞争,如注意力、处理能力等;其三,议题符合适者生存的规律④。这些假设为议题研究提供了从内部演变规律到外部竞争环境的探讨思路。当然,对议题的思考不应该局限于西方政治社会中,在讨论中国语境下突发公

① 纪莉,刘偲. 中国都市类报纸气候变化议题的报道框架与关注周期——以《南方都市报》为例[J]. 社会科学研究,2013(5):200.

② DOWNS A. Up and down with ecology:the issue-attention cycle[J]. The public interest, 1972,28:38-50.

③ PETERS B G,HOGWOOD B W. In search of the issue-attention cycle[J]. The journal of politics,1985,47(1):238-253.

④ CARMINES E G,STIMSON J A. Issue evolution:race and the transformation of American politics[M]. Princeton,NJ:Princeton University Press,1989:11.

共事件时,需要时刻关注议题从何而来,为什么有些议题在激烈的公众舆论场域竞争中能够胜出,而另一些不能? 现有的议题如何孕育出新的议题?

在西方社会中,特定的文化议题,如堕胎①、同性恋②、环境保护问题③、枪支管理④等更容易进入政策议题;不同于西方的政治和社会环境,更容易进入中国的政策议题或者在中国的舆论场中充分发酵的并非文化冲突话题,而是涉及公共管理、制造业、教育、卫生社会保障等行业的舆论事件⑤。因此,探讨这种议题演变的分析框架和理论解释是否适用于中国亦成为本书关注的核心点。

而议题演化存在两个基本步骤:第一步,政治精英的议题必须区别或独立于大众观点,并且对大众而言,这种观点是清晰和适合的。第二步,大众必须对政治精英的立场有所响应,议题演变涉及大众的参与⑥。但大众参与的作用是微乎其微的,而精英观点的影响力不断扩散。公众依据不同的兴趣小组和媒体获得竞争性的信息。由于政治精英承担着某种观点和意见的表达,并对公众产生影响,在某种程度上,政治精英实际扮演着意见领袖的角色。

议题演化关注舆论中公众对议题的兴趣变化,并认为议题的变化与议题竞争力概念有关。关于议题竞争力和舆论环境对议题承载力的影响,不少学者进行了不同的原因阐释,包括教育⑦、态度⑧或者所谓的剩余同情等。因此,研究议题演变需要考虑具体的情境,本书在考察危机

①⑥ CARMINES E G,LAYMAN G C. Issue evolution in post-war American politics:old certainties and fresh tensions[C]//SHAFER B E. Present discontents,Chatham,New Jersey:Chatham House,1997.

② ADAMS G D. Abortion:evidence of an issue evolution[J]. American journal of political science,1997,41(3):718-37;GREEN J C,GUTH J L. The missing link:political activists and support for school prayer[J]. Public opinion quarterly,1989,53(1):41-57.

③ INGLEHART R,ABRAMSON P R. Measuring postmaterialism[J]. American political science review,1999,93(3):665-77.

④ STEED R P,LAURENCE W. Moreland,ideology,issues,and the South Carolina party system,1980—1996[J]. The american review of politics,1999,20(Spring):49-73.

⑤ 谢耘耕. 舆情蓝皮书——中国社会舆情与危机管理报告(2013)[M]. 北京:社会科学文献出版社,2015.

⑦ MCCOMBS M,ZHU J H. Capacity,diversity,and volatility of the public agenda[J]. Public opinion quarterly,1995,59:495-525.

⑧ ZHU J H. Issue competition and attention distraction:a zero-sum theory of agenda-setting[J]. Journalism quarterly,1992,69(4):825-836.

传播中的议题竞争时,综合了两种解释,认为既存在具体议题内部由传统媒体、公众情绪的差异等带来的议题竞争,这是存在于危机传播主体之间的话语权争夺;同时,也存在新旧议题的交替等零和博弈的情况。

三、媒体已成为显性的建构者

新媒体时代,大众媒体的话语承载平台也出现了多元化趋势,危机传播中的媒体话语平台逐渐从依赖传统媒体介质的单一形式,转向共同依靠传统媒体和新媒体的多元形式,尤其是媒体微博的运用受到了社会各方的关注。

(一)单一媒体传播向多元媒体互文传播转变

"互文"(intertextuality)首先由法国符号学家朱丽亚·克里斯蒂娃(Julia Kristeva)在其《符号学》一书中提出,她认为"互文是一篇文本中交叉出现的其他文本的表述",是"已有和现有表述的易位"[1]。新媒体时代,信息生产和传播技术的发展推动了多元媒体互文,即就某一相同的事件或话题,不同类型媒体之间所形成的互文,如报纸、电视、网站、广播、手机报等媒体之间的互文[2]。在危机传播的大众媒体报道中,就媒介形式而言,目前存在传统媒体与新媒体之间的互文传播。

在媒体的话语形式中,媒体微博逐渐受到关注,并在突发公共事件中与传统媒体相互补充或相互彰显,共同建构危机认知。从媒体平台的优势来看,媒体微博、手机报、网站新闻在新闻的发布时效上占据优势,尤其是媒体微博和手机报的推送功能,能够使危机信息更快到达公众。这些媒体平台上的信息内容以短小精悍见长,聚焦危机传播的最核心信息,能在较短时间建构各方对危机的认知。而对于危机认知建构最为生动的是电视,因为电视可以全面呈现图文音频、视频等多模态信息,能够在视觉上更为深刻地影响公众对危机的感知。尽管其他媒体在其所拥有的新媒体平台上也通过图像符号传播危机话语,但是传播呈现碎片化,视觉冲击不如电视媒介。通过传统媒体与新媒体的互文报道,能够实现对危机的全面呈现。

---

[1]　转引自:毛浩然,徐赳赳.单一媒体与多元媒体话语互文分析——以"邓玉娇事件"新闻标题为例[J].当代修辞学,2010(5):13.

[2]　毛浩然,徐赳赳.单一媒体与多元媒体话语互文分析——以"邓玉娇事件"新闻标题为例[J].当代修辞学,2010(5):14.

(二)一元话语样态向多元话语样态发展

危机传播的媒体话语在样态方面,逐渐从文字构成的一元传播样态转向了文字与图像相结合的多元话语样态。网络媒体的话语形式多样而且表现丰富,图片、视频、网络电影电视、flash动漫、动态演示等,都是网络话语的具体表现形式,它们都体现了话语的多样性和丰富性,满足了不同受众对话语样态的使用需求,使话语形式体现出了个性化色彩。

危机传播中的媒体话语主要承担危机认知的建构和危机信息的传播功能。在媒体话语的一元话语样态中,文字的传播偏向对危机认知的建构,对公众的危机感知影响较小。由文字线性呈现的危机并不具有完整性,社会无法形成对危机信息的全方位认知。随着媒介技术的发展,媒体对危机的呈现逐渐从文字转向了文字、照片、动态影像、信息图等多种样态的融合。在多元的话语样态中,媒体对危机的呈现更为生动具体,尤其是随着图像的加入,视觉的传播强化了公众对危机的感知。如信息图等构成的数据新闻,将复杂的危机信息以更为直观、更易理解的方式呈现在公众面前,有助于社会各方对危机有深入的了解和认知。

其中,图像话语成为危机传播中重要的话语样态,它在媒体的危机传播中主要表现为图像新闻。在我国的图像新闻中,表现形式逐步从图画新闻、影像新闻转向大数据时代的数据新闻。当然,这三种类型并非是取代关系,而是并存于如今的新媒体时代。图画新闻是指在报纸、刊物等特定新闻报道载体上,用线画描绘景物与时事,专门报道或评论国内外新近发生的时事、社会问题等视觉事物。图画新闻具有呈现或评论的作用,其代表形式——新闻漫画,在今天的媒体评论中仍然占据重要位置,其对受众想象力、理解力和思辨能力的调动深深吸引着受众的关注。影像新闻是指使用照相机、摄影机、摄像机等机械复制或电子复制装置和光学成像技术,在新闻事件发生的现场拍摄的静态的或动态的新闻影像[①]。这种利用电子技术对事件本身尤其是对于危机现场进行还原的图像,更容易影响公众对危机后果严重程度的感知,冲击公众视觉,引发情感共鸣,如地震、海啸、车祸、踩踏现场等的影像新闻。当今社会已经形成"有图有真相"的共识,但是需要说明的是,使用电子设备制作和

---

① 韩丛耀.中国近代图像新闻传播的兴起与发展[J].江海学刊,2010(3):210.

呈现的图像,其所谓的真实性同样具有局限性,选择谁的视角看世界、选择哪一画面建构世界、放大哪一部分传播现实,这都蕴藏在影像新闻的图像话语中。

　　新媒体时代,媒体图像话语的最重要转向就是数据新闻的产生和兴起。媒体中的数据新闻的形式,基本可分为文本解释性信息图、可查询的交互地图、交互式信息图表、动态图表四种类型①。文本解释性信息图是目前媒体中应用最多的图像类型,是一种集文本、数据、图形的静态图像,通过清晰的视觉方式呈现并阐释较为复杂的信息②,即图解重点、整合信息、梳理变化与揭示关联③。同时,由于文本和数据的共生性,因此需要避免二者之间过多的重复性。可查询的交互地图依托地理进行信息呈现,空间地理数据是新闻的核心要素,在特定的报道中,空间地理数据本身就是新闻的主体④。在一些突发公共事件中,信息的发展围绕地理、位置、空间进行,因此需要通过绘制地图,并且通过信息与空间位置对应的方式建立完整的信息走势。这种数据新闻形式适合依托地域建构的历史或事件议题,如"4·10"兰州自来水苯超标事件中的污染水分布及走势、2015 年"8·12"天津滨海新区爆炸事故影响区域等,通过交互地图可使受众更加明晰事件中复杂的空间转换及影响。

　　交互式信息图表是通过一个简洁界面向用户传递大量信息,这种呈现形式令公众的参与性更强,用户可自行点选所关心的内容进行了解⑤。动态图表是用丰富的可视化图表表达抽象的数据含义,并采用动态的形式反映这些数据发展变化的趋势,与财经新闻联系紧密⑥。可将复杂难理解的内容做成动态图表,帮助公众认知,甚至可以作为决策的依据。

---

①　郎劲松,杨海.数据新闻:大数据时代新闻可视化传播的创新路径[J].现代传播,2014(3):34;张艳.论数据新闻的图像表意与审美转向[J].编辑之友,2015(3):85.

②　转引自:郎劲松,杨海.数据新闻:大数据时代新闻可视化传播的创新路径[J].现代传播,2014(3):35.

③　张艳.论数据新闻的图像表意与审美转向[J].编辑之友,2015(3):85.

④　郎劲松,杨海.数据新闻:大数据时代新闻可视化传播的创新路径[J].现代传播,2014(3):34.

⑤　文卫华,李冰.从美国总统大选看大数据时代的数据新闻报道[J].中国记者,2013(6):81.

⑥　郎劲松,杨海.数据新闻:大数据时代新闻可视化传播的创新路径[J].现代传播,2014(3):35.

如在"11·22"青岛输油管道爆炸事件①中,财新网通过交互式信息图表将地图与新闻信息进行了较好的融合②。报道依托谷歌地图相关技术,将记者在爆炸现场拍摄的照片拼贴在地图上,向用户传播事发区域的具体位置,并配以文字描述,呈现出事件时间、地点、起因等背景信息。同时,当用户不断放大地图时,就会呈现出红色小标记标示该事件发生的众多小现场,用户可以点击其中任意一个红色小标记,浏览记者在所标记地点上拍摄的新闻图片。新闻信息与地图的融合,不仅更加直观,而且报道更加真实客观。

媒体选择何种主体进行呈现、建构怎样的主体形象,集中体现了媒体的新闻价值观,媒体在社会中承担的角色和职能,媒体与政府、政党的关系。这对于图像的危机传播效果产生影响。媒体在危机中呈现的主体在中西方的媒体图像语境中存在差异。学者对于灾难危机图像报道中中西方的呈现主体进行了研究,结果表明,西方的新闻摄影报道往往把灾难性事件的受害者作为报道主体,在视觉构成上凸现了作为灾难性事件受害者的主体地位,如用广角镜头拍摄强调灾难性事件受害者生存状态,或者使用长焦距镜头拍摄特写照片,凸显灾难性事件的受害者的形象、情感和生存状态③。在这种主体呈现中,受众可以获知有关的灾难信息,在情感上形成共鸣,进而引发救助行为,图像在此过程中达到了社会动员的效果。

而与西方媒体图像报道形成对比,我国灾难危机的图像话语呈现主体主要是选择了灾难性事件引发的社会、政府行为,图像话语主要反映救灾行为,执政党领导行为和政府行为,灾难性事件的受害者和灾难性事件本身在报道中被淡化、弱化④。这种图像话语呈现方式在今天的危机传播中仍然占据较大比例,尤其是在自然灾害、安全事故等议题的危

① "11·22"青岛输油管道爆炸事件:2013年11月22日凌晨3点,在青岛市黄岛区秦皇岛路与斋堂岛路交汇处,中石化输油储运公司潍坊分公司输油管线破裂,事故发现后,约3点15分关闭输油,斋堂岛街约1000平方米路面被原油污染,部分原油沿着雨水管线进入胶州湾,海面过油面积约3000平方米。黄岛区立即组织在海面布设两道围油栏。处置过程中,当日上午10点30分许,黄岛区沿海河路和斋堂岛路交汇处发生爆燃,同时在入海口被油污染海面上发生爆燃。
② 青岛中石化管道爆炸事故——财新记者实拍图集[EB/OL].[2018-10-13].http://datanews.caixin.com/2013-11-24/100608929.html##gocomment.
③ 万生云.中西方灾难性事件新闻摄影报道的差异性研究[J].国际新闻界,2001(2):60.
④ 万生云.中西方灾难性事件新闻摄影报道的差异性研究[J].国际新闻界,2001(2):59.

机中,政府仍然是媒体图像话语建构的主体,政府"以人民利益为重""努力救援"仍然是图像话语建构的核心意义框架。但是以政府、领导行为为主体的图像话语呈现,会造成公众对危机的认知盲区,公众在接收图像的过程中只能认知了解灾难性事件的概念性、抽象性信息以及政府的抗灾救灾行为,而无法获知事件受害者的生存状态。但是这一图像话语在2008年"汶川地震"之后的报道中有所改善,媒体逐渐开始重视事件涉及的普通公众,用图像呈现他们的行为,使用视觉修辞构建情感框架,形成社会动员。

（三）媒体的信源选择呈现多样化趋势

媒体对信源的选择是政府形象塑造的前提。信源,又称信息源、消息源,指信息的来源,信息的发出者①。广义上的信源是指一切可以提供客体的信息。信息论的视角认为信源概念来自于通讯系统的模型,最早由香农（Claude Elwood Shannon）提出,从信源通过信道到信宿,是一种较为抽象简单的单向传播路径。这种观点具有一定的代表性,不少研究中存在类似的观点,在信息传播被视为一个线性的传播过程的基础上,发源端即等同于信源。在这个层面上,信源必须具备如下特性:其一,信源能够承载一定的信息,这种信息的具体体现可能是文字、画面、视频、口语等,而随着新媒体技术的发展,信源作为信息承载体可能呈现更多表现形式。其二,信源的存在必须置于特定的信息传播过程中,如同香农早期模型所提出的,与之对应的是信宿。当然随着新媒体技术等带来的传播环境的变化,传播模型可能产生变化,但无论何种模式,都存在一种抽象意义上的信息传播"对象"。

在危机传播向互动传播转向的过程中,媒体对于信源的选择也开始呈现多样化趋势。在以线性传播为主的危机传播中,媒体的信源基本来自政府,还有一部分来自专家,对公众的关注较少。在选择政府作为信源进行危机传播时,信息多是政府制定的危机决策和政府危机应对举措,呈现了较为明显的宣传式传播。在公众逐渐成为危机传播的主体时,大众媒体对公众的关注也有大幅度提升,在很多突发公共事件中都选择将公众作为信源,将公众对危机的感知、认知作为媒体的主要报道内容。媒体的多样信源选择,有利于社会各方通过媒体了解彼此对危机

---

① 刘建明,等.宣传舆论学大辞典[M].北京:经济日报出版社,1993:906.

的认知以及对危机决策的建议,媒体能够真正发挥危机传播的沟通作用,使社会各方达成一致的危机决策。

第二节　话语关系中的媒体功能赋予

随着社会认知和媒介素养的不断提高,公众对媒体的期待也有所转变,从对媒体客观报道的要求逐渐转向深度挖掘的需要,希冀媒体传递客观、真实、准确的信息,但同时更加需要一种思想层面的导引和价值层面的阐释,媒体单纯的信息桥梁角色已经满足不了当代公众对媒体的需求,这种转变同样也发生在新闻传播教育中。为满足公众需求,危机传播中媒体的阐释功能逐渐增强。尽管传统媒体独占信息领域的时代已不复返,网络平台尽其可能让更多主体发声,但是媒体的作用并没有弱化,反而在与其他主体的互动中不断赋予自己新的功能。

即使在作为公众主阵地的微博平台,媒体的力量也不容忽视。媒体的存在是事件具有公共性的基本前提。在本书选取的50起突发公共事件中,媒体在微博中的发声仍以中介、扩音、放大的功能角色出现,但是在一部分事件中,媒体仍然是事件发展的主导者。尽管前面提到,我国的媒体角色有其自上而下的政府喉舌特征,但是在推动社会民主进步方面,通过借力网络平台,媒体的自下而上的身份愈加明显。不仅成为单纯的传播者,也成为积极的偏向公众的建构者。本节选择媒体在事件传播过程中起到重要中心作用的13起突发公共事件①进行研究,分析事件中的媒体内部传播关系、媒体与其他主体的互动、受到高度关注的媒体事实/价值层面的构建及其对舆论的引导,探究媒体在危机传播中的角色及偏向、对危机认知的建构及对社会的影响。

一、传播关系演变中的媒体角色与功能转型

网络技术造就了新媒体,新媒体重塑了危机传播的话语生态,这是

---

① 本节选取的13个研究个案为:湖北巴东邓玉娇案(2009)、"我爸是李刚"事件(2010)、大连新港原油泄漏事件(2010)、广东乌坎事件(2011)、江苏启东反对污水排海工程事件(2012)、昆明PX事件(2013)、厦门公交车纵火案(2013)、湘潭产妇死亡事件(2014)、广州"7·15"公交爆燃事件(2014)、兰州水污染事件(2014)、青岛天价虾事件(2015)、魏则西事件(2016)、河北渗坑事件(2017)。

技术变革对我国危机传播最基本的影响。在话语生态的转变中,话语关系的流动转型成为关键。

对50起舆情热度较高的突发公共事件的传播关系考察结果显示,新媒体平台中的话语主体相对传统媒体呈现出多元发展的态势,说明信息发布主体样态增多,主体内部的交互现象较为明显,即各级或同级政务微博之间、媒体之间、公众之间,而主体间话语互动行为相对较少。当前危机传播中新媒体话语生态较为杂乱,处于技术发展的初期,尚未形成显著及有序的沟通与互动。在新媒体话语的萌芽阶段,媒体的信源选择、传播角色及传播内容都在话语主体增多、互动逐渐增多的推动下转型。

(一)传统媒体与新媒体之间的信息互动增多

媒体的信源至今大致经历了三个明显的转变阶段。第一个阶段是传统媒体引导舆论的时代,这一时期我国媒体在危机传播中的信源基本都以政府为主,媒体之间的互动相对较少。第二个阶段是网络技术应用于大众传播初期,此时的媒体只是将其报道由传统媒体平台转移至新媒体平台,但是信源选择、报道内容、风格等方面没有太大变化,根据《互联网站从事登载新闻业务管理暂行规定》,"非新闻单位依法建立的综合性互联网站……经批准可以从事登载中央新闻单位、中央国家机关各部门新闻单位以及省、自治区、直辖市直属新闻单位发布的新闻的业务,但不得登载自行采写的新闻和其他来源的新闻"[①]。借助网络平台形成的门户网站由于没有采访权,大多数的信息仍然来源于传统媒体。目前,已经进入第三阶段,媒体的信源开始逐渐扩大,公众也成为媒体的主要信源。但是在危机传播的信息关键转折中,公众的声音并没有得到媒体在真正意义上的重视。在媒体信源的转型中,最为明显的特征是传统媒体与新媒体之间的互动,这较微博平台刚刚作为公共事件舆论阵地时有了转变。尤其是众多传统报纸的微博公众号开始关注新媒体如"头条新闻""新浪视频"等发布的信息,传统媒体与新媒体之间的互动开始增多,这种互动多数停留在信息的相互转发层面上,并未有更多的深度交融。

---

① 中国互联网协会. 互联网站从事登载新闻业务管理暂行规定[EB/OL]. [2018 - 08 - 03]. http://www. isc. org. cn/flfg/bmgz/listinfo-13459. html.

在"广东乌坎事件"①中,媒体微博"@头条新闻"在事件的社会网络结构中居于中心位置,但从以下具体的微博文本看:

> @头条新闻:【广东官方回应陆丰群体性事件　村民诉求基本解决】中新网报道,广东汕尾今日通报称,已对9月21日发生在汕尾陆丰市乌坎村的村民聚众滋事事件妥善处理,村民诉求基本解决,对乌坎村党支部书记与副书记予以免职。9月21日,400百余村民因征地聚集,毁坏财物,11月中旬该事件出现反复。

其引用中新网的信源,称事件中村民的诉求得到基本的解决,而中新网报道的信源又来自广东汕尾市政府的通报,由此形成了新媒体—传统媒体—政府话语的话语流向,经过新媒体平台的传播后,有关危机的处理认知得到更为广泛的关注。

又如在"河北渗坑事件"②中,通过对事件社会网络结构中的点度中心性进行统计分析,发现"@头条新闻""@中国之声""@财经网""@央视新闻"占据微博平台的中心位置,成为事件中的重要信源。这四家不同类型的媒体在议题设置方面各有侧重,共同构成了事件中的危机认知。新闻报道总会隐晦含蓄地表示"什么才是适合的"③,新闻可以凸显什么做法是合适的,什么是有价值的。"@头条新闻"更加强调了污水渗坑带来的负面影响;"@财经网"更加全面地报道了事件的相关各方信息,较为完整地勾勒出企业、政府、环保部门、公众等的社会图景;"@中国之声"以传统媒体之权威树立了政府方的作为,注重后期处理,以挽回污染带来的不作为形象;"@央视新闻"则通过自己主流话语权,以视频的方式集结了各方专家,对事件的前因后果进行剖析,通过该途径来描

---

① 广东乌坎事件:2011年9月21日上午,乌坎村400多名村民因土地问题、财务问题、选举问题对村干部不满,到陆丰市政府非正常上访,随后发生了打砸警员、警车事件。此后三个月里事件几经反复。12月20日,省工作组进驻汕尾陆丰,调查处置乌坎事件,尽快恢复乌坎法治秩序和社会管理秩序。

② 河北渗坑事件:2017年4月18日,重庆两江环保组织在其微信公众号发布了名为《华北地区发现170000平方米超级工业污水渗坑》的图文报道。通过该篇文章,两江环保的幕后曝光者——向春,向大众曝光了他在考察华北地区工业污染时偶然发现的大面积工业污水渗坑情况。

③ 甘斯.什么在决定新闻[M].石琳,李红涛,译.北京:北京大学出版社,2009:49.

述前期处理未解决的问题及后期处理的合理性,对事态的发展进行预测性的推断及传播。

(二)媒体报道立场转向多种声音的平衡

传统媒体时代,媒体的政府喉舌功能突显,尽管其自下而上地反映民生的功能一直被强调,但是在实践过程中体现得并不明显。新媒体出现后,媒体的"自上而下"和"自下而上"的双向功能逐渐平衡,这种功能的平衡并非由信源决定。根据案例研究结果发现,媒体在信源选择方面并没有大范围关注公众,这里所谓的平衡主要体现为媒体的报道立场。报道过程中,媒体不再仅仅作为政府的信息发布者和传播者,而开始注重将其声音传递到公众耳中,开始站在公众的立场,探究公众所想,包括危机发生的原因、谁对危机负责、危机对公众造成的伤害、危机处理的过程及结果等。这种转变,在环境、医疗等民生领域的危机传播中尤其明显,有学者认为,中国的环境运动中,媒体报道更多偏向公众权益。在传统的危机传播中,媒体报道的内容更多由政府机构决定,忽略危机细节的报道并没有对责任主体的反思起到作用,甚至单纯由政府决定的传播内容在一定程度上掩盖了危机发生的真正原因。而新媒体时代传播生态的改变,多元主体共同发声在很大程度上令媒体适当地转变了报道立场,更多地开始从危机本身或者公众对危机的认知层面探寻信息。媒体报道立场的转变改变了其报道内容的倾向。

"青岛天价虾事件"①被誉为互联网倒逼当地政府解决事件的有效案例之一,具有广泛的影响力。被宰游客的女儿通过微博发出被宰经历,并通过"@青岛交通广播897"爆料,青岛交通广播及时地进行了新闻报道,青岛本地媒体人也将事件告知有关部门,却未得到任何处置信息。事件发生不到半天,媒体微博"@头条新闻"进行转载,同时引发了各路媒体的竞相转发。各个媒体官方微博进行了报道,青岛本地的自媒体用户进行了事件的转发和批评,使得事件得到广泛传播。媒体的大量转发并没有得到政府回应,于是舆论再次发酵,在QQ、微信、微博等各个社交网络平台上开始全面扩散。事件借助多种新媒体平台形成危机认

---

① 青岛天价虾事件:2015年10月4日,有网友爆料称,在青岛市乐陵路"善德活海鲜烧烤家常菜"吃饭时遇到宰客的情况,该网友称点菜时已向老板确认"海捕大虾"是38元一份,结果结账时变成38元一只。媒体的大量报道与转发并没有得到政府回应,使舆论发酵。

知,将事件原因、事件发生过程中的相关细节、事件结果等逐渐呈现出来,引发舆论的关注,倒逼当地政府的危机回应。

(三)从事实的报道者转变为责任主体的找寻者

新闻报道一直追寻的价值是客观中立,但事实上,这种客观中立在信息选择、报道立场调适等过程中都具备了一定的主观性。危机传播中,由于媒体角色的变化,其报道内容也发生了改变,从单纯的信息桥梁或者传声筒,转变成了在探索真相过程中的舆论引导者。对突发公共事件中媒体发布内容的文本分析发现,媒体的信息聚焦逐渐向探索危机原因、寻找危机责任主体等方向转变,尤其是处于事件传播网络中心的媒体,更加倾向具有思辨性的内容发布,政府监管缺失、企业伦理丧失等问题成为公众更加关注的媒体信息,这些内容也令媒体在众说纷纭的危机迷雾中成为引领者。对事实的客观报道仍然是媒体的主要功能,但是并不能使其成为传播网络的中心,而媒体的深度剖析能力才能使其受到更多公众的关注,使其在繁杂的众多声音中脱颖而出。探寻真相、对现实的批判成为媒体的重要功能。

例如,2014年"4·10"兰州自来水苯超标事件中,媒体微博在事件的社会网络结构中占据话语的主导地位,以"@人民网""@头条新闻"为代表。其中,"@人民网"于4月14日在微博中以#人民网微评#话题将话语指向兰州当地政府:

> @人民网:#人民网微评#【兰州自夸底气何在?】兰州官方日前回应称,水污染处置及时。事后行动固然迅速,但一个月前就有相关传言,为何无动于衷,甚至打压言论空间?等到纸包不住火才慌忙应对,不知深刻反省,反而忙于自夸,岂非荒唐可笑?自证清白就难有清白,自说自话就是自我孤立,请先反思,再自夸吧![1]

从中看出,微博本文在标题中就直指政府自夸底气何在,用词犀利尖锐,如"无动于衷""打压言论空间""慌忙应对""不知深刻反省,反而忙于自夸,岂止荒唐可笑",字里行间构建了一个只会夸夸其谈,不干实

---

[1] @人民网新浪微博[EB/OL].[2017-07-26]. https://weibo.com/2286908003/AF-GXP4Ete? refer_flag=1001030103_&type=comment#_rnd1553161064475.

事的政府形象,并将自身的身份放到了支持公众的一边,话语直接指向危机问责。在微博下面的转发留言中绝大部分网民对人民网的话语都表达了明显的支持态度,如:

> @诺飞亚:公道话。
> @武圣教主:"舆论监督"是政治现代化的重要组成部分……打压"舆论监督",正是"为政之失"的一种表现……①

"@头条新闻"则引用当地市民的诉求,通过三个问句的形式来问责政府。第一问,兰州市政府为何延迟了那么久才通报水污染事件;第二问,水为何会被污染;第三问,为何在水价疯狂上涨的同时水质还没得到提升:

> @头条新闻:【兰州水污染忧思:谁来保证用水安全】水污染事件后安宁区 1.5 元的瓶装水涨到 5 元一瓶仍脱销,市民一问为何 10 日就发现苯超标 11 日 18 时才收到通知;二问为何生命之水通道如此脆弱容易被污染;三问水价上涨后水质为啥没同步提升。全国范围自来水污染频发,从水源到水龙头都存污染隐患。②

从微博内容可以看出,"@头条新闻"看似在提问题,实则站在市民的视角,对用水安全提出质疑。答案是什么其实并不重要,其背后隐藏的是由于危机的应对不当而导致社会公众对当地政府公信力的质疑。

新媒体平台上,相对其他话语主体,媒体与公众占据了更大的空间,发挥着更重要的作用。公众话语大部分的声音都较为零散,只有少部分的意见领袖成为舆论的引导者。媒体在这一方面与公众类似,尽管大部分的传统媒体都进驻了新媒体平台,还有直接诞生于网络技术的媒体,但是只有少部分媒体成为话语中心。这些媒体何以成为话语中心? 在

---

① @人民网新浪微博评论[EB/OL]. [2017 - 07 - 26]. https://weibo.com/2286908003/AF-GXP4Ete? refer_flag = 1001030103_&type = comment#_rnd1553161064475.
② @头条新闻新浪微博[EB/OL]. [2017 - 07 - 26]. https://weibo.com/1618051664/AFt093DnT? from = page_1002061618051664_profile&wvr = 6&mod = weibotime&type = comment#_rnd1553161436954.

危机传播中呈现何种内容和特征？加重还是减轻了危机？本书将在后文中逐一回答这些问题。

二、作为信源的媒体

媒体对人们生活世界的建构力量在于它的信源角色及其成为信源的最大可能性。尽管互联网技术的发展开启了公众加入世界建构的"神话"，但是公众的力量远远小于团体协作的媒体。媒体仍然是突发公共事件中最重要的信源。同时，在信息的真实性方面，媒体的优势更加明显，尤其是在传统媒体时代已经具备较强公信力的媒体，在新媒体时代仍然继续发挥着舆论引导作用。

（一）具有较高公信力的传统媒体易获得关注

媒体公信力是媒体能否立足社会的核心能力。关于媒体公信力的定义，中外学者尽管定义方式不同，但内核基本一致。我国学者郑保卫和唐远清认为，新闻传媒能够获得受众信任的能力，反映了新闻传媒以新闻报道为主体的信息产品被受众认可、信任乃至赞美的程度[1]。学者蓝燕玲在梳理国内外媒体公信力的含义之后认为，信源可信、渠道可信度、信息可信度是目前进行媒体公信力研究时的三个主要出发点[2]。而媒体的公信力影响其舆论引导能力的认知普遍存在于学界和业界，因此在考察突发公共事件中媒体在传播网络中的角色时，媒体公信力也成为研究人员探讨处于主导地位的媒体特征的焦点。在《广播电视传播公信力研究》中，于 2009 年 6 月至 2010 年 8 月通过的调查表明，媒体的行政等级与其公信力具有较高相关性，中央级广播电视媒体的可信度在受众中具有普遍的高认同度，与其高收视收听率及多年积累的品牌效应相关，而省级和地市级广播电视媒体的认知度相对较低[3]。这一研究结果在社会网络分析中也得到了证实。在媒体占据主导地位的 19 起案例的点度中心度研究中，中央级、具有较多受众人群的品牌媒体成为主要信源。

传统主流媒体在新媒体平台中依然拥有较高的人气和公信力，对事

① 郑保卫,唐远清.试论新闻传媒的公信力[J].新闻爱好者,2004(3):11.
② 蓝燕玲.媒体公信力的多元内涵解析[J].新闻界,2012(20):30-33.
③ 雷跃捷,沈浩,薛宝琴.我国广播电视媒体公信力的受众认知调查与研究[J].现代传播,2012(5):20-25.

件的深度挖掘能力相较新媒体更高,其舆论引导力在很大程度上由其报道立场决定。媒体在价值层面的信息构建更易获得公众认同,形成广泛传播,是其成为话语中心的一个重要原因。

在"魏则西事件"①中,媒体也处于传播网络的话语中心。此次事件由新媒体平台"知乎"的讨论引发传统主流媒体的关注,形成了舆论关注热潮,媒体建构危机的事实更加明显。点度中心度的分析结果显示,《人民日报》《新京报》《凤凰周刊》等传统媒体的微博公众号对在此次事件中出现的企业伦理如百度竞价排名、部队医院科室外包、政府对医疗领域的监管等现象进行了评论,对上述现象均持否定和批判态度,这些态度较为明确的媒体评论微博得到了公众的大量转发。媒体评论信息是在价值层面的建构,对事件原因进行了全方位的深度剖析,引领了公众对事件的认知,在价值层面的建构中形成了当地政府、医疗系统、企业的信任危机。在此事件中,媒体的监督功能得到突显,加深了公众的责任认知,在引导舆论过程中也与公众话语一起建构了危机认知。

传统媒体对碎片化信息的完整报道是其成为话语中心的另一个重要原因。新媒介环境形成了杂乱的危机信息,危机管理者需要发掘其中的有用信息,经由传统媒体提供正确的危机核心信息才能有效控制危机②。众声喧哗中的公众也会无所适从,希冀媒体在凌乱的信息中给予他们渴求的真实,因此媒体的完整报道契合了公众的需求心理。

除了微博等近几年出现的新媒体平台,即便在主要由公众话语构成的论坛平台中,具有高度公信力的传统媒体也成为公众的主要信源。在"大连新港原油泄漏事件"③中,对"天涯论坛"帖子的转发关系研究结果显示,中国网、新华社、新华网、人民网、中新网等官方媒体对事件的报道成为楼主主要引用、转载的主要来源(见表4-1)。这些官方媒体长期

---

① 魏则西事件:21岁的魏则西罹患滑膜肉瘤晚期,他用百度查询治疗方法,排在搜索结果首位的就是武警北京总队第二医院的生物免疫疗法,并被该医院李姓医生告知可治疗,于是魏则西开始了先后4次的治疗、25次放疗,吃了几百服中药,经历了3次手术。治病的巨额花费将家里积蓄掏空,然而并没有效果,于2016年4月12日在咸阳的家中去世,终年22岁。2016年3月30日,魏则西在知乎网上记录了自己求医的经历,其中关于武警二院和百度搜索的内容引发广泛关注。

② 杨魁,刘晓程.危机传播研究新论[M].北京:中国社会科学出版社,2011:68.

③ 大连新港原油泄漏事件:2010年7月15日下午,利比亚籍"宇宙宝石"号油轮将原油运抵大连新港码头卸油。受中油燃料股份有限公司委托的上海祥诚公司和天津辉盛达公司,分别负责加注"脱硫化氢剂"和现场作业指导。由于有关管理人员和现场操作人员违反安全管理规定并违章作业,于7月16日和10月24日先后两次发生爆炸事故。

积累的受众数量及良好的信誉,赢得了公众的信任,在扑朔迷离的事实挖掘过程中成为公众讨论的集中点。

表4-1 "大连新港原油泄漏事件"社会网络结构中点度中心度排名前8位节点①

序号	节点 ID	点度中心度	帖子	内容信源
1	明泉清月	65	大连清油牺牲的消防战士张良,你才25岁	中国网
2	嘎子 mm	60	我们要不要给大连捐头发除油污啊?	腾讯新闻
3	被菊花夹住自己的手指	44	大连海水清污,年轻消防战士牺牲,看着好心酸	新华社
4	petercqjb	25	祭——我亲爱的战友,一路走好!(转载)	QQ 空间转载文
5	哒哒西瓜	14	如果是你你会跳进满是油污的大海么?	人民网
6	上海服饰	12	大连石油污染现场营救坠海战士(组图)	《东南早报》
7	呆小子	8	大连事故消息对洋浦没有隐藏的必要	新华社/中新网
8	lucinz	7	危难时刻,总有人民警察冲锋在前(转载)	新华网

（二）获得广泛认同的新媒体成为主要信源

依托网络平台兴起的各类新媒体在危机传播中开始崭露头角。微博、微信都成为这些新兴媒体的载体,鉴于平台的快速传播特点,这些媒体也因其信息发布及时、更新速度快等特点备受公众关注,已经成为公众的固定信息来源,拥有固定的受众群体和较多的受众数量。同时,这些新兴媒体开始受到传统媒体的关注,二者在微博平台中的信息交互逐渐增多。

"@头条新闻"拥有5000多万粉丝,其受众到达率较高,并且这一媒体具有实时播报的特点,其内容可信度相对较高,已成为公众稳固的消息来源。不论是媒体还是公众,在很多事件中都以"@头条新闻"作为信源。在"江苏启东反对污水排海工程事件"②中,从2012年7月一直到

---

① 本表中的资料整理由研究小组成员张力元完成。
② 江苏启东反对污水排海工程事件:2012年7月28日上午,江苏省启东市民因抵制日本王子纸业将污水排放至本地,纷纷走上街头抗议。市民打出反对横幅,部分群众强行冲破警察警戒,冲击、打砸国家机关办公大楼,造成90余名执勤民警不同程度受伤,机关大楼办公财产损失人民币236 331元,停放在机关大院内的多部车辆受损。

2013 年 2 月对江苏启东事件中的聚众冲击国家机关等涉案者的一审宣判,"@头条新闻"都进行了持续关注。发布信息内容以政府行为和决定为主,政府对工程的停止建设、对聚众冲击国家机关涉案者的审判等内容是其对事件报道的主要方面,在事件发生过程中采用中新网作为信源的关于"江苏南通决定永远取消王子制纸排海工程项目"报道获得了4000 多次转发和 1000 多次评论。新华网、《经济观察报》、《南都周刊》等媒体官方微博都对此事件和相关结果进行了报道,但是其发布时间晚于"@头条新闻",转发量也远少于"@头条新闻"。在这样的传播关系中,新媒体成为公众对此事件认知的主要来源。

　　新媒体在危机传播中的优势主要凸显为信息发布速度和报道的完整性。新媒体具备及时跟踪报道的优势,因此即使发布的信息呈现碎片化,但由于跟踪报道的连续性,也可描绘较为完整的事件图景,而在完整性的呈现中,也将获得大量的关注并成为建构事件的主导者。在广州"7·15"公交爆燃事件①中,社会网络分析结果显示,"@新浪广东"成为点度中心度排名第一位的微博,同样具有较高点度中心度的媒体微博还包括"@央视新闻""@环球时报""@人民日报",值得注意的是,后三者的微博粉丝数量远远高于"@新浪广东",但是在此次事件中"@新浪广东"占据了最重要的中心位置,这主要源于其在事件报道中的完整性。此次事件中,"@新浪广东"共发布 34 条相关微博,连续跟踪报道事件长达 5 个月,从最初的纵火现场到之后的纵火罪犯被判处死刑,都进行了信息的发布,报道主题较为完整,包括事件现场、事件处理过程及结果、类似事件中的逃生措施、对死者的悼念、对案件罪犯的心理分析及法律判决。其中报道的很多细节都被其他媒体转载,扩大了传播范围。

　　同时,新媒体也成为突发公共事件中资源集散地,多个新媒体平台信息的汇合形成了有关危机的基本认知。在"我爸是李刚"事件②中,肇事者李启铭口中的一句"有本事你们告去,我爸是李刚"引发网民的热

---

① 广州"7·15"公交爆燃事件:2014 年 7 月 15 日,广州海珠区广州大道南敦和路口的301 路发生公交车纵火案件。截至当日 22 时 30 分,事件共造成 2 人死亡、32 人受伤。广州警方于 16 日抓获犯罪嫌疑人。

② "我爸是李刚"事件:2010 年 10 月 16 晚,在河北大学新区超市前,一牌照为"冀FWE420"的黑色轿车,将两名女生撞出数米远。被撞一陈姓女生于 17 日傍晚经抢救无效死亡,另一女生重伤,经紧急治疗后,方脱离生命危险。肇事者口出狂言:"有本事你们告去,我爸是李刚。"2011 年 1 月 30 日,河北保定李启铭交通肇事案一审宣判,李启铭被判 6 年。此后,这句话成为网友们嘲讽跋扈"官二代"的流行语。

议。事发当天，当地媒体集体沉默，网络平台却给予曝光。事发现场的照片、具体情节被知情网民发布到了网络平台。网民通过豆瓣网、猫扑社区、人人网等社交类网站对肇事者的身份进行"人肉搜索"，很快便确定了肇事者的身份。而经过不同新媒体平台信息的聚合，公众对事件原委愈发清晰。网友"河大义工"在天涯社区发帖《惊！河北大学富二代校内醉驾撞飞两名河大新区女生"有本事你们告去，我爸是李刚"》，将碎片化的信息整合到这个帖子中，明确公布了网友"人肉搜索"的结果，舆论关注度随之加速上升。

（三）具有思辨性的内容倾向更易广泛传播

真实信息的发布是媒体最基本的功能，但是在新媒体纷繁复杂的多种声音中，公众更期待的是具有深度性、思辨性的信息以帮助自己进行理解，因此媒体的瞭望者角色才应是其在新媒体重构话语生态中的本质追求。按照布尔迪厄的观点，社会生活应被看作是结构、性情和行为共同构成的交互作用。社会结构和这些结构的具体化的知识就在这一交互作用中，生产出了对行为具有持久影响的定向性，这些定向性反过来又构成了社会结构①。媒体对现实的呈现过程实质上就是对社会的建构，影响公众的认知进而影响其行为，而公众的行为反过来同样影响着媒体的报道和社会的现实结构。传统媒体时代，公众的声音和心理往往被忽略，而新媒体平台上，公众被允许公开化的声音和情绪触动了媒体话语，鼓励了后者的深刻性和思辨性。

公众对事件发展的表层信息的追求热情远没有挖掘根源的程度高，媒体对事实的追根溯源和对现实问题的矛头直指更加能够聚焦公众目光，引导舆论的发展方向。在"湖南湘潭产妇死亡事件"②中，媒体微博"@环球时报"对事件的质疑和剖析具有较强的逻辑性和启发意义，是对公众疑问的综合，与公众在社会转型期的社会心理相契合，成为中心话语。

此次事件最初由"华声在线"报道，最初的报道感情色彩浓烈，描述

①　许正林.欧洲传播思想史[M].上海：上海三联书店，2005：557.
②　湖南湘潭产妇死亡事件：2014年8月10日下午，湖南湘潭县妇幼保健院一名张姓产妇，在做剖腹产手术时，因术后大出血死亡。家属认为，医生在抢救方面存在问题，经多家媒体报道引发舆论关注，后证实产妇因肺羊水栓塞所致的全身多器官功能衰竭，事件不构成医疗事故。

了孕妇死在手术室里的惨状和其家人冲进手术室后医务人员集体消失,报道中出现了"赤身裸体""满口鲜血""不明身份的男士在吃着槟榔,抽着烟"等对现场的描述。这一报道奠定了偏向死亡孕妇及其家人的情感倾向,一时间网络上对医院无良的谩骂声此起彼伏,本就紧张的医患关系在此报道中更加鲜明地出现在网络舆论阵地中,医院面临着信任和名誉的双重危机。在舆论一边倒的情况下,"@环球时报"通过对事件的深度思考,努力引导公众趋于理性。

> @环球时报:"同情患者当然是应该的,但医生和患者并不是对立关系,我们不能把对患者的同情转化成对医生的谴责上。"

这是在对社会现实矛盾的分析中进行的舆论引导,同时也站在患者和公众疑问的立场对医院行为进行监督:

> @环球时报:现在有消息说,医院要赔偿死者家属53.6万,并承担80%责任。请问此事是否属实?现有证据都证明医护人员并没有过错,责任主要在死者家属一方,为何却要医院承担80%责任?这背后是否存在"维稳"压力?还是又有那些关键证据没有公布?请湘潭县卫生局尽快回应!

这条微博是站在公众立场上对湘潭县卫生局的质疑,这些都是公众迫切探寻的真相。这条微博中既有事实层面的信息求证,又有求证之后价值层面的责任归属和行为发生原因阐释,事实与价值层面的双重考察推动了事实真相的浮出。在事件最初,报道情感倾向十分明显的舆论情形之中,"@环球时报"既向公众提出了理性思考的建议,同时又站在公众立场厘清危机中的本质问题,在关系平衡中进行舆论引导。

(四)关系的中心不等于态度的中心

媒体尽管在危机传播中占据主导地位,成为舆论的引导者,但是并不是处于传播网络中心的媒体都是舆论引导者。随着公众媒介素养、认知水平的不断提高,其对媒体传播内容的判断逐渐趋于理性,有些处于传播网络中心的媒体会受到公众批判。

如在"湖南湘潭产妇死亡事件"中，处于传播网络中心的"@扬子晚报"发布的信息就由最先激发了公众对医院的愤怒情绪，最终转向了对新闻道德的评判。此事件中，"@扬子晚报"处于点度中心度和中间中心性都较高的节点位置，其发布的内容与该事件中最先发声的"华声在线"一致，都在夸张描写孕妇死亡现场的凄惨，该微博得到了 18 000 多次的转发和 13 000 多次的评论。对其转发和评论内容进行分析发现，公众对该媒体报道的内容从最初被激发负面情绪转向了对报道内容和新闻职业道德的批判，认为媒体不具备专业素养，有误导公众的倾向。在对该媒体的批评中，"@王志安"作为意见领袖起到了重要作用，他在微博中拥有 95 万粉丝，并且是一名资深媒体人，具有较高的公信力，呼吁寻求事件真相，对新闻报道中出现的专业错误进行澄清。意见领袖对媒体的批判引发了公众的思考，对媒体最初设置的议程和舆论基调起到了调适的作用。

再如，在"南京官员殴打护士事件"中，"@法制日报"公布的事件现场视频及其发布的微博内容"视频监控证实江苏检察官并未动手打女护士　系其妻用伞打"被众多网友吐槽，认为这种报道完全是欲盖弥彰，并且当"@法制日报"第一次发布的视频被认为是修剪过的之后，更引发了公众的不满。

处于话语中心的媒体是否能够成为舆论的引导者，很大程度上取决于其报道立场公正与否及内容是否具有思辨性。当媒体与公众认知和立场一致时，才有可能成为态度的中心。公众在微博平台上的话语都有其较为固定的立场，在危机中的集体记忆相较媒体信息更能够形塑公众态度。

三、作为桥梁的媒体

信息桥梁一直作为媒体最基本的功能存在，处于传播网络中的媒体在某种程度上是控制能力较强的主体，其他节点通过媒体进行交往。根据社会网络分析的结果，中间中心性较高的节点多由意见领袖、普通公众和媒体掌握。

（一）倾向关注内部信源的媒体

对微博话语中间中心性的分析结果显示，媒体更倾向关注其他媒体发布的信息，包括传统媒体之间的关注，传统媒体与新媒体之间的转发，地域性较为接近的媒体之间的互动。

"6·7"厦门公交车纵火案①中，媒体对整个传播网络的控制作用体现得较为明显，中间中心性的分析结果显示，媒体处于重要的传播网络控制节点，具有较强的舆论引导能力。在这次事件的传播网络中，很多节点之间的信息交往都由媒体实现，媒体对事件的跟踪报道以及媒体之间高频率的信息互动建构了较为完整的事件进程。"@京华时报"的中间中心度结果最高，其微博中关于事件现场、事件调查结果的信息大量选择了"@央视新闻""@新华社""@厦门警方在线"作为其信源，这些信息又得到了其他媒体如"@央视影音""@华商报"或普通公众的大量转发，成了信息传播的中介。"@海峡导报"作为福建省本地媒体，其选择的信源大多也是来自厦门本地的知名微博，如"@厦门那些事儿""@厦门同城会"等，这些微博具有较强的地域性特征，本地人关注更多，且拥有较多的粉丝，影响力较大。

又如在"江苏启东反对污水排海工程事件"中，"@东方早报"第一现场转发了"@头条新闻"发布的"江苏南通决定永远取消王子制纸排海工程项目"的微博，在该信息的扩散中起到了重要的中介作用，该条转发内容被意见领袖"@西岳-布丁他爸"和其他普通公众进行了扩散。这是传统媒体对新媒体的关注。新媒体对信息的快速发布和更新为传统媒体的深度阐释提供了线索，在危机传播中传统媒体与新媒体之间的交融性逐渐增多。

处于传播网络控制节点的媒体联通的是媒体、政府与公众之间的信息，处在关系交接处的节点往往能够扩大信源的影响力。如在"四川什邡钼铜项目事件"中，来自当地政府"@活力什邡"的信息几乎成为媒体报道的主要信源，但是"@活力什邡"的粉丝数量仅为 2 万，而在此事件中处于中间中心度排名最高的"@头条新闻"的粉丝量为 5000 多万，"@头条新闻"将政府发布的有关事件进展的信息传达给了受众，也扩大了"@活力什邡"在此事件中的信息影响。

同样，在"4·3"北京和颐酒店劫持事件中，"@人民日报"共发布了两条微博，其中一条报道案件进展的微博中，转发了"@新京报"的信息，这两家媒体的微博都处在这次事件的话语中心位置，但是"@人民日

---

① "6·7"厦门公交车纵火案：2013 年 6 月 7 日，福建省厦门市一公交车在行驶过程中突然起火，造成重大人员伤亡，经公安机关认定，是一起严重刑事案件。

报"此次的微博得到了 6000 多次转发，10 000 多次评论，远远超过信源"@新京报"。

> @人民日报:#女子酒店遇袭#【网友曝光在北京一酒店遇袭 警方证实有拖拽行为】网友@弯弯_2016 称,4 月 3 日晚,在酒店遭遇男子袭击。据@新京报,北京朝阳警方证实女子遭男子强行拖拽,并表示目前在调查中。据办案民警透露,作案男子疑似醉酒。涉事的@和颐酒店回应,将立即调查此事,并希望与当事人取得联系。

危机传播中,在对传播网络具有较强控制力的媒体中,传统主流媒体居多。这些媒体之间的互动较多,多以"媒体→媒体→公众"的信息交往模式出现。同时由于微博平台倾向公众自选信源,每一个媒体微博的粉丝相对固定,因此媒体易形成小团体的传播局面,在媒体周围聚集了大量零散的公众,以媒体为中介的团体信息交往也是危机传播中的主要特征。

(二)偏离公众的桥梁

相对而言,突发公共事件中,媒体更关注政府、媒体内部的信息,在少部分事件中关注意见领袖和当事人的内容发布,但是对多数公众意见的反映信息较少。媒体的信息来源渠道具有明显的倾向性,或者说,具有明显的偏离。新媒体平台上,由于声音过多且过于复杂,尽管公众拥有了可以发声的平台,但是其声音仍然处于沉默的状态,媒体在其中的责任不容忽视。

在"昆明 PX 事件"①中,"@新浪评论""@头条新闻""@人民日报"等媒体居于社会网络结构中的话语中心位置,而处于话语中心的媒体选择的信源多为政府或者企业,"@南方周末"选择了昆明市相关负责人,"@头条新闻"选择了中石油云南石化总经理。在"四川什邡钼铜项目事件"中,"@头条新闻""@新浪四川"等媒体多选择了地方政府作为其信源,传播的是政府有关事件进展的信息。在传统的危机传播中,危机

---

① 昆明 PX 事件:2013 年 5 月 16 日,云南昆明近 3000 名市民聚集在市中心南屏广场,抗议 PX 炼油项目在当地落户。此前在 5 月 4 日,3000 余名昆明群众在市中心的南屏广场就举行过抗议炼油及 PX 项目的活动。

主体因其掌握较为充分的信息而成为最主要的传播者,公众声音很难进入媒体得以彰显。

新媒体平台上,公众声音的局限性依然存在,媒体更多关注的是名人大 V、事件当事人(如广州"7·15"公交爆燃事件中对第一位现场爆料者"咕叮"的信息转载)、具有较多粉丝的草根微博(如"6·7"厦门公交车纵火案中的"@厦门那些事儿""@厦门同城会")。对那些认为在新媒体平台中上可以自由发声的普通公众的关注仍然较少。从现有研究结果来看,公众虽然有其信源选择的自由,但是对事件的建构参与较少,在信息接收方面,依然处于信息的被动接收者,而非主动建构者。

四、处于话语中心的媒体强调了危机还是消解了危机

大众传播媒体具有政治属性、专业属性、公共属性,因此在危机传播中,大众传播媒体被认为应当是危机主体和公众之间的沟通桥梁、舆论引导者、情绪宣泄口以及危机应对的重要监督者和反思者。有学者认为,在危机传播中,危机传播者的可信度和吸引力①是其传播信息能否得到公众认同的关键,大众传播媒体作为危机传播中最重要的信源、桥梁、建构者,因此这两个指标对大众媒体至关重要。通过社会网络分析对危机传播话语中心的寻找结果也证明了这一点。在 13 起媒体在传播网络中起到重要作用的突发公共事件中,《人民日报》《新京报》《环球时报》、央视新闻等传统主流媒体基于其较高的媒介公信力,在新媒体平台上仍然具有较广泛的受众市场,多次成为事件中的话语中心和态度中心,具有较强的舆论引导能力。

尽管对于微博平台,人们更多将其看作是社交媒体,但是其社交功能的互动内涵在突发公共事件中并没有明显体现。社会网络分析的结果表明,在危机情境中人们之间的互动并不频繁,此时的微博更倾向于是一个公众自动寻找信源的平台。由于平台上的信源过多,因此那些具有高品牌辨识度、高公信力的媒体又成为话语场的中心。这种选择性与公众在传统媒体时代的行为没有显著差异。值得注意的是,危机情境中微博平台上的人际传播作用较小,但是情绪的蔓延却极为迅速。

危机传播是为了降低危机造成的损害,这是学界的普遍共识,不论是管理学还是公共关系学的研究视角,其最终目的都是降低危机对危机

---

① 陈勇.组织危机传播的策略应用[D].苏州:苏州大学,2006.

主体和社会造成的损失。接下来所要探讨的就是媒体的话语中心作用对于危机起到了何种作用。

媒体是事实的传递者也是真相的阐释者,之所以能在新媒体形塑的多主体话语场中依然占有中心地位,更主要在于其思辨性。媒体对事件的完整呈现过程其实就是对危机发生的深层原因的寻找过程。在突发公共事件发生时,危机就已经出现,这时的危机更多指向的是事件的直接关联①。例如,在"上海外滩踩踏事件"中,最初的危机是事件造成的人员伤亡,但是随着媒体对事件报道的逐渐完整,踩踏出现的原因即政府的管理问题就呈现在公众面前,这里的危机就是学者所谓的价值坍塌,既是出现在执政系统中的内部运行危机,也是公众对政府的信任危机。因此可以说在危机传播中,媒体是在逐渐挖掘和呈现危机。

同时,媒体之所以成为话语中心尤其是态度中心,与其同公众一致的立场和态度紧密相关。媒体造就的集体记忆是对每一次危机的印象加深,同时受社会转型期各种断裂造成的不满的社会心理的影响,公众的认知与行为经由媒体的强化而更加固化。媒体在危机传播中的功能之一是公众情绪的宣泄口,这种宣泄其实正是加速危机形成的催化剂。但必须强调的是,媒体的监督功能是十分必要与重要的,在危机传播中,媒体所承担的反思功能是危机逐渐消解的重要环节,但恰恰也是媒体严重缺失的。

危机反思功能是突发公共事件之后的经验总结与预警,但是这一功能在媒体中十分欠缺。媒体的话语中心角色几乎都存在于危机情境之中,当事件不再受到舆论关注时,媒体也放弃了反思,直至下一次危机的出现。媒体反思功能的欠缺其实就是在酝酿危机,突发公共事件情境打破了已有的符号系统,公众的心理和社会的秩序都处于混乱状态,这种混乱加剧了对责任主体更加负面的认知,如对政府的负面态度;如果媒体在事件过后缺乏危机反思,如政府管理的调整等,那么公众在危机情境中的认知并没有得到改善,反而会在下一次危机发生时更加固化负面认知,危机因此更加深化而非缓解。当前危机传播中,媒体的监督功能、信息传播功能都有所增强,成为危机传播场域中的态度中心,引导舆论,但其危机反思功能仍旧有所欠缺,不利于危机传播的目标实现。

---

① 陈虹.颠覆与重构:新媒体时代的危机沟通[N].文汇报,2017-06-15.

第三节　媒体话语建构与意义指向

媒体话语在危机传播中承担中介作用,不仅仅成为各危机主体话语融合、互动的黏合剂,更在媒体组织的同类交换模式中不断设置新的危机议题,建构危机背后的意义指向,进而发展成为危机话语互动机制的外在动力。本节以"上海外滩踩踏事件"、"苹果套袋事件"①、"湖南湘潭产妇死亡事件"、"MERS 病毒事件"②、"东方之星沉船事故"等 5 起突发公共事件作为研究个案,深入考察媒体话语的议题框架、言说形式以及背后的意义指向。

一、媒体话语构建风险语境

美国学者托马斯·伯克兰(Thomas Birkland)提出的焦点事件理论(focusing event)指出,应该建立一个有效的传播框架,尽快形成对于这一事件的内容掌控,并且尽快推动可视化材料的提供③。在危机传播中,媒体通过凸显事件中某一议题,形成引发危机的"刺点",较大程度地提升了风险的"能见度"。媒体不仅承担着呈现与阐释危机的角色,更在危机信息的传播中帮助公众提升风险认知,从而消解危机。危机在被"媒介化"的过程中形成不同状态的风险语境。

(一)媒体话语的异地监督引发危机的产生

在"烟台苹果套袋事件"中,危机的产生源于 2012 年 6 月 11 日《新京报》的一篇报道《烟台红富士苹果套含肿农药袋长大　政府禁令成空

---

① 烟台苹果套袋事件:2012 年 6 月《新京报》曝光,山东烟台红富士苹果被装着违禁药品退菌特和福美肿的药袋包裹长大。随后人民网、新华网等主流媒体与新闻网站纷纷跟进报道,一部分公众称赞《新京报》较好地承担了社会监管职能,但更多的公众与烟台当地果农提出质疑,甚至表达了负面的愤怒情绪,认为报道以偏概全,直到 2012 年 7 月 7 日,中央电视台《共同关注》栏目为其正名,还原事件原貌,此事暂告一段落,舆情热度逐渐衰退。

② MERS 病毒事件:2015 年 5 月 20 日,韩国出现首例中东呼吸综合征(MERS)患者。5 月 27 日,世界卫生组织通报:韩国一例确诊中东呼吸综合征病例的密切接触者经香港入境广东惠州,并出现发热症状,此事引发了我国公众的广泛关注。

③ 周庆安,孟祥夫.从焦点事件理论看公共安全危机的新闻发布[J].新闻与写作,2014(7):77-80.

文》。报道称，山东烟台红富士苹果主产区栖霞和招远一带，果农大量使用无任何标志的药袋包裹幼果直到成熟，白色药末与苹果直接接触①。该报道在发布之后，被多家权威媒体和新闻网站转载，当日媒体报道量达到163篇，第二日达到了报道量高峰值（191篇）②，消息迅速传播，引发了广泛热议。

从这篇新闻报道内容来看，新闻呈现出媒体话语中的负面态度倾向，对危机进行定性，主要设置事实陈述这一议题框架，同时明确了"不遵守政府政策"的行为。并且新闻报道中使用了"讳莫如深""果农和农业合作社人员坦言'人人都知道'是退菌特和福美胂，是禁止使用的"等表述，从新闻内容上明确了这种套农药袋行为的违规性，形成了烟台苹果套袋这一话语议题，这一内容也成为之后其他媒体转引的高频语句。媒体多对首曝媒体内容进行引用和转载，关注的事件相对集中，但开始出现扩散苗头，标题多以《XX地区未发现苹果农药超标》，如《北京晚报》的一篇《本市暂未发现超标烟台苹果》③。各地媒体开始关注其所在地的相关情况，从而形成了有关该事件的风险语境。

（二）媒体话语的缺位导致危机的扩散与升级

在"湖南湘潭产妇死亡事件"中，湖南湘潭市一张姓产妇在分娩过程中，因突发羊水栓塞经抢救无效后死亡。关于该事件的第一发声是微博用户"@小懒虫太阳晒屁股啦"，他在2014年8月11日10点26分发文写道：

> 湘潭县妇幼保健医院惨无人道，将产妇活生生的弄死在手术台上！并隐瞒真像（相），一直说在抢救10小时，抢救10小时这是什么惨无人道的无良医院？什么凶残的庸医？我们请求政府揪出真凶，请求市长还死者张宇一个公道，刚出生的孩

---

① 烟台红富士苹果套含胂农药袋长大 政府禁令成空文[EB/OL].[2017 - 06 - 11]. http://news.hexun.com/2012 - 06 - 11/142314334.html.
② 笔者以"烟台苹果""套袋苹果"为关键词，在"百度新闻"上进行搜索，时间限定为2012年6月11日至2012年7月11日，剔除与内容主题不相关的新闻，共计新闻708篇。
③ 本市暂未发现超标烟台苹果[EB/OL].[2017 - 06 - 11]. http://news.163.com/12/0611/15/83NQI4P400014AED.html.

子还在嗷嗷待哺,却已和母亲阴阳两隔@ 新浪湖南@ 湖南身
边事。①

从该微博的话语表达中可以看出,该网友直接把矛头指向了医院一
方,对事件事实框架进行基本概述,同时表达对产妇及其家属的同情,构
建情感框架,为此次危机定下基调。这一条微博并没有得到相关组织与
媒体的广泛关注,但其话语倾向与基调对媒体进入该事件的危机传播情
境与话语表达有很大的影响。在这一阶段中媒体话语并没有进入危机
话语议题中,在事件发生初期,由于媒体话语的缺失,导致社会一边倒地
站在患者的立场,在没有深入了解事件原委的情况下按照已有认知对危
机进行定性,引发危机的进一步升级。

(三)媒体话语的细节凸显体现危机的严重性

"上海外滩踩踏事件"发生后,媒体报道议题纷杂,多数报道聚焦踩
踏事件发生的伤亡人数与伤亡者身份。具体而言,媒体的报道议题主要
涉及:踩踏事件造成的伤亡人数、最小遇难者年龄、遇难者身份(学生、台
胞等)、伤亡群众中的学生身份、事故亲历者对踩踏原因的分析、亲历者
对现场的描述等。多数新闻报道以此次事件中的伤亡人数作为标题,强
调此次事件造成的后果。其次,伤亡者的身份是媒体在建构事件后果议
题时的另一焦点。其中,学生、台胞、最小年龄是描述事件后果的突出的
身份特征。参加新年灯光秀的群众中,学生是主体,在伤亡者中占据的
比例也较大,学生这一群体,自我保护的能力较弱,而这一群体的伤亡也
引发公众的同情和惋惜。但是,对于学生这一群体的突出报道也引发了
公众对于媒体消费遇难者的指控。媒体通过将此次事件中的伤亡人数
和伤亡者身份凸显在媒体标题中,建构了踩踏事件严重后果的事实状
态,引发了公众对此事件的关注和负面情绪,而这一负面情绪在之后出
现的撒钱传言和官员聚餐两件事中被更大范围地激发。

同时,媒体还通过图像这一可视化报道,体现事发现场的相关细节
信息,提升公众对于危机的认知程度。报道中图像还原了三个场景:事
发时现场极度拥挤;踩踏事件现场惨烈;伤亡者家属在医院寻找亲人和
等待消息。其中,事发时极度拥挤的现场引发了公众在微博中的热烈讨

---

① @小懒虫太阳晒屁股啦新浪微博[EB/OL].[2018 - 09 - 25]. http://weibo. com/
2709374695/BhL9b2V5C.

论,而对于图片的呈现也引发了部分媒体对于事发时人均不足 0.75 平方米的话题讨论。学者提出,当室外达到人均 0.75 平方米时应立即启动应急预案。

通过当时现场的图像式呈现,公众可以将事发现场的人均占有面积的视觉化与 0.75 平方米这一具体的数字进行对比,更为深切地感受事件发生时的现场状况,而同时也从侧面将此事的责任主体引向政府。政府是否启动应急预案,灯光秀之前是否制订了应急方案,这些都成为媒体和公众之后对政府的问责方向。图像式的符号表达加深了公众对此次事件发生现场的印象,也提升了公众对事件产生的严重后果的感知,尤其是现场一些具有冲击力的图片,从视觉上辅助了公众对媒体报道中文字内容的理解。

二、多信源构建媒体话语框架

媒体作为危机传播场域的中介与桥梁,应充分地了解不同主体的话语信息,在对不同信源进行深入分析的基础上,从不同角度构建媒体话语框架,以确保其话语的真实性、"可接受性",从而达成各主体间的话语认同。

(一)政府应对行为的引入修正偏颇话语

"烟台苹果套袋事件"曝光后,烟台政府介入调查,对危机做出处理,以新闻发布会等方式提供相关调查信息,并通过媒体报道告知公众。因此,媒体话语中较多地涉及政府的危机应对行为。媒介议程涉及政府对危机的实际应对行为、召开新闻发布会进行情况说明等。在此事件中,烟台政府同样通过上述路径进入了媒体议程,将媒体视角由关注苹果套农药袋转向政府处理行为。如山东省烟台市政府 12 日就媒体报道的部分果农使用违禁药袋问题回应说,政府将采取得力措施,切实保障苹果生产质量安全[1]。山东省农业厅派出调查组,对药袋使用区域进行调查[2]。这些具体措施都由政府进行,得到了较多媒体的关注和报道。

同时,山东省外其他媒体也进行了独立的调查,《21 世纪经济报道》记者对此次事件进行了独立调查,新华网记者也就此次事件采访了权威

---

[1] 烟台采取多项措施确保苹果生产质量安全[EB/OL]. [2017 – 06 – 12]. http://www.sd.xinhuanet.com/news/2012-06/12/c_112192078.htm.

[2] 山东农业厅响应药袋套苹果事件:及时更换则无害[EB/OL]. [2017 – 06 – 12]. http://gb.cri.cn/27824/2012/06/12/2225s3723576.htm.

专家,指出"违禁药袋"是一些小作坊小厂私下生产,数量有限。而山东省内《齐鲁晚报》、大众网、水母网、胶东在线等当地媒体利用地缘优势连续多次发布记者的调查报道,说明当地农业局相关调查结果,澄清套袋苹果的真实情况,指出是"极个别果农的行为,烟台市苹果质量总体是安全的,有保障的"①,从侧面映射出《新京报》报道失实,以偏概全。

(二)作为重要信源的相关利益主体话语影响媒体议程

危机传播中,不同主体间的话语互动与协商通常将议题建构引入新的危机话语框架。在"上海外滩踩踏事件"的呈现中,现场群众、伤者成为媒体话语的重要信源。通过对现场目击者、伤者的描述,能够较为真实地还原现场,报道内容更具说服力。将现场群众作为信源的媒体报道主要出现在第一阶段,四成的媒体报道都有现场群众的描述。以现场群众为主的信源方不仅为危机提供相对充足的信息,并且还主动提供新信息设置议题,即有人抛撒美元或引发踩踏,这一事件成为后来媒体报道和政府调查的主要方向之一。现场群众对于事件发生时的现场、群众行为和自我心理的表达,生动具体地呈现了事件发生时的混乱状况,为公众更好地了解事件提供了较为可信的依据。

在"烟台苹果套袋事件"中,水果市场管理者、果品行业协会以及当地果农等的观点也对媒体话语产生重要影响。作为事件的相关利益主体,他们对于媒体报道中提出的"退菌特和福美胂"两种药物对苹果使用安全的影响以及苹果质量检测流程的解答,使得媒体议题开始由明显的负面倾向转为中性报道,进而形成事件解读框架。类似《烟台药袋苹果事件续:药袋有没有用处很难确定》②等报道开始出现,媒体开始聚焦于这两种药物对水果培植具有何种作用、水果安全是否受到影响、两种药物是否允许使用等,同时,开始深究套袋技术的应用,并且对使用套袋技术的水果培植现象进行挖掘。此外,由于事关当地经济发展、区域性品牌形象及广大果农的切身利益,当地政府也积极做出回应,同时当地果农也纷纷站出来现身说法,为苹果正名,明确自己种的苹果符合安全标准,一定程度上缓解了部分网民的疑虑情绪。这些议题框架的进入令媒

①　烟台回应苹果药袋报道称:系极个别现象[EB/OL].[2017 - 06 - 13].http://sd. dzw-ww.com/sdnews/201206/t20120613_7202401. htm.

②　烟台药袋苹果事件续:药袋有没有用处很难确定[EB/OL].[2017 - 06 - 13].http://news. enorth. com. cn/system/2012/06/13/009432131. shtml.

体的报道立场出现些许转变。

（三）科学性话语的介入提升媒体话语的科学性

尽管社会对专家的信任近年来有所降低,但在涉及专业性较强的突发公共事件中,专家成为不可忽视的信源。专家话语通常针对危机的形成原因、结果等进行分析,并且提出相应对策,突发公共事件中,对策成为媒体报道的主要内容。在烟台苹果套袋事件中,专家话语多针对公众进行,如分析套袋技术的使用结果①、提醒公众苹果最好削皮吃②等议题成为媒体主要的报道内容。在这一阶段中,媒体报道议题涉及多元框架,媒体对事件的报道角度开始呈现多元化趋势,同时相关利益主体的危机话语表达使突发公共事件的调查与探究更加深入。

"湖南湘潭产妇死亡事件"中,多数媒体报道中的信息来源多选择患者家属,单一信源导致报道对于危机本身认识有所偏颇。如《湘潭产妇死在手术台医生护士不知去向　医院称已尽全力》③报道中,对产妇死亡的画面进行了具体的表述:

> 妻子赤身裸体躺在手术台,满口鲜血,眼睛里还含着泪水……本应该在抢救的医生和护士,却全体失踪了,房间里只有一些不明身份的男士在吃着槟榔,抽着烟。

这样的话语表达形成强烈的对比,字里行间表现出对于医院一方的指责,此时媒体的话语表达倾向与患者一家保持一致,在报道中信息源多来自产妇的家属,带有强烈的主观性。同时,报道中"赤身裸体""满口鲜血""眼含热泪""不明身份"等符号化的话语表达,形成多个"刺点",强化社会公众的不满情绪,促使人们对这些符号话语背后意义的深入阐释与解读,导致危机的进一步爆发与扩散。

随着危机的进一步扩大,多位专业医护人员及媒体纷纷撰写或转发

---

① 烟台苹果被曝套"药袋"长大　省农委:农残超标将销毁［EB/OL］.［2017 - 06 - 12］. http://news.ifeng.com/mainland/detail_2012_06/12/15214248_0.shtml.

② 烟台苹果使用违禁"药袋"专家提醒:最好去皮［EB/OL］.［2017 - 06 - 13］.http:// news.enorth.com.cn/system/2012/06/13/009431628.shtml.

③ 湘潭产妇死在手术台医生护士不知去向　医院称已尽全力［EB/OL］.［2017 - 08 - 12］.http://hunan.voc.com.cn/article/201408/20140812172357902.html.

微博信息,指出虽然"羊水栓塞"的发作率大约只有两万分之一,但孕妇和胎儿死亡率高达80%,而且无法从常规检查中发现。随着"羊水栓塞"的科普知识逐渐增多,公众的注意力也有一定程度的转移。随后,许多媒体也开始更多地关注事件本身的框架,在此后媒体的报道中,多篇报道涉及对"羊水栓塞"的危害性及高致命性的普及,从而解释了当时抢救医生的治疗方案。由此,公众话语表达趋于分化并渐归理智。

三、可视化传播描绘危机认知图景

新媒体传播的便利性、互动性与丰富性使图像传播进入了新的阶段。在新媒体环境下,媒体报道通过图像话语表达形式,增加公众对某一新媒体事件的认知图景。同时在危机话语表达语境中,这种文字话语表达向图像话语表达形式的转变,也让突发公共事件本身的议题框架呈现出新的特征,并由此带来不同的危机话语传播效果。

(一)科普议题的多种图像话语表达增强公众危机认知

在"MERS病毒事件"中,图像话语偏重建构公众对危机的认知,而非从视觉上加强公众对危机的感知。信息图、数据地图、统计图的出现频率较高,在对比和数据呈现方面建构了MERS病毒是什么、病毒如何传播、病毒造成的后果等议题。在图像新闻中,图画新闻的运用更利于对复杂事物的生动表达,有利于不同文化背景的公众对危机进行理解。对于地区人物特征的图像呈现,从深层次反映了文化之间的相互认知。

2015年5月29日,国家卫计委通报广东省出现首例MERS确诊病例,至2015年7月22日MERS疫情趋于稳定期间,不同类型的图像话语建构建了危机的认知,并用专业性的理性话语,突显事件中的重要信息。在图像话语的运用方面,媒体主要通过静态知识图谱、数据地图、数据图表等形态呈现,形成较好的危机认知。

在对病毒影响区域议题的建构中,多采用地图类型进行传染路径的说明。人民网—韩国频道的《图解韩国MERS病毒传播路径及相关医院分布情况》报道,运用韩国国家地图,标注了韩国政府公布的29家MERS相关医院的分布情况,并在确认患者的医院后面附上了确诊的具体人数(见图4-1)[①]。采用地图的样式呈现方位、路径等更加便于公众对复杂

---

① 程雨姣.数据可视化在健康传播中的应用——以中外媒体对MERS病毒数据新闻报道为例[C]//谢耘耕,陈虹.新媒体与社会.北京:社会科学文献出版社,2015:121-137.

过程的理解,地图方式能够更加清晰地展现事件发生地点、影响区域、传播路径等,这在近年来的地震灾害、疾病等突发公共事件中经常使用。

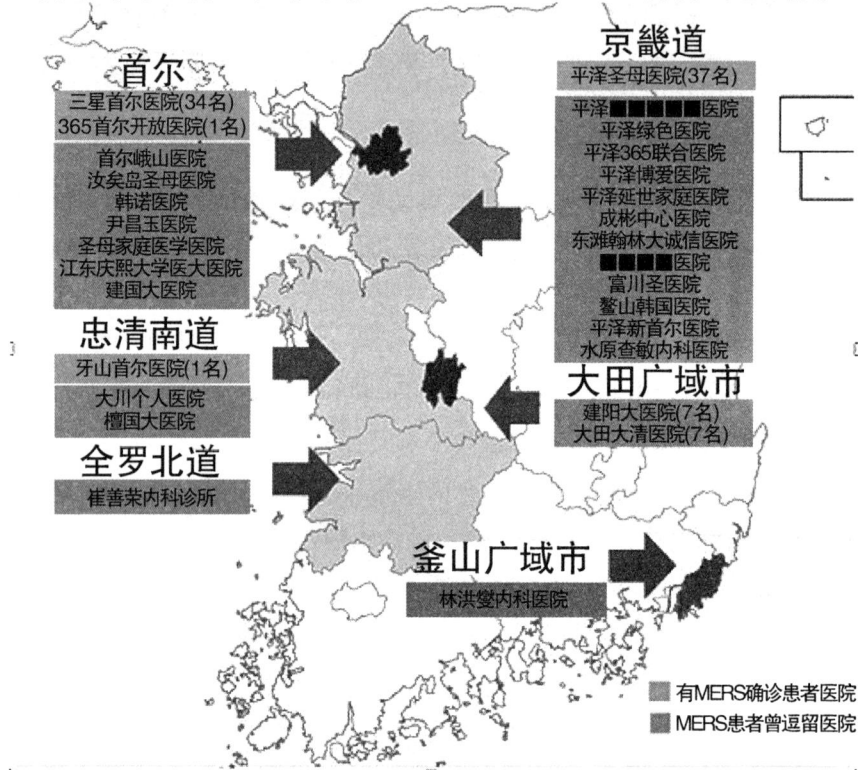

图 4-1　人民网—韩国频道《图解韩国 MERS 病毒传播路径及相关医院分布情况》报道①

　　而在对病毒造成的后果议题建构中,数据图表成为主要使用的图像类型。例如,世界卫生组织制作了两幅柱状图:一幅是 2015 年 5 月 11 日至 2015 年 7 月 2 日,中国和韩国 MERS 确诊病例数与死亡病例数的统计柱状图;另一幅是 2012 年至 2015 年沙特阿拉伯、韩国以及世界其他国家的确诊病例数的统计柱状图。对几个国家或地区感染 MERS 病毒和死亡人数的对比趋势图,可以让公众明了自己国家的疫

---

①　图解韩国 MERS 病毒传播路径及相关医院分布情况[EB/OL].[2017-06-08].
http://korea.People.com.cn/n/2015/0608/c311707-8903832.html.

情现状。

这种图表的方式其实对于公众的危机感知具有一定的冲击力,在对比中呈现的疫情现状有利于缓解疫情感染较轻国家的公众对危机的感知,而疫情较重国家的公众则会增加对危机的感知。可视化报道综合医学研究结果所得,借助多种类型的数据新闻报道,脱离了复杂的术语描述,易读性强,简洁直观,使受众在较短时间内了解病毒的基本情况,一方面有利于病毒防治工作的开展,另一方面也成为公众认知病毒的科普读物。

此外,图像话语多针对病毒性状、传播区域、确诊数量等某一类相关信息做重点呈现。美国广播公司(ABC)《MERS 与其他病毒的传染性比较》(*How Infectious the MERS Virus is Compared to Other Viruses*)的报道,针对"传染性"这一个维度,运用双色圆与线段,对 MERS 病毒与埃博拉、SARS、天花、麻疹等病毒进行比较。世界卫生组织官网分图分类重点呈现了 MERS 病毒的影响区域以及确诊病例数量分布情况。注重针对病毒的某一性状、特征进行报道,针对性强。

(二)大数据技术驱动危机处理框架的直观形象

"东方之星"沉船事故中,一些媒体通过大数据信息搜集与整合技术,对海量的信息进行有效融合与可视化设计,在第一时间搜集多方信息,使有限的网页整合更多的信息。文字、图片、视频等多种话语表达形式的结合及可视化的修辞表达,较清晰地凸显事件的重点议题,全方位呈现突发公共事件的发展进程,也更加直观地反映出各个涉事主体之间的关联。

财新网的"数字说"板块运用数据地图作为数据信息的载体,在地图上标注地理位置与相关信息,展现出事件的区域分布与发展进程。例如,6 月 2 日《【互动图】监利沉船事件》①就是通过互动式的地图展现客轮航行轨迹与具体事件发生的地理位置。其中,报道构建了对于"东方之星"客船本身的认知框架:

> 东方之星:隶属于重庆东方轮船公司,由重庆东风船厂设
> 计并建造。该船曾多次改装,但改装设计没有找原先设计船舶

---

① 【互动图】监利沉船事件[EB/OL].[2017 - 06 - 02]. http://datanews.caixin.com/2015-06-02/100815621.html.

的东风设计所,而是找了不知名的设计班子,船的上层建筑的防火分隔和客舱布置均发生较大变化,吃水由此前的 2 米变为 2.2 米。据业内人士透露,该船的某些结构在改装后已经超标。

表述中"多次改装""不知名的设计班子""结构发生较大变化"等话语表达暗示了事故发生的可能原因。报道中虽然没有直接表明,但从这样的话语表达中显示出媒体的话语倾向,呈现对于船体改造的质疑这一议题。同时,报道中的地图分别标注了"东方之星"从 5 月 27 日至 6 月 1 日每天行程的地点、轮船速度以及航向,让受众对客船航行轨迹有更加直观的认知。

此外,数据地图还将坐标定位在监利殡仪馆与监利玉沙广场等处,并配以图片与文字说明,一方面反映事件处理情况,另一方面也呈现出情感框架,表达对事故遇难者的哀悼与惋惜之情。

6 月 3 日下午 1 时许,监利殡仪馆,工作人员正在将从河南运来的冰棺卸车,据殡仪馆工作人员称,加上 2 日已运来的,估计已经有 200 个以上冰棺陈列在殡仪馆里。

6 月 4 日 19 时,湖北监利数千市民聚集玉沙广场,为"东方之星"沉船事故乘客祈福。

在描绘事件发展进程框架方面,突发公共事件因其突发性、破坏性等因素,短时间内具有很大的影响力与传播力,容易引发谣言和民众的恐慌心理。近年来,突发公共事件的危机话语表达逐步转向,可视化的图像新闻可以在第一时间帮助受众了解事件的全貌,进而增强对于危机风险的感性认知,在时间表达上能够用更清晰的逻辑线条记录事件发展进程。例如,6 月 5 日,财新网的《【时间轴】监利沉船事件救援进展》[1]运用时间轴展现了从 5 月 28 日"东方之星"在南京开航到 6 月 5 日 5 时"东方之星"全部扶正的全过程,涵盖了 55 则消息与相关图片,让复杂的事件脉络清晰,一目了然,在一定程度上帮助受众厘清危机的认知框架,进而达成与受众话语的统一性,形成危机话语的良性沟通互动。

---

① 【时间轴】监利沉船事件救援进展(持续更新)[EB/OL].[2017 - 06 - 05]. http://data-news. caixin. com/2015-06-02/100815527. html.

（三）人物特写图像构建危机情感框架

在"东方之星"沉船事故中,船上乘客多为上海某旅行社组织的"夕阳红"老年旅游团成员,年龄在 50 至 80 岁,因此,在此次事故中的遇难者多为老年人。凤凰网以《江水三千,莫知我哀——悼念东方之星遇难同胞》①为题,设置 8 幅新闻图片。每幅图片下面有一两行文字对图像进行阐述,增强了图片的意义表达。新闻议题以子女的视角,用"那艘满载着父母的'东方之星'倾覆在了长江"等话语,表达对于遇难者的哀悼,构建出突发公共事件中的情感表达框架。图片中的新闻人物为旅客家属及幸存者,多采用近景与特写的拍摄视角,每一个图像叙述一个极具代表性的新闻故事,增加受众对于此次突发公共事件的感知程度。同时,从另一个角度让受众感受到事件的严重性以及灾难的无情。

而在 MERS 病毒事件中,MERS 病毒主要源于中东地区,沙特阿拉伯的疫情最为严重,虽然之后在全球 24 个国家中都有出现,但是在大众媒体的传播中,以阿拉伯国家的人的特征为主要图像塑造的占比较大,地区人物特征明显,以人物特征代替了区域,并且附加了病毒感染的动物源(骆驼)。以人物代替区域的方式是文化认知在图像话语中的表现,在本章第一节中提到,图像意义的生成存在于编码和解码的过程中,当创作者和受众之间在图像意义上达成一致时,图像才具有了传播意义,这个过程需要文化的认同。

（四）"互文性"传播形式丰富媒体危机话语表达

"东方之星"沉船事故中,自 6 月 1 日事件发生至 6 月 13 日宣布搜救结束,近半个月时间的事故调查与处理过程使媒体话语表达碎片化。而通过多元超文本传播的形式与多元图像的话语呈现,可满足公众实时掌握危机处理进程以及事件的进展情况。同时,由于此次灾难事件的搜救工作涉及技术、气象、地质等专业性较强的问题,媒体对于事故的解读对于受众来说至关重要。为了提升危机话语的可视性与易读性,多元图像话语的修辞形式满足了公众对于事件搜救与处理议题框架的解读。如何集专业报道与通俗呈现于一身成为媒体危机话语表达的关键。图像叙事的话语转向成为一个独特的话语表征视角,将严肃、冰冷、专业性

---

① 江水三千,莫知我哀——悼念东方之星遇难同胞[EB/OL].[2017 - 06 - 05]. http://news. ifeng. com/mainland/special/jsdfm/? rfgb3.

强的数字与名词与图画、图表、动态图等形式相结合,呈现在公众面前,提升危机话语的表达效果。

如6月2日晚,澎湃"美数课"专栏报道《数据答澎友:吹翻客轮的"12级"龙卷风是什么风?》①就事故原因的相关质疑进行解答,针对之前一些媒体指出沉船事故的发生是由于12级龙卷风,此篇报道提出,龙卷风的级别不等同于风力的等级,由于龙卷风生成数量少,我国暂时没有针对龙卷风的预警。在图像话语表达方面,媒体话语采用数据图表的形式,对风力等级等相关情况的说明进行清楚的展示。在之后5号文字版的报道中配合雷达动态图采访气象学专家,对发生龙卷风的证据做进一步报道。

财新网则采用时间轴的形式,对过去30年同类型的灾难事故进行盘点,以黑色为主要背景基调,反映出事故的沉重性。每个事故中用"翻沉""撞船""纵火""倾覆"等关键词与事故死亡人数为核心词,采用黄色、大号字突出,并有简单的话语对事故进行简要概述。而搜狐网"数字之道"则采用地图坐标的形式更加突出此类突发公共事件的地域分布,涉及事故命名、获救与死亡人数、事故发生时间、获救率等议题内容,并用一句话对重大沉船事故的获救情况加以概述:

> 1999年至2014年,全世界发生8起重大沉船事故,1724人遇难,获救率最高73%,最低0.15%。

此外,6月5日,人民网"图解新闻"栏目《图解:倾覆的"东方之星"如何在2个小时内被扶正》②这篇报道中,也通过模拟演示图片展示船体被扶正的具体过程。这种话语表达效果是纯文字表达远不能及的,它可以使受众直观感知到技术处理的具体步骤,减少话语意义生产过程中的歧义与误解,提升话语传播效果。

随着话语修辞形式由文字叙事向图像叙事的逐步转变,图像话语逐渐成为危机话语的主要呈现形式,丰富了媒体危机话语表达形式,进而

---

① 数据答澎友:吹翻客轮的"12级"龙卷风是什么风? [EB/OL]. [2017-06-02]. http://www.thepaper.cn/newsDetail_forward_1337790.
② 图解:倾覆的"东方之星"如何在2个小时内被扶正[EB/OL]. [2017-06-05]. http://society.people.com.cn/n/2015/0605/c1008-27111578.html.

增强公众对危机本身的认知意象。特别是在涉及科学性与专业性较强的突发公共事件中,单纯的文字表述不能形成向受众搭建有效的危机认知框架。因而媒体话语通过多种形式的可视化报道,借助多种图像话语表达,更直观、清晰地呈现危机本身、危机归因阐释、危机处理及影响等一系列过程框架,从而满足公众诉求,形成良好的危机传播效果。

四、危机本质的回归构建思辨性话语指向

在危机传播过程中,媒体承担着信息传播、监督、反思等角色,而要实现这一"话语交际"过程,必须引入多方信源加以确证,对有关事件的议题进行深入的研判,在构建真实信息的同时,应该承担社会责任,在事实的基础上引导公众的理性反思,并注重以理性情感构建人文关怀,达成危机传播情境中各主体的话语调试与互动,从而提升各相关利益者的"可接受性"。

(一)作为辅助调查者:凸显危机的归因归责

"烟台苹果套袋事件"中,随着调查的深入,套袋苹果是否有毒的真相也逐步明晰。2012年6月16日人民网发表了《烟台苹果真相调查》,文章小标题分别为:"套袋'套'出好苹果";退菌特和福美胂合理使用并非违禁;"'药袋'乃个别现象"①。这些标题说明了烟台苹果套袋的具体情况,回答了之前公众质疑的议题,缓解了危机话语的负面情绪。此外,7月7日中央电视台《共同关注》节目,对此次突发公共事件的真实情况与各方面议题也进行了全方位的报道,表现出媒体的客观中立性,进而提升了自身的公信力与可信度。

在"上海外滩踩踏事件"中,媒体并不仅仅扮演了事实传播者的角色,也扮演了调查者的角色。在政府对事件的调查过程中,媒体起到了辅助作用,通过两种方式构建了此次事件的责任主体:一方面对公众观点进行总结,在梳理公众舆论的过程中建构责任主体;另一方面通过媒体自身的思考,建构责任主体。

事件发生后,对事件原因众说纷纭,其中诸多疑问都指向了地方政府在此事件中的责任归属,而这一指向无一不受到媒体议题建构的影响。在第一阶段的媒体报道分析中,媒体已经提到0.75平方米/人时应

---

① 烟台苹果真相调查[EB/OL].[2017-06-16].http://unn.people.com.cn/GB/18204842.html.

急预案的启动,这就已经将责任归属政府部门。在《外滩踩踏悲剧:致命而又被忽视的 $0.75m^2$ 预警信号》报道中,媒体对政府方面的反应速度和现场处置等预警及应急进行了反思,其中提道:

> 有关部门掌握的信息不足,导致误判;有关部门未做好充分的应急准备,造成失职。①

这是对于当地政府在此次事件中的应对不当议题的建构,在事件发生后的第二天已经将责任归属相关政府部门。在《记者五问上海外滩踩踏事件》这篇文章中,媒体对公众关注的问题进行了梳理:

> 事发时外滩人流量多大?交通为何没有管制限流?外滩警力配置是否得当?为什么遇难者多是女性?此次踩踏事件如何追责?②

对此,媒体不仅进行问题的梳理,而且针对每一问题做了部分解答,如针对此次事件如何追责的问题,媒体在引用官方文件基础上,对近几年发生的踩踏事件中的责任处理做了举例。媒体不仅对公众观点进行梳理,而且一定程度上也对公众疑问做出了补充性回答。在对公众观点的梳理过程中,媒体已基本将事件的责任主体指向政府,对事发时政府的交通管制、警力配置等多个方面进行了问责。

同时,媒体自身也对事件进行反思。在《外滩踩踏事件已有36人死亡 四问踩踏惨剧如何发生》报道中,通过对已有报道内容进行梳理,剖析事件发生的原因,进而指出事件的责任主体:

> 当晚有多挤?有媒体称现场超过10万人。哪来那么多人?跨年灯光秀换地点,很多人不知道。为何疏导不力?500警力赴现场,未能及时进入核心区。有无紧急预案?官方未启

---

① 外滩踩踏悲剧:致命而又被忽视的 $0.75m^2$ 预警信号[EB/OL].[2017-01-01].http://comments.caijing.com.cn/20150101/3789665.shtml.

② 记者五问上海外滩踩踏事件[EB/OL].[2017-01-03].http://difang.gmw.cn/newspaper/2015-01/03/content_103436955_2.htm.

动任何紧急预案。①

报道对造成事件的原因进行了逐层分析,其中第二问和第四问都已明确指出责任主体,即官方没有及时通知灯光秀地点的变更,造成人员集中于外滩,同时,官方事前没有启动紧急预案造成了此次事件的发生,"在这场考验城市管理的突发公共事件中,相关管理部门难辞其咎"。在具体的内容阐述中,媒体也承认并不能确认是否存在紧急预案,但是在标题中却没有体现这种不确定,反而用了较为肯定的语气强调"未启动预案",将公众视野聚焦于相关政府部门的具体行为上,建构了地方政府为此事负责的话语框架。

此外,此次事件原因的调查过程中,共出现了两个热点:一是抛撒美元事件;另一个是官员"吃喝门"。由于此次事件发生后,媒体和公众迅速将责任主体归属于当地政府,因此在此时出现事件发生地黄浦区政府官员事发时在酒店聚餐的报道,迅速与此次事件形成某种联系,引发媒体和公众舆论热潮。对于官员"吃喝门"真相的调查也成为媒体在第二阶段主要的报道内容,进一步将危机的责任主体归结于相关政府部门的决策不当。如在《上海外滩踩踏当晚官员"吃喝门"真相追踪》②报道中,记者通过调查对此事件进行了真相还原。其中"为何敏感时间不在岗位而在附近吃夜宵"的报道内容将事件责任主体进一步细化到具体的政府官员身上。

(二)作为监督者:与公众形成对话

在"上海外滩踩踏事件"公布调查结果阶段中,媒体的报道重点一是对责任人的处理情况,二是对遇难者家属的赔偿情况。媒体在这一阶段主要作为政府的监督者出现,尤其体现在针对事件调查结果公布这一议题上。

2015年1月21日,上海市政府公布"外滩踩踏事件"调查结果及问责处理决定,将"上海外滩踩踏事件"认定为:

① 外滩踩踏事件已有36人死亡 四问踩踏惨剧如何发生[EB/OL].[2017-01-03]. http://news.hsw.cn/system/2015/0103/202240.shtml.
② 上海外滩踩踏当晚官员"吃喝门"真相追踪[EB/OL].[2017-01-22].http://www.xinhuanet.com/lianzheng/2015-01/22/c_127408682.htm.

一起对群众性活动预防准备不足、现场管理不力、应对处
置不当而引发的拥挤踩踏并造成重大伤亡和严重后果的公共
安全责任事件。①

将此次事件认定为"事件"而非"事故"引发了公众热议,而媒体在
报道中也凸显了这种定性,有5篇新闻报道将标题聚焦于事件的性质而
非处理结果,并且突出强调了"调查报告:事件而非事故",这既是对公众
疑问的一种呈现,也是对政府行为的监督方式。在以往的突发公共事件
中,公众多指责媒体很少监督政府行为,但在此次事件中,媒体报道很大
一部分都是对政府的问责和监督,这实际上更利于政府和公众的沟通。
如在事件定性的问题上,媒体对事件性质的凸显代表了公众对政府处理
结果的疑问,从一定程度上促使了相关政府部门对于此种疑问的解答,
事件调查组成员表明不管是事故还是事件,都将依法依规问责。

在突发公共事件中,媒体的角色不仅仅是对事实进行传播和呈现,
还要成为社会极端情绪的平复者。"上海外滩踩踏事件"发生于备受关
注的国际都市上海,并且发生于迎新年的欢乐氛围中,此事件造成的严
重后果迅速引发了公众的关注,此时公众对于政府部门的负面情绪被极
度激发。媒体在此时的报道更需要从公众角度出发,在报道事实的过程
中与公众一起监督政府的处理行为,将公众的疑问迅速凸显以引起政府
关注,这是对接公众议程和政府议程、形成政府和公众对话的方式,只有
在意义的共通中,才能逐渐平缓负面社会情绪,以推进问题的解决,从而
达成公众的认同。

(三)作为社会工作者:引发危机的理性反思

"湖南湘潭产妇死亡事件"中,随着相关组织与媒体对事件的深入调
查,危机舆情热度逐步衰退,危机进入事件处理与解决议题框架,各个话
语主体多聚焦于事件本身的最终结果。2014年8月14日,人民网发表
评论文章《人民日报评湘潭产妇死亡事件:别轻易下结论》。文章指出,
在基本事实尚未搞清楚之前,不能轻易下结论。在危机产生初期,媒体
话语中反复出现"含泪""惨死"等字眼,为患者单方面辩说,带有强烈的
主观倾向性,暗示医院的不作为。媒体和公众应把医疗事件归于还原事

① 报告认定踩踏事件准备不足管理不力处置不当[EB/OL].[2017-01-21].http://edu.people.com.cn/n/2015/0121/c367001-26424286.html.

实本身的框架内,给医患双方一个公平评判①。随后,《环球时报》《法制日报》《新京报》等多家媒体发表评论文章,一方面对一些媒体话语的不客观行为进行批评;另一方面针对医患关系的紧张现象提出策略,让湘潭产妇死亡事件的讨论更加深入和理性。

公众在经过舆论的几次反转后,话语倾向趋于理性,转而呼吁权威机构的调查结果尽快发布。医院与死者家属在此后的话语协商中,逐步达成一致性话语框架。网络自净功能、公众网络素养的提升为此次突发公共事件最终走上科学法治的解决之路提供了坚实的基础。在媒体的危机话语表达中,尤其涉及公众直接利益与生命安危的事件中,媒体应在获取多个信息源与相关资料的基础上,对事件的真实情况做充分地了解,从专业性与科学性的角度客观地还原事件的真相,构建突发公共事件的理性框架,并从危机本质出发,深入反思并承担起社会责任,由事实层面的如何阐释危机转向站在社会大众的角度,建立人文关怀,构建积极正面的社会价值导向。

---

① 人民日报评湘潭产妇死亡事件:别轻易下结论[EB/OL].[2017 – 08 – 14]. http://xj. people. com. cn/n/2014/0814/c188514-21992063. html.

本章小结:媒体话语表达引发风险

媒介与社会的深入互动形成对政治、经济、文化等领域的全方位影响与渗透。基于媒介化理论,媒介的内在运行逻辑促使与媒介有互动的个体观念行为和社会机构运行发生质变①,催生了社会互动新模式的制度化②,更影响了社会与文化的变迁③。学者喻国明指出,在媒介化时代,人们头脑当中90%以上关于这个世界的认识均来源于媒介传播的"塑型"④。新媒体场域下,危机呈现出更为复杂、多变的特征,媒体话语在传播与阐释危机的同时,也有可能引发新型的危机形态,传统的媒体认知框架与行为导向已不能适用于当前的危机传播情境。社会运行进程中,突发公共事件的发生与发展经过媒介的凸显与放大,面临着"媒介化风险"⑤,由此产生的危机也随之呈现出"媒介化"特征。

在媒体话语传播来源方面,媒体的危机传播呈现出多元化趋势。由于政府、公众、专家等危机主体信息资源的交换互动,强化与丰富了媒体的危机话语脚本。其中,政府话语是主要来源,体现出媒体话语较为明显的宣传色彩。公众话语逐渐在危机传播中崭露头角,成为媒体话语脚本的新秀,为媒体提供危机传播的信息资源。多样与差异化的话语表达,可以改变传统单一化倾向,使事件缘由以及民众看法得以以多元、立体与多维的方式呈现,但同时也表现出高度的感性化、碎片化与分歧

---

① 夏瓦.媒介化:社会变迁中媒介的角色[J].刘君,范艺馨,译.山西大学学报,2015(5):59-69.

② HEPP A, HJARVARD S, LUNDBY K. Mediatization: theorizing the interplay between media, culture and society[J]. Media, culture & society, 2015, 32(2):314-324.

③ 林爱珺,张晓锋,童兵.我国社会的媒介影响与媒介依赖[J].新闻界,2007(6):8-10.

④ 喻国明."关系革命"背景下的媒体角色与功能[J].新闻大学,2012(2):27-29.

⑤ 贝克.风险社会[M].何博文,译.南京:译林出版社,2004.

性①。就由突发公共事件引发的危机本身而言,其包含了新闻要素②与引发公共喧哗的风险要素③,形成丰富的危机脚本更容易引发媒体的传播,冲击着传统危机传播中的重要性排序④。由此,媒体需要对多元的、丰富的、碎片化的甚至是分歧性的危机脚本进行重构与整合,基于不同危机情境采用适合的话语框架还原危机本身,从而促进社会对于危机的认知以及对于应对主体形象的建构。

媒体在危机言说的过程中,随着多元媒介形式的出现,媒体的危机话语呈现出动态的建构过程。媒体组织同类交换模式,满足多元媒体互文传播。媒介间的危机信息交换模式主要有传统媒体—传统媒体、传统媒体—新媒体以及新媒体—新媒体三种,在突发公共事件的发展历程中,传统媒体与新媒体进行危机议题的融合,进而相互补充与彰显,形成各媒介组织间动态的话语交换关系,共同建构危机的认知。

从媒体话语言说的形式来看,言说样态逐渐从以文字构成的一元传播样态转向由文字、图像相结合的多元话语形态。在危机信息交换网络中,多元话语样态的呈现体现了信息交换的丰富性与多样性,不仅促进了社会对于危机本身的认知,也激发社会的感知效应,使媒体话语交换网络显现出个性化的色彩。在当今新媒体视域中,视觉信息逐渐成为媒体话语议程的主要表达手段。媒体图像话语的呈现丰富了文字话语信息的表述功能,在网络传播环境中,两者或多种话语表达形式的结合将图像符号所呈现出的直观性、现场性与形象性生动地表达出来。同时,

---

① 何海翔.后危机时代:媒介话语表达风险及其治理[J].新闻爱好者,2017(6):25-28.
② "新闻要素"涉及:事件发生的概率越小越有新闻价值;事件不确定性越大越有新闻价值;事件与受众利益越相关越有新闻价值;事件影响力越大越有新闻价值;事件与受众心理距离越近越有新闻价值;越是著名的人物和地点发生的事件越有新闻价值;凡是含有冲突的事件都具有一定新闻价值,冲突越大越有新闻价值;越是能表达人的情感的事件越有新闻价值;越是离奇、伟大等具有心理替代性的事件越有新闻价值;事件包含的反差越大越有新闻价值;受众从同一消息来源获得矛盾的信息(陈力丹.新闻理论十论[M].上海:复旦大学出版社,2011:35-47.)。
③ "引发公共喧哗的风险要素"涉及:事件包含了非自愿承担的风险;事件的后果不公平,一部分人承受苦果,却令某些人受益;事件产生的损失即使采取了个人防护措施也不能避免;事件是人为的而非自然的原因;事件造成隐蔽的、不可逆转的灾难;事件有远期效应,对儿童、孕妇或后代造成特殊的危害;事件具有死亡威胁的风险;事件受害者是可识别的,而不是匿名的受害者;事件难以用科学解释和预测(BENNETT P,CALMAN K,CURTIS S,et al. Understanding public responses to risk:issues around policy and practice[G]//BENNETT P,CALMAN K,CURTIS S,et al. Risk communication and public health. Oxford University Press:Oxford,2010:3-22)。
④ 胡悦.危机媒介化与媒介化危机[J].现代传播,2017(3):46-51.

通过媒体图像话语的表达,引导公众更加理性地认知整个危机框架。通过图像信息的呈现与传播,帮助受众建构起自身的危机话语认知,提升自身危机话语的说服能力。此外,视觉表达形式更符合当今公众的心理倾向。通过一个具体的、形象的视觉符号帮助受众快速感知信息,并对事件议题进行合理解码与阐释,提升危机话语的表达策略与传播效果。

媒体危机话语交换网络中同类交换模式的建构促进了媒体的危机阐释过程。首先媒体在阐释"发生了什么"时多从事件本身或事件涉事者的相关细节展开,细节的勾勒更容易在危机传播网络中形成标志性的"刺点"进而构建公众的危机感知框架。对于自身的形象构建而言,被感知的事实永远比事实本身更重要①。在媒体—公众的信息交换网络中,媒体多样态的话语呈现,不仅帮助公众线性理解危机的认知框架,更通过图像还原、模拟,形成一定的视觉冲击力,快速激发公众的情绪情感。在两个交换关系网络中形成良好的互动态势,加深危机话语的阐释与反思,促进交换关系网络的强化,并由此形成公众对于媒体话语框架的依赖。其中,媒体的责任归属框架影响公众对于事件责任主体的认定。媒介本身具有放大效应,加之同类型媒体间信息再传播强化了媒体对于这一话语框架的建构效果,更易引发公众的认同,使媒体的责任归属框架交换至公众话语的责任框架建构。

长期以来由于政府主导着危机传播,政府危机应对与危机决策往往通过政府—媒体这一信息交换网络形成,因而,媒体在危机传播中常扮演着自上而下的议题宣传与引导角色。随着多元主体进入危机信息交换网络中,主体间的话语互动机制建构着危机话语意义。媒体在与其他主体信息交换互动的过程中,不再只是政府的传声筒,而是更注重对其他主体所提供的危机脚本进行融合,将自身定位在监督者与守望者的角色。一方面,媒体监督政府的危机决策,关注政府层面的话语权力的分配;另一方面,媒体更加关注危机中的人。危机最终的责任归属直接影响着公众的社会信任程度。因而,媒体的危机话语呈现最终也指向人,并建构政府应对人民负责、人文关怀的意义指向。由此,本书提出媒体话语的危机传播新模式,见图4-2。

---

① 喻国明."关系革命"背景下的媒体角色与功能[J].新闻大学,2012(2):27-29.

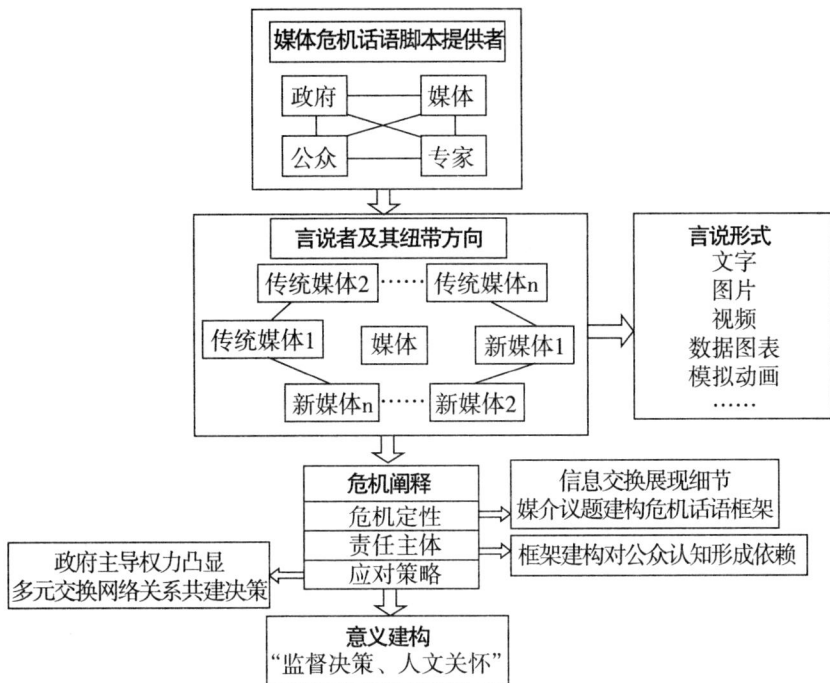

图 4 - 2 媒体话语的危机传播新模式

第五章　公众还在话语边缘吗？

就危机传播系统整体而言，危机传播并不仅仅局限于危机应对，危机传播因主体不同，其话语目标也存在差别：政府主要的话语目标是危机应对和形象修复，媒体主要的话语目标是危机呈现和信息传播，专家主要的话语目标是危机解读和为决策制定贡献方略。上述主体话语目标的实现都围绕一个共同的对象——公众。

公众是新媒体时代危机传播的重要参与者。基于网络技术和数字技术的新媒体平台的出现，大幅度提升了我国公众的公民意识及其对突发公共事件的参与，进而一定程度上推动了突发公共事件的发展和问题的解决，成为社会治理的重要动力。从博客、论坛到微博、微信，这些新媒体平台已成为重要的公众参与平台，公众意见在平台上酝酿、汇集，形成重要的舆论场，引发政府等其他社会治理主体对公众的关注。在危机传播发展进程中，公众也从原来的信息传播的被动接收者转变为危机传播的重要参与者，并成为危机信息传播的重要信源之一。

以公众话语为主体的民间舆论场的加入改变了我国单一舆论场的格局，目前已基本形成官方舆论场和民间舆论场并存的态势。特别是在突发公共事件中，民间舆论场内部、民间舆论场与官方舆论场之间、危机传播主体之间的符号互动，会形成新的话语意义，构成危机传播的互动语境。

危机传播主体为达到危机传播目的，需要考虑公众话语背后的意义指向及在与公众互动中建构的语境。作为危机传播重要的参与者和其他危机传播主体的话语对象，公众的话语很大程度上影响其他主体的话语建构。本章主要以公众话语实践为研究对象，聚焦危机传播中的公众话语框架及其背后的话语意义，揭示公众话语的主导因素。

第一节 曾经被排除在外的公众

在传统媒体时代,公众话语基本都限制在私人领域,几乎很少成为公共话语。在私人领域,公众话语是公众私下的言语;在公共领域,公众话语被呈现并引发一定数量的公众讨论。新媒体的出现改变了公众话语的呈现方式,部分公众话语突破私人领域,被放大、被传播、被社会知晓,成为公共话语。2003年发生的"孙志刚事件"①是我国公众话语开始彰显力量的代表性事件。据首先报道该事件的记者陈峰说,该事件最初是在"西祠胡同"论坛上发现的,但是当时并没有受到公众关注②,后经由《南方都市报》报道并被多家媒体转载,引发了网民在论坛中大规模讨论收容遣送制度,间接推动了收容遣送制度的废除③。此事件中,公众在网络上的讨论和传播形成了"涟漪效果",引发了更多公众参与事件的讨论,公众舆论场开始形成,并具备一定的与官方舆论场相抗衡的实力,推动了公共政策的修正。

一、作为公共话语实践主体的网民

公众是新媒体时代危机信息传播和反馈的主要参与者,同时也在一定程度上解构了危机话语。在传统媒体时代,公众掌握的媒介话语资源甚少,无法在危机传播中发出自己的声音,成为危机传播的边缘话语主体。但在新媒体时代,公众借助新媒体发声,为自己赢得了参与危机传播的机会。公众作为危机话语的主体,在危机发生后迅速借助新媒体平台进行信息的裂变式传播,扩大了危机的传播范围。而在此过程中,公众并不是对原有信息完全转发,在其中会加入自己的观点或是自己发现的新信息,这就构成了对危机信息的反馈。而在公众信息反馈过程中,

---

① 孙志刚事件:2003年3月17日,在广州工作的湖北青年孙志刚因缺少暂住证,被警察带至广州黄村街派出所接受调查,后被以"三无"人员身份送进收容遣送中转站,次日,被收容站送往一家收容人员救治站,在这里遭受工作人员以及其他收容人员的野蛮殴打,3月20日死于救治站。

② 陈峰.一切发生在意料之外——孙志刚事件采访记[J].今传媒,2005(3):28 - 29.

③ 李明哲,陈玮,郑广嘉.互联网改变中国——2003—2012年网络舆情事件十年盘点[C]//谢耘耕.舆情蓝皮书——中国社会舆情与危机管理报告(2013).北京:社会科学文献出版社,2013:237 - 275.

形成了对危机本身和其他各方话语的新的解读,如"表叔"杨达才事件①中,事件最开始是对交通事故危机的报道,但是公众对于事件的聚焦却转到了官员身上,在公众解读过程中形成了反腐议题,开始转为政府官员形象危机,因此公众话语在危机传播过程中起到了解构的作用。

(一)群体规模的扩大与话语实践渠道的增加推动了网民的话语实践

互联网的发展使网络民意越来越受关注。中国互联网络信息中心(CNNIC)发布的第 42 次《中国互联网络发展状况统计报告》显示,截至2018 年 6 月 30 日,我国网民规模达 8.02 亿人,互联网普及率为57.7%②。新媒体使用人群不断扩大,公众话语依托网络平台在社会上发挥着日益重要的作用。2007 年被称为"网络民意元年",在这一年网络民意以前所未有的渗透力灌输到社会政治、经济、文化生活的各个缝隙。从"史上最牛钉子户"③、"山西黑煤窑事件"④到"厦门 PX 项目事件"⑤等,网民话语逐渐演化成不容忽视的力量,它逐渐成为网民权利诉求的表达方式和网民权利实现的应用工具。

互联网技术的发展使原本隐匿的公众走向前台。国家普及互联网的相关措施以及互联网的自身特性,如网络使用门槛较低、互联网终端的便捷性等,使互联网几乎渗透于社会各个阶层,互联网的普遍使用增强了互联网对社会基层的动员力及传播能力。网民的多元化及基于网络平台的互动实践,让互联网成为一个真正意义上的公众话语空间与了解民意及社会基层现状的工具。同时,互联网也成为社会基层或者弱势

---

① "表叔"杨达才事件:2012 年 8 月 26 日,陕西省延安市发生特大交通事故,在车祸现场的陕西省安监局党组书记、局长杨达才面带微笑引发网友不满,网友对其发动"人肉"攻势,搜索出其在不同场合佩戴 11 块名表,总价值超过 20 万元,因此戏称他为"表叔"。

② 中国互联网络信息中心. 第 42 次《中国互联网络发展状况统计报告》[R]. 2018 - 08 - 20.

③ "史上最牛钉子户":2007 年 3 月初,网上开始流传《史上最牛的钉子户》的图片。重庆市一个被挖成 10 米深大坑的楼盘地基正中央,孤零零地立着一栋二层小楼,犹如大海中的一叶孤舟。在《中华人民共和国物权法》刚刚通过的宏观背景下,这幅具有强烈视觉冲击力的照片让这座小楼和它的男女主人一时间成为焦点和标志性的符号。

④ 山西黑煤窑事件:2007 年 5 月,山西洪洞警方破获一起黑砖场虐工案,解救出 31 名民工,其中有部分童工。之后,数百名失踪儿童的父母在网上联名发帖寻子。案件引起中央震动,胡锦涛等做出批示。逃逸工头衡庭汉落网。山西省长于幼军道歉。

⑤ 厦门 PX 项目事件:2007 年,福建省厦门市海沧半岛计划兴建二甲苯(PX)项目,由于担心化工厂建成后危及民众健康,该项目遭到百名政协委员联名反对,市民集体抵制,直到厦门市政府宣布暂停工程,PX 事件的进展引发公众的广泛关注。

团体发声的平台,网民利用互联网的优势,找到实践公民参与权的渠道,并以一种崭新的网民文化均衡了现实生活中参与主体间权利失衡的问题。互联网成为承载现实民意、表达公众诉求的新渠道,网络民意凝聚在网络空间形成一股巨大的网络舆论力量,冲击着传统媒体的话语霸权地位。网民不再是隐匿于电脑屏幕外面的旁观者,而是以一种参与者、监督者的姿态表达自己的观点和立场。新媒体的出现为公众话语实践提供了更多可能性,满足了我国民主化进程中公众对于平等对话的需求。但互联网的开放性在允许不同话语存在的同时,也带来一定程度话语秩序的混乱和网络暴力,造成公民权利的滥用。

1. 网络论坛:打破传统媒体的话语垄断与突显"圈"文化特征

在 Web2.0 时代,网络代表着新一代传媒力量,形成了一个崭新的公共领域,多个起着交互作用的个体在此汇集,构成了强大的公众力量。网络论坛,即电子公告牌或电子公示栏,是用计算机和软件建立的一种电子数据库,人们通过登录网络留下各种各样的信息[①]。论坛的信息通常可以分为若干个话题组,用户可以在自己感兴趣的公共区域自由阅读或者提交信息。

网络论坛是在 BBS 基础上发展起来,随着互联网 Web 技术的迅猛发展,网络论坛开始具有图文界面,且访问方便,逐渐成为网民汇集的虚拟社区。1991 年,中国出现了第一个 BBS 站,但是当时参与的网民很少;1997 年,亚洲足球十强赛期间,四通利方网站上的体育沙龙发布了大量的比赛信息,引起国内能够上网的球迷和体育记者的广泛关注[②]。进入 21 世纪,网络论坛的使用开始普遍,尤其在 2003 年"非典"发生之后,论坛成为我国突发公共事件的舆论阵地,以天涯社区、猫扑论坛等为代表的网络论坛都具有较强的影响力。

尽管近年来其他新媒体应用平台不断出现,但网络论坛仍旧是公众话语表达的重要平台。由于论坛中用户根据不同的喜好和关注点主动获取社区身份,所以论坛用户的身份认同感较强,某个话题更容易引起集体的讨论和交流,例如"人民网"的"强国论坛"就是时政类社区,这里

---

① 百度百科. 网络论坛[EB/OL]. [2018 - 11 - 08]. https://baike. baidu. com/item/% E7% BD%91% E7% BB%9C% E8% AE% BA% E5%9D%9B/4773642? fr = aladdin.

② 詹扬龙. 网络论坛中的舆论传播行为探究——以 5・31 延安城管踩人事件为例[EB/OL]. [2018 - 11 - 10]. http://media. people. com. cn/n/2013/1022/c358381-23289571. html.

形成的网络社群特征就是较为关注时事政治，经常会对一些热点政事进行讨论，也在多次突发公共事件中发挥重要舆论引导作用。再比如环境类论坛社区，聚集了对于环境问题有兴趣的众多网民，在这里既有环境专家的专业性解读，也有网民对环境问题切身感受的表达。

网络论坛的蓬勃发展和用户数量的增加使普通公民都可以自由参与公共事务的讨论，这在一定程度上打破了传统媒体对于公共事务的话语垄断。论坛更像是一个"圈"文化，将对某一议题感兴趣的公众聚合在一起，在"圈"里自由讨论，论坛里的公众身份认同感较强，网民会根据自己的兴趣爱好寻找"组织"。

2. 博客：话语权的分化与精英话语的引领

博客，英文名称为 Blog。博客的内容通常是有关个人的新闻，或者是个人的日志、照片、诗歌、散文甚至是一些小说，也有非个人的，是一群人基于某些特定的主题或共同利益领域的集体创作①。博客起源于美国，1998 年德拉吉博客网站首次报道了《新闻周刊》和其他媒体不敢报道的克林顿"性丑闻"，第一次显示了博客的强大力量，博客从这时候起开始引起人们的广泛关注。"9·11"事件幸存者在博客中记录了事件发生的情况，使博客进入主流媒体的视野。2005 年 9 月 8 日，新浪率先推出 blog 2.0 公测版，成为首家开通博客的网站，随后搜狐、网易等网站也纷纷效仿。博客在我国开始得到广泛应用。2007 年，周曙光在其博客上连续报道"史上最牛钉子户"，引发公众热议和传统媒体关注，推动已三年没有办法解决的拆迁问题获得实质性进展；2009 年的"杭州飙车案"②，杭州市警方曾通报称，初步判断案发时肇事车速约每小时 70 千米，公众质疑警方判处不公，嫌疑人有顶包嫌疑，韩寒在其博客中发表了对这一事件的剖析，得到网民的大量转载，一定程度上引导了公众舆论，是公众话语中意见领袖发挥重要作用的标志性事件。

博客本身具有自媒体的性质，博客用户不再是被动的信息接收者，而是可以作为信息的生产者而存在。个人博客的书写内容由自己决定，同时每个人都要对自己的博客负责，个人可以在不违背法律的情况下自由发表言论。博客产生的初衷是为了不设限地让每个人拥有属于自己

---

① 谢渊明. 你也可以成为博客高手[M]. 北京：中国纺织出版社，2007：17.
② 杭州飙车案：2009 年 5 月 7 日晚，杭州市发生一起因超速驾驶致人死亡的交通事故。围绕肇事者身份、官方信息发布、司法量刑等危机议题，网友展开了积极的讨论。

的专属网页,自由平等地表达自己的观点。但是由于门户网站出于经济利益的考虑设置了名人博客这个栏目,目的是靠名人博客的高点击率来增加网站的经济收益,使原本都是同一面目的博客,由于博客主身份的不同,拥有了不同的关注度。这种技术和栏目中的分化使现实社会中的精英阶层博主得到了更多的关注,这在之后出现的微博应用中也有类似的举措。现实中的精英或名人群体在网络中较普通公众更容易得到关注,这些人在网络中的影响力实际是对现实中社会身份和资源的继承,比匿名的普通公众更容易受到关注,因此这部分群体在网络中相较普通公众就得到了更多的关注,这也就意味着这部分群体的话语影响力相对较大。因此博客这一新媒体平台不仅为社会精英与名人话语提供公共表达空间,还催生一些草根意见领袖,某种程度上说是公众话语的一种进步。在这个新媒体平台上,公众话语中的意见领袖功能被挖掘、凸显,公众话语开始出现阶层划分,精英在此平台上具有引领作用。

3. 微博:众声喧哗的时代

微博,即微博客,是一个基于用户关系的信息分享、传播以及获取平台,用户可以通过 Web、Wap 以及各种客户端组件个人社区,以 140 字左右的文字更新信息,并实现即时分享①。中国第一家微博网站是 2007 年上线的"饭否",但是它的影响力远不及 2009 年以后由新浪、搜狐、腾讯等门户网站推出的微博。2009 年 8 月,新浪网推出了内测版的"新浪微博",在我国门户网站中率先提供了微博应用程序。从此微博也正式成为我国网络用户新的选择。在新浪于 2009 年率先开设了微博后,搜狐、网易、腾讯也相继开设了微博,至此我国四大门户网站均有了自己的微博。微博刚刚兴起的 2009 年和 2010 年,用户呈现暴涨趋势,这一趋势直到 2012 年才有所回落,2011 年 6 月底用户数增速为 208.9%,2012 年用户数增速已低至 10% 以下②。第 42 次《互联网络使用统计报告》数据显示,截至 2018 年 6 月,微博用户使用率达 42.1%,较 2017 年末增长 1.2 个百分点③。尽管微博使用增长率减缓,但它依然是我国突发公共事件

①　百度百科.网络论坛[EB/OL].[2018 – 11 – 10]. https://baike. baidu. com/item/% E5% BE% AE% E5%8D%9A/79614? fr = aladdin.
②　中国互联网络信息中心(CNNIC).第 30 次《中国互联网络发展状况统计报告》[EB/OL].[2018 – 11 – 10]. http://www. doc88. com/p-690581852727. html.
③　中国互联网络信息中心.第 42 次《中国互联网络发展状况统计报告》[EB/OL].[2018 – 08 – 20]. http://www. cnnic. net. cn/hlwfzyj/hlwxzbg/hlwtjbg/201808/t20180820_70488. htm.

的主要传播场所和公众舆论平台。微博通过相互关注的机制,实现了用户间实时信息的分享。

微博推动公众参与突发公共事件的作用不容小觑。在技术层面,微博与各种网络终端适配,可以通过手机、平板电脑等方式随时随地传播信息,抒发情感。在使用层面,其一,微博的话语样态多元,在传播信息时融合了多种形式,包括文字、音频、视频等,操作简单。随着媒介融合理念与技术的不断发展,通过对多种媒体形式的处理,使得任何人在任何时间任何地点发布任何消息成为现实。相较于传统媒体,微博在传播速度和信息量上占据突出的优势。其二,微博对于语言组织的要求较论坛和博客低,是一种碎片化的表达,这就在一定程度上使其覆盖人群更加广泛,促进使用人群范围的扩大。其三,由于微博的灵活性与及时性,用户有权利选择搜索自己希望关注或者想要知晓的话题或事件,其他用户可以随时进行关注与互动,而微博的私信功能具有提示作用,使得用户之间的交流更加快捷。用户可以即时接收信息,这种速度是传统媒体和论坛、博客等新媒体应用没有办法相比的。其四,鉴于微博是公共传播平台,因此其传播的范围较大,影响力较大。尽管如今被公众广泛使用的微信在即时性和互动性方面与微博不相上下,但是微信是一个较为私密的空间,信息在其中的传播范围较小,不能像微博一样迅速发酵形成公共舆论。因此相比较而言,微博是目前更具公共性特征的网络话语表达平台。由于微博平台的特征,微博舆论场融合了论坛、博客平台的优点,更加平民化、互动化、即时化,参与了较多突发公共事件,如唐慧案①、湖北巴东邓玉娇案②、汶川地震、"7·21"北京特大暴雨事件等。除了某些事件中设置了政治议程、推动了公共政策修正外,微博舆论场是目前所有媒体应用中,能够与官方舆论场相抗衡的相对固定的公众话语场,并且此舆论场中也形成了与政府话语相冲突的突发公共事件解读模式。

① 唐慧案:2006年发生在湖南永州的幼女被强奸被迫卖淫案,受害者母亲唐慧连续上访投诉,2012年8月2日唐慧被永州市公安局零陵分局依法劳教。此事经其代理律师在互联网上发布后,舆论哗然。8月6日湖南省政法委随即成立调查组赴永州调查,8月10日省劳教委复议后依法撤销对唐慧劳教的决定。
② 湖北巴东邓玉娇案:2009年5月10日,湖北巴东县一宾馆女服务员邓玉娇基于自卫,用刀刺伤了镇政府招商协调办公室的两名官员,造成其中一人死亡。事件发生后,不仅掀起了媒体高度的关注热情,也在网络上引起轰动。

（二）新媒体的互动与开放推动了网民话语实践的公开化与公共性

公众的话语实践结果主要表现为对突发公共事件传播的推动。当前中国处于社会转型期，由于利益分配相对不公、公民利益表达渠道较为匮乏等多重原因，引发许多突发公共事件。这些突发公共事件一般表现为权力集团（如政府、企业等）利益与普通公众利益的冲突。在互联网流行之前，类似事件的传播、解决等都依赖于自上而下的行政手段。在互联网时代，公众话语借助网络公共空间获得了传播能量，形成公共话语，影响传统媒体的议题建构，推动政府决策。

网络突发公共事件是指"由特定突发事件引发，以互联网为主要活动平台，众多网民共同参与，围绕特定目标展开，形成强大的网络舆论，并对事件当事人或相关责任人，甚至整个社会产生重大影响的公共危机事件"①。从 2003 年"孙志刚事件"开始，公众话语的地位开始在网络平台彰显。同一年，"哈尔滨宝马肇事案"②中，当时网络上有各种关于撞人者身份的传言，网络整体形成了对政府不信任的舆论倾向，在此情形中，当地政府不但没有向媒体、公众说明事实，还试图隐瞒，加剧了公众对政府的不信任。尽管当地传统媒体在事件发生初期没有过多参与，对事件的报道很少，但是网络上的讨论却如火如荼，并没有因为传统媒体的失语而失去话语实践机会，这表明了公众话语的独立性日渐增强。这一阶段公众话语刚开始彰显力量，此时的公众话语特点以独立于传统媒体为主，公众对某一议题的关注、传播与讨论已可以独立进行。2007 年论坛开始兴起，论坛较博客更具草根性，话语实践机会增多。2007 年的"华南虎事件"，不论专家还是普通公众，对照片真实性纷纷质疑，而这时的质疑具有一定的理性，很多网民都拿出了证据，使用技术手段说明照片造假，公众话语实践的理性在此次事件中得以彰显，而也正因为网民话语力量的推动，对照片再次确认的议题进入政府议程。

---

① 熊光清.中国网络公共事件的演变规律——基于过程分析的视角[J].社会科学,2013(4):4-15.

② 哈尔滨宝马肇事案:2003 年 10 月 16 日,哈尔滨无业人员苏秀文驾驶宝马车与一农用四轮车相撞,造成 1 死 12 伤。对这起交通肇事案,有传言说苏秀文是黑龙江省一副省长的儿媳妇。2003 年 11 月,此案在法院开庭审理,法庭宣判苏秀文因犯交通肇事罪被一审判处有期徒刑两年,缓刑 3 年。12 月 31 日,哈尔滨市警方公布:苏秀文不是黑龙江省或哈尔滨市曾任和现任领导的亲属。

网络为公共舆论提供了技术支持和空间，为公共议题的话语表达提供了平台，网络话语表达促进了公众参与，拓宽了公共空间，公众可以借助网络平台参与社会公共事务，通过自下而上的自发性网络话语表达发挥舆论力量，从而在危机传播中形成对政府话语及政府权力的监督和制约。

（三）网民公共话语实践推动突发公共事件的传播

在一系列的突发公共事件中，网民的话语充分表达实现，彰显了公民的知情权、参与权、表达权和监督权，有助于丰富民主形式、拓宽民主渠道。现实社会中由于身份和环境的限制，往往容易形成沉默的螺旋，而网络话语表达的匿名性和开放性拓宽了公民参与的途径。在网络表达过程中，公民自主意识日益觉醒，围绕公共事务与其他相关利益主体展开对话，参与社会公共事务的发展进程，拓展公共讨论空间。公众话语在推进公共议题的解决乃至公民社会的塑造中发挥不可忽视的作用。

首先，网络话语表达突破地缘限制，其即时性、互动性等特征使网络舆论监督成为公众监督公共权力运行的有效途径之一。随着网络社会中公民互助和志愿精神的培养，及非政府部门和组织的发展壮大，政府行为得到一定程度的矫正与规范；网络的普及率不断提高，越来越多的网民借助网络参与到揭露社会问题、维护社会公平正义等公共事务中，网络成为公众抨击社会负面现象、宣泄情绪的话语表达重要平台。公众可以通过网络实现利益诉求，网络的发展为公众缓释压力和消解负面情绪发挥一定的作用。同时，通过网络，公共话语表达有利于社会多元主体间的沟通与交流，协调各方利益，维护社会稳定。

其次，在公众借助网络平台参与公共事务的过程中，政府对于社会焦点的认知更为全面，能够较为有效地发现社会问题并妥善处理。网络舆论反映出社会所关注的热点问题，为权力监督系统提供了有效信息，并敦促权力主体将视线转向公众所关注的、迫切需要解决的实质性问题，在一定程度上促进政府治理能力的提高。

网民话语表达在推动公众参与公共事务治理中发挥着重要的作用，成为危机传播中的固定话语体系。在话语互动研究视角下，公众话语就整个危机传播话语体系而言，是其他危机传播主体的重要话语目标，将对其他话语主体的话语策略选择和运用产生重大影响。

二、公众话语生产与网络社会思潮

"社会思潮是社会存在的产物,是一定时期内反映一定阶级、阶层利益和要求,得到广泛传播并对社会生活产生一定影响和作用的思想倾向或思想潮流"①。但网络社会思潮并不是指一个新的概念或是赋予了社会思潮定义新的内涵,而是指互联网的出现使社会思潮的传播具有了新的渠道和形态。网络的出现使信息的传播更具有快捷性、互动性和易集群性,这给社会思潮的传播提供了更广泛的空间,同时随着社会思潮在互联网上的传播,其呈现出的虚拟性、粗糙性、无选择性、多元化和复杂化也常常会产生一些负面的效应。互联网是一个开放的信息交互平台,无论是理性的、非理性的,正确的、错误的,真实的、虚假的信息都在这里迅速集散,多元化的社会思潮也夹杂在海量的信息流中不断进行着碰撞和融合。尤其是在某些突发公共事件中,舆论的放大作用会点燃网民的激情,会使得持有同样态度的网民迅速集结,而在错综复杂的网络事件中,可以大致辨别出某种社会思潮作为主导的影子。

(一)网络公共话语表达植根于网络社会思潮

网络公共话语表达实际包含两层含义:一方面是动词意义上的表达,是网络行为的一种,是存在于网络空间的一种社会行为;另一方面是名词,是话语的内容、表达的载体。作为动词的网络公共话语表达反映了话语主体的心理过程,是对社会图景的修辞,也是话语主体参与社会建构和治理的方式;作为名词的网络公共话语则是网络表达的核心和实体,而对网络表达的研究必然是名词意义上的表达,即对表达的内容和客体进行的研究。表达的行为和动机体现的是话语与当前社会文化、社会思潮紧密相连的关系。

学者们对于社会思潮概念的界定不尽相同。其中有一种观点认为,"社会思潮是在一定的社会历史环境中,以人们的社会心理为基础,以某种思想理论为支撑,以动态形式对一定阶级、一定阶层或不同的社会群体所具有的不同的理想、信念、愿望、要求、利益的反映,并在传播中产生

---

① 湖南省邓小平理论和"三个代表"重要思想研究中心.加强对社会思潮的正确引导[N].人民日报,2005-04-22(9).

较大影响的思想潮流"①。另一种观点认为,社会思潮是"处于社会意识和社会心理之间的中介"②。前者强调了社会思潮的思想观点和社会心理,表达了社会思潮物质的、经济的或经济利益的根源问题,但没有指明作为一定理论形态的思想与社会心理在社会思潮的意识结构中的主次作用与辩证关系。后者则排斥了"思想理论"要素,认为社会思潮只是"自发性涌动兴起"的社会浪潮,忽视了"社会思潮形成和传播的深刻的社会的阶级的根源,也难于全面把握社会思潮的社会功能"③。

社会思潮的意识构成,包括社会心理和特定的思想理论两方面相结合。群众心理基础成为社会思潮流传和传播的先决条件。思想理论是一种社会思潮的内核,它决定一种社会思潮的性质和社会作用的方向,是社会思潮的标志。社会思潮是"在某个特定的时期内,在某一阶级或阶层中反映当时社会政治情况而有较大影响的思想潮流,它以一定的社会存在为基础,以特定的思想理论为理论核心,并与某种社会心理发生相互影响、相互制约、相互渗透的作用"④。

社会思潮数量众多,在不同的时期和不同的社会背景下均会有不同的社会思潮显现涌动。如社会学常常把社会思潮分为政治思潮、经济思潮、文化思潮等。而人文学科也常按思潮基本观点和立场进行划分,如自由主义、保守主义与人文主义等。也有按思潮发展的不同阶段进行分类,如实用主义与新实用主义、现代自由主义和新自由主义等。总之,社会思潮的具体形式林林总总,社会思潮是一个庞大的各类思潮的总称。

网络公共话语是人们对现实社会事件、生活状况的意见、思想和态度的主观表达,与特定时期社会政治、经济、文化相关,真实地反映了人们的内心主观世界。社会思潮是网络话语表达的产生依据,体现了话语背后的社会心理。网民话语表达为社会心理的表征提供了一定的途径。中国社科院社会问题研究中心主任于建嵘指出,当前中国处于社会环境剧烈变化时期,社会上的各个阶层被重构,贫富差距加深、利益分配不均;一些地方的政府不能尽到自身职责,百姓的利益得不到保障;执法部

① 教育部邓小平理论和"三个代表"重要思想研究中心.用社会主义核心价值体系引领多样化社会思潮[N].光明日报,2008-05-13(9).
② 王家忠.社会思潮的起源、作用及发展趋势探析[J].齐鲁学刊,1997(2):56-60.
③ 孙建华.马克思主义视域下近代中国社会思潮的总体性研究[J].河南社会科学,2010(3):102-105.
④ 梅荣政.用马克思主义引领社会思潮[M].武汉:武汉大学出版社,2008:53.

门不能公正、公开、公平解决社会纠纷。这些深层次的矛盾长期累积,得不到有效引导与排解,遇到合适的导火索,即某一网络突发公共事件,这种泄愤心理或无聊心理就会通过网络话语表达一触即发。

(二)支撑网络公共话语表达的民族主义、民粹主义与泛道德主义

上文已经提到,相比于现实社会思潮,网络社会思潮更为庞杂多元,在不同的经济、社会发展阶段呈现不同的主导类型和特点。基于网络空间,社会思潮被赋予网络化特征,使现实社会思潮呈现出全新样态与种类。社会思潮在网络空间传播过程中深刻影响社会公众的思想、认知甚至行为,催生了网民戏仿式、图像化、戏谑性、情绪化等多种话语表达样态。就主体层面而言,网络社会思潮主体摆脱了传统思潮主体单一化精英格局,促使权威话语适时进驻网络空间进行传播,并适应网络传播特征与规律,也使得具有一定社会或网络话语权的意见领袖成为特定社会思潮的代言人,或成为新思潮创造者;同时个人通过网络赋权,不断利用公共或个人化媒介,对自我创造或杂糅整合的思想主张进行较广泛的传播①。当前,网络民族主义、网络民粹主义、泛道德主义等成为支撑我国网络公共话语表达的主要网络社会思潮。

1. 网络民族主义

关于民族主义,学界存在两种观点。第一种观点认为:民族主义是一种基于群体认同的社会情感。汉斯·科恩(Hans Khon)认为:"民族主义首先是一种基于群体的心理状态,体现出个人对民族国家的高度忠诚。"②该观点还认为民族主义在某种程度上是"用来表示个人对群体或民族内部成员的一种情感意识,或者实现民族团结、生存发展和走向富强的一种愿望,个人通过对祖国的忠诚感情,通过民族认同来实现身份认同与个体自尊,是个体培育民族主义情感的内在动力"③。英国《大不列颠百科全书》中对民族主义的界定是:"民族主义实质是一种思想状态,是每个公民对民族国家具有的绝对忠诚与真挚感情。"第二种观点认为:民族主义是一种复杂的历史运动。美国学者埃沃拉(Evera)是此学

---

① 方付建.网络社会思潮的表现形态与主要特征分析[J].思想教育研究,2018(1):62-66.

② KHON H. The idea of nationalism:a study of its origins and background[M]. New York:The Macmillan Company,1946:10-11.

③ Encyclopedia Britannica The new encyclopedia Britannica[Z]. Chicago:Encyclopedia Britannica Inc. ,1993:419,522.

说的典型代表人物，此种观点认为民族主义是一种政治历史运动，它有两个根本特征，"一是个体成员首先忠诚于自己所属的民族共同体，把民族的整体利益看作最高利益；二是这种民族共同体希望建立一个能够代表民族根本利益的国家"①。

也有的学者认为民族主义是一种学术或者理念原则，如埃里·凯杜里（Elie Kedourie）认为："民族主义是近代起源于欧洲的一种学说，认为人类自然地划分为不同的民族，这些民族由于某些特征可以被确定而被人认识，合法的政权是民族自我统治的政府。"或者说，作为一种意识理念，认为人类应该自然地划分成"民族的人类群体，这些不同的民族而且必须是政治组织的严格单位"②。安东尼·D.史密斯（Anthony D. Smith）综合其他学者的见解并根据自身的理解，认为"民族主义的主要目的是追求实现民族利益的最大化，并把实现民族自治与民族认同作为实现民族利益的最大目标"③，并借此给民族主义做了一个具有历史指导性的概括。

从网络民族主义的产生过程来看，它是公众在全球化过程中借助网络，重视与维护民族情感、民族意识、民族和国家的利益、尊严。作为一种思想观念建立在民族情感基础之上，网络民族主义"借助网络载体表达或追求实现国家统一、独立、强大；或为谋求全球化过程中实现民族利益最大化的一种社会思潮和运动；或通过网络载体表达的崇尚本民族特征和文化的观念；或要求发展民族经济、建立统一市场，具有整合社会的功能和政治实用主义的特点"④。网络民族主义基于共同的情感记忆与利益诉求，在网络的催化下更容易赢得舆论的支持与认可。但受到技术、文化、政治等因素的局限，民族主义情感在某种情形下可能沦陷为"弱者的武器"⑤，使公众话语表达的指向不确定性，并与民粹主义结合，引发话语冲突与危机事件。

---

① EVERA S V. Hypotheses on nationalism and war[J]. International security,1994,18(4)：5 - 39.

② 凯杜里.民族主义[M].张明明,译.北京：中央编译出版社,2002：1.

③ 史密斯.民族主义：理论,意识形态,历史[M].叶江,译.上海人民出版社,2006：6 - 9.

④ 罗福辉.关于民族主义的若干思考[J].中南民族大学学报,2009(1)：21.

⑤ 郭小安,杨绍婷.网络民族主义运动中的米姆式传播与共意动员[J].国际新闻界,2016(11)：54 - 74.

2. 网络民粹主义

"民粹主义"也被称为平民主义,"意指平民论者所拥护的政治与经济信条,是社会科学语汇中最没有精确定义的名词之一,也可以被当成是一种政治哲学或是政治语言,包括争取耕地利益、主张自由使用银矿来铸造货币以及提倡政府管制垄断现象"①。民粹主义主张平民大众的利益和价值,强调平民大众的力量,追求全民平等和统一公决。"在制度层面上,民粹主义被认为是一种在复杂的历史、心理和社会经济根源的培植下孕育而成的政治心态,而非一种典型的哲学或意识形态;在思想层面上看,民粹主义在本质上是现代现象,它在适应经济现代化中产生了农业民粹主义,而作为一种对代议制的回应,则形成了基于大众政治动员的政治民粹主义"②。

从民粹主义的产生和发展历程来看,民粹主义并不是独立出现的社会政治现象与实践运动,而是通常出现于社会危机时期,其产生与民族危机、国家命运紧密联系。民粹主义具有社会现象上的丰富性与概念上的无精确定义的特性。互联网的发展突破了时空、地域的限制,使网民的情绪得以宣泄,具备了民粹主义出现的可能性和必然性。网络民粹主义是"源自社会底层的大众的民粹主义情绪在网络空间的宣泄",其力量主体"网民"凭借网络空间提供的自由表达、讨论机制而掌握了新的话语权,具有"平民性、革命性、反权威性、群体性、非理性、多变性等显著特征"③。网络民粹主义的叙事结构与作用机制使大众化的语言表达成为网络公共话语表达的主要形式,增强了公共话语表达主体的广泛性,并形成一种强势围观。公众在网络空间中容易摆脱既有角色关系的束缚,"群体成为无名氏,因此也不必承担责任"④,非理性、本能的情绪宣泄易造成网络话语空间的失序,进而引发危机。

3. 泛道德主义

道德是一种解决个人与社会矛盾关系的社会意识形态,它具有认识社会现实和调节社会关系的功能。依据道德准则,社会中的各种现象和

---

① 维基百科.民粹主义[EB/OL].[2018-11-03].http://zh.wikipedia.org/wiki/.
② 米勒,波格丹诺.布莱克维尔政治学百科全书[M].邓正来,译.北京:中国政法大学出版社,2002:634.
③ 袁婷婷,王岩.论网络民粹主义的三重维度——基于网络生态建设的视角[J].电子政务,2016(11):56-62.
④ 勒庞.乌合之众[M].冯克利,译.北京:中央编译出版社,2014:9.

行为可进行"应当"与"不应当"的区分,依据人与人以及人与社会的利害关系,反映社会的现实情况,帮助人们了解所处的环境,引导人们认识自身行为对社会的意义。同时通过道德评价、教育、示范等方式,可以指导人们的行为,进而完善自身人格,构建良好的社会关系。在伦理学视野中,"泛道德化"包括四种内涵:首先它夸大了道德的作用和权威,将道德意识僭越于其他意识形态之上;其次,它并不针对事件分析与评价社会生活中的人、行为和事件,均从道德方面进行分析和评判,不论事件本身是否与道德有关;再次,它只注重道德表象,忽略了与之密切相关的甚至更深层次的其他各方面的影响因素;此外,"泛道德化"用一元化的道德标准要求他人,而并不划分道德层次,将高尚道德作为唯一的评价标准。

当今我国正处于社会转型期,社会经济、政治多个领域都在发生巨变,相应的意识也在不断变迁。所以道德标准也随着市场经济社会的发展而发生改变,随着全球化的发展,多元的道德标准开始使旧有道德观念逐渐瓦解,使得原有的社会主体道德逐渐失去主导。而随着网络公共空间的不断发展,网络舆论成为人们进行话语表达从而抒发自己道德评判的重要方式。网络的泛道德主义应运而生。

首先,网民对公共事件、事务的评判往往聚焦在伦理道德方面,当某一事件发生时,网民往往依据自己的道德标准来衡量事件性质的好坏,或是人物行为的善恶、对错,即把道德上的优劣作为衡量人事的唯一标准。当某一事件发生时,或某人采取某行为必然是一个系统性的问题,单纯地把事件归因为道德问题必然会忽略客观现实从而做出过于感性的判断。

其次,网民群体是一个比较复杂且差异化的群体,网民在做出道德评判时,往往难以对道德做出区分,甚至忽略道德行为与非道德行为的界限。正如人们所说,当局者迷而旁观者清,当人们作为一个旁观者而存在的时候,常常会占到道德的制高点来进行评判,而不会设身处地地去思考事件的来龙去脉。

同时,网民常常以情绪化、非理性的道德评判对"不道德行为"进行批判,甚至忽略自身的行为是否道德,形成网络暴力。这种现象在网络中十分常见,如当初的虐猫事件中,事件中当事人的虐猫行为引发网民公愤,因而发动各方力量将网络中的愤怒情绪转嫁到现实生活中,发掘

"虐猫女"的各种现实资料,产生了非常大的负面影响。网络的泛道德主义也有多方面的体现,比如彭宇案中网络的道德审判僭越司法,"小悦悦"事件中的单一道德声讨以及"穷父救女求助夫人"事件中的道德绑架,在这些事件中,网民化身为正义使者的形象,以道德作为是非对错的唯一评判标准,忽略法律、规制等客观的控制手段,给社会秩序带来巨大的损害。

三、公众的新媒体赋权

自 2003 年"孙志刚事件"后,网络逐渐成为公众民意表达、实现诉求的主要空间。网络公共空间赋予了公众话语表达与诉求的能力与渠道,可以说,"大众传播的生态经历了一个从整齐划一到众声喧哗的嬗变"①。公众在主动言说、围观与行动等方面表现出他们的能动性与积极性,成为突发公共事件中重要的信息传播者、意义构建者与行动者,并由此聚集成为一种集体性的话语力量。公众话语也在媒介传播语境的变迁中呈现出新的特征。

(一)公众成为公共话语实践的主力军

当今,中国社会正处于社会转型的关键时期,存在社会阶层分化与固化等深刻的现实问题,导致社会结构的"失衡与断裂",知识鸿沟加剧,社会矛盾激化,两极分化等愈发严重。在这样的社会背景下,突发公共事件尤其是具有话语争议性的公共事件容易成为公众关注的焦点。同时,网络已经成为现实生活的重要组成部分,使个人有机会参与到社会公共事务的讨论中,改变了我国传统社会中的话语权分配格局,并扩展公共话语表达空间,现实话语表达权受限的公众在网络社会中重返舞台。突发公共事件也在网络媒体的催化之下转化升级为危机事件,引发网民的积极参与,并产生广泛而深刻的重要影响。"众声喧哗"的图景已经活跃于网络空间,推动突发公共事件的发展走向,并在一定程度上影响社会进程。

网络社会的日趋成熟,打破了现实社会与虚拟社会之间的界限,并将物理空间与虚拟空间融合在一起。而在突发公共事件的演进过程中,网民话语表达已不再是与现实脱节的消遣话语,而是公众话语在网络平

---

① 陈卫星.社会调解的话语光斑(代序)[M]//椿桦.舆论尖刀.广州:花城出版社,2007:1.

台中的真实呈现。公众通过对事件的阐释与解读,建构出其话语体系中的事件认知框架。同时,公众知情权与话语表达权的提升,也随之提升其参与社会公共事务的积极性与能动性。在与其他话语主体的互动博弈中,公众话语逐渐从"乌合之众"的沉默中觉醒,而转变成为能够对外发声、主动表达与行动的"精锐之师",呈现出独立的话语表达体系。

(二)消解权威话语,重新自我赋权

1972年美国学者麦库姆斯与肖曾用大量的调查数据证实,大众媒介对公众有着强大的影响力,通过议程设置可以引导公众去想什么。随着多元新兴媒介形式的涌现,信息发布渠道不断扩张,媒体对信息的垄断和对舆论的控制格局被打破。同时,网络交互性带来了充分的即时交流和网络互动,以往传播格局中泾渭分明的传受界限逐渐模糊,每个人都可能成为信息通道或意见表达主体。网络的出现从一定程度上消解了媒体话语的权力中心地位,使话语权分散于网络中的每个个体,普通网民都拥有了发表自己意见的机会。同时,随着网民维权意识的逐步觉醒,政府话语的霸权地位也被部分解构。公众在与政府、媒体等话语主体的冲突博弈中表现出巨大的潜力。

随着新媒体时代的到来,我们不得不重新去审视突发公共事件的话语认知逻辑与框架建构。在网络话语空间中,民意表达、公众的网络赋权以及公共话语空间的建构等取得重要突破。在某一突发公共事件中,公众通过有效的话语表达主动构建议题,进而影响舆论走向与事件的发展态势。而微博、微信等社交媒体的出现更加提升网民信息发布的主动性与即时性,凭借其多元的话语表达方式与话语呈现形式,向权威的主流话语主动出击,对其话语议程进行解构与颠覆,进而形成一种全新的事件认知框架,构建自身话语权。

公众在危机传播中的话语表达方式也逐渐由以文字为主转向文字、图像相结合,公众图像话语的解构功能通过视觉冲击更具有表现力。这里所谓的公众图像话语,其实就是指"民间影像"。韩鸿认为,应从两个层面上进行理解:广义层面,民间影像是指与体制内的国营电影厂、电视台不同的主要由民间影视机构和个人生产的影像,包括商业性影像与非商业性影像;狭义层面,是指非商业的由民众生产的个人影像①。阎安认

---

① 韩鸿.民间的书写[M].北京:中国传媒大学出版社,2007:16.

为,民间影像即"第三类影像",其最重要的特征是相对于大众媒体的独立性……民间影像是由民间非职业影像主体拍摄、制作的,不含官方宣传企图和商业营利目的的影像作品,它是民间文化的一部分①。吴鼎铭认为,民间影像是一种在摄制与传播途径上异于官方影像和商业影像,动机和目标都在于记录与自我表达的个人性创作影像,它基于民间的影像品格和业余精神并蕴含着影像主体的个性以及民间视点独有的社会洞察力和人文精神②。由此可见,公众的图像话语首先应该是来源于普通老百姓或在老百姓中间广泛传播,在表现形式方面对技术质量和审美无特定要求。

公众的图像话语主要具有即兴式、碎片化两种特点。这主要也是由于公众使用的图像生产技术的便携性。在当前的突发公共事件中,公众主要使用具有拍照功能的手机进行图像的拍摄和录制,因此可以随时进行记录,但凡事件或图景刺激公众的感知,图像话语就会随时生成。公众图像的碎片化主要源于拍摄设备的条件限制和公众图像生产的业余性,目前在危机传播中,很多公众拍摄的图像都是关于危机的一角而非危机的全貌,但是也正由于公众图像碎片化,我们可以从不同的角度认知危机,并且在开放的新媒体平台中,公众的碎片化图像可以进行拼接,反而为我们提供了完整的危机呈现。这种碎片化的民间影像消除了受众长时间观看电视时产生的视觉疲劳,满足了受众的视觉审美与信息接收的多元化选择。

传统媒体时代,图像生产受到专业技术与拍摄设备的限制,图像的话语权掌控在政府和媒体手中,这在一定程度上造成了图像话语场域中公众的边缘化,此时的图像话语传播是一个自上而下、从权威核心到公众边缘的线性过程,普通民众由此丧失了让影像文化随着时间的推移累积新的意义和联想的可能性,从而进一步削弱了公众参与文化创造和阐释的能力③。但是随着新媒体技术的发展,提供给公众的图像生产和传播的终端和渠道日益多元化,公众的图像话语逐渐参与危机传播和危机建构。在这一过程中,公众实现了从接收者向解构者的转变。

图像成为社会生活中的物质力量,视觉信息不只是反映与沟通,而

---

① 阎安.民间影像时代的电视传播策略[J].视听界,2003(5):11－15.
②③ 吴鼎铭.影像格局的民间重构——新媒体语境下的民间影像研究[J].福建师范大学学报(哲学社会科学版),2012(1):145－149.

且正在创造世界。语言影响思维，在原有传统媒体图像建构的景观社会中，公众对图像话语的单向度使用造成了图像思维能力、批判能力的缺失，这在根本意义上就奠定了公众对政府和媒体传播的图像的被动式接收。但是新媒体时代形成的"拍客全民化"的景观，打破了精英对于图像话语的垄断[①]，图像成为公众意识表达的主要途径。公众对图像话语的主动使用培养了其全面的图像语言能力，在接收其他主体传播的图像过程中，能够看出图像的破绽，甚至能够跳出传播者设置的图像意义而形成属于公众自己的图像解读。

公众的图像解构主要反映在网络恶搞形式的图像表达中。从2006年胡戈恶搞《无极》开始，网络恶搞的形式、主题日益增多。在有关危机的网络图像恶搞中，主要反映的是公众对于现状的不满和无奈。如在2007年发生的"史上最牛钉子户事件"中，公众的恶搞图像成为此次危机的话语主体。其中一幅图片将事件主人公男户主"PS"成自由女神、超人和霍元甲等形象，将女主人公"PS"成电影《史密斯夫妇》中的女主角安吉丽娜·茱丽，由此表达对拆迁户的支持[②]。公众的恶搞图像在此次事件中成为主要议题，同时这种带有戏谑性、娱乐性的图片也快速将事件传播到互联网各个角落，拆迁事件引发社会争议。这种图像的解构反映了公众对权威的挑战，人们通过视觉图像感受到事件背后深刻的社会意义，在图像的戏谑性反抗中传达公众心声，推动事件的解决和公众权益的维护。

（三）理性表达增多，推动网络自净机制初建

在争议性的突发公共事件中，政府话语往往成为事件处理与解决过程中最重要的一个方面。但长期以来，由于网民的集体记忆，形成了某些刻板印象，例如"十个官员有九个都是贪官""发生交通事故时交警与肇事方沆瀣一气""医院对病人的安危总是不负责任的"等，这些既定的议题形成公众话语的"元叙事"框架，即公众常常将一些类似的事件串联在一起，并作为这类事件的宏观叙事框架。这样"仇官""仇富"等议题的预测，使公众在事件发生伊始便形成了对立的话语立场与负面的话语

① 徐尚青,潘元金.移动新媒体时代的拍客对"景观社会"的构建[J].新闻界,2012(22)：39-43.
② 汤筠冰."史上最牛钉子户"事件的视觉文化传播解读[J].新闻知识,2007(6)：14-16.

情感。突发公共事件几乎都沿用相似的传播路径和模式：首先是新媒体尤其是社交媒体的大量转发，造成网民的情绪反应，形成舆论；其次是传统媒体的跟进报道，引发相关职能部门的危机应对与行动；最后是危机反思阶段，包括传统媒体、新媒体以及社会公众会逐渐转向危机的理性分析。

　　如在"徐玉玉事件"①中，基于知乎平台上的讨论更能看出另一种相对理性的话语模式，但同时也反映出理性话语背后的隐秘情绪。事件中知乎上评论数最多的一个提问是"如何看待2016山东考生南邮准大学生徐玉玉被骗钱9900元后，郁结于心离世？"②，被访问了435 754次，回答数726个。在该回答的评论区选取有代表性和获赞数较多的评论，进行修辞和语汇分析，发现情绪仍然是理性表达外衣下的内在动力（见表5-1），这些点赞数中最多的还是隐藏着很强的情绪性表达：单纯善良、蠢、三观不正、没有同情心、痛心、换不回、女孩儿等。

表5-1　知乎热门问答的评论③

网名/评论获赞数	评论（回答）内容	情绪性词汇
小扣是我 （获赞92）	什么时候善良单纯的本性成了蠢的代名词了？某些人的认知也真是让我大开眼界，只能呵呵	善良单纯、蠢的代名词？大开眼界、呵呵
诚成橙 （获赞数56）	我觉得三观不正的人是掰不回来的，没有同情心的人不只是可悲也很让人敬而远之。自己会把自己的路堵死，有的人会被自己信奉的阴暗法则伤害。而我们知道什么是对的什么是符合人性的就好了。世界很大，我不喜欢教没救的人学做人	三观不正、没有同情心、可悲、敬而远之、阴暗法则、没救的人
仙道回复旅行者 （获赞数14）	这不是道德制高点，这是道德底线，别秀下限了哥们	道德制高点、秀下限

① 徐玉玉事件：2016年8月21日，因被诈骗电话骗走上大学的费用9900元，山东临沂考生徐玉玉伤心欲绝，郁结于心，最终导致心脏骤停，虽经医院全力抢救，但仍不幸离世。
② 如何看待2016山东考生南邮准大学生徐玉玉被骗钱9900元后，郁结于心离世？［EB/OL］.［2018-11-06］. https://www.zhihu.com/question/49941210.
③ 8月26日17点50分距离女孩死亡5天之后结案了［EB/OL］.［2018-11-06］. https://www.zhihu.com/question/49941210.

续表

网名/评论获赞数	评论(回答)内容	情绪性词汇
傲娇的十二君 (获赞数77)	最后两段真是每一个字读来都让人痛心……	痛心
于夏静 (获赞数78)	我愿意给她补上这些钱,可惜换不回年轻漂亮的女孩儿了	可惜、换不回、女孩儿
derrick 回复旅行者 (获赞数47)	你也够了,一个刚刚高中毕业的女孩子有什么社会经验啊,还说风凉话	也是够了、风凉话
牛百叶回复旅行者 (获赞数64)	透过表象看本质,你与骗子的思考方式没有任何区别,如果骗子内心有愧,说服自己的估计也就只有这句话了:"自己太蠢而已"	骗子、自己太蠢

随着各话语主体的深入互动与话语协商,危机中的事实框架逐步明晰,各种传闻、谣言等也随着各方议程设置逐渐攻破,网络中的自净机制逐渐显现出功用。它帮助网民回归理性表达,形成公民意识。在制度监管与媒介素养培养的作用下,公众逐渐关注于突发公共事件本身,不再人云亦云,一味地宣泄与谩骂,取而代之的是理性研判,独立思考。理性的公众表达、政府话语的权威发布、媒体领袖的集体合力,相互沟通互动、补充,达成互信,将有助于危机进程健康发展。

第二节　意见领袖与粒子公众的二重唱

在突发公共事件中,公众的声音一直都存在,区别只在于在对事件的影响中,这个声音是显性的还是隐性的,是推动了事件的发展还是潜移默化地形成了社会心理作用于将来。对50起突发公共事件的网络结构进行研究后得出,在新媒体加入传播阵营形成传播新格局之后,公众的声音表现得愈加显性,在推动事件传播与发展层面的地位日益重要,开始成为危机传播与危机建构的中介。前者主要指事实层面的传播,后者主要指价值层面的建构。而公众话语的地位提升也在作用于危机涉及的其他主体,在交织相伴的影响中影响了危机传播的整体格局。

研究表明,意见领袖在网络平台上仍然存在,并且这种存在更加强化了其现实社会中的地位。在网络中,意见领袖的身份被"V"的标志固定,相比现实社会更加凸显了人气象征。不带"V"的公众尽管发声零散,且互动较少,但是在零散力量的发挥中逐渐增强了意见领袖的声音,使其被全社会听见,零散的粒子聚合成了网络舆论场。

50 起突发公共事件中公众的声音都存在,研究小组根据对传播关系的研究结果,选择了 25 起①公众主体身份突出、公众话语对事件传播起到重要作用的事件进行具体探讨。探析了意见领袖与公众在不同类型突发公共事件中的角色分类、传播关系、事实层面和价值层面的话语核心,以及不同层面的话语对危机的呈现和建构。

一、用符号区分的意见领袖与粒子公众

意见领袖已经成为传播学领域一个老生常谈的问题,从生成这个概念的美国大选至今已过去几十年,当前却成为中国传播学界不可回避的探讨话题。在当前的网络平台上,意见领袖的地位依然明显,甚至较传统媒体其支配地位更加凸显,原因就在于其身份的公开固化。

公开固化是指对其身份进行符号化标示,这很大程度上是由微博的实践形成的。微博以大"V"的形式标示了在现实社会中具有较多话语权的群体身份,而由于网络平台扩大的是关系网络,因此这种身份的标示明显增加了这些大 V 群体的人气,使其聚拢更多的关注者,而其声音也被更多人听见,这种"更多"可能是线下社会的几何级倍数。公开的身份固化拓展了在线下社会中原本就具有一定话语权的群体的传播范围,增加了其话语影响力。

而作为粒子公众的非意见领袖群体,其最大特征就是分散性。这部分公众每个人都只有很少的关注度,就个人能力而言根本无法形成强大的话语权。但是这些分散的公众都有自己的传播圈,在舆论的形成过程

---

① 本节选取的 25 个研究个案为:哈尔滨宝马肇事案(2003)、西安宝马彩票案(2004)、圆明园湖底防漏事件(2005)、松花江污染事件(2005)、彭宇案(2006)、华南虎事件(2007)、太湖蓝藻事件(2007)、上海磁悬浮事件(2008)、范跑跑事件(2008)、贵州瓮安事件(2008)、家乐福事件(2008)、周久耕天价烟事件(2008)、杭州飙车案(2009)、湖北石首事件(2009)、云南省晋宁县看守所死亡事件(2009)、唐福珍自焚抵抗暴力拆迁事件(2009)、广东番禺垃圾焚烧事件(2009)、张海超开胸验肺事件(2009)、钱云会事件(2010)、"康菲漏油"案(2011)、佛山小悦悦事件(2011)、南京梧桐树事件(2011)、三亚宰客门(2012)、湖北安良百货商场电梯吃人事件(2015)、湖北仙桃垃圾焚烧厂事件(2016)。

中起到了强大的凝聚作用。研究发现,粒子公众的个体传播力量较小,但是中介力量较大。他们将意见领袖的话语传播给其他同样处于分散地位的公众,传播的级数越多,聚拢的话语力量就越大,成为意见领袖声音的扩散器。

传播格局逐渐从以少数人为核心的小团体走向核心话语权日益分散、个体联系愈加复杂的状态。在前微博的网络时代,论坛和博客易突出核心话语的主导地位,形成网络舆论场的"多元小团体态势"①。所谓小团体,就是某些行动者的关系特别紧密,聚合在一起成为次级群体。论坛和博客的小团体并非某些行动者之间的关系密切,而是他们都聚合于某一个主导的中心话语。如在"哈尔滨宝马肇事案"与"西安宝马彩票案"中,基于博客或者论坛等新媒体平台,用户围绕在几个楼主或者博主周围,探讨话题,围绕既定话题拓展。这是发生在前微博时代传播网络的情形,与平台特征不无关系。但是在微博成为事件传播不可或缺的平台的今天,这种以小团体支配传播网络的现象逐渐式微,而形成了多中心的传播网络。

研究结果显示,在突发公共事件的微博平台上存在核心行动者,但是这些核心行动者相对而言更加分散,身份多元化,可以包括媒体、政府、网络大 V、专家、当事人等多元主体。由于发声的公众数量日益增多,零散的声音在传播网络中尽管不十分显眼,但以数量之巨取胜,凭对同一观点的聚合之势影响舆论。

二、处于网络核心的公众

当新媒体赋予了公众的私人话语可扩展为公共话语的权利后,公众的话语逐渐在新媒体平台上占据一席之地,而这种权利也在不断向传统媒体拓展。因此某些事件中公众成为核心信源,参与建构与传播突发公共事件。在这些核心信源中,公众的身份多为当事人、现实社会中具有影响力的网络大 V、专家等。

(一)作为当事人:事实层面的引领

当事人对事件的认知和感知最为直接,是在场者,这部分群体的信息传播较为迅速与直接,同时更能赢得社会的信任。尤其在微博平台兴

① 陈虹.颠覆与重构:新媒体时代的危机沟通[N].文汇报.2017 - 06 - 15(7).

起之后,当事人的话语更容易受到社会的关注。

"张海超开胸验肺事件"①被媒体关注是在 2009 年,这是一个由个人危机演变成公共危机的事件,这里的公共危机更多指向法律关怀的缺失。对此事在新浪微博平台的传播关系研究结果显示,当事人张海超的微博"@张海超-"成为点度中心度值较高的核心信源。在抽取的 303 个微博用户中,其点度中心度值为 11,点入度为 9。张海超作为事件当事人、受害者也是事件发酵的缘起,所发布信息较易赢得公众的信赖,具有较高的主导权。在此事件中,张海超在转发"@中国环境健康安全网"有关事件发展介绍的微博时配上了"一直这么被幸福着"②的感叹,引发了公众关注,这条微博掺杂了自己在维权路上的无奈和对相关部门的不满,其态度在公众的转发过程中得以扩散。另外一条受到广泛关注的微博是呼吁在法律框架内解决职业病问题,"职业病近年爆发了,失控了,期待法律能真正的执行"③。

上述两条受公众关注的当事人的微博都指向了危机的价值层面建构。开胸验肺事件的危机不在于个别公众的健康问题,而是全社会对于职业病的关注和在何种话语下维护公众权益的问题。因此这个事件的危机并不是稍纵即逝的,而是指向社会的制度危机层面,也即价值层面。两条微博并不重点探讨事实层面的事件发展,因为样本的来源已经与2009 年事件的最初发展相距很长时间,但是对于职业病的法律层面的关注尚未完善,因此都是在寻求更加完善的制度体系。

2008 年"汶川地震"中出现了一个"范跑跑事件"④,这是一个在自然灾害类的突发公共事件中出现的道德危机。此事件中,被网友称为"范跑跑"的人叫范某某,就职于都江堰的一所学校,在地震发生时先于学生跑出了教学楼,因此引发公众热议。而范某某就此事写的博文《那一刻

① 张海超开胸验肺事件:2004 年 8 月至 2007 年 10 月,河南新密市人张海超在郑州振东耐磨材料有限公司打工。此后经多家医院检查,诊断其患有尘肺病。2009 年 5 月 25日,郑州职业病防治所的诊断结果为"无尘肺 0 + 期(医学观察)合并肺结核"。2009 年6 月 22 日,张海超自费在郑州大学第一附属医院"开胸验肺",被确诊为三期尘肺病。
② @张海超-新浪微博[EB/OL].[2018 - 11 - 07]. http://weibo.com/u/1918072305? profile_ftype = 1&is_all = 1&is_search = 1&key_word = 一直这么被幸福着#1484203333447.
③ @张海超-新浪微博[EB/OL].[2018 - 11 - 09]. http://weibo.com/u/1918072305? profile_ftype = 1&is_all = 1&is_search = 1&key_word = 职业病近年爆发了,失控了#_0.
④ 范跑跑事件:2008 年 5 月 12 日汶川大地震发生时,时任光亚学校教师并正在课堂讲课的范某某丢下学生先行逃生。随后他在网上发文透露此事,引起网络及印刷媒体的报道与社会关注。

地动山摇》成为公众言论的目标。对此事件的新浪博客传播关系的研究发现，范某某作为当事人成了焦点，他的这篇阅读量和评论量较高的博文也向受众传递了地震的相关信息，但是他并没有成为主导，不论是信息层面还是态度层面，公众对他的关注其实是对他的话语的驳斥。处于网络核心的当事人并没有对舆论产生正向影响，即公众态度与其保持一致，而是对舆论产生了反向影响，对当事人话语的反驳反而形成了较多公众的一致态度。

"杭州飙车案"中，通过对新浪博客的样本分析发现，事件的受害人谭卓的博客成为公众关注的核心。谭卓作为当事人有些特殊，他是受害者，并且在事故中不治身亡，公众对其博文的关注，主要以哀悼的方式在其博文下留言。当事人并没有因其话语对事件发展、舆论产生影响，而是因其身份受到了公众的关注。

（二）符号化的意见领袖

网络大 V 的一个重要特点就是其在线下社会中的地位，他们具有一定话语权，受到的关注程度较高。这一群体掌握的信息资源较多，发布信息的能力较强，易对其他群体尤其是粒子公众产生影响，形成话语中心，因此这一群体的发声在突发公共事件中更加突出。而由于媒体技术的发展，意见领袖在危机传播中的作用路径也开始发生了转变：从核心的主导转向了零散的聚焦。

1. 核心的主导：价值层面的中心

在话语权尚没有普及大部分公众的前微博时代，博客、论坛成为公众发声的平台。这两种平台的特点就是主导角色较为突出，尤其是博客，突出了现实社会中的话语地位。从这两种平台形成的传播关系图中很明显能看到突出的几个主导主体。他们引发了话题，设置了议程，同时一定程度上也形成了情绪、态度的基调。处于核心位置的行动者对其受众具有较强的主导性。

在 2009 年发生的"杭州飙车案"中，公众熟知的 80 后著名作家韩寒、心理学家武志红、记者/专栏作家李海鹏等，成为网络舆论场的核心。以他们的博客文本为话语核心，公众针对博客内容进行评论与转发。同样，在 2004 年发生的"西安宝马彩票案"中，十年砍柴、王新禧等成为高关注度的楼主。这些核心的主导者在价值层面的建构远大于事实层面，对事件的评论往往带有对危机管理者、对某些社会阶层的不信任、讽刺以及愤怒的情绪,而这种情绪和态度对公众的影响较大,奠定了舆论的倾向。如在"杭州飙车案"中,韩寒对专家鉴定结果的质疑、对网络上有关富二代群体的讨论的看法等,具有理性和思辨性,在获得公众关注的同时,也获得了公众的赞同,因此在此次事件中韩寒不仅是一个信息中心,也是一个态度中心。作为此事件中受害者谭卓的校友贾也在事件发生的 2009 年写过一篇《为了拾起的纪念——纪念谭卓君》的博文,并没有受到太多关注,但是案发 5 年后当杭州飙车案中的涉案者再次犯案时,贾也写的《贾也:欺实马事件的一场另类祭奠》发布在新浪博客和天涯论坛,获得了公众的关注,新浪博客中有 17 000 多次的阅读量,而天涯论坛中更有 69 000 余次的点击和 400 多次的回复。全文的主要内容是抨击中国惩治机制的缺失,质疑所谓有权有势者凌驾于法律之上,并感叹当代社会道德的缺失。这些带有强烈情绪的评论影响了公众的态度,绝大部分的回帖呈现了公众的愤怒。

2. 零散的聚焦:事实与价值并置,后者更易形成舆论

微博时代开启了多元中心传播网络的构建。人人都可发声并不代表平权时代的到来,在新媒体注入的舆论场中,仍然存在支配与被支配的关系,只是这种关系更加隐秘。网络舆论往往依托符号化意见领袖的发声及其追随者的声音扩散形成。

在"江苏启东王子制纸事件"抽取的 319 个用户中,点度中心度排名前 10 位中有 5 位都是网络大 V,如"Jimmyzy""西岳-布丁他爸""陈中"等,其身份有媒体负责人、集团创始人等,粉丝数量都在 20 万左右。这些网络大 V 主要表达了对涉事企业的抗议以及对政府处理事件、媒体对事件反应速度的态度,对涉事企业以及政府处理事件的态度具有负面倾向,"应该关闭王子! 轰走倭寇!""每次一定要闹那么大才取消嘛"是网络大 V 对此事件的态度立场,而具有一定负面态度的微博却获得了粒子公众的大量转发。

符号化的意见领袖的舆论动员作用日益凸显。在"南京梧桐树事件"中,社会网络分析的结果显示,黄健翔、海清、陆川、梅婷等人成为核心行动者,扮演了信源、信息中介等多重角色,这些网络大 V 的粉丝都有几百万甚至千万,形成了强大的动员力量;当地媒体人如青衣墨子等也成为重要的信息转发者。黄健翔是此次事件中重要的行动者,发了 20 余条微博,从对砍树行为的不满,到建群、通过微博动员保护梧桐树,给

政府提供建议,传播事件处理结果,其微博基本贯穿了事件发展的全过程。而其中同时涉及了事实层面的信息传播以及价值层面的建构,形成了对舆论的积极正向的引导。

(三)粒子公众

在核心行动者身份尚未被符号化的论坛和博客阶段,有些受到公众高度关注的楼主身份尚不明朗,在这些信源传播的信息中,可以看出其内容属性对社会公众的引导,而其身份属性的影响可暂放一旁。如2003年发生的"哈尔滨宝马肇事案",受到公众广泛关注的论坛文章中,都凸显对司法不公的愤怒以及对相关政府部门的不信任,而对回复者的态度分析结果发现,这种不信任具有蔓延趋势,形成了网络舆论的整体倾向。在这一事件中,对当地政府的信任危机是主要的危机指向,传播网络中的核心行动者并不是信息的中心,而是态度中心,即他们通过事实层面上的呈现,包括媒体采访的细节、判决的结果等信息的传播,进而形成了负面的态度倾向,以及价值层面对司法体系、对当地政府行为的不信任的表达,奠定了舆论的基础。

而公众不仅是事后的评论者,有时也成为事件转变为公共议题的主要推力,"周久耕天价烟事件"①正是在公众力量的推动下发展的。事件从对周久耕就房地产相关言论的曝光开始,公众对其言论持负面态度,之后有网友将其抽天价烟、戴名表的行为在论坛上进行曝光和传播,政府介入调查、处理,在此过程中公众话语被不断放大,体现了公众的监督力量。"周久耕事件"最早在网上的发酵起源于网友"小花半里"在"焦点房地产网"上发出《八问江宁房产局周局长》的帖子,引起了网友的关注,这个帖子之后被转载到天涯社区,点击量达到2000多。事件的第二个转折点是"天价烟"一帖登上"天涯社区"网站头条,成为全国性新闻话题。对天涯社区论坛的社会网络分析研究结果显示,对周久耕言论的批评以及对其贪腐行为的讽刺内容得到了众多网友的关注,这些内容都是态度大于信息的建构,态度倾向十分明显,对公众回复帖的分析得出回复帖态度与原帖态度倾向一致,说明作为核心行动者的粒子公众在价

---

① 周久耕天价烟事件:2008年12月10日,时任江苏省南京市江宁区房产管理局局长周久耕一句"对于开发商低于成本价销售楼盘,下一步将和物价部门一起进行查处,以防止烂尾楼的出现",将自己推到了舆论的风口浪尖上。其不当言论引发公众对其履职行为的关注和质疑,随后他的腐败问题亦被曝光。

值层面对舆论的形成具有较大的影响,而这种影响建立在社会心理基础之上。新中国成立初期,利益群体多元的诉求无法得到及时满足,加之社会问题层出不穷,对公众的心理造成负面影响,因此在政府行为、政府官员行为不当时,公众的负面情绪易被激发,并且易产生共鸣,形成具有负面倾向的舆论。

事件现场的粒子公众最易成为公众关注的对象,由于其在场,因此容易获得公众的信任,而更多细节的描述也将成为危机建构的重要来源。广州"7·15"公交爆燃事件中,微博账号"@咕叮"是在事件发生后第一个发布事件微博的人。作为目击者,他首先发布了第一条现场微博,在事实层面传播了此次事件的信息:

> 广州大道301公交车突然爆炸,火光迅速蔓延整台车,车上滚下来着火的三人,不知伤亡情况,汽车迅速烧成废铁,场面混乱恐怖。①

该微博配有三幅现场图片。这一信息成为之后诸多媒体、大V转发的信息,"@南都广州""@新闻晨报"等对其消息的转发扩大了其信息传播范围;同时通过其他粒子公众的连接,也有网络大V转发了其信息,如"@黄濑凉太的中介""@动漫速递V"转发了这一信息。媒体和网络大V的关注迅速将事实层面的信息传播出去,"@咕叮"也成为此事件中的核心行动者。

对"@咕叮"的微博属性进行分析发现,其粉丝数量很少,只有几百个,并不具有突出的影响力,但是由于该公众作为在场者,同时又有图片为证,因此成为较具真实感的信源。同时媒体、网络大V等的转发使其信息影响力迅速提升。从中也可以看出粒子公众在舆论场中形成影响力的重要条件,就是与符号化标示的意见领袖主体的互动。

粒子公众在危机传播事实层面的核心地位的建构,最重要的是其在场性或者参与性,他们对事实层面的建构往往容易获得公众的信任,而在公民新闻日益兴起的今天,媒体对这些信息的关注及传播往往扩大了粒子公众在传播网络中的影响力。在前微博时代,价值层面的建构往往

---

① @咕叮新浪微博[EB/OL].[2018 - 11 - 09]. http://weibo.com/u/1802565404? refer_flag = 1001030102_&is_all = 1&is_search = 1&key_word.

是在社会心理契合上的相互影响,而在微博平台上,粒子公众的价值层面易受到具有符号化标示的意见领袖的影响。

三、作为中介桥梁的公众

鉴于网络平台上公众的队伍日趋扩大,话语力量不断增强,因此公众作为舆论场形成的重要中介人的作用已成为危机传播必须重视的事实。事件发生后,即使大部分公众不在现场,但对其他各种渠道的信息进行传播的实力却不可小觑,无论是事实还是谣言,在经过公众放大后都可能成为影响事件发展的关键因素。

（一）网络大 V

在微博平台上,网络大 V 的粉丝数量甚至超过媒体,因此在一些突发公共事件中,即使他们不是一级信源,但是却具有对信息资源较大的掌控力,成为信息传播中无法忽略的中介。

在"上海外滩踩踏事件"中,演艺界知名人士孙俪、刘涛就成为传播网络中的中介因子。"@央视新闻"中有关此次事件中死亡者名单的公布得到了孙俪微博账号"@turbosun"的转发(原微博现已无法查询,只能看到转发的"@上海发布"的内容),之后刘涛微博账号"@刘涛 tamia"也转发了这条信息,得到了 2000 多次转发,1000 多次评论。尽管二人的转发数量及评论数量都没有超过"@央视新闻",但是也对粒子公众起到聚焦关注的影响。

（二）粒子公众

粒子公众对舆论形成起到了重要的辅助作用。尽管粒子公众的发声力量并不如网络大 V 那样强大,在微博这样的公共话语平台上也只受到几百或几千的关注,但是零散的粒子聚合在一起就是建构整个网络舆论场不可或缺的力量。毕竟网络大 V 的数量有限,他们的声音被听见也只有通过零散粒子力量的聚合才能实现。粒子公众凭借微弱的关注度对网络大 V 的声音进行了传播,成为重要的舆论中介桥梁。

在"钱云会事件"中,发现传播网络中中间中心度较高的前十位都是粒子公众,这些公众的微博粉丝量都只有几百或者几千,并不是名人大 V,但他们却成为信息传播的中介点,将意见领袖的话语通过自己分散的力量进行传播,这种多路径的分散最终聚合成了网络舆论场,甚至影响了线下舆论场。

"张海超开胸验肺事件"中,公众同样是重要的连接点。在这个事件中,媒体是最主要的核心信源,"@人民日报""@青年时报""@新华社"等传统主流媒体基于其媒体公信力在此事件中成为主导话语者;"@头条新闻""@新浪视频"等基于网络平台发展的媒体以其高受众到达率也是信息的主要来源。这些媒体围绕张海超因病面临死亡、为与他有相同职业病的病友争取权益、当地民政部门取消其低保等发布的信息都受到了公众的关注。媒体间的信息流转程度相对较高,中央电视台《看见》栏目播出的《沉默的呼吸》是媒体在微博平台上援引的主要信息来源。栏目的深刻性、对事件的深入剖析吸引了公众的目光。政府在事件处理中存在的问题是引发公众高转发量的重要主题。而当事人和全国性公募基金会(@大爱清尘-山西)也是重要的核心信源。但是在中间中心度的考察中,排名前十位的主体身份中,粒子公众和专家占据了主要位置,粒子公众将当事人与专家进行了连接,专家又将信息传播给大多数的粒子公众。

而在"南京拯救梧桐树事件"中,粒子公众的桥梁作用也十分突出。尽管中间中心度的分析结果显示,排名前十位中,网络大V的数量居多,占有更多的信息资源,但是粒子公众的席位较点入度和点出度排名前十的均较多,他们将网络大V的信息传达给其他公众,这也说明粒子公众在沟通他者信息时占据了一定的地位。

四、传播关系中的舆论形成

对25起突发公共事件进行社会网络分析及文本分析后得出,网络舆论中存在较为明显的核心行动者及一般行动者,可以将其分别看作意见领袖群体和一般群体。在前微博时代,核心行动者较为集中,传播关系较简易;而微博时代的传播关系更加复杂,核心行动者的数量及分散程度都有所提高。处于传播网络核心的行动者不一定是态度的中心,即不是所有的核心行动者都会影响舆论,需要依据其传播内容而定。

(一)核心行动者聚焦中的舆论:价值层面的引导

前微博时代的传播网络中,核心行动者的影响力较大,传播关系也较单一,基本是核心行动者发布内容,受传者发表观点。并且核心行动者对受传者的影响较大,受传者的情绪、态度及观点很大程度上与核心行动者保持一致。如图5-1所示,A、B代表一个事件当中的核心行动者,a_1、a_2、a_3、a_4代表围绕在核心行动者 A 周围的粒子公众。实线箭头代表普遍的传播关系,即 a_1、a_2、a_3、a_4关注 A 的信息,b_1、b_2、b_3关注 B 的信息,并与其发生信息互动,如转发或者评论 A 或 B 的内容。虚线箭头表示可能存在但是不常出现的传播关系,如同样关注 A 的信息或者转发 A 的内容,a_1 与 a_2 之间可能也存在信息互动。再如 a_4 的角色,可能成为两个核心行动者之间的桥梁,如 a_4 可将 A 的信息传播给 B,而 B 发布信息后重新建构了以自己为核心的传播网络。在这种类型的传播网络中,核心行动者在价值层面上的建构往往更能受到关注,尤其是建构的反话语空间更能获得公众的认同,成为舆论形成的影响者。

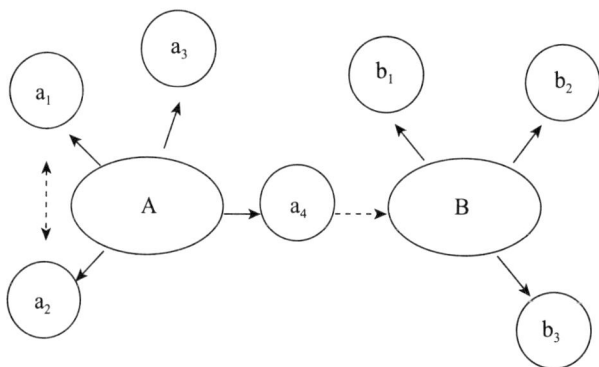

A、B为核心行动者, a_1、a_2、a_3……代表围绕在核心行动者A周围的粒子公众, b_1、b_2、b_3……代表围绕在核心行动者B周围的粒子公众。

图 5 - 1　危机传播中的公众传播关系

但是核心行动者能否影响一般行动者也需视核心行动者的身份和内容而定。有时核心行动者既是信息中心也是态度中心,但是有时可能完全不能影响舆论。比如"范跑跑事件"中的当事人范某某,尽管其博文受到关注,在传播网络中处于核心,但是他的态度并没有影响公众,相反反对他观点的公众达成了一致,形成了与核心行动者观点、态度相反的舆论。

在核心行动者聚焦的传播网络中,价值层面的传播更能引发公众的关注。由于很多突发公共事件都涉及政府,因此对政府行为的质疑、批判就成为突发公共事件中常见的信任危机,信任缺失成为价值层面的传播主旨。而核心行动者的这类传播往往获得粒子公众的认同,这是社会过渡时期的社会心理影响的结果。

（二）多元核心复杂关系中的舆论：事实与价值的共进

微博是形成多元核心复杂关系的平台。由于行动者身份的多元及平台的传播特性，行动者之间的传播关系更加开放，同时也更加分散。但是在这样的传播关系中，仍然存在掌握丰富资源的核心行动者，也即意见领袖群体。充当意见领袖的行动者身份主要集中在当事人、符号化规定的网络大 V、掌握丰富信息的粒子公众三种类型中，具体的传播关系如图 5 - 2 所示。尽管媒体在三种类型的传播网络中均处在较重要的位置，但是由于本章主要进行的是公众研究，因此仅把媒体标示在其作用最为明显的第三种类型，而其他两种类型中并没有标示媒体的节点位置。

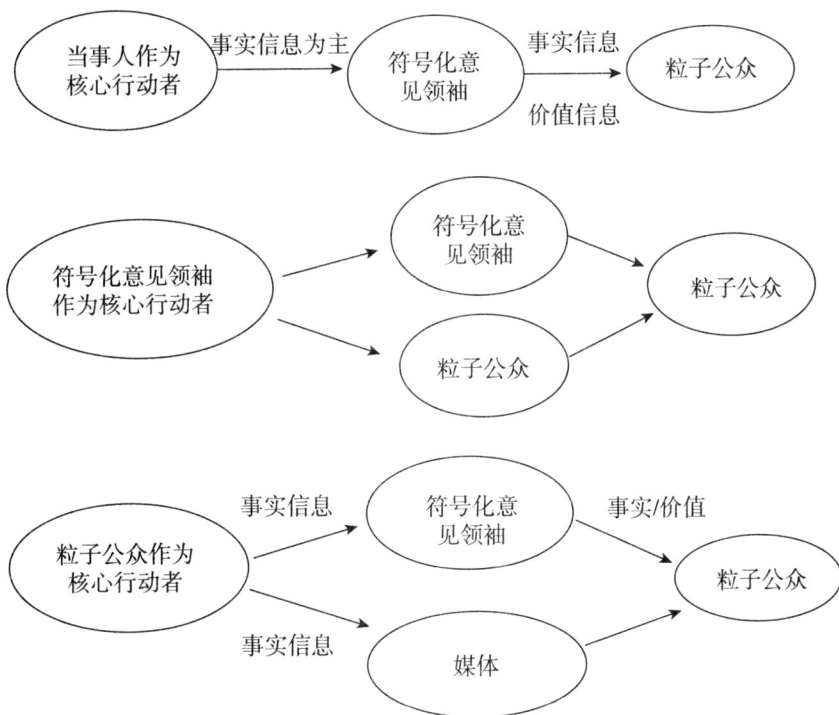

图 5 - 2　多元核心复杂关系中的公众话语

在当事人作为核心行动者的传播网络中，当事人最先传播的通常是事实信息，而他们的在场身份也为赢得公众对事实信息的信任提供了保障。部分当事人也会传递价值层面的信息，如呼吁法律制度的完善等，但是如果当事人为粒子公众时，当事人的传播范围通常依赖符号化意见领袖及媒体的帮助进行拓展，价值层面的传播也需要符号化意见领袖的整合力量方能影响政府议程。

在符号化意见领袖作为核心行动者的传播网络中，意见领袖由于其符号化规定的特征，因此本身就具有较强的传播能力，以他们为中心四散发射出去，并且符号化意见领袖之间的互动程度相对较高，如"南京拯救梧桐树事件"中网络大V之间的信息流动，因此在这一类型的传播网络信息的扩散中，中间人多为符号化意见领袖和粒子公众。这一类型的核心行动者往往更具理性，因此价值层面的传播是这一群体逐渐形成的聚焦层面，引导舆论形成的过程中将价值层面的信息蕴含于其中，形成舆论。

在以粒子公众作为核心行动者的传播网络中，粒子公众主要指其既非事件的当事人，又非网络平台中具有符号标示的意见领袖，这部分群体主要因其在场旁观者身份或掌握的信息资源较多而成为传播网络中重要的信源。因此其事实信息的传播更易受到关注。同时因其传播范围的局限性，因此需要依托符号化意见领袖及媒体的传播而放大其传播范围。

（三）公众在深化危机还是试图消解危机

公众在危机传播中，更多地扮演了建构危机、深化危机的角色。通过对传播关系的分析发现，核心主导地位的话语一般涉及两种：第一为当事人，能够使危机显性化，用亲身经历说明当前社会存在的问题，比如"张海超开胸验肺事件"中，当事人就用其维权的不易及无法获得法律保护的经历说明我国职业病相关法律体系及监管体系的不完善；第二为网络大V，他们可以对事件根源的剖析指向社会问题的根本，以其自带的专业知识或影响力将自身的认知传播给众多粒子公众，从而形成公众对问题根源的惯性反应。如在很多突发公共事件中公众表现出的不信任，成为其惯性思维，很多公众并不了解真正的问题在哪里，但是不信任的态度已经深入意识。

在危机传播中，价值层面的信息更易获得公众的关注和转发，尤其是具有批判意识的信息更易得到传播，而这种信息往往都在揭露社会存在的问题或问题产生的根源。但是这种剖析在事件发生初期带有较多的情感色彩，并非完全的理性和科学，因此这种信息的传播更易形成消极的社会情绪，深化危机。

第三节　公众话语建构与意义指向

公众是危机传播的主体也是危机传播的重要对象,决定了危机传播效果。网络是现阶段公众话语的基本载体,而公众话语则是公众舆论的具象体现。在突发公共事件中,公众是否有固定的针对主体,公众建构了哪些话语框架、形成了怎样的危机认知,这对于政府、媒体、企业等进行危机应对具有重要的指导意义。本节结合"毒胶囊事件"[①]、"温岭袭医事件"[②]、"南京官员殴打护士事件"、"'4·10'兰州自来水苯超标事件"、"杭州飙车案"等个案研究和话语分析的研究方法,通过对突发公共事件中公众话语表达的高频词、主要议题、主要话语指向进行分析,探析网络社会中公众在危机传播中的主要话语框架及其意义指向。

一、公众集体记忆构建危机语境

新媒体时代,公众可以从不同渠道,以不同形式发表自身意见,通过自身经验与知识体系实现公众话语赋权。特别是社交平台的兴起,公众作为重要的信息源,往往较其他话语主体更为迅速地呈现相关突发公共事件的信息资源,进而为危机语境定下最初的话语基调与态度导向。基于网络空间的舆论表达,个体的危机认知积累成有关某一类突发公共事

---

① 毒胶囊事件:2012年4月15日,央视《每周质量报告》节目《胶囊里的秘密》,对"非法厂商用皮革下脚料造药用胶囊"进行曝光。报道称,在前后长达8个月的调查中,记者走访了河北、江西、浙江等地的多家明胶厂和药用胶囊厂,发现河北学洋明胶蛋白厂和江西弋阳龟峰明胶公司两家明胶生产企业,采用铬超标的"蓝矾皮"为原料,生产工业明胶,然后套上无任何产品标志的白袋子包装,通过一些隐秘的销售链条,把这种白袋子工业明胶卖到浙江新昌地区,作为原料生产加工药用胶囊。这种被检出铬超标的药用胶囊最终流入国内多家药厂,做成了各种胶囊药品。随后,根据调查中掌握的线索,记者分别在多个省份对药店销售的胶囊药品进行买样送检。检测项目主要针对药品所用胶囊的重金属铬含量。检测结果显示,包括修正、通化金马、长春海外制药、吉林省辉南天宇药业等知名厂商在内的9家药厂生产的13个批次的药品,所用胶囊的铬含量均超过国家标准规定,其中超标最多的达90多倍。

② 温岭袭医事件:2013年10月25日上午8时许,曾是温岭市第一人民医院病患的连恩青因对手术结果有异议,窜到医院用匕首将3名门诊医生捅伤,其中耳鼻咽喉科主任医师王云杰因抢救无效死亡。案发后,连恩青被刑拘。2014年1月27日,浙江省台州市中级人民法院对温岭"10·25"袭医案做出一审判决,以故意杀人罪判处被告人连恩青死刑,剥夺政治权利终身。2015年5月25日,浙江温岭袭医案凶犯连恩青被执行死刑。

件的集体记忆。由食品安全、环境污染、医患关系、"仇官"、"仇富"等社会议题引发的突发公共事件不断进入公众视野,每当有类似的突发公共事件发生,都会形成公众的议题注意和情绪唤起。大众媒体和公共舆论对于这些议题的话语建构往往充斥着负面情绪的宣泄①,而使风险本身成为一种"情感"②,构建出公众对同类型突发公共事件的集体记忆与危机认知。

(一)公众话语设定危机话语基调

近几年,我国医患纠纷所引发的危机频频发生。高频率的伤医事件俨然已成为影响社会稳定和国家安全的重要因素之一。"温岭袭医事件"与"南京官员殴打护士事件"两起突发公共事件都起于网友微博爆料,在危机爆发前期为危机语境设定基本基调与态度倾向。

在"温岭袭医事件"中,由在事发现场的市民及医护人员通过微博等社交平台爆料称,温岭医院发生医患纠纷,一名患者持刀捅伤三名医生,造成一死两伤。其中微博网友"@细碎的浅浅念"(后改名为"@素染半笺")以文字配现场图片的话语表达形式发布有关事件的相关信息,并"@"名为"我的病人家属是极品"③微博用户。"@细碎的浅浅念"虽为普通微博用户,粉丝数量仅过200,但该条微博却得到近500次的转发与讨论。随后,该条微博得到"@我的病人家属是极品"的转发,他通过设置#温岭杀医事件#微博话题,描述抢救现场情况,并将议题与2011年相关事件进行关联,引发公众广泛讨论(如图5-3所示)。

至此,危机正式爆发并迅速发酵,众多网民参与事件的讨论,其关注的主要议题涉及对于医务工作者的同情,在这一阶段中公众话语的情感框架的呈现要多于事实框架的构建,如:

@怪_花太香:医生不是公务员,三甲医院专家门诊,一天看100病人,上班8小时,平均5分钟看一个;一台大手术需要

---

① SCOTT I M. Green symbolism in the genetic modification debate[J]. Journal of agricultural and environmental ethics,2000,13(3):293-311.
② LOEWENSTEIN G F,WEBER E U,HSEE C K,et al. Risk as feelings[J]. Psychological bulletin,2001,127(2):267-286.
③ 该用户虽不是微博认证用户,但具有超过6万的粉丝,发布微博的内容均关注医疗议题,是微博平台中较活跃的用户。

做几小时,中间不吃不喝不撒,你有了解过吗?①

　　@小白蘑菇mushroom:今后不再会因为病人放弃自己的家庭,我会关注自己的健康,当疲累时我要停下来休息;我不会再苦口婆心地规劝顽固的病人,对于不信任我的病人,我将不再接诊;对于仇视医院及医生的病人及家属,我们将建立黑名单,远离他们,避免收治!医生只是职业,不值得付出所有,甚至生命!②

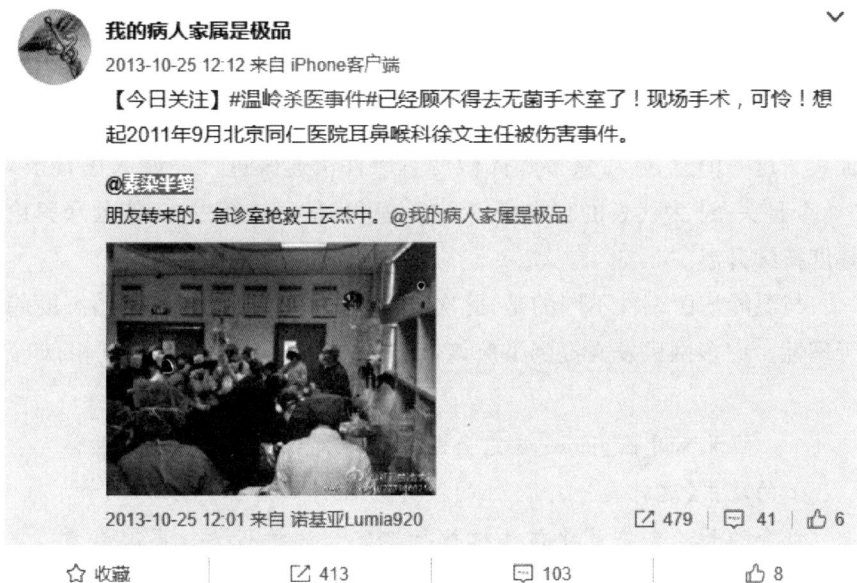

　　图5-3　微博用户"@我的病人家属是极品"对"温岭袭医事件"的信息呈现③

　　但也有一部分公众站在涉事患者的话语立场,对医务人员进行批判,认为患者杀人一定有隐含的原因,如:

　　@yipin珠宝私房定制:那个杀人犯自己也是病人,杀人必

①　原微博已删。
②　@小白蘑菇mushroom新浪微博[EB/OL].[2018-11-12].http://weibo.com/1022347312/Ag9Mo49av? type = comment.
③　@我的病人家属是极品新浪微博[EB/OL].[2018-11-12].https://weibo.com/1452677995/AfDm8pxL8? from = page _ 1005051452677995 _ profile&wvr = 6&mod = weibotime&type = comment.

有原因。①

@在线飞啊飞:医生是制度的执行者,现行制度也造就了一大批贪官,难道你能说我们应该去关心制度,而不要去关注贪官,他们也是制度的受害者吗?老实说现在的制度管贪官比管医生严厉得多,贪官有纪检管有司法管,医生没人管,所以老百姓自己动手管。②

而在"南京官员殴打护士事件"中,2014年2月25日,由微博用户"@生殖医学专家老钱"(公众身份认证:南京医科大学第二附属医院助孕中心主任)曝光鼓医集团口腔医院护士被打,确诊结果为心包胸腔积液。几个小时后的2月26日凌晨,南京市口腔医院二门诊的官方微博证实了这一消息,随后众多媒体微博对事件快速跟进,以"@人民日报""@今日头条"为代表的官方媒体对相关事件信息进行发布,使公众舆论热度持续升温。

与温岭伤医事件不同的是,此次危机事件中的公众话语情感态度趋于理性。许多网民发文提到了应该依法严惩行凶者,公布事件真相,如:

@北京牙医_jade:这完全是恶意地对医生、护士进行身体上的攻击,这就是一个恶性的事件。让行凶者立即承担刑责。社会的长治久安是要靠法律执行者完全的执行力。再次谴责类似伤医事件。③

@格锐杨:医患矛盾夹杂公职、媒体背景,网络传播群体对立,无情撕裂社会肌体,没有谁是胜利者,更没有谁是局外人。惟尽快公布真相、做出合理处置方可止争、息怒。④

3月4日,全国政协委员温建民的一段话在网上引起公众的关注与

① @yipin珠宝私房定制新浪微博[EB/OL].[2018-11-12].http://weibo.com/3778154525/AgacUqyYR? type=comment#_rnd1448256380652.

② 原微博已删。

③ 原微博已删。

④ @格锐杨新浪微博[EB/OL].[2018-11-12].http://weibo.com/2574301272/AyxbSoQc7? type=comment.

解读,他说:"现在两个打人者居然还没拘留。为什么不拘留?"①随后官方正面回应,做出对当事人"一人免职,一人刑拘"的处理决定,减少了公众的负面情绪,也树立了政府较好的形象。微博用户"@烧伤超人阿宝"(公众身份认证:北京积水潭医院烧伤科主治医师)转发并辅以评论"正义会迟到,但绝不会缺席!"②对政府相关部门的回应做出较正面的评价。从两起突发公共事件可以看出,微博等社交平台的出现使得民间舆论场的效应逐步扩大,公众建构的话语框架与话语表达逐渐受到重视,影响着事件的危机话语表达议程与危机话语传播效果。

(二)同类型事件的反复出现不断累积公众负面情绪

从 2000 年"毒瓜子"事件开始,毒奶粉、苏丹红、瘦肉精、三聚氰胺等众多危害身体甚至生命的食品安全事件不断进入公众视野,食品安全问题成为公众关心的热点舆情,在诸多事件不断发生后,公众对于监管部门的认同度和信任度急剧下降。2011 年,《中国青年报》社会调查中心进行了一项食品安全监管调查,共调查 3802 人,结果显示,95.4% 的人认为当前食品安全监管领域中普遍存在"被动执法"现象;82.1% 的人认为应严惩食品安全监管失职行为;93.7% 的人表示"被动执法"等食品安全监管问题的出现,降低了他们对相关监管部门的信任度③。药品安全事件也不断出现,齐齐哈尔第二制药有限公司假药事件④、"欣弗"事件⑤、"A 型肉毒素假药"事件⑥等,影响了公众对药品安全的信任。此时公众已经对政府相关部门的不作为产生了普遍的负面情绪,尤其对监管

---

① 观察者.政协委员温建民:13 年间 30 名医生护士被患者家属所杀世界罕见[EB/OL].[2018 - 11 - 13].http://www.guancha.cn/society/2014_03_05_211127.shtml.
② @烧伤超人阿宝新浪微博[EB/OL].[2018 - 11 - 13].http://weibo.com/1458470903/AzqVMoW7A? from = page_1005051458470903_profile&wvr = 6&mod = weibotime&type = comment.
③ 调查:近 9 成人认为监管部门应对食品安全事故负主责(1)[EB/OL].[2018 - 11 - 13].http://news.china.com/domestic/945/20110517/16544393.html.
④ 齐齐哈尔第二制药有限公司假药事件:2006 年 5 月,齐齐哈尔第二制药有限公司生产的"亮菌甲素注射液"流入市场,导致多名患者肾功能衰竭,甚至严重致多人死亡,造成严重的医疗事故。
⑤ "欣弗"事件:2006 年 7 月,由于安徽华源生物药业有限公司违反规定生产,青海西宁部分患者使用"欣弗"后,出现胸闷、心悸、肝肾功能损害等严重不良反应,随后,广西、浙江、黑龙江、山东等地也相继出现了相同药物所引发的不良反应病例。
⑥ "A 型肉毒素假药"事件:自 2016 年 11 月以来,湖南、辽宁、福建、广东、青海、吉林、黑龙江等 10 余个省市销售大量假药及未经注册医疗器械,包括注射用 A 型肉毒素、进口维 C 注射液假药,仅近 6 个月涉案金额达 3000 万元。

部门没有阻止事件的一再发生产生不满,但是这种不满情绪经过多次事件的发酵逐渐分离出了无奈,因此在公众话语中虽然愤怒是主导情绪,但是公众话语的表达中充满了戏谑的形式。

"毒胶囊事件"之所以引发了舆论热潮,除了事件本身的恶劣性质之外,其所涉及的范围之广也成为微博引发公众舆论热潮的原因,此次事件利益潜在受害公众遍及全国,但是这种普遍性的利益伤害也在一定程度上较为平均地分配了风险承担,因此一定程度上防止了公众的负面情绪因部分群体风险程度较大而造成激化,但也建构了公众话语内部的统一协调,形成了公众话语对抗政府和企业话语的局面。

除了食品安全问题,由环境污染引发的突发公共事件近年来也频频发生。如在"'4·10'兰州自来水苯超标事件"中,在对当地政府危机处理能力与相关责任主体话语表达的态度上,网民充满着愤怒、质疑与担忧,反映出公众对当地政府和涉事企业的不满情绪:

> 公用事业引进外资到底为了啥?换来什么结果?就为向外资释放红利?代价又是什么?
> 为什么发现污染十几个小时才通报,得有多少老百姓喝过污水?
> 威立雅简直就是戕害生命的罪犯!
> 你们把百姓当什么了
> 水务开放结果:涨价、含毒,百姓遭殃……

这些话语表达都在控诉自身利益受到严重损害。危机出现后由于地方政府及相关涉事企业的消极应对,致使公众负面情绪不断积累,危机进一步扩大。

二、公众话语的情绪化表达构建危机认知框架

后真相时代背景下,"客观事实在形成舆论方面影响较小,而诉诸情感和个人信仰会产生更大影响"[1]。情绪化表达是公众话语的主要表现。由突发公共事件引发的危机经过媒体等话语主体的议程设置,多个"刺

---

[1] Oxford dictionaries. Word of the year[EB/OL].[2018-11-10]. https://en.oxforddictionaries.com/word-of-the-year.

点"形成而被突显出来,形成对公众情绪的刺激。因而,在危机传播的过程中,公众话语往往基于自身的利益诉求,采取情绪化的表达方式构建对危机的认知框架。

(一)情感议题主导的公众话语凸显危机归因归责

同样是有关医患关系的突发公共事件,"温岭袭医事件"与"南京官员殴打护士事件"两起突发公共事件的公众话语呈现出不同的话语框架①。具体而言,在"温岭袭医事件"的全部263条有效样本中,议题涉及事件事实的有68条,对事件进行解读的共168条,纯表情的共27条。在发表观点的所有微博议题中,主要议题指向依次为:对受害医生表示同情和哀悼,对医务工作者表示支持与关心(18%);相关部门应对不利,应对事件进行反思(18%);医生难做(16%);现行社会医疗体制与法律不完善(12%);对政府、相关部门、媒体表示不满(10%);医患关系已成社会突出问题(9%);严惩行凶者(6%);对网友的无动于衷甚至欢呼感到失望(4%);质疑医务工作者(1%)及其他(6%)。而在"南京官员殴打护士事件"的全部409条有效样本中,发表观点的共302条,陈述事件的共77条,纯表情的共30条。在发表观点的所有微博中,主要议题指向依次为:强烈谴责,严惩行凶者(33%);相关单位信息公开不透明,袒护官员(18%);对官员、各相关单位等的质疑与讽刺(11%);医患问题长期存在,对现状感到担忧(8%);质疑媒体沉默或报道不够真实客观,过度炒作(8%);相关制度、法律不够完善,应该反思(6%);关心护士伤情,祝福护士,同情支持医护工作者(6%);质疑医务工作者,医院疑夸大伤情(4%);医患双方应具理性,公众应客观(3%)及其他(3%)。

根据以上分析可以看出,前者主要集中于对受害医生表示同情与哀悼及对事件与医患关系问题进行反思等方面;后者的公众话语则主要集中于呼吁严惩官员夫妇,质疑相关部门袒护官员等方面。虽然在话语议

---

① 本部分的数据资料整理由研究小组成员张楚黛完成。对于公众话语的选取主要来源于"新浪微博",研究样本全部来自新浪个人认证用户微博。研究选取个人认证用户微博的主要原因有二:一是个人认证用户一般拥有数量较多的关注者,因而其在一定程度上充当了意见领袖的角色,其观点在众多微博用户中较具代表性;二是个人认证用户身份信息较为明确,便于在分析过程中对不同观点发表者的身份进行统计。对两起事件分别采用分层抽样方法,去除无效样本,温岭事件共获得有效样本263条,南京事件共获得有效样本409条(公众在微博中使用表情图像也是一种重要的表达手段,因而针对两起突发公共事件的样本统计过程中将不发表任何文字内容,单纯使用表情的微博也纳入了研究范围)。

题设置方面有所侧重,但事件中的公众话语均关注情感性议题,并凸显危机传播中的归因归责框架。两起事件传播过程中公众话语所表现出的上述特点与当前医患关系紧张的大背景,医患纠纷事件中的舆论标签化现象,仇官、仇富的网络社会生态,相关部门应对不利,媒体未尽责任等因素息息相关。

(二)多元形式公众话语呈现戏谑式话语表达

新媒体的发展使得更多的危机曝光在公众视域。网络舆论参与度也随着突发公共事件的时有发生而日益高涨。视觉文化景观在这样的场域中逐步凸显,其传播图像意义的形式与手段使得公众有了话语表达的权力。公众在图像话语建构与传播的过程中,通过"戏谑""拼贴"等方式,以自身构建出的话语框架来消解权威的政府话语效能,进而重构公众个人话语权,呈现出公众话语表达的独特视角,推进突发公共事件的发展。

"杭州飙车案"中,网络舆论针对肇事者身份、官方信息发布、司法量刑等议题展开积极讨论,并在归因归责的话语框架建构中发挥重要作用。首先,在此次突发公共事件发展的过程中,有消息称肇事者胡斌为市领导的儿子,这一信息迅速唤起公众对于"仇富""仇官"的负面情绪,引发大多数网民对于"官二代""富二代"的强烈谴责与热议(通过媒体调查以及网民的人肉搜索,民众发现肇事者系杭州本地富商之子,且有数次超速违例的前科)。涉事主体身份的特殊性也让公众更加关注到危机的定性与处理。在许多网站的媒体报道中,多引用网友绘制的漫画对事件进行解读,如图5-4所示。

两幅漫画均采用"图画+文字"的形式,简明扼要地呈现出此次交通事故的性质。图5-4中,左图涉及三个代表人物:肇事者、警察以及网友。可以看到在这幅漫画中,制作者将政府话语(警察)与公众话语(网友)置于相同的话语场,从一个侧面暗示出公众话语权的提升,公众在突发公共事件传播中有了一定的表达空间,进而影响着官方话语与行为应对进程。画中肇事者跪在地上,用钱把自己的脑袋蒙上,背上清晰地写着"富二代"三个字。漫画制作者通过对肇事者的肢体及文字描画,加深了网友对于"富二代"形象的刻板成见,漫画也构建出一个基本的意义框架,即由一起交通事故引发的对于"官二代""富二代"素质的负面评价,就像右图中,肇事者在撞到人后,站起来,生气地说道:"麻烦,又要花一大笔钱来摆平。"通过图像话语的表达,给公众建构出这样的议题框架:大多数交通事故的肇事者身份多与富家子弟联系在了一起,这也为由此次事件形成的次生危机的发酵埋下伏笔,引发公众的持续关注与讨论。

图 5-4　"杭州飙车案"中的漫画①

同时,由于当地政府部门的话语表达不当,使"70码"一词成为事件中另一个"刺点",迅速成为网络热词,在当前的危机情境中发酵成为次生舆论危机。类似"为了你我的生命安全,请大家以70码的速度顶帖顶起5米高20米远""宁做俯卧撑,不碰'欺实马'"的网络用语迅速流行,表现了网友对事故处理的极度愤慨和不满(后法院审理认为,被告人胡斌违反道路交通安全法规,驾驶机动车辆在城市道路上严重超速行驶,经鉴定,胡斌当时的行车速度在每小时84.1至101.2公里之间)。网友还通过制作极具讽刺意味的图像来表达对事故的质疑。

图 5-5 中,表盘指针被一袋钱压弯而指向刻度70,图画下方也用文字"我可是70码!"进行阐释。图像话语背后暗含着此次突发公共事件中存在不正当的执法、腐败等社会问题,具有强烈的批判性与讽刺性。公众通过讽刺性的图像话语表达,形成对抗性话语解读,也推动着危机的进一步升级。公众对"70码"进行谐音处理,转化为"欺实马",进而转化为具体的图像,一匹真正的马,身上标记"70"。欺实者,欺骗诚实大众也,以表示对"时速70码"结论的质疑。"70码"相关图像还被做成了网络头像、签名,并登上了文化衫。从大众认知的角度,马这一图像符号一贯给人以"诚实""忠厚"等印象,而此处将危机中的关键性话语转化至这样的图像符号,表明公众对于政府话语的抗议与质疑。这在一定程度

① 漫画:富家子飙车肇事[EB/OL].[2009-05-15].http://www.enorth.com.cn.

上消解了官方主流的危机话语表达。公众话语形成对抗式解读,导致话语冲突,进而引发更多公众参与到自我话语建构中,形成自身具有特定意义的框架再现。

图 5 - 5 "杭州飙车案"中的漫画:"70 码"①

(三)信任缺失成为公众话语的态度倾向

"毒胶囊事件"中,涉事企业没有在危机出现的第一时间做出回应,失去了危机应对的最佳时期。对于危机的回应时效受到公众诟病,迟迟没有道歉,激发了公众的不满。公众对于药品安全的关注和食品药品安全事件不断发生造成的负面情绪,在此事件作为导火索时被激发,对于企业的话语意义指向为企业的诚信问题,公众对企业的不信任和"企业无良"的刻板印象是主导公众话语的主要心理。

企业作为直接责任主体成为公众质疑与情绪化表达的对象。由于事件发生前已经有大量的食品安全事件发生,公众普遍认为企业刻意违法犯规、在利润面前无良心可言,对于企业的刻板印象经过多轮事件的酝酿已经形成。很多网友都认为此次"毒胶囊"事件,企业都是明知故犯。有网友认为:

> 无良厂商现在连药品胶囊也能违规制作并导致铬含量严重超标,很多知名大药厂明知是毒胶囊却大量进货!②

---

① 欺实马[EB/OL]. [2018 - 11 - 15]. http://www. baike. com/wikdoc/sp/qr/history/version. do? ver = 96&hisiden = DcXcDAFtRA3VXAn,F0fwUG,WQ.

② @王劳斯新浪微博[EB/OL]. [2018 - 11 - 15]. http://weibo. com/1802464523/yeItocr5u? type = comment.

2006 年发生的"齐齐哈尔第二制药有限公司假药"事件,埋下了公众对"国药准字"的信任危机[1]。在此次事件中,药厂是采购毒胶囊者,但并非生产制造者,药厂在进货过程中哪一环节存在纰漏在新闻报道中并没有明确说明,也无法第一时间确认药厂是否故意采购这些胶囊,但是在公众心中,涉事药厂的行为就是故意为之,这是潜移默化中形成的对企业的负面认知,因此在企业还没有进行说明的前提下就认为企业整体无良。

同时,由于涉事企业回应时效性缓慢,回应策略单一呆板也引发公众的不满情绪。事件最初于 2012 年 4 月 15 日曝光,但是直到 18 日,只有丹东市通远药业有限公司和铬含量超标最严重的通化颐生药业股份有限公司召回涉事胶囊,其他企业都采用回避、否认或是降低责任的策略。"修正药业集团"董事长修涞贵向记者表示,修正药业对"羚羊感冒胶囊"的留样进行了自检,并未发现铬超标,随后要将留样送至第三方机构进行检测[2]。这一话语采用了否认和降低责任策略,但是在负面情绪已全面爆发的态势下,单纯的否认而没有表现出对公众健康关切的态度,不足以赢得公众信任。吉林省辉南天宇药业股份有限公司 15 日在其官网上发出一篇《关于我企业使用抗病毒胶囊壳重金属"铬"含量的说明》,该说明中提到:

> 在 2000 版药典中,检验标准没有重金属铬的含量测定,只是规定重金属的含量标准为不超过 5mg/kg。曝光的我企业抗病毒胶囊(产品批号:091102),是 2009 年 11 月份生产的,正是执行 2000 版药典标准,所生产抗病毒胶囊(产品批号:091102)为合格产品。[3]

这一说明借用了 2000 版《中华人民共和国药典》这一规范化法典对此次事件进行说明,试图将公众视线转移到法律层面并进一步说明自己的药厂并没有违背法律。事件发生后四天时间中,除两家药企召回产品、一家企业否认、一家企业降低责任之外,其他药企均没有任何声音。直到 4 月 19 日的修正药业进行道歉,但是此时的道歉在公众看来已无

①　齐二药假药案的法律责任分析　国药准字信任危机[EB/OL].[2018 - 11 - 15]. http://news.163.com/06/0528/04/2I6E2HHJ0001124J.htm.

②③　多家涉事药企未召回"毒胶囊"仅两家药企召回[EB/OL].[2018 - 11 - 16]. http://news.qq.com/a/20120417/001051.htm.

任何诚意，无法修复公众对企业的负面刻板印象。

道歉话语是危机传播中的主要话语及策略，但是这种危机传播策略在此事件中并没有获得较好的传播效果，也并没有修复受损的企业形象，这主要在于企业错过了最佳的危机传播时机，在公众已经对其沉默表示不满之后的道歉无法取得良好的传播效果，而且企业所使用的道歉表达等话语并没有体现出人文关怀。4 月 19 日，修正药业在其官网发出《关于疑似铬超标羚羊感冒胶囊处理进程的通告》，对事件处理进程进行了说明：

> 针对疑似铬超标羚羊感冒胶囊（产品批号：100901），公司于 4 月 15 日连夜召开紧急电话会议部署停止该产品销售，并全面召回并封存该批次产品。①

由此看出，企业试图表明对此事件的重视，但是在最初的回应中，修正药业只表示自己的检测没有查出铬超标，并没有表明第一时间召回产品，并没有对为何滞后多日才召回的行为进行必要的说明，不能赢得公众认可和信任。

三、"诉求与协商"成为公众话语的意义指向

记忆作为一种建构性的活动，这一活动过程存在一个共享的图式（schema）或社会框架②。公众对危机的认知通过"分享、讨论、协商，甚至争论来共同形成集体记忆"③。在危机传播中，公众通过一系列的话语框架构建与多元形式表达，形成有关某一类突发公共事件的集体记忆，一方面集体记忆的形成主要通过特定的价值诉求，其中包含确定的价值导向、话语结构及其互动冲突；另一方面，由于同类型突发公共事件的时有发生使公众的原初情绪不断被唤醒，进而通过多元符号构建话语意义，形成多元话语主体的共同理解。新媒体背景下，每个人都可能成为记忆的书写者与阐释者，其间形成的话语冲突需要通过话语的协商进行深入

---

① 修正药业就毒胶囊事件道歉　将投 3 亿自建胶囊厂［EB/OL］．［2018 - 11 - 10］．http://bbs. chinaiiss. com/forum. php? mod = viewthread&tid = 363926.

② 巴特莱特. 记忆：一个实验的与社会的心理学研究［M］．黎炜，译．杭州：浙江教育出版社，1998.

③ ZELIZER B. Reading the past against the grain：the shape of memory studies［J］．Critical studies in mass communication，1995，12（2）：214 - 239.

互动,满足不同主体的话语诉求,进而实现话语共识的可能与基础。

(一)公众的主动诉求促使其指向危机本质

2014 年,"4·10"兰州自来水苯超标事件中,诸如兰州市委书记在新闻发布会中称政府"问心无愧"、5 月 10 日央视《新闻调查》节目中兰州城乡建设局冯乐贵局长称延迟 24 小时上报是因为"半夜里不敢打扰领导睡觉"、多年前郎咸平抨击威立雅水务公司的一段视频"兰州水价模式,谁来埋单"、4 月 13 日被公众调侃为"老天怒了"的天降冰雹现象等危机中话语符号化表达更形成多个"刺点",使危机进一步扩大,引发更多公众主动参与此次突发公共事件,构建话语框架与诉求,影响着事件的发展进程以及最终危机处理效果。

首先在兰州水污染事件被曝光后,当地政府话语一直处于封闭状态,直到事件发生近 18 个小时后才通报相关信息,并下发紧急通知,称"未来 24 小时,自来水不宜饮用,其他生活用水不受影响"。然而这句话语表达引来网友的质疑,如"@机长-科学组"在其微博中写道:

> @机长-科学组:……什么叫只是不宜饮用,其他生活用水不受影响?生活用水不就是洗手洗脸洗澡洗衣?皮肤接触吸入一点不比直接喝来的危害小好么……简直了……①

显然,由于政府相关部门在危机发生后沉默近 18 个小时,已经积攒了公众的不满情绪,即使在此后政府相关部门做出相关处理对策,仍遭到网民的强烈质疑,其议题的内容主要涉及谴责通报信息的延迟,同时质疑政府有瞒报事故情节的行为,对于此次危机应对处理不力。如微博用户"@杜芝富"写道:

> @杜芝富:【兰州发现自来水苯超标 18 小时后才公布信息】涉及健康问题,为什么不是先预警同时核查?注意是发现超标后 18 小时才报。这 18 小时有多少人能不喝水?有谁不做饭?那个餐饮行业不营业?害人呀!从事故发生到报告是多少小时?如今是互联网时代,上报还需要时间?难不成你们还

---

① @机长-科学组新浪微博[EB/OL].[2018 - 11 - 02]. http://weibo.com/1804031275/AFewmCuDu? type = comment.

在用信鸽吗?①

又如微博用户"@携酒与鱼"发文指出:

> @携酒与鱼:兰州自来水苯超标事件,又一次证明了政府的治理能力的低下,能摧毁普通人的一切认知常识,从而加剧了人们对不认知领域的恐惧。我们历来都相信吃饭、喝牛奶、喝自来(水)、住楼房是安全的……可是地沟油、三聚氰胺、苯超标、楼倒塌等等事故摧毁这一切认知常识,你叫大众对核、PX等非常识领域不恐惧,可能吗?②

从这两个例子可以看出,网民在话语表达方式上均采用疑问句的形式,希望能引起他人的注意与思考。同时在此次事件中,污染主体是人们赖以生存的水资源,在检测出自来水污染之后,相关企业的失语和政府部门的延报表现出对公众知情权的漠视,导致公众在一段时期内不了解自己每天的饮用水情况,因而公众对于政府的危机应对与处理能力表达出强烈的质疑与不满。

其次,一些网民希望可以找到城市自来水污染的原因,对相关责任人要严厉问责,并转发一些专家所提供的苯的危害性、苯中毒症状等科普知识,供其他网民参考。如有微博用户提道:

> @郭晖律师:关于兰州自来水苯超标事件,现阶段须依水污染防治法、刑法进行如下工作:一、查清事故缘由,避免再次发生类似事故;二、查清事故责任,重点查清直接责任人,追究其行政责任、刑事责任;三、查清供水企业、监管机构相关人员的渎职行为,追究行政责任、刑事责任;四、赔偿供水用户的损失。③
>
> @狼族车社大师兄:兰州自来水水质屡次出现有损人身健

---

① @杜芝富新浪微博[EB/OL].[2018 – 11 – 02].http://weibo.com/1675693152/AFlhX-be39? type = comment#_rnd1448254339347.

② @携酒与鱼新浪微博[EB/OL].[2018 – 11 – 02].http://weibo.com/1222738932/AFt-dylSoV? type = comment.

③ @郭晖律师新浪微博[EB/OL].[2018 – 11 – 05].http://weibo.com/1196734134/AFk-AB42eK? type = comment.

康的严重问题! 竟没有任何人为此事担责,更没见任何处罚决
定! 高居庙堂之上不关心民众基本保障你们坐得稳的很啊?!
这可是危害公共安全的大事故! 另说一句,各类净水机超滤式
的是无法滤掉化学溶剂的只能是反渗透式的。①

　　而在"温岭袭医事件"与"南京官员殴打护士事件"中,通过对公众
话语指向主体进行研究发现,公众从"事件""涉事主体"两个方案进行
话语意义的表达,使其归于危机本质的讨论(见表5-2、表5-3),事件
中公众同样关注的是事件发生的地点、相关人物、事件后果及性质等信
息。但相对而言,"温岭袭医事件"中公众更为强调受害者(医生)、相关
单位(医院)及事件性质(医患问题),多针对事件本身,如对事件的发生
感到悲哀,认为事件十分可怕,令人发指等;"南京官员殴打护士事件"中
公众在对受害者身份(护士)予以充分关注的同时,同样强调肇事者的身
份(官员),公众话语中还出现了一系列表示情感与评价的词语。如认为
肇事者十分卑鄙、厚颜无耻等,公众甚至在称呼肇事者时也使用了诸如
"畜生、人渣、贱人"等带有强烈个人情感的词语。

表5-2　"温岭袭医事件"微博词汇分析②

分类	词条	次数	分类	词条	次数
地点	温岭	75	动作	捅/刺/砍	37
	浙江	17		杀害	4
受害者	医生	173		行凶	4
肇事者	患者	32	相关单位	医院	62
	病人	9		社会	22
	男子	8		政府	12
	凶手	6	后果	一死两伤/受伤/死亡	22
定性	医患纠纷/关系	16		严惩	7
	悲剧/惨剧	13	媒体	媒体	5
	血案	3		新闻	3
			评价与情感	悲哀、愤怒、可怕、谴责、心痛、令人发指、无助、绝望、悲催、焦虑、麻木……	

---

① @狼族车社大师兄新浪微博[EB/OL]. [2018-11-05]. http://weibo.com/1901913
421/AFbv47GOU? type = comment.
② 本表中的资料整理由研究小组成员张楚黛完成。

表5-3 "南京官员殴打护士事件"微博词汇分析①

分类	词条	次数	分类	词条	次数
地点	南京	31	相关单位	医院	32
	江苏	14		检察院/科技馆	16
受害者	护士	156		警方	12
	医生	47		社会	12
肇事者	官员/处长/干部/公务员	46	后果	瘫痪	29
	畜生/人渣/贱人	12		严惩	8
	凶手	7		停职	6
	患者家属	2	媒体	媒体	25
动作	殴打/暴打	20		新闻/报道	18
定性	医患纠纷/关系/矛盾/对立	15	评价与情感	谴责、卑鄙、厚颜无耻、心痛、令人发指、罪恶滔天、恐慌、心凉、心寒、悲哀、恶劣、丧心病狂、恼怒、悲催、悲从中来……	

大多数情况下，病患及其家属和以医生为代表的医院相比，显然是弱势的一方。公众的身份与患者的视角保持相对一致性，往往会站在患者的角度说话，对于当地政府、相关组织、媒体的话语表达存在认知上的差异。在当前的危机情境下，政府话语策略与危机处理对于公众有着重要作用。因此，危机爆发后，当地政府、相关组织与媒体应快速地全面掌握事件的真实信息，及时对外公布，正面回应公众的核心诉求，同时适时引导建构与之相对一致的话语框架，形成危机话语的协商互动，进而树立政府话语的权威性，提升自身公信力。

（二）非理性宣泄转向理性说理的公众话语反映事实

图像话语本身作为一种话语表达形式，丰富了公众话语的表达方式与策略，在与其他话语主体的互动协商中，通过独特的话语表达逐渐构建起自身的话语体系，对政府话语体系进行一定程度的消解，转变了以往对于政府话语体系的认知，打破了政府话语的垄断权，而形成自身的话语协商力量。

---

① 本表中的资料整理由研究小组成员张楚黛完成。

在"杭州飙车案"中,公众通过图像、视频等图像话语的表达,对事件本身进行较为翔实而直观的阐释。诸如在事故庭审结束后,除了判决结果是否合理外,公众还针对在法庭上受审的是否是胡斌替身提出观点与看法,相关信息经由网络广泛传播。许多网友通过图片对比,认为庭审时的胡斌比案发前明显胖了很多,戴着一副黑框眼镜,从图片上看上去很斯文,像一个中学生,与媒体之前发布的胡斌在事故现场、躲在汽车里的照片判若两人。由此,网友对胡斌展开人肉搜索。随着公众参与程度不断深入,关于"张礼礤"这个名字的搜索量剧增,网上流传着他就是胡斌的替身。有报道称,张礼礤是在街上跑出租的一个的哥,因胡斌的父亲承诺给张礼礤一笔重金作为他代替胡斌出庭以及坐牢的补偿。更有网友在网上对两者的照片进行了详细对比分析,更加坚定了替身这一说法。如网友林大盛在一篇名为《张礼礤,你妈妈喊你回家吃饭!》①的博客中,详细地对比了两个人的照片,并从手指长度、耳朵形状等具体细节,用图像对比的方式对替身这一议题框架进行翔实论述(见图5-6)。

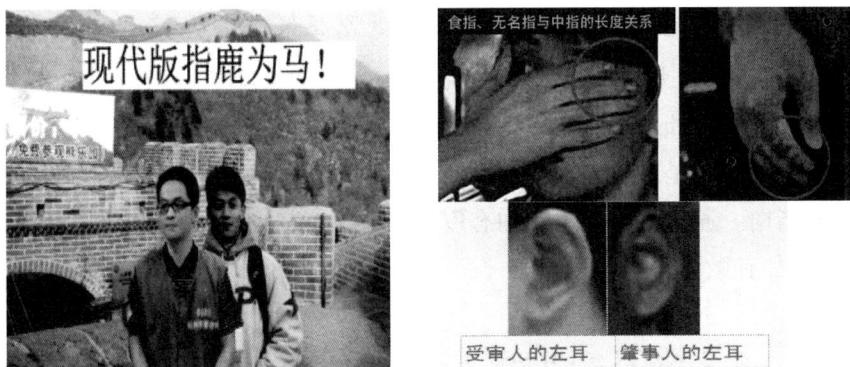

图5-6　博客《张礼礤,你妈妈喊你回家吃饭!》中的图片②

图像表达采用对比的方式,直观清楚地说明受审人与肇事者的长相、脸型、手指长度、耳朵形状等方面细节的差异,呈现出强有力的视觉认知。图片中更以"现代版指鹿为马"为标题,以古代故事隐喻当前事件中颠倒黑白的事实。种种图片证据的传播再一次引发公众舆论高潮,直接倒逼当地政府部门不得不针对这一危机议题做出相应的回应与处理(对于网友"替身"的说法,杭州市西湖区人民法院给予坚决的否认。法院相

①② 张礼礤,你妈妈喊你回家吃饭![EB/OL].[2009-07-26].http://shengdalin.blog. sohu.com/124638602.html.

关工作人员对中新社记者表示,这些猜测纯属无稽之谈,毫无事实根据)。

此外,有网民还曝光了胡斌及其父母的个人信息,包括姓名、职业、家庭住址、手机号、宅电等相关资料。胡斌的 QQ 空间也被网民找到,在其空间相册里出现了多次车牌为浙 A608Z0 的三菱跑车照片。同时,5月8日凌晨2时49分主人心情更新为:"一片空白,闯大祸了。"这一"更新"状态更引发网民们的强烈质疑,胡斌在肇事后没有在第一时间被刑拘,他竟然还能上网。

公众围绕肇事者身份这个具有争议性的议题聚合在一个相同的话语情境中,通过"人肉搜索"的方式展开详细的论证说理,并对相关部门的处理结果进行非理性的、戏谑式的指责,从某种程度而言体现出民粹主义的特征[①]。为了呈现公众自身话语的正当性与说服力,网民通过图像话语这一形式,形成公众独特的话语表达,形成自我赋权过程。

（三）正能量的公众话语体现理性反思框架

"4·10"兰州自来水苯超标事件中,受众话语除了对当地政府和企业责任缺失的批评外,还涉及自身健康和环境问题,自来水受到污染最先涉及的必定是靠自来水生存的当地市民,健康与安全成为公众话语的核心指向。通过对受众议题和态度进行分析,其中也不乏对生态环境的关注,如有微博用户这样写道:

> @爱尚微公益-旧物回家项目:#兰州自来水苯超标#今日兰州市自来水苯含量严重超标,矿泉水遭疯狂抢购。看来,水环境保护已到了刻不容缓的地步,为了避免此类事情再度发生,大家一起行动,保护水资源吧。[②]

同时,在公众对当地政府处置与监管表示不满,对涉事企业表示愤怒与谴责之外,也塑造了一个较为正能量的情感框架。一些在外地工作

---

① 王璐,方晓强.网络民粹主义的潜流:2000—2010 年中国网民行为意识的个案分析［J］.内蒙古社会科学(汉文版),2011(1):114–119.

② @爱尚微公益-旧物回家项目新浪微博［EB/OL］.［2018–11–09］.http://weibo.com/3977122795/AFekmjDcI? type = comment.

与生活的兰州公众,在得知这次突发公共事件后,纷纷发表微博,关心着家乡的亲人,如:

> @来园的阿柴:#兰州自来水苯超标#努力读书二十几年,终于留在北京安家立业,但结果是这样的时候家里的爸妈身边连个扛桶水的人都没有,揪心地难以入睡,深刻理解了什么叫"父母在,不远游"。①

事件中满足正常饮用水需求成为公众最主要的诉求,因而随着危机本质逐渐明晰,公众开始关注生活健康与环境保护等价值反思性议题,在一定程度上更容易引起与其他公众的心理共鸣而搭建相同的危机传播情境,通过话语互动与协商相互补充危机脚本,形成相对一致的危机认知。

---

① @来园的阿柴新浪微博[EB/OL].[2018 - 11 - 09].http://weibo.com/1947871227/AFfkLb98H? type = comment#_rnd1448255258372.

本章小结:情绪成为公众话语的主导因素

在信任缺失的危机情境下,公众受到多元风险性危机的影响并以此作为证据做出风险解读①。特别是基于新媒体平台,公众话语在突发公共事件中的表达多为情绪化表达,负面情绪在网络中快速传播,形成与官方舆论场相冲突的话语场,对突发公共事件涉及的组织或个人多持质疑态度,众多因素支撑公众话语指向、议题及最终话语意义框架的建构。

学者 J. N. 金姆(J. N. Kim)和格鲁尼格提出了全新的公众情境理论:问题解决情境理论②(见图 5 - 7)。理论区分了三种不同的传播行为——信息获取、信息选择与信息交流,并就主动传播与被动传播两个面向具体细化为六种传播行为——信息搜寻、信息注意、信息筛选、信息许可、信息告知、信息共享。

在危机传播过程中,公众的传播行为受到问题解决情境认知(问题认知、涉入认知、受限认知、参考标准)的影响,而且会参考既有知识经验与主观判断,形成危机传播查询(inquiring stage)至完成(effectuating stage)过程。从查询阶段至完成阶段,公众可感知的信息越来越丰富,在危机传播场域中的互动性与行动力逐渐加强,个体的危机认知得到其他主体的认同时,便会由个体的完成阶段进入集体完成阶段,成为积极的问题解决者,即把注意力从信息获取转为信息选择和信息交流上③,即完成由个体记忆书写到集体记忆建构的过程。

新媒体语境下,每个公众都有书写个体经验与风险感知的可能性。然而,在当前的危机情境中,核心行动者的存在较为分散,身份多元化,包括网络大V、专家、当事人等多种身份主体,形成"多核心意见领袖—分散公众"的传播格局。不具有特殊身份的粒子公众在舆论场中形成影

---

① 曾繁旭,戴佳,杨宇菲.风险传播中的专家与公众:PX 事件的风险故事竞争[J].新闻记者,2015(9):69 - 78.
② KIM J N, GRUNIG J E. Problem solving and communicative action:a situational theory of problem solving[J]. Journal of communication,2011(61):120 - 149.
③ 赖泽栋.问题解决情境理论:公众情境理论的新进展[J].国际新闻界,2014(2):164 - 176.

响力的重要条件。公众话语经过信息获取、选择与交流过程形成了具体问题解决情境中的危机认知,在危机传播中公众更多扮演了建构危机、深化危机的角色,一方面公众通过感性经验呈现危机事实,使危机外显化;另一方面,随着公众在新媒体平台中的信息集聚,使危机背后反映的社会问题外露,使危机扩大化,加剧信任与认同危机。

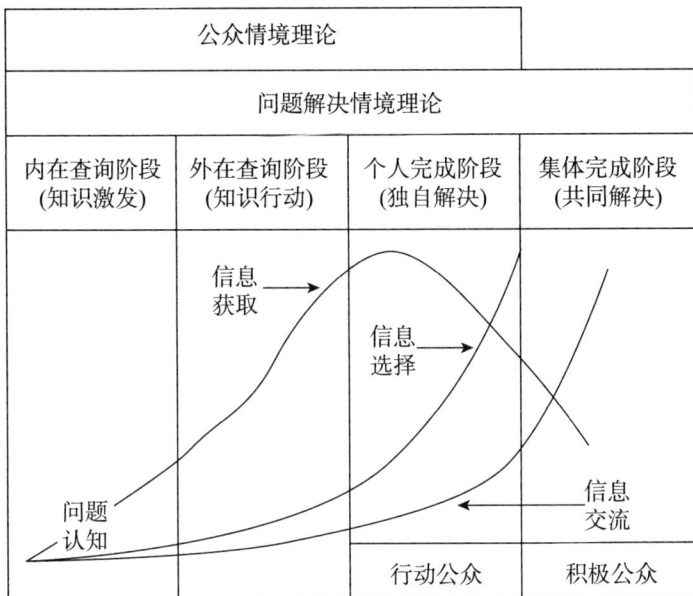

图 5 - 7　公众情境理论与问题解决情境理论模型①

　　具体而言,危机的背景因素是公众话语心理支撑及议题集中点。这里所谓的背景因素是指同类型事件的发生而形成的公众的既有经验与记忆。基于危机传播场域,公众可以生产、加工自己的素材,可以根据重要性、显著性和贴近性等原则②自主决定对相关议题的取舍。当类似事件时有发生,公众既有的集体记忆被不断补充与解构,经过再现、遮蔽与凸显③的过程,往往将负面的、矛盾性的、冲突性的话语框架再次凸显,使危机进一步深化引发公众的负面情绪。在"毒胶囊"事件中,近年发生的食品药品安全事件及涉事企业在事件中的话语表现导致此次事件公众

① KIM J N, GRUNIG J E. Problem solving and communicative action: a situational theory of problem solving[J]. Journal of communication,2011(61):120 - 149.
② 胡百精. 互联网与集体记忆构建[J]. 中国高校社会科学,2014(3):98 - 106,159.
③ 周海燕. 媒介与集体记忆研究:检讨与反思[J]. 新闻与传播研究,2014(9):39 - 50,126 - 127.

话语的不信任心理;"伤医"事件中,医患矛盾冲突议题形成了公众话语背景;"4·10"兰州自来水苯超标事件中,事件发生前一个月的辟谣事件又重新回归至公众对新事件的话语建构。公众针对突发公共事件的话语表达并不仅仅针对一次事件,前期事件的积累成为公众话语表达的心理背景,多次事件中形成的集体记忆是公众话语表达的基础。同时,对背景事件的挖掘也成为公众话语的主要议题。因此在涉事组织或个人进行应对时,需了解公众话语的心理背景和危机背景。

情绪方式是公众话语的主要表现,受到媒体议程的影响。突发公共事件的公众舆论通常在短时间内消退的主要原因在于信息对情绪刺激的有限性。在公众话语表达中,情绪是话语表达的主导因素,这已成为网络话语表达的主要特征。通过对5起事件的公众话语进行分析发现,公众话语以情绪方式框架为主,理性话语较少。这种情绪方式框架只是公众话语表达方式,并不影响公众对事件各方的全面解读。但是公众的情绪方式框架除了受到事件本身引发的情绪外,还受到媒体报道的影响。媒体对事件部分内容的凸显可能在瞬间激发公众情绪,形成刺点,达到舆论峰值。

在归责过程中,政府是重要的责任主体,无论事件是否由政府行为引发,都受到公众关注,如果事件出现多个责任主体,那么多数公众对政府在其中应承担的责任分配较大。在这种情况下,政府是否回应、何时回应就成为政府话语传播效果的重要衡量指标。对于危机应对主体而言,公众的归责框架是决定谁回应的重要前提,一旦公众认为某一机构、群体应为危机负责,但是却没有得到这些主体的回应,势必影响这些主体的形象,降低公众对其的信任。

后现代思潮出现后,科学话语的传统形象遭到解构。公众的话语范式并非科学知识的劣质版,它从单纯对"真实"的关注,扩展到"正义与幸福"等层面[①],使得公众话语的意义诉求指向正义与共识。在危机传播中,公众往往超越事实层面的信息分享、价值诠释与协商,而培育一致或接近的伦理主张、审美取向和终极关怀,实现"意义共创"[②]。因而,危机传播中价值层面的信息更易获得公众的关注,如何使公众话语与其他主体话语达成价值层面的共识成为重塑信任的关键。为了构建危机传播

① LYOTARD J. The postmodern condition:a report on knowledge[M]. Minneapolis:University of Minnesota Press,1984:100 – 102.
② 胡百精,高歌. 公共关系对公众的想象[J]. 新闻大学,2017(6):125 – 132.

场域中公众理性的集体记忆,除了通过政府、媒体、专家等话语主体对于"信息度"的构建,还应以公众的诉求为导向,了解公众的危机认知与实践活动,在话语协商与互动的基础上使公众理解、接受并认同,进而实现多元危机主体的话语共识。因此,本书提出公众话语的危机传播新模式,见图 5 - 8。

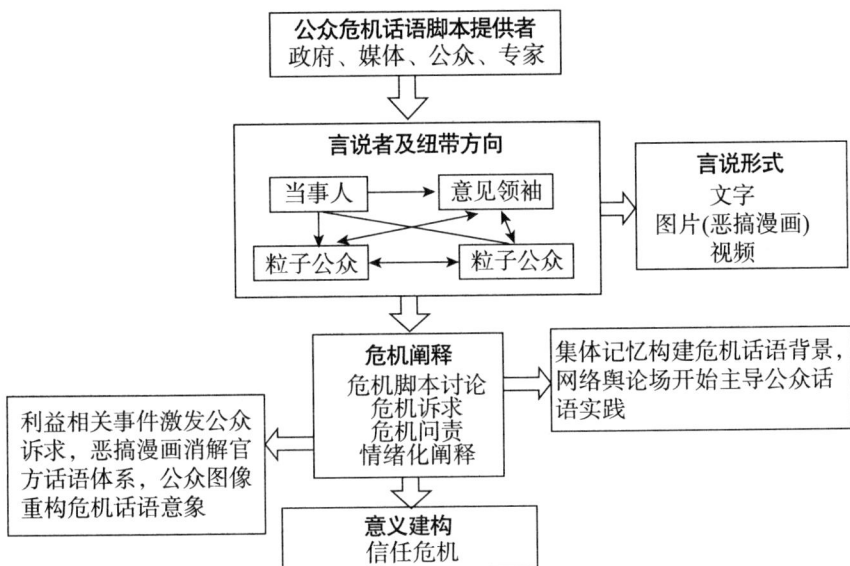

图 5 - 8 公众话语的危机传播新模式

第六章　专家已被话语隐形了吗？

专家在危机传播中的身份较为特殊，这一群体具有专业知识，能够对危机产生的原因、趋势进行一定程度的阐释。作为话语空间中逐渐兴起的专家话语，无论是影响力还是独立性，其都远不及政府话语、媒体话语和公众话语。但另一方面，专家话语与其他三种话语存在较为紧密的关系，专家话语受到政府等政治权力的制约，在较大程度上依附于媒体的建构，且话语表达对象主要是公众。但同时，专家又是公共事件中不可或缺的应对主体，尤其涉及科学技术等专业领域问题时，专家话语不论对于政府还是公众都具有重要影响。

在展开专家话语研究之前，需要明晰的是专家话语的概念。而在此之前，亦需要对一些与专家有关的词汇进行一定的辨析。精英、意见领袖、知识分子等有时会与专家混用，但更多情况下则有不同的所指。就精英的起源、发展和研究倾向而言，中国当下也许并不存在符合西方社会定义标准的精英，而且精英的表述并不符合注重人民力量的中国现实国情。意见领袖的诞生和发展亦有着一定现实基础，新媒体的发展为中国网络意见领袖提供了基础和空间，在诸多网络意见领袖中，专家型意见领袖在不少突发公共事件中发挥着双刃剑的作用，既可能帮助政府更好地传达危机应对决策，或帮助公众更深入地认知危机，也可能由于这部分意见领袖的存在形成政府和公众之间的舆论对立。而知识分子和专家在中国的历史和现实中，较前两种表达具有很大程度的共性。本章中的专家指在突发公共事件涉及的相关专业领域具有专业权威性的群体。

本章内容重点围绕危机中的专家话语展开。简单而言，专家话语就是专家公开发表的言论，在新媒体时代这种公开有了更为丰富的渠道。本章主要探讨危机传播中的专家话语框架及其背后的话语意义，揭示专家话语持续缺失的原因。

第一节　曾经被信任的决策主体

专家的产生和专家体制的形成有其特殊的历史环境。专家体制在工业社会中孕育,但具有对现代性反思色彩的风险社会理论为专家体制提供了新的分析视角和理论背景,风险社会中的专家信任也成为一个重要命题。在理论背景的介绍和分析之后,本节内容重点探讨专家体制的特征,并提出专家体制陷入的困境及其面临的挑战。

一、精英话语与专家话语之辩

本节从核心概念出发,重点辨析"精英"和"专家"这对近义词,通过分析词的缘起、发展及社会语境等,分析并试图说明在当下中国社会环境和语境中,比起相对暧昧的精英,危机中的某一种话语空间更适合用专家话语来描述。在具体的词的辨析中,本部分花较大篇幅解读精英和精英话语等概念,相对弱化对专家的分析。此举并非意味着专家的重要性降低,恰恰相反,厘清与专家相近却存在差异的概念,能够为后文进一步对专家话语、专家体制的合理性及风险性的分析提供更多的解释力。

尽管在公众日常生活和媒体报道中,"专家"和"精英"的表达在一定程度上存在混用的情况,但这两个词的起源和发展、适用范畴和社会语境却有着不小的差异。

中国传统语境中"精英"一词与精华相近,指事物最为宝贵、美好、最精粹者。例如葛洪《抱朴子·嘉遁》"漱流霞之澄液,茹八石之精英"[①];杜牧的"燕赵之收藏,韩魏之经营,齐楚之精英"[②]。直到后世,才慢慢有指示"人"的含义,而在这一过程中,亦部分受到外来词汇的影响。

在西方,"精英"一词最早出现在 17 世纪的法国,指精选出来的少数人或优秀人物。但从思想渊源上,"精英理论"最早可以追溯到古希腊柏

---

① 葛洪. 抱朴子·外篇·嘉遁[EB/OL]. [2018 - 11 - 07]. http://so.gushiwen.org/guwen/bookv_9508.aspx.
② 杜牧. 阿房宫赋[EB/OL]. [2018 - 11 - 08]. http://www.gushiwen.org/GuShiWen_ef13474b07.aspx.

拉图的哲人政治和中世纪马基雅维利的统治者权力的思想。英语词汇中的"elite"（精英）的出现，深受政治学和社会学理论影响，精英是指一小群人，掌握了与其人数不成比例的财富和政治权力。19世纪末到20世纪初，精英理论以意大利社会学家莫斯卡、帕雷斯托和德国社会学家米歇尔斯为代表，在早期精英主义理论中，精英就是人类活动领域中能力最强的人，莫斯卡甚至将社会统治阶级中的少数统治者等同于精英。这种早期的精英理论过于专注精英的先天素质和少数统治者的作用，具有反民主的倾向，因此受到不少诟病。

当代精英理论在20世纪50年代的美国获得了发展，以拉斯韦尔、米尔斯等为代表。米尔斯在1957年的《权力精英》一书中强调"精英"是"政治、经济和军事集团，作为错综复杂、内部存在重叠、占重要地位的一群人通过分享决策，对国家产生影响"①。在米尔斯看来，精英界定的维度涉及四个概念：其一可以基于社会结构、制度领域，即对精英来自哪里的回应。而以美国为例，政治制度中的政治领导者，包括总统、重要内阁成员和议会成员；经济制度中的重大企业家和管理者；军事制度中的高级军官成为重要的决策者，共同构成了美国的权力精英②。其二在于精英的持有价值，作为对精英拥有什么的回应，米尔斯汲取统计学理念，将精英视为通过挑选若干价值项，并且拥有最多价值的人。其三在于精英的团体和归属，"……某种程度上构成了一个紧凑的社会实体和心理实体，变成了具有社会阶级意义的自觉成员。人们要么被接纳，要么不属于"③。其四还可以从心理和道德标准，将那些具有超群品格和能力的人定义为精英，当然米尔斯也批判地反思了"权力精英"可能带来的问题。在精英理论的影响下，精英成为左右美国政治、社会的重要力量，而社会精英，特别是这种通过对政治领导人等卓越人才的分析，为西方政治学和政治现象的研究开辟了重要的思路；当然，这种精英论也受到了不少质疑，被批评为可能过于扩大统治者等的个人角色和主观作用，因此不仅是反民主的，而且是一种英雄主义的历史观。

与"精英"不同，"专家"一词在中国传统文化中，与大家、行家等表

---

① DOOB C. Social inequality and social stratification in US society upper saddle river[M]. New Jersey: Pearson Education Inc. ,2013:18.
② JASON L. POWELL, CHAMBERLAIN J M. "Power elite"[M]//RITZER G,RYAN J M. The concise encyclopedia of sociology. Oxford: Wiley-Blackwell,2007:466.
③ 米尔斯. 权力精英[M]. 王昆,等,译. 南京:南京大学出版社,2004:91.

达类似,专指学术、技艺等方面进行了专门研究或者是有所特长的人。例如"臣艺不博古,学谢专家"①、"中国则不然,凡百工技艺,视为鄙事,聪明之士不肯留意于其间,此所以少专家也"②。此外,专家一词还指学术上的某一家或某一流派,例如"后如孔广森之于公羊《春秋》,张惠言之于孟虞《易》说……皆专家孤学也"③。而在英语词汇中,"expert"(专家)也是强调在技术或者技艺领域善于进行判断、能够正确决定的人。更普遍意义上的专家是指一个人基于研究、经验或者在某一领域中,拥有渊博的知识或者能力的人④。

通过对"精英"及"专家"起源的分析,发现现代意义上的"精英"一词一定程度上受到外来词汇和语义的影响,多用于与政治相关的术语中。而对精英的描述和定义,以米尔斯所论述的四维度为代表,分别从精英的所处、所有、所属和价值展开。以美国为代表的西方社会能够通过对年龄、性别、种族、教育和社会俱乐部等具体指标的调查和分析来精确描述谁是精英⑤。与之不同,结合具体的中国国情,精英的界定存在相对模糊的情况,且精英的表达有悖于强调并注重人民的现实。进一步在中国的学术话语范畴中分析"精英",结合中国知网中含有精英主题或关键词的论文,发现精英一词多用于教育研究或政治研究的学术语境中,且对精英所指代的精英主义和精英理论持批判态度的较多,但另一方面对待精英文化态度则略显暧昧。此外,不少研究中将精英与大众所对立,而这种对立的表达不同于西方所认为的精英代表统治阶级与非精英代表被统治阶级。在这个意义上,"精英"似乎不太适用于中国的国情。

"精英"身份在中国存在一定的模糊和暧昧,而由于身份的模糊而导

① 沈约.沈约集校笺[M].陈庆元,校笺.杭州:浙江古籍出版社,1995:74.
② 唐浩明.唐浩明评点曾国藩奏折[M].北京:华夏出版社,2009:7.
③ 中国文史出版社.二十五史 卷十五 清史稿(下)[M].北京:中国文史出版社,2003:2290.
④ 维基百科."expert"[EB/OL].[2018-11-10].http://en.wikipedia.org/wiki/Expert.
⑤ 在美国学术界和社会上存在不少对政治、权力精英的分析,美国总统乔治·布什时期,曾经有一份分析政治精英的研究,对7314个机构中的5778名精英展开的调查。稍后一项研究从人口统计学的年龄、性别等维度描述了精英的身份特征,包括:年龄一般为60岁左右(政府官员一般为56岁,企业领导为62岁),精英的背景领域与法律、教育等有关;在政治领域中,精英以男性居多;权力精英中以白人,特别是盎格鲁-撒克逊人居多;几乎所有人都有本科以上学历,一半人为研究生学历;大部分精英同属于一些大城市的小团体俱乐部。DOOB C. Social inequality and social stratification in U. S. society upper Saddle River[M]. New Jersey:Pearson Education,2012:42.

致"精英话语"在社会生活和媒体报道中的呈现十分有限。以"精英话语"为标题，在百度新闻中进行搜索①，剔除重复及不相关的内容，仅有寥寥24篇，内容大多是对精英话语的批判，且近年数量较少。而与此大相径庭，以"专家话语"为标题，在百度新闻中进行搜索，剔除重复及不相关内容，仍有十万余篇，当然"专家话语"一词通常被拆分成专家谈论的具体话语内容，或者直接与话语权有关。这种媒体呈现客观上反映了人们对专家话语而非精英话语表达的接纳。

不过，从学术研究的角度对精英话语的分析篇幅不少。在这些研究中，精英话语大多被作为与大众、公众或者草根话语对比、参照的对象，政治和文化中的精英话语成为不少研究者的重点研究对象。在与政治有关的精英话语研究中，上层或国家层面的政治中，对精英治理及精英话语等是持否定态度的；而在地方治理过程中，一些文献承认了精英话语存在的客观性和一定的历史价值，精英话语被浓缩为对乡村精英及精英话语的考察，且通过分析精英治理的优劣特点，以及村民自治的诉求等，研究认为"精英话语主导村级治理有其历史合理性与现实客观性，但基于其自身的局限，具有向村民自治的必然"②。而在这个意义上，精英话语在政治语境中是相对保守的、被批评的、可能或将要被取代的客观存在。

从文化维度展开的精英话语研究，实际上与精英文化密切相关。在电视节目、电影、文学作品等诸多文化载体研究中，伴随着精英文化的式微，一定程度上受经济和社会转型的影响，文化也出现了转型，大众文化兴起且日益受到热捧。关于精英文化逐渐受到冷落的现实处境，国内研究者持有的主要观点如下：其一，精英文化走向衰亡，"俗文化趁机崛起……大有压倒一切而取而代之的气势，精英文化雄风不再"③。其二，精英文化逐渐被边缘化，逐渐失落，"当初苦苦追求'通与俗''大众化'的精英们，如今反过来，必须为捍卫自己的文化理想而抗争。这一大趋势，说好听是通俗文化的崛起，说不好听是精英文化的失落"④。其三，精英文化陷入困境，改革开放以来，特别是从20世纪90年代开始，对精

---

① 搜索日期截止到2014年10月10日。

② 黄博，刘祖云.精英话语与村民诉求——对乡村精英治理现象的双重透视[J].求实，2012(3)：82-85.

③ 陈刚.精英文化的衰落与大众文化的兴起[J].南京大学学报(哲学社会科学版)，2001(4)：45.

④ 张谨.精英文化的式微及其与大众文化关系的再思考[J].前沿，2013(7)：9-12.

英知识分子的主导、权威和控制的批判一直存在,且愈演愈烈。其四,不同于前几种观点的相对消极和失落的态度,20世纪30年代以来西方知识分子对大众文化持"批判、利用、理解和欣赏"的态度①也逐渐影响到了中国知识分子。对大众文化的互文式文本分析②,对精英文化持有的论点是通过与大众文化的融合走向新的发展阶段。当然,以传统的二元对立思维模式分析精英文化与大众文化亦存在简单化的倾向,亦有学者呼吁保持"精英文化与大众文化内外张力,弘扬民族精神,具有重大战略意义"③。

与精英文化同大众文化的对立观类似,精英话语在大多数情况下亦与公众话语"对立"。而公众话语权与精英话语权的对立可能带来类似"阎崇年被打"等负面事件④。有研究者认为即便文化表达中出现了"民间立场"和"民间价值",但这只是精英作家们的"民间想象",是一个"空泛的概念",是"精英话语的另类言说",由此也产生了"文化心理"和"艺术趣味"的差异⑤。但是上述政治和文化视角对精英话语的分析是基于文化批判视角展开,而非话语分析。

而梵·迪克(Teun A. van Dijk,又译范·戴克)更注重精英话语,其定义的精英是在社会中占据统治地位的那一部分,他们占有资源,享有充分的政治、经济权利,能够生产话语并控制话语的走向⑥。在梵·迪克看来,精英话语形成的前提是精英群体的形成——内部具有"共识",而这种共识可能是共同的知识背景、政治背景、经济背景或文化背景。而依据梵·迪克的话语理论进行精英话语分析亦成为不少国内研究者的研究路径,结合国内的转基因议题,有研究者发现,为维护自身利益并排斥外部利益,精英话语的特征是"肯定的、不容置疑的",带有"明显的教育或者教训的口吻"⑦。

---

① 赵勇. 批判·利用·理解·欣赏——知识分子面对大众文化的四种姿态[J]. 探索与争鸣,2011(1):68.
② 费斯克. 理解大众文化[M]. 王小珏,等,译. 北京:中央编译出版社,2001:152.
③ 张谨. 精英文化的式微及其与大众文化关系的再思考[J]. 前沿,2013(7):9 – 12.
④ 戴克. 精英话语与种族歧视[M]. 齐月娜,陈强,译. 北京:中国人民大学出版社,2011:7.
⑤ 宋剑华. 精英话语的另类言说——论20世纪中国文学的"民间立场"与"民间价值"[J]. 暨南学报,2011(2):78.
⑥ 马博森,任绍曾. 话语分析及其运用——1982—1991年国外话语分析研究述评[J]. 现代外语,1995(1):7 – 12.
⑦ 刘珂. 精英话语与转基因论争[D]. 深圳:深圳大学,2009:17.

相比之下,专家话语在当下社会语境和学术语境中则显得更为精准,近年来,专家话语较多出现在媒体报道,或者是与新闻传播、教育研究相关的学术研究中。其中,媒体报道中的专家话语多围绕专家决策而展开,尽管对专家决策存在支持或质疑等不同态度,如 2010 年《中国青年报》执行的一项涉及 5492 人的调查发现,44.8% 的人遇到重大问题愿意听专家观点;32.8% 的人表示不愿意,22.3% 未表态①。而在国内学术研究中,对于专家话语的研究尽管偏少,但不少研究都并不完全将专家话语视为大众话语的对立面,甚至出现了为专家话语正名的情况。例如有研究者认为现代传媒进行专家话语转述时,存在"科学话语与新闻话语的错位,现代传媒放大风险传播、追求轰动效应;网络文化民粹主义"等误读现象②。基于上述分析,从实际国情和学术研究的现实意义出发,本书更倾向于专家话语而非精英话语的表达。

二、风险社会理论与专家体制

风险社会理论由乌尔里希·贝克提出,描绘了基于对现代性反思的后工业社会——风险社会。不同于古典工业社会,现代社会中风险生产与分配的逻辑比照着财富生产与分配而产生,并且前者的生产统治着后者。也因此,现代化的风险和后果——"对于植物、动物和人类生命的不可抗拒的威胁"③日益占据中心舞台。与现代性并称为风险社会的重要因素的全球化,其势不可阻挡,由此也打破了 19 世纪和 20 世纪上半期对危险的判断。危险不再仅仅是与技术相联系、在工厂中出现,也"不再局限于特定的地域或团体",这种全球化趋势甚至"跨越了生产和再生产,跨越了国家界限",成为"一种新型的社会和政治动力的非阶级化的全球性危险"④。

风险社会制度建立在风险的分配逻辑上,在贝克的进一步阐释中,传统的、标准的计算基础——事故、保险和医疗保障等概念不再适合解释由现代性和全球化导致的风险。"科学和法律制度建立起来的风险计算方式崩溃了",甚至决策本身都可能产生风险,而这在某种意义上形成制度的风险。

① 方莉,黄冲.被滥用的专家透支了整个社会的公信力[N].中国青年报,2010 - 06 - 25(7).
② 张蓓.论现代传媒对专家话语的误读[J].今传媒,2013(8):49 - 50,71.
③④ 贝克.风险社会[M].何博文,译.南京:译林出版社,2004:7.

在贝克描述的诸多风险社会理论与特征中,一个重要的、与本书所探讨的专家体制密切相关的是科学在工业社会中的制度化。科学包括方法上的怀疑论,原本仅限于对外部研究对象的怀疑,在风险社会中逐渐渗入对科学工作的基础和后果的怀疑中。曾经,有助于科学技术专业化的怀疑论,在反思性现代化的过程中,逐渐延伸到科学本身,科学技术被"普遍化"和"解神秘化"①。

科学对社会的理性在风险界定中被打破,从根本上动摇了严格依托科学技术发展的专家体制。贝克对"科学理性声称能够客观地研究风险的危险性的断言"进行了强有力的反驳,并从逻辑假设上提供了解释:一方面,上述断言基于"猜想性的假设",是一种概率的假设,但是并不能避免实际发生的事故和各种可能性;另一方面,风险的界定是基于数学概率和社会各种利益的综合作用,政治、商业和伦理等可能迫使科学放弃实验依据。

而科学理性作为专家身份、专家体制的基础,受到了风险社会的挑战。当全球化的风险发生,专家自身也难以规避,甚至在贝克看来"关于风险,不存在什么专家"②。当然,专家角色和专家作用一再受到风险社会的挑战,但该理论的本意并非是全面地否认科学、否认专家,进而否认专家体制,而是指出了传统的科学计算和司法判断下的专家体制可能会产生的新问题或次生风险。这种次生风险,是一种"技术恐惧症"——"公众的批评和焦虑其实来自于专家和反对专家者(counter-expertise)的辩证法"③,而反对专家者从另一种意义上,也是专家中的一员。把科学理性的对立面视为社会理性,贝克也强调了科学理性和社会理性的重要性。

专家身份与形象、专家体制是专家话语及专家话语空间形成的先决条件。专家体制或者说崇尚专家决策的观念,随着社会的发展,在不同的社会阶段中发生了一定的变化。而这种变化及背后的动因,某种程度上被风险社会理论所揭示——风险社会提供了专家体制瓦解的理论依据。与此同时,信任作为风险社会中的一个关键因素,亦对专家体制产生影响。常态下的专家体制中,对专家的信任应当是普遍存在的。但实

① 贝克.风险社会[M].何博文,译.南京:译林出版社,2004:8.
② 贝克.风险社会[M].何博文,译.南京:译林出版社,2004:28.
③ 贝克.风险社会[M].何博文,译.南京:译林出版社,2004:30.

际上,在网络舆论中的部分公众表达中,专家话语成为被调侃、被反向解读的对象,专家建议这么做往往被以网民为代表的公众理解为不能这么做,公众对专家的信任度下降。这种现象的出现,归根究底在于专家信任出现了问题,专家体制面临困境。

专家体制的困境首先在于风险社会的全面到来。贝克和吉登斯等所述的风险具有全球化和普遍化特征,而身处其中的中国面临着既要完成工业化现代化建设,又面临对现代化的反思和种种意外后果的双重压力①。也因此,中国的专家体制及运行过程处于复杂的社会结构转型中。现代意义上的风险催生出对科学副作用的方式,科学不再是确定性与真理性的知识形态,它成为可以被争论的"命题真理"②。依赖科学技术的专家体制,在专业知识和对专家可靠性的信任上遭遇了质疑,而具体表现为:其一,专家自身专业知识与问题的复杂性和综合性的悖论,专家必须"把自己的研究集中在某个学科中的非常有限的领域内,非常狭小的问题上"③,而专家在自己专业知识外的领域亦是外行;其二,专家知识的判断存在争论,代表不同意见的专家都各持意见与证据,如何判断哪种专家决策正确成为现实的困难;其三,专家知识亦存在不确定性的可能,通过对已有知识的推论来预测事物、判断未来趋势可能会产生不确定性的后果。这三种从技术和决策归因的角度探讨,结果使得专家信任遭到质疑,并可能孕育风险。

其次从更广泛的社会维度而言,尽管依赖科学技术,但专家体制下的专家知识被运用实际上是国家政策、社会组织、利益集团等各方面力量的一种综合角逐,专家知识在不同的社会情境中被建构,如坎贝尔认为的"科学的不确定性是社会定义与社会协商建构"④的。仅仅从科学技术的角度考虑专家体制困境是不够的,还需要考虑媒体环境。

在大众媒体和专家体制的共同影响下,风险发生后可能会出现"有组织的不负责任"的后果。简单而言,这种有组织的不负责任后果表现

---

① 李艳红,张培富.风险社会中的专家体制:困境与出路[J].山西大学学报(哲学社会科学版),2010(1):117-122.

② 吉登斯,拉什.自反性现代化——现代社会秩序中的政治、传统和美学[M].赵文书,译.北京:商务印书馆,2001.

③ 齐曼.元科学导论[M].刘珺珺,等,译.长沙:湖南人民出版社,1988:109.

④ BRAIN L. Campbell. uncertainty as symbolic action in disputes among experts[J]. Social studies of science,1985,15(3):448.

为:其一,尽管现代社会制度高度发达,但在面对风险社会来临时却存在应对的困难,难以承担事先预防和事后解决的责任;其二,无法准确界定环境破坏的责任主体,各种治理主体会利用科学等相互推诿,进行"有组织的不承担真正责任"的活动①。

专家体制造成"有组织的不负责任"活动的根源在于专家体制内部的困境,如前文分析的来自"专业知识和对专家可靠性的质疑"。但更重要的是,专家体制的专业话语,通过大众媒体的传播,为"有组织不负责任"提供依据。这一过程可以简单地理解为专家参与的决策行为"一定程度上不可避免地与权力、利益、偏好"②等行为相互纠缠。而决策的结果,最终由大众媒体公布。专家话语可能参与决策的初期起草和创作,并通过大众媒体被推向前台,步入公众的视野,而公众也依据话语呈现的内容对专家发问。从决策过程看,公众所参与的可能是被告知、被代表的过程,而在决策环节的末端,公众可能不得不接受充满专业术语或者外交辞令的专家答疑,并成为实际风险的分担者。而公众的不满可能在承担风险的过程中,或者对风险后果的担忧中被激化,一个直观的结果反馈就是不再信任专家,进而挑战专家体制,暴露了专家体制的困境。

综上所述,专家体制的困境在于专家体制结构的失衡:专家体制产生的决策风险可能引发公众的对立情绪,并在大众媒体和新媒体的传播下发酵,专家与公众以及其他社会群体直接的信任关系被破坏,进而影响到公众对专家体制、对大众媒体以及相关国家机构的质疑。而为解决这一困境,从治理的角度,现代机制下的国家包含国家治理机制、市场治理机制与公民社会治理机制③等不同维度和类型。但总体而言,权衡三者关系,改善专家体制运行结构成为有效途径,而在与公众接触的环节中,大众媒体如何呈现专家话语,以及专家自身话语如何为公众所接纳成为关键。

三、风险社会中的信任困境

目前我国公众对于专家的信任度较低,人民网舆情监测室(微博)的监测显示,目前社会公信力下降导致的信任危机,以政府、专家及媒体最

---

① 杨雪冬."有组织的不负责任"与复合治理[N].学习时报,2004 - 12 - 20(1).
②③ 李艳红,张培富.风险社会中的专家体制:困境与出路[J].山西大学学报(哲学社会科学版),2010(1):117 - 122.

为严重①。上海交通大学舆情研究实验室社会调查中心对我国 35 个城市居民展开社会信任调查的结果显示,仅有 4.5% 的受访者非常相信专家意见,近四成的受访者认为他们不太相信(27.2%)或者根本不信(12.5%)专家的意见②。20 世纪五六十年代,技术问题决策基本是专家决策模式,政府和民众对专家权威完全认可和信任,政府直接向他们询问意见,并据此做出决策。但是这一模式在 20 世纪 70 年代开始有所转变,伴随社会对原子弹等技术的反思,社会对科学的乐观态度逐渐消失③,对于专家的知识权威和决策正确性开始产生怀疑。不同于政府、媒体和公众话语,专家的话语依托大众媒体进行建构,在风险社会的不确定性特征逐渐显现、危机不断转变成负面事实的过程中,专家话语呈现出新的特点。

(一)普遍概念代替个体身份

专家的话语传播主要通过大众媒体,但是新闻报道中对专家的身份多模糊化处理,多数媒体报道中多采用"专家"这一普遍化概念代替个体,"专家称""有专家认为"成为媒体传播专家话语时的基本表述形式。这种对专家具体身份的模糊化处理不利于专家话语的传播效果,无法建立公众对专家的信任,甚至在一些事件中,某些专家不合常理、不具专业性的话语通过这种普遍化身份的话语传递,使得公众形成了对专家这一群体的负面认知。尽管在近几年的突发公共事件中对于专家身份的明晰化处理有所增加,新闻报道会具体说明专家的单位及其专业领域,但这并没有成为媒体报道的常规化表述方式。

除此之外,专家身份的缺失还表现在缺少对其研究成就的介绍。媒体在传播专家话语时通常只报道专家在特定事件中的观点或建议,缺少对其研究经历、研究成果的介绍,公众无法判断采访的专家是否在这一领域具有权威性,进而专家的话语无法使公众信服。在 2003 年"非典"事件中,钟南山教授的话语之所以得到公众信赖,主要原因之一是媒体

① 搜狐文化.民众对政府专家不信任度加深 权威声音常被打问号[EB/OL].[2018 – 11 – 15].http://cul.sohu.com/20110908/n318733879.shtml.

② 上海交通大学舆情研究实验室社会调查中心.2014 年居民社会信任度调查报告[C]//谢耘耕.民调蓝皮书:中国民生调查报告(2015).北京:社会科学文献出版社,2015:113 – 115.

③ 谭笑.技术问题决策中的专家话语与公众话语——柯林斯《重思专能》的方案[J].开放时代,2014(6):214 – 221.

对其研究经历和成果进行了较为详细的说明,公众在全面认知专家的基础上建立了信任。

(二)专业领域知识的错位表达

在危机传播中,专家缺失能够与公众对接的话语内容。话语内容的缺失主要体现在两个方面:一方面,专家传递的相关危机知识并非公众希望了解的内容;另一方面,缺少站在公众角度对专业领域知识的阐释。

不同主体对危机的认知角度和过程都存在差异,一般来说,专家多从逻辑、理性视角对危机进行认知和阐释,凭借的是多年专业知识的学习和研究;而公众多从常识、经验视角对危机进行认知,更多凭借感知进行决策。二者在认知危机的出发点上就存在差异,因此对于危机的关注点和认知结果也各不相同。在突发公共事件中,专家对于危机的解读可能并不符合公众欲知的内容。比如近几年出现的 PX 项目群体性事件,这是由各方对科学技术认知的不一致而造成的危机。在此类事件中,公众根据以往经验对 PX 项目存在的风险进行认知,形成了对 PX 项目的习惯性抵制。在这类突发公共事件中,公众关注的是 PX 项目可能对附近居民造成的伤害,而专家的解读往往从 PX 项目可能带来的利益方面切入;公众从以往经验考量 PX 项目的风险,而专家通过逻辑推演负面事件发生的概率,其话语无法与公众话语形成对接。这种现象出现的最重要原因是,尽管公众开始参与决策和危机传播,可以通过大众媒体或者新媒体关注专家话语,但是为专家提供的倾听公众声音的渠道相对缺乏,大众媒体注重的仍是"从专家到公众"的传播,而没有让专家充分了解公众舆论。

专家话语内容的缺失还体现在无法从公众角度对专业知识进行阐释。在突发公共事件的类型中,技术领域的突发公共事件是专家话语传播的主要对象,例如 PX 项目、转基因等,在这些领域中发生突发公共事件的主要原因在于各方对技术的认知及技术风险的评估结果不一致,这就需要专家对其中涉及的专业概念、技术等进行较为详细的阐释,这种阐释是向公众普及专业知识,以达成认知上的一致,进而在应对危机时达到各方协同治理的目的。但是目前对于专家话语的研究和媒体报道的分析结果都显示,在涉及专业概念、专业术语时,不论是专家还是媒体都存在传播话语的晦涩问题,没有站在公众认知基础上进行专业知识的解读,这就影响了专家话语的传播效果。针对如何实现专家话语与公众话语的对接问题,柯林斯等人认为应该培养交流型专家,即能够在专家和公众之间进行转译、协调的专业人士,这部分群体并不是进行具体研究的专家群体,而是通过与贡献型专家(即切身投入科学研究,并对该领域的科学知识有所贡献的科学家)交流,了解这一领域的核心知识,将科学界语言翻译成社会性语言,进而向公众传播①。这种交流型专家既能了解贡献型专家研究的领域,又能从公众角度进行理解,能够较好地沟通专家群体和公众。

(三)被媒体放大的常识缺失

本章第一节已经提到,由于风险社会中的不确定性,在进行决策时公众对专家的信任程度不断降低,这是因为宏观环境、客观因素决定的专家权威的消失。但是从微观角度来看,危机传播中专家话语之所以没有收到良好的效果,甚至受到公众诟病,主要源于专家话语自身的内容缺失、专家与公众的群体身份剥离、专家话语不合常识甚至违背道德。

部分突发公共事件中专家话语的不合常识甚至违背道德伦理,降低了公众对专家整体的信任。专家的权威性降低、公众对专家的不信任是在不断发生的危机中逐渐积累的公众态度,专家在某些事件中不当的话语违背了公众常识,比如"中国贫富差距还不够大,只有拉大差距,社会才能进步"②等,这些话语违背了伦理道德,也违背了公众对社会的期待,虽然这些是个体话语,但是在经过媒体的放大后,就会演变成公众对专家群体的整体不信任,因此在网络上才会出现"砖家""叫兽"等词,表达公众对这一群体话语的质疑。由于公众没有建立起对专家的信任关系,因此在危机传播中,专家的话语经常被公众忽视甚至引发公众的反对,无法取得良好的传播效果。

第二节　关系重构中的专家话语

专家群体拥有丰富的专业知识,对于突发公共事件的原因认知较政

---

① 谭笑. 技术问题决策中的专家话语与公众话语——柯林斯《重思专能》的方案[J]. 开放时代,2014(6):214-221.

② 国师厉以宁教诲曰:中国的贫富差距还不够大,只有拉大差距,社会才能进步.[EB/OL].[2018-11-13]. http://bbs1.people.com.cn/post/1/1/2/155723393.html.

府、媒体、公众更为深刻。但是，由于突发公共事件中专家发声的微弱化和专家话语的持续缺失，专家这一角色在突发公共事件中长期处于主体缺失状态，进而影响公众对专家的信任。为了进一步考察专家在突发公共事件关系网络中的角色与特征，本节根据对突发公共事件的社会网络分析，基于点度中心性、中间中心性等指标，考察专家话语在突发公共事件关系网络中所处的位置。研究筛选突发公共事件中点入度、点出度、中间中心性测量排名前十位且其话语对事件舆论造成影响的节点，以此为标准判定主体所处的话语主导性位置。在对 50 起典型突发公共事件的传播网络结构进行分析后发现，仅有 5 起案例中专家处于话语中心地位，专家话语作为主导性话语影响事件舆论偏向和舆情走势。由此可见，专家话语在当前公共危机舆论生态中仍处于边缘位置。

基于上述 5 起专家处于话语中心位置的突发公共事件的社会网络分析，本节内容剖析事件类型、专家身份、专家话语类型、专家角色、专家话语框架、专家话语意义指向，对突发公共事件关系网络结构特征、专家话语框架及意义指向进行考察，就哪类突发公共事件中专家话语占据主导性位置，其身份属性、话语网络构成及内部结构有何特征，专家话语如何能够处于话语中心地位影响舆论等问题展开思考。

一、专家专业性优势和专家身份明晰化是其处于话语中心的重要特征

在事件类型方面，5 起事件的专家话语在其中处于明显的话语中心地位，分别是"唐慧案"（2006）、"药家鑫案"（2010）、"江西宜黄拆迁自焚事件"（2010）、"哈医大一院医生被刺事件"（2012）、"于欢案"（2017）。从事件类型上看，这 5 起案例均属于刑事司法和社会安全类事件，涉及法律、刑事、医疗等专业性领域。说明在专业性较强的领域和突发公共事件中，专家的专业性优势不容忽视，专家依赖其专业知识背景占领话语中心位置，影响公众舆论。这一特征在专家身份分析中也有所体现。

在专家身份方面，"唐慧案"中占据话语中心的专家身份分别为法学学者和律师，"药家鑫案"中占据话语中心的专家身份分别为案件代理律师和犯罪心理学学者，"江西宜黄拆迁自焚事件"中占据话语中心的专家身份为调查律师，"哈医大一院医生被刺事件"中占据话语中心的专家身份分别为医生和学者，"于欢案"中占据话语中心的专家身份为案件代理

律师与财经专家。且在事件中,专家身份呈现明晰化,其身份被新浪微博加黄V官方认证或被明确标注头衔,专家在事件中充当的角色,例如原告律师、被告律师、事件调查律师等,也在官方认证头衔或微博帖文中被明确标注。明晰的专家身份及其在事件中扮演的主体角色成为影响专家信任的重要因素。由此说明,专家的专业性优势和专家身份明晰化是其处于话语中心影响舆论的重要特征。

在专家话语类型方面,专家在突发公共事件中主要存在两种话语类型:一是事件参与者,二是客观评论者。前者是指突发公共事件或由专家引发,或者专家行为对突发公共事件形成一定影响;后者是指专家并没有直接参与突发公共事件,只是作为客观的评论者存在。在对上述框架进行考察过程中,研究人员还对专家的身份进行了剖析。在5起典型案例中,每起事件中均有专家以客观评论者的身份参与发声,影响舆论。此外,在药家鑫案和江西宜黄拆迁自焚事件中,因有案件代理律师和调查律师的参与和积极发声,专家还以事件参与者的身份披露事件进展信息,占据话语中心位置(见表6-1)。

表6-1　5起案例中事件类型、专家身份、专家话语类型情况

案例名称	事件类型	微博用户名	专家身份	专家话语类型
唐慧案	刑事司法	童之伟	华东政法大学宪法学教授	客观评论者
		于建嵘	中国社会科学院农村发展研究所社会问题研究中心主任	
		徐昕	法律学者、律师	
		王小东	著名学者、中国青少年研究中心研究员	
		何兵	法学教授、著名律师	
药家鑫案	社会安全	兰和律师	药家鑫之父名誉权案原告代理律师	事件参与者
		北京维权律师王勇	药家鑫案被害人家属代理律师	事件参与者
		路钢律师	药家鑫案辩护律师	事件参与者
		西安张显	西安电子科技大学教师	事件参与者
		无心修心者	中国人民公安大学教授,犯罪心理学专家李玫瑾	客观评论者

续表

案例名称	事件类型	微博用户名	专家身份	专家话语类型
江西宜黄拆迁自焚事件	征地强拆	王才亮律师	才良律师事务所主任	事件参与者
		戴和平律师	浙联律师事务所主任	客观评论者
哈医大一院医生被刺事件	医患关系	董藩	经济学家,北师大管理学院教授、博导,北师大房地产研究中心主任	客观评论者
		急诊科女超人于莺	美中宜和门诊中心 CEO,美中宜和医院急诊会诊医师	
		营养师顾中一	北京友谊医院营养科营养师,北京营养师协会理事	
于欢案	刑事司法	庄志明	律师	客观评论者
		殷清利	于欢代理律师	事件参与者
		光远看经济	国内知名的经济学者和著名财经评论员马光远	客观评论者

二、专家的"信息桥"角色与主导性话语地位

在社会网络分析中,关于中心性的测量反映的是某节点处于网络中心的程度,表明该节点在社会网络中的重要性、权威性与影响力[①]。其中,点度中心性测量社会网络中节点自身的中心趋势,反映的是其在网络中的话语主导权;中间中心性测量网络结构中节点位于其他两个节点之间,对其信息传播进行控制的程度,反映的是其在网络中的信息桥梁作用[②]。基于专家参与突发公共事件的两种话语类型,结合点入度、点出度、中间中心性测量结果,本研究进一步思考关系网络中的专家角色及话语网络结构特征、专家话语如何能够处于话语中心地位影响舆论。

（一）作为客观评论者的专家:危机传播关系网络"信息桥"

在社会网络分析中,某一节点如果可以控制信息的传播渠道,即成

[①] 韩运荣,高顺杰.微博舆论中的意见领袖素描—— 一种社会网络分析的视角[J].新闻与传播研究,2012(3):61－69,111－112.

[②] 沃瑟曼,福斯特.社会网络分析:方法与应用[M].陈禹,孙彩虹,译.北京:人民大学出版社,2012:135.

为其他两个行动者能够产生联系的必经节点,则该节点在关系网络中拥有较高的中间中心性,其在网络结构中获得更多的话语权。基于对5起专家处于话语中心地位的典型案例的分析发现,以客观评论者身份介入突发公共事件的专家,其中间中心性普遍较高,在整个关系网络中发挥重要的信息掌控和传递的作用,扮演着传播瓶颈和社群桥梁的角色,进而形成关系网络话语互动。

例如,在"唐慧案"中,中间中心性排名前五位的关键节点中有4位均为专家(见表6-2)。其中,排名第一位的华东政法大学宪法学教授童之伟,其中间中心性数值(96)较其他关键节点高出许多。从童之伟个人微博信息可以看出,其在微博平台的参与程度较高,自2010年10月发布首条微博至2017年3月,已发布微博6832条,粉丝数量近22万人,并被官方认证为微博签约自媒体,由此反映出其在微博平台具备的话语影响力。研究者进一步对童之伟在唐慧案中的关系网络结构、话语框架、话语意义指向等方面进行剖析,以思考其为何能占据话语网络信息桥梁的重要位置以及专家话语如何影响舆论。

表6-2 "唐慧案"中中间中心性排名前十位的关键节点

节点名称	身份属性	中间中心性
童之伟	华东政法大学宪法学教授(专家)	96
于建嵘	中国社会科学院农村发展研究所社会问题研究中心主任(专家)	44
郭光东	饿了么副总裁(名人大V)	44
徐昕	法律学者、律师(专家)	28
王小东	著名学者、中国青少年研究中心研究员(专家)	24
田地发	(普通公众)	21
马骥远	深圳《晶报》前资深记者(普通公众)	18
孔狐狸	报社记者(普通公众)	13
李开复	创新工场董事长兼首席执行官(名人大V)	12
何兵	法学教授、著名律师(专家)	11

1.话语层面:从价值层面入手基于理性视角和归因归责框架谋求法治共识

关于唐慧案,童之伟共发布13条相关微博帖文,其中,引发舆论广泛关注的是其于2013年8月8日发布的原创长微博《唐慧案,站稳法治立场》。

在发布时间上,此微博发布正值唐慧案第二次舆论高潮之际——在湖南省高级人民法院对唐慧索赔案做出二审宣判之后,《民主与法制》杂志社记者廖隆章,"@御史在途""@北京厨子"等大V以及《南方周末》媒体对社会上一边倒的同情、支持唐慧的强大舆论提出质疑,童之伟随即发帖对其表示赞同和支持,并基于其法学专业知识背景,呼吁对唐慧案的审理应"排除来自官民各方的一切干扰,选择和站稳法治立场,严格依法办事",在微博上贴出其发表于《南方周末》的关于唐慧案的完整评论文章。

在话语框架上,童之伟采取归因归责框架,直指公检法部门在唐慧案审理中受唐慧本人、民间舆论及官方压力等多种因素影响,存在明显背离客观事实、造成法律事实与客观事实严重脱节等问题。从法理层面,对湖南省公检法部门、声援唐慧的律师、公共知识分子言行中存在的过失,以及网络一边倒的舆论进行抨击和批判。

在意义指向上,童之伟作为突发公共事件的客观评论者,在对案件审理过程中涉及的法理问题予以剖析的同时,着重从价值层面入手,从培养法治意识、谋求法治共识的立场出发,呼吁公权力组织和民众摒弃各方压力和干扰,重新理性反思唐慧案,坚持法治立场,将法治精神贯彻到唐慧案审理过程中。然而,在群情激奋的敏感时期,童之伟基于理性视角对唐慧案和网络舆论的说理及批判,虽然引导部分网民重新审视唐慧案,但并未起到使愤怒的舆论平息下来的作用,反而将自己推上唐慧案第二次舆论高潮的风口浪尖。截至2017年3月,此条微博被转发近4000次,评论量近1000条。

2.结构层面:专家之间、专家与名人大V之间形成话语博弈与联动推动议题深化影响舆论

在唐慧案中,童之伟多次转发并回复对其微博内容表示支持或提出质疑的帖子,尤其注重积极与其他专家学者、名人大V之间进行话语联动和话语博弈,在互动中将唐慧案中所折射出的法理问题的探讨深入化,进而引导、影响公众舆论。

(1)专家之间、专家与名人大V之间的话语联动营造理性舆论氛围

在上述关于唐慧案的"颠覆性"言论发表后,法学教授张志铭、律师黄正东等法学界专家以及同为事件重要"信息桥"节点的饿了么副总裁郭光东等名人大V纷纷评论转发其长微博,对其观点表示赞同和支持,

认为童之伟从法理层面对唐慧案的剖析"有理有据""对于唐慧案的反思值得一读"。童之伟积极与其观点一致的专家、名人大V进行互动，对其评论一一进行回复，进一步探讨对唐慧案的法理解读。在这一过程中，童之伟占据重要的话语网络信息桥梁位置，专家之间、专家与名人大V之间围绕相同的观点、态度形成话语联动合力，借助其法学专业背景和强大的话语影响力，为法治精神的回归营造理性舆论氛围。

（2）专家之间的话语博弈推动议题在法理层面的纵深化思考——对中国劳教制度合理合法性的反思

除了话语联动，童之伟与于建嵘、王小东等专家之间关于唐慧案中所折射出的制度性法理问题的话语博弈，则进一步将突发公共事件议题上升到对中国劳教制度体系合法化的反思。其中，尤以同为专家及事件关键"信息桥"节点的于建嵘与童之伟的两次话语博弈最为突出。二人基于法理价值层面，围绕"唐慧上访被劳教是否合乎法治""中国劳教制度的合理性""《南方周末》及童之伟言论是否同样是对公权方的裹挟"等议题展开观点争鸣。于建嵘虽然对童之伟的一些观点提出质疑，但意见相左的两位关键节点专家基于微博平等、开放话语平台的观点碰撞，通过相互转发评论和话语博弈形成信息传播和话语影响力的"马太效应"（强者愈强），共同推动唐慧案公众舆论转向对制度性问题的理性思考，进一步深化民众的法治精神和法制意识。

（二）作为事件参与者的专家：危机传播关系网络话语主导者

对突发公共事件的点度中心性分析发现，以事件参与者身份介入突发公共事件的专家拥有更高的点度中心性，凭借其自身所掌握的事件信息资源与社会资源，在微博平台抢占先机，积极发声发言，充当意见领袖角色。其中，节点的点入度越高，表明其发表的言论被舆论广泛关注并大量转发，在事件关系网络中占据优势地位，掌握事件议题话语主导权。在药家鑫案中，点入度排名前七位的关键节点中有5位均为专家（见表6-3）。专家作为事件参与者，其言论和行为直接推动事件进展，其对事件的信息披露和观点声明更易受到网民舆论的广泛关注和转发，在危机传播关系网络中占据话语主导地位。但在药家鑫案中，虽然专家处于关系网络话语主导位置，但因专家话语言辞不当、个别专家滥用话语权煽动舆论等行为，使得专家的公信力和形象大打折扣。

表 6－3 "药家鑫案"中点入度排名前七位的关键节点

节点名称	身份属性	点入度
药家鑫之父药庆卫	(当事人)	96
兰和律师	药家鑫之父名誉权案原告代理律师(专家)	37
北京维权律师王勇	药家鑫案被害人家属代理律师(专家)	37
路钢律师	药家鑫案辩护律师(专家)	32
Frank_cf	(普通公众)	31
西安张显	西安电子科技大学教师、药家鑫案被害人家属诉讼代理人、药家鑫之父名誉权案被告(专家)	22
无心修心者	中国人民公安大学教授、犯罪心理学专家李玫瑾(专家)	22

1."激情杀人""钢琴杀人说"等专家"特色"话语遭舆论诟病,专家公信力受损

在 2011 年 3 月 23 日药家鑫案公开开庭审理的当天,药家鑫辩护律师路钢(点入度 32)基于归因框架将药家鑫的杀人行为归属于一念之差的"激情杀人",应归入酌情从轻惩罚的杀人类型。庭审当晚,中国人民公安大学教授、犯罪心理学专家李玫瑾(点入度 22)做客《新闻 1＋1》栏目专题节目时将学习音乐专业的药家鑫的作案行为解释为与平时训练最多的动作有关。"把刀刺向受害者的行为实际上类似于砸琴的行为"的"钢琴杀人说"话语一出立即引爆舆论。"激情杀人""钢琴杀人说"等专家"特色"话语之所以遭舆论诟病,原因有如下三点:

第一,在发布时间上,药家鑫案因案件恶劣程度之大受到社会的广泛关注,网络上舆论更是一边倒地要求立即将药家鑫绳之以法。在此舆论情境之下,专家话语正处于舆论对此事件高度关注、群情激奋的高度敏感时间节点上。

第二,在话语修辞上,作为药家鑫辩护律师的路钢和作为事件客观评论者的李玫瑾均从各自专业背景出发,基于归因框架试图对药家鑫杀人行为从法理和心理等层面进行阐释,但是针对药家鑫如此恶劣的杀人行为,专家以"砸琴"为喻,以"激情"为比,为犯罪嫌疑人解释杀人行为,专家话语与血淋淋的杀人行径形成巨大反差,进一步激发公众对专家积聚已久的信任危机,网民对药家鑫案的愤怒随即转移到专家身上。

第三,其他关键节点组成话语联盟,对李玫瑾等专家的抨击进一步

引导网络上的非理性不断发酵,例如,药家鑫案被害人家属诉讼代理人张显(点入度22)和药家鑫案被害人家属代理律师王勇(点入度37)均在微博上就李玫瑾的"钢琴杀人说"言论进行驳斥和讽刺,认为"李教授的狐狸尾巴终于露出来了""李玫瑾老师在药家鑫正法中功不可没,感谢李老师使天下人彻底看清楚药家鑫杀人犯罪的主观恶性",并凭借其作为事件参与者的较高话语掌控权,在网络上掀起倒李玫瑾的舆论小高潮。在这一过程中,虽然也有药家鑫辩护律师路钢等人对李玫瑾进行声援,呼吁客观理性发表言论,但因其同样处于舆论漩涡,且此时的网络舆论已陷入非理性,其声援并未形成有力话语合力。网民以"砖家叫兽""御用文人""妖气冲天"等字眼对李玫瑾等专家进行攻击,专家公信力受损。

2.谣言成为个别专家煽动舆论的策略之一,专家话语权滥用误导舆论

作为药家鑫案被害人张妙的丈夫王辉的远房亲戚并义务担任诉讼代理人,西安电子科技大学教师张显在药家鑫案件进展及舆论演变中起到了不可忽视的话语主导性作用。在事实层面,张显在微博上编造传播不利于药家鑫的不实言论,直接导致药家鑫案余震——药庆卫诉张显名誉侵权案的形成。在舆论层面,张显以谣言作为煽动舆论的策略,滥用自身作为事件参与者所拥有的话语权误导公众,加剧公众对专家的不信任。

在话语框架和意义指向上,张显从事实层面入手,通过在微博平台上发布大量凭空捏造的虚假事实,基于事件定性框架,以"官二代""富二代""军队背景"等虚假标签给药家鑫出身定性。在价值层面,通过谣言煽动网络舆论,制造民意,将公共舆论从对药家鑫残忍杀人刑事案件的愤怒与近年社会上弥漫的仇官仇富等情绪相勾连,借助普通民众与"官二代""富二代"之间的阶层撕裂,凸显药家鑫与被害人之间的阶层属性差距,煽动网络戾气讨伐药家鑫的残暴行为。这种滥用话语权、绑架舆论的行为在初期确实为张显赢得汹涌的民意,但在造谣行为败露后,张显遭到法律的制裁和舆论的声讨,专家的信誉和形象大大受损。

三、在争议中重构话语关系

专家作为某一学科领域的权威代表,能够就某一突发公共事件引发

危机的原因进行解释并给出对策建议。然而不同身份的专家由于利益诉求、观点的差异性而导致话语的冲突与对立。在药家鑫案中,张显与同为事件参与者且掌握话语主导权的关键节点——药家鑫之父名誉权案原告代理律师兰和一直处于话语对立和博弈状态。

作为名誉案原告代理律师,兰和与案件当事人药家鑫之父药庆卫形成话语联盟,在发布侵权案审理进展情况信息的同时,与药庆卫形成合力,回击张显的虚假言论。剖析兰和律师的专家话语框架,主要是从事实层面发布药庆卫委托声明、对药庆卫诉张显名誉侵权案进展情况进行通报;从价值层面抨击张显作为一名律师缺乏基本理性思维,受到网民的广泛关注。在二人的话语博弈中,张显遵照其一贯话语策略,将自己摆在平民话语权代言人位置,将兰和与央视、《人民日报》等官方媒体相联系,暗讽特权精英话语权之间达成不正当勾当,并进一步将矛头指向《人民日报》官方媒体,认为其报道混淆视听,以借助部分网民对媒体的不信任心理获得舆论声援。

而在于欢案中,由于事件中法律与伦理道德之间的矛盾性导致不同专家在对危机事实的定性、话语表达方式上存在明显的差异性。

在此事件的传播网络中,作为被告律师的庄志明律师的话语聚焦辩护方案,"系递进式无罪辩护,不同于外界猜测的正当防卫与防卫过当简单之辩",将危机中最具争议的话语讨论进行界定,他通过专业术语表达一方面确立了其话语立场与话语策略,另一方面也为此次危机进行定性,引发公众的进一步讨论。此外,作为关注此案件的王才亮律师则从于欢自卫权的认定问题展开,这是此次案件的核心问题,也是舆论最为关注的焦点,王才亮律师牢牢把握这一问题核心进行深入阐释,并探讨了为此次事件中的话语意义"于欢案的社会价值远胜于之前所有的相关案件"。此次事件通过微博等新媒体平台迅速引发争议,律师、财经评论者等不同学科领域的专家就危机中的某一层面展开辩论。通过对专家话语传播网络、专家话语本身,以及与公众话语冲突与互动等方面实现危机话语关系的重构。

第三节　专家话语建构与意义指向

专家群体拥有丰富的专业知识,对于突发公共事件的原因认知较政府、媒体、公众更为深刻,因此在进行专家话语框架研究时,我们通过对学者的话语框架,主要是事件认定框架、事件背景框架、对策建议框架、归因归责框架进行分类整合,展开对危机传播中专家话语意义的考察。专家在突发公共事件中主要有两种类型:一是事件的参与者,二是客观评论者。前者是指突发公共事件或由专家引发,或者专家行为对突发公共事件形成一定影响;而后者是指专家并没有直接参与突发公共事件,只是作为客观的评论者存在。本部分选取"非典事件"、"'黄金大米'事件"①、"广东茂名 PX 项目群体性事件"②3 个典型研究个案,对上述框架进行考察,并对事件中专家的身份进行剖析。公众对专家的信任也会影响政府的政治决议③。因此在考察专家话语框架时,还需要考察公众对专家的信任,而专家身份的明晰化是影响专家信任的一个重要因素。同时在专家身份的剖析中,也可以看到职业背景不同的专家在进行突发公共事件的归因归责时有何差异。

---

① "黄金大米"事件:2012 年 8 月,《美国临床营养杂志》发表了一篇题为《"黄金大米"中的 β-胡萝卜素与油胶囊中 β-胡萝卜素对儿童补充维生素 A 同样有效》的研究论文,该论文的主要作者为美国塔夫茨大学汤光文、湖南省疾病预防控制中心胡余明、中国疾病预防控制中心营养与食品安全所荫士安和浙江省医学科学院王茵。国际环保组织"绿色和平"随即谴责研究人员使用转基因大米对中国 6 至 8 岁儿童进行人体试验,掀起轩然大波。在经过三个月的调查后,12 月 6 日,由中国疾病预防控制中心、浙江省医学科学院、湖南省疾病预防控制中心三家联合发布的调查报告对事件给出了最终解释:项目所用"黄金大米"从境外带入时未经申报批准,在伦理审批和知情同意告知过程中,刻意隐瞒了试验中使用的是转基因大米的事实,违反科研伦理原则,存在学术不端行为。三位论文作者受到处分。

② 广东茂名 PX 项目群体性事件:2014 年 3 月 30 日上午,广东省茂名市区一些群众为了表达对拟建芳烃(PX)项目的关切,在市委门前大草坪聚集,并在个别路段慢行,人数一度达到 1000 多人。3 月 30 日 20 时许,部分群众回到中心广场,先后拦停两辆社会车辆,实施了打砸行为,还追打上前劝阻的民警。到当晚 22 时,这部分群众纠集部分社会闲散人员用石块、玻璃瓶袭击市委门口,被警方驱离。同时,市区多个地方沿街商铺、广告牌遭打砸,一辆执勤警车遭纵火烧毁。3 月 31 日零点 24 分,茂名市政府在茂名新闻网发布了一份《告全体市民书》。6 时 25 分,茂名市政府再次通过茂名新闻网向媒体通报:相关部门迅速行动,果断处置,有效控制了局面,事件中没有人员死亡。20 时 30 分,茂名市政府新闻发言人通报称,目前芳烃项目仅是科普阶段,离启动为时尚早。在考虑项目上马时一定会通过各种渠道听取公众意见再进行决策。如绝大多数群众反对,市政府是不会违背民意进行决策的。"请广大市民理性表达意见,共同维护社会稳定"。2014 年 4 月 2 日下午,茂名市政府新闻发言人就 PX 项目接受了记者采访,再次强调 PX 项目还不具备开工建设条件,现处于科普阶段,在社会没有达成充分共识前不会启动。

③ 王娟.影响公众对专家信任的因素——北京公众对建设垃圾焚烧厂的风险感知调研分析[J].自然辩证法通讯,2014(5):79-86.

一、缺位的专家话语构建风险语境

风险的常态化使公众逐渐对科学性话语产生怀疑,他们倾向于从个体经验与直觉出发的危机认知,并基于日常经验去争夺对风险的定义权,破除科学定义的安全神话①。在公共卫生、食品安全、环境污染等涉及公众身心健康与切身利益的突发公共事件中,事件的发生与发展需要介入专家话语,通过科学性、专业性的话语,对危机本身的认定、危机归因阐释、危机影响与后果说明等方面进行权威阐释,在危机传播过程中具有不可忽视的作用。然而,在我国的危机传播情境中,专家话语存在话语独立体系缺失、主体身份模糊、话语传播力与影响力不足等问题,导致公众对专家话语的解构,进而引发信任危机,危机传播情境中的风险逐步被扩大。

非典(SARS)事件中,医护专家对于疫情的掌握和治疗的实施决定了感染者的治疗和国人的安危,其话语表达以及与其他话语主体的议题互动,对此次危机话语传播效果有着重要影响与意义。非典疫情初期,当地政府与媒体没有认识到疫情的严重性,有意回避了有关疫情的相关信息,试图减少公众的恐慌。然而,在不久后,广东省中山市几位医护人员同时受到感染,此时,广东省政府派出专家调查小组,并在当年1月23日向全省各卫生医疗单位下发了调查报告,要求有关单位引起重视。

随后疫情进一步扩大,卫生部对广东发生的病例开始关注,并派出专家组到广州协助查找病因,指导防治工作。随后广州市政府召开新闻发布会,公布广州地区非典型肺炎情况,指出"所有病人的病情均在控制当中",强调"对于广州市的千万人口,300多人染病是个很小的比例,非典型肺炎只是局部发生,称非典型肺炎并不是法定报告传染病"②。在这一阶段中,由于当地政府对有关疫情信息的全面控制,此时专家话语体系并没有构建起来,其议题框架的设置与政府话语保持高度的一致性。由此次事件而逐步确立的新闻发布会制度与新闻发言人的设立成为此次危机传播中政府应对的主要策略,也成为主要的信息源。虽然在专家话语中也提到了疫情可能出现的原因,但并没有得到足够的重视,导致

① BECK U. Risksociety:towards a New Modernity[M]. New Delhi:Sage,1992:28-33.
② 广州市政府今召开发布会公布非典型肺炎情况[EB/OL]. [2018-11-16]. http://www.chinanews.com/n/2003-02-11/26/271543.html.

危机进一步升级与恶化。

在"黄金大米"事件中，一篇题为《"黄金大米"中的 β-胡萝卜素与油胶囊中 β-胡萝卜素对儿童补充维生素 A 同样有效》的研究论文，引发了社会对转基因食品安全、科学伦理等问题的广泛关注与讨论。为分析此次事件中的专家话语，研究人员以"百度新闻"为样本库，以"黄金大米"为关键词，时间为"2012 年 8 月 30 日至 2012 年 12 月 11 日"①，共搜索到 3920 篇网络新闻，除去相同新闻，共有 532 篇，从中等距抽取 106 篇新闻报道作为研究样本。在这些研究样本中，专家话语共出现 31 次。本身就由专家行为引发，因而按照是否参与事件划分为两类：一是参与事件的专家，即论文中出现的几位作者；二是没有参与事件的专家，即事件的客观评论者。媒体对于参与事件的专家的话语呈现较少，只出现了6 次，其他都为旁观评论专家的话语呈现。涉事专家的话语较少，媒体获得的事件相关资料有限，一定程度上影响了公众对此次事件的完整认知。由于对风险不确定性的预判与担忧，公众的风险感知进一步加大。

而在广东茂名 PX 项目群体性事件等一系列邻避事件中，似乎呈现出这样的模式：只要发生群体性事件，该地区的 PX 项目就会被叫停。因此，在这样的突发公共事件中，常规的科学性话语往往并不能满足民众的诉求，而常以非制度化与对抗式的话语行动来解决问题。早在 2014年 2 月底，广东茂名当地的报纸《茂名日报》便开始向当地民众普及有关PX 项目的知识。3 月 18 日，茂名市委还召开石油产业专题学习会，邀请中国工程院院士、清华大学化工工程系教授、化工科学与技术研究院院长金涌对茂名 PX 项目解疑释惑。会上，金涌院士重点解读了"厦门 PX项目事件"和"大连 PX 项目事件"的起因和处理情况。金涌称，茂名 PX项目只是一个普通石化项目，之所以群众不接受，是"因为不了解"。金涌还提到，在"与群众交朋友"方面，国外的企业做得很好：他们邀请群众

---

① 笔者根据"百度指数"结果发现，此次事件存在两个热度较高的舆论阶段：第一次舆论热潮为 2012 年 8 月 30 日至 2012 年 9 月 19 日。8 月 30 日，国际环保组织"绿色和平"向媒体表示，美国一科研机构发布了其对 24 名中国湖南省儿童进行转基因大米人体试验的结果，对此表示强烈谴责。第二次舆论热潮为 2012 年 12 月 6 日至 2012 年 12月 11 日。12 月 6 日事件调查组公布了调查结果，为事件定性并对涉事人员的处理结果进行了公布，再一次引发社会对这一事件的关注，事件到此尘埃落定。基于此，笔者将时间限定在"2012 年 8 月 30 日至 2012 年 12 月 11 日"。

参观生产车间,有公众参观日和群众代表监督会①。然而,专家话语并没有受到媒体与当地政府的重视,公众无法从已有的议题设置中感知风险的危害性程度,导致危机影响持续,继而爆发线下的突发公共事件。

二、专业性话语影响公众的危机认知

由于专家这一话语主体的缺位状态,使其处于危机传播场域的边缘位置。由于专家的危机话语脚本以专业性话语模式进行框架设定,往往无法形成公众较好的危机认知,进而产生话语冲突。同时,科学术语定义的"风险"主要以改良和显著性等概念呈现,经过媒介的二次加工与重新表达,风险的科学特征逐渐被"外行话语"(lay discourse)②稀释,成为公众心中负面后果的代名词③。如广东茂名 PX 项目群体性事件中,当地政府就 PX 项目所进行的宣传与推广并没有得到公众的认同,反而引发许多公众的恐慌心理。

中国广播网经济之声特约评论员、北京化工大学安全工程系主任杨剑峰,通过媒体及时而具体地做出解释。在《广东茂名市民反对 PX 项目专家:PX 并非高致癌或致毒品》④这篇报道中,杨剑峰就公众较为关注的问题做出了具体的阐释,构建出以下几个议题。首先,杨剑峰对 PX 进行定性,并用"易燃""低毒"简单的两个词语概括出 PX 物质的化学属性,指出 PX 本身并不是一个高致癌或者制毒的物品。其次,在化工生产过程中 PX 是否对环境与人体造成不良影响这一问题上,杨剑峰从工艺、设备、错误操作三个方面进行了深入的解释。再次,对于 PX 的作用,杨剑峰采用类比的话语修辞手法,让受众更加便于理解。同时,杨剑峰还阐释了 PX 的重要性框架以及 PX 项目推广传播框架,指出 PX 是一个重要的战略物品,对于我国必不可少。在减少公众恐慌方面,杨剑峰提出两点:一是政府应该加强决策的透明度,包括对环境风险的评估。二是相关从业人员应加强科普工作,将真实的信息反映给老百姓。

① 茂名曾强制市民签承诺书支持 PX:不签影响升迁[EB/OL].[2018-11-18].http://club.china.com/data/thread/1011/2769/55/36/1_1.html.
② THOMPSON P B. The ethics of truth-telling and the problem of risk[J]. Science and engineering ethics,1999,5(4):489-510.
③ 刘于思,疗力. 在风险与利益间传达不确定性:科学事实查验对转基因食品议题信息误解的影响[J]. 新闻与传播研究,2017(7):28-49,127.
④ 广东茂名市民反对 PX 项目　专家:PX 并非高致癌或致毒品[EB/OL].[2018-11-18].http://finance.cnr.cn/jjpl/201403/t20140331_515196446.shtml.

　　杨剑峰就公众最关注的问题基本上做出了具体的阐释与解读,在话语表达上分点说明,条理较为清晰,话语呈现出专业性,同时又通过类比等较为通俗的语言构建自身的危机话语框架,整体呈现出非常理性的话语态度。但是,从舆论总体倾向来看,由于公众对 PX 项目负面的刻板印象已经积累,此时专家的话语影响力较弱,加之"坦克进城"等诸多谣言的产生,引发次生危机,使危机冲突进一步恶化。

　　在"黄金大米"事件中,由于科学研究人员行为不规范、违背科研伦理引发危机的产生。有关该事件的媒体报道所呈现出的专家话语主要就"黄金大米"事件本身、科学研究整体的伦理审查、转基因食品安全等归因归责议题进行较为详细的框架呈现,进而构成了"事件归因—现象归因—背景归因"的递进关系。

　　在针对"黄金大米"事件本身的归因归责框架中,专家话语很少直接将涉事专家作为明确的责任主体,只有少数专家话语明确提出试验参与专家违背科研诚信和伦理,对此事件承担责任。专家虽然也针对事件本身进行归责,但是只以"黄金大米"研究作为指代,认为该研究用儿童做试验有悖科学伦理,并没有明确提及其中的专家行为。将涉事专家明确作为事发原因和事件责任主体,和将研究作为隐晦的责任主体,两种方式在话语强度上不同,而且"黄金大米"研究本身并不能对此次科学试验中的行为不端承担责任。

　　在科学研究伦理审查归因归责框架中,多数专家认为科学伦理审查的缺失是此次事件发生的主要原因,而审查的缺失归因归责主要在于科研工作者自身、此次事件中的项目承担单位、伦理审查机构、第三方学术和科研审查方、政府,归责于科研工作者自身的专家话语最多,归责于政府的专家话语最少。有专家站在政府立场上说,"早在 2008 年,农业部和浙江省农业厅在得知'黄金大米'研究计划后,就立即叫停了该项目"①。这一话语的呈现从侧面减轻了政府在此事件中的责任。隶属于政府管理部门的专家在进行归责时,通常将责任归属于科研伦理审查机构和科研人员自身。

　　对于转基因食品安全的讨论是此次事件的延伸话题,也是此事件引发公众热议的背景。此次事件的受试者儿童父母十分关注孩子的健康是否会受到影响,有专家对此进行了说明,并且有一位专家在解释转基

---

① 李天舒."黄金大米"研究踩了哪些"红线"[N].健康报,2012 – 09 – 14(2).

因食品安全时,将此事件引发的恐慌归因为中国公众对转基因食品缺乏了解,这种外部归因方式明显减轻了专家、政府对转基因食品的责任承担。"黄金大米"事件中的涉事专家均没有将自己作为责任主体,他们都采取了回避和否认的话语策略,表明自己与此次事件无关,对试验不知情。但是这种归因归责方式明显引发公众质疑与不满,当媒体、公众话语都将事件责任指向涉事专家时,回避、否认的策略无法减轻自身责任。

而在"非典"事件中,随着疫情的进一步扩大,危机中的各相关利益主体逐渐意识到疫情的严重性,对于此前疫情得到有效控制的说法遭到公众的质疑。其中,北京解放军总医院的退休医生蒋彦永作为专家话语的代表得到部分公众与媒体的关注。蒋彦永表示,从他看到的情况来看,相关政府部门没有透露实情,至少北京市当时情况远比他说的严重。蒋彦永认为官方公布的数字被严重缩小,是对中国民众、卫生部门的误导,是对人民健康不负责[1]。专家话语对风险及其影响进行阐释,并通过媒体话语得以凸显与放大,将专家的话语框架呈现出来。同时随着各省市及地区病例数量急速扩大,使政府相关部门不得不全面公开"非典"疫情相关信息并展开危机处理行为。疫情同时也受到中央政府的高度重视,进而使此次突发公共事件进入全面公开防治的阶段。

同时,海外专家也参与到"非典"疫情的研究与救治工作中,与我国专家话语形成"互文",体现出对危机的权威定性,提升了其他危机话语主体的危机认知。2003 年 4 月 14 日,美国科学家宣布,绘制出怀疑与非典型肺炎相关的新型冠状病毒的基因组序列图。4 月 16 日,世界卫生组织正式宣布,非典型肺炎的致病原为一种新的冠状病毒,并命名为 SARS 病毒。5 月 1 日,美国《科学》杂志刊登了两份 SARS 病毒基因组序列研究论文,这是首批经过同行评议的 SARS 病毒基因组序列研究结果。由此,国内外专家的话语联动构建了趋于理性的舆论氛围,对危机本身进行权威定性,使公众对于 SARS 疫情有了较为准确的认知,并认识到了此次危机的严重性。

三、以"理解与信任"为指向建构科学性话语

专家话语的主体缺位影响公众对专家的信任程度。专家掌握专业

---

[1] 蒋彦永:人民利益高于一切[EB/OL].[2018 - 11 - 20]. http://www. lifeweek. com. cn/2003/0729/5582. shtml.

知识,在评估风险时根据知识体系与科学范式进行话语建构,而多数公众往往通过风险感知进行评估,因此二者常常形成较大的危机认知差异。专家在话语表达过程中以既有的危机叙事结构进行阐释,而没有考虑到其话语的"可接受性"。同时,有时专家话语被片段式地强调,使专家话语试图的话语"意向"被曲解,引发公众的非理性情绪与信任危机。因而,如何以公众能够理解并趋于信任的方式传播与阐释危机,成为专家话语建构的意义指向。

在广东茂名PX项目群体性事件的处理与反思阶段中,专家话语也多从事件本身的性质着手,对其深层社会原因进行话语解读与阐释。其中,中国工程院院士曹湘洪①从事件原因分析的话语框架,分析造成这个问题(民众对PX误解)的原因。具体来说,近年来我国经济高速发展中存在着粗放发展的问题,尤其一些化工企业,存在安全、环保、设施管理等一系列问题,出现一些重大事故,对老百姓的心理造成了不良影响。中山大学化学与化学工程学院教授甘峰②则从工艺学的角度指出,PX工艺应该能够保障自身不成为污染源,但民众害怕的可能是在生产PX过程中的排放物,"中国在管理排放物方面常常会出现问题,这可能才是问题的症结所在"。南开大学战略环境评价研究中心主任徐鹤教授③,从事件归因归责的话语表达进行分析,指出茂名PX项目属于建设项目,环评没有批复之前,项目是不能开工的。环保部对建设项目环境影响评价的要求是非常严格的,特别是敏感的化工项目。国家在立法和管理规定上,不比任何一个国家差。与其他国家对比,中国制定了各方面的管理办法、规章条例等。但是否能够严格执行,还有待调查后才能做结论。

在我国已经发生的多起PX项目群体性事件中,公众心中的PX早已与"有毒""致癌""死亡"等极为负面的名词联系在一起,即使在此次茂名PX项目中,当地政府与媒体进行较为广泛的知识普及与宣传,也没有重塑PX在公众心中的负面刻板印象。因此,专家话语的科学性话语与归因阐释都未被公众所理解导致专家话语的信任缺失。同时,专家话语

---

① 谈PX色变? 中国工程院院士曹湘洪揭开神秘面纱[EB/OL].[2018-11-20].http://news.xinhuanet.com/local/2013-05/13/c_124701486.htm.

② 借PX抗议活动打砸公物 茂名警促违法者自首[EB/OL].[2018-11-21].http://eunited.com.my/? q=node/69033.

③ 徐鹤:PX项目环评要求非常严格 但执行情况有待调查[EB/OL].[2018-11-20].http://www.caijing.com.cn/2014-04-03/114067737.html.

的论证不足更导致了公众将种种质疑无限放大。由于冲突双方缺乏对等、协商、合作的话语互动,降低了专家话语的传播效果。

在"非典"疫情进一步扩大的情境下,中央及各省市政府高度重视疫情的防治工作,卫生部宣布"疫情一日一报制"。许多医护专家站到危机的第一线,其中,以钟南山为代表的专家形象在公众心中逐渐扎根成为公众记忆深刻的名字。钟南山作为呼吸病学的权威专家,在"非典"疫情最严重的情况下主动请缨,全力制订救治方案,他对于疫情的诊断和把握体现了一个专家扎实的专业知识基础,而对于病人、同事的关心则体现了"医者仁心"的伟大精神。其主动的危机话语表达与危机应对行为赢得公众的赞赏和拥护,树立了权威的专家形象。

钟南山在其危机话语表达过程中呈现出多种议题框架,主要涉及事件陈述与解读框架、事件归因框架、事件救治框架、疫情趋势判断框架等。在构建框架的过程中运用数据作为论述依据,体现其专业性,同时提升了话语表达的公信力。例如在疫情趋势判断框架中,2003 年 5 月 3 日,钟南山接受央视专访时说:

> 这个病(非典疫情)从零星发现到上升、到高峰、到平段到下降,大概整个过程要 4 个月多一点。北京 1 月份开始,我相信到 5 月中、5 月底应该有一个下降,6 月份应该有一个比较大的改善。①

这里专家对于疫情的发展趋势进行了判断,满足公众对于这一信息的需求,同时也帮助公众对疫情有进一步的认知。而在事件归因框架中,钟南山做出明确的解释:

> 这种估计是基于广东省非典发病规律而做出的结论。②

在这句话语表达中,运用"估计"一词,表明了他对于事件发生原因的粗略判断,由于当时对于疫情产生原因的研究还没有定论,尽管话语并不完全确定,但是向公众表明不确定性的存在会使自己的话语更可

---

①② 钟南山:北京非典疫情在 5 月中旬后可能下降[EB/OL].[2018 - 11 - 20]. http://www. people. com. cn/GB/shehui/212/10548/10645/20030504/984227. html.

信。同时,钟南山在驳斥世界卫生组织关于"非典"病死率为15%的估计时,认为这一估计高于实际情况,并且推断"患者最多的中国内地'非典'病死率不会超过6%"①,他首先对世界卫生组织的推断依据进行了说明,"估计主要依据加拿大和新加坡的数据"②,之后对我国的医疗条件和自身经验进行了描述,他"所在的研究所收治的大都是重症非典患者,但病死率只有4%"③。

这种运用数据阐释现实情况让推断有所依,显示了专业性,使公众对专家话语的认知更加明晰化,并且对于专家的推断更加信任。事件认定框架不仅是指对事件进行定性,还指对事件的发展趋势进行分析。专家具备丰富的专业知识,对于结论的推断需要证据支撑,钟南山在对"非典"发展趋势的推论中做到了证据清晰。

同时,钟南山不仅使用陈述方式,更运用情感方式构建议题,包括对病人的照顾、对医护人员的关心等。媒体在报道过程中除了直接引用他的话语外,还通过病人、医护人员的话语共同构建了钟南山专业而又亲切的危机话语表达,提升了此次突发公共事件中专家危机话语表达效果。对于钟南山直接话语的引用,如主动向卫生厅请缨:

把最危重的病人往我们医院送!④

这一话语在"非典"报道逐渐增加的初期,成为媒体中常出现的报道内容,从一开始就奠定了钟南山临危受命但又毫不退缩的职业形象。在治疗过程中,很多医务人员也感染了病毒,钟南山对此表示:

这个时候不能再让医务人员倒下。倒下的要让他们尽快康复。⑤

虽然话语很平实,但是表明了他对于同行的关心。这些对专家话语的直接引用都奠定了专家的正面形象,为其话语在公众中的传播取得良

---

①②③　钟南山. 内地非典病死率不会超6%[EB/OL].[2018 - 11 - 20]. http://news. xin-huanet. com/newscenter/2003-06/04/content_902514. htm.

④⑤　站在抗击"非典"最前沿——记钟南山院士[EB/OL].[2018 - 11 - 20]. http://www. southcn. com/news/gdnews/hotspot/gdfk/yx/200304230542. htm.

好效果和被公众信任奠定了基础。同时,新闻报道还通过采访钟南山身边的医护人员,对其救治过程中的细节进行描写。如他身边的医护人员说:

> 钟院士查房时极富人情味。天冷时,他总要用手把听诊器搓热,并从语言上给病人极大的鼓励和安慰……无论钟南山出现在哪家医院,病人都觉得快乐和放心。他一出差,病人就会着急地问:钟院士什么时候回来?①

媒体对钟南山的细节报道有利于从内心打动公众,尽管在最初对于钟南山的报道过程中,对其制订治疗方案、其对 SARS 病情的观点的报道并不多,但这是一个从公众心理上建构专家良好话语表达的开端,为其之后对于 SARS 病情的发展趋势、如何更好地救治感染者等专业话语的传播奠定了基础,具有权威性、人性化的专家形象更易为公众接受和信任。

此后,专家话语逐渐形成,并以相对专业的话语框架与政府、公众、媒体形成联动效应。以钟南山为代表的抗击非典专家用自身话语与行为的感召力塑造了权威的形象,从一定程度上缓解公众的负面情绪与非理性表达。在话语表达方面,专家话语不仅仅运用科学数据预估疫情发展,更用亲切、富有情感的语言情绪来缓解公众恐慌,关注同行安危,相比于初期的危机话语应对有了较大的改善与提升。

---

① 站在抗击"非典"最前沿——记钟南山院士[EB/OL].[2018 – 11 – 20]. http://www. southcn. com/news/gdnews/hotspot/gdfk/yx/200304230542. htm.

本章小结:专家话语的持续缺失影响公众信任

专家一直是社会治理的重要参与者,由于其掌握专业知识,对风险的评估和决策建立在科学理性的基础之上,因此是社会发展的重要决策者。贝克曾指出,大多数技术风险分析提供大量的统计资料给不同类型的人群,但他们没有意识到,风险给不同的人群带来的影响和大小是不同的,其风险认知和解读情境也是不同的,存在千差万别的风险认知。因此,技术风险评估的统计报告难以完全解除不同利益诉求的社会公众的疑虑和恐慌①。彼得·M.韦德曼等人基于专家与外行人士对待风险认知的差异性提出"风险故事模型",认为专家需要找到存在着有害后果的科学证据;而对于公众而言,概率估计等风险统计学因素重要性不大,而一些不适合科学讨论的故事元素(违背道德观念、意图、做坏事的人、受害者、伤害、愤怒)构成了外行认知风险的基本材料②。基于我国危机传播的话语情境,由于危机认知的差异性造成专家处于缺位状态,使专家话语在话语网络的边缘位置,专家话语与其他主体话语并未在统一危机情境下协商互动,无法达成话语共识。

在危机传播中,专家掌握的专业知识能够为危机归因归责、影响后果等提供理性解读,成为社会治理和危机应对的重要参与者。但就目前情况来看,在突发公共事件中,专家这一角色长期处于主体缺位状态,专家话语还仍处于舆论生态的边缘地带。尤其是自媒体时代,微博、微信等为突发公共事件各主体提供开放性发声平台,专家话语的一味缺席,不仅不能为政府、媒体、企业、公众等主体提供专业性解读,也不利于网络上情绪性表达的理性引导和纾解。在公民法治意识、理性思维的培养和引导方面,专家群体存在缺位和失职,其长期话语缺失必将加剧公众对专家的信任危机。

在众声喧哗的舆论环境中,专家话语如何弥合科学逻辑与常人伦理

---

① HEATH R L,PALENCHAR M J,PROUTHEAU S,et al. Nature,crisis,risk,science,and society:what is our ethical respohsibility? [J]. Environmental communication,2007,1(1):34–48.

② 韦德曼,克劳伯格,舒茨.领会复杂风险事件的放大:应用于电磁场案例的风险情境模式[C]//皮金,卡斯帕森,斯洛维奇.风险的社会放大.谭宏凯,译.北京:中国劳动社会保障出版社,2010.

之间的认知差异,谋求事实共识和价值共识值得思考。在危机传播中,专家话语往往难以得到公正的"正确"理解,专家的"权威"风险评估与话语表达遭到公众的漠视、曲解甚至是非理性表达,造成专家话语与公众话语危机传播的困难,从而进一步导致危机传播与应对的无效①。在药家鑫案中,由于专家话语言辞不当,使得专家公信力遭受损害。在唐慧案中,法学专家基于理性视角对案件和网络舆论的批判,也遭到了网民的抨击。而在哈医大一院医生被刺事件中,微博 ID 为"急诊科女超人于莺"的医师在理性反思中国医疗体制问题的同时,从情感和职业道德视角出发号召医生坚持职业操守,其理性反思与感性认知,对悲愤的网络舆论起到积极引导作用。在群情激奋的舆论环境中,专家如何在舆论压力下敢于发声、擅于发声,谋求事实和价值层面的共识,有策略性地引导舆论的理性回归,值得深入思考。

同时,专家之间、专家与其他社群之间的话语联动与博弈有助于理性舆论氛围的营造,但要慎用专家身份属性赋予的话语权力。微博等自由、开放的话语空间为突发公共事件中多元主体的话语互动提供了平台,专家与专家之间、专家与其他社群之间关于专业问题的话语博弈有助于推动议题的纵深化思考,营造平等、开放、理性的舆论氛围。同时,作为外行人士的公众也被认为拥有其他代替性知识②的能力,在参与危机决策、重塑话语共识中发挥不可忽视的作用。在江西宜黄拆迁自焚事件中,参与事件的调查律师与其他律师形成话语互动,从价值层面引导舆论反思近年强拆事件频发的原因和规律。在唐慧案中,专家之间、专家与名人大 V 之间的话语联动,为法治精神的回归营造理性舆论氛围。在积极发声的同时,专家也应珍视并慎用专家身份属性赋予其的话语主导性权力,避免权力滥用,煽动舆论,维护已面临重重危机的公众对专家的信任度。

在专家话语框架的运用上,专家话语对事件定性、归因框架使用较多,归责框架有所涉及,但较少运用。在突发公共事件中,专家拥有的专业知识能较为快速地对事件进行定性,即事件属于哪一领域,同时也能

---

① 伍麟,王磊.风险缘何被放大?——国外"风险的社会放大"理论与实证研究新进展[J].学术交流,2012(1):141-146.

② 谭笑.技术问题决策中的专家话语和公众话语——柯林斯《重思专能》的方案[J].开放时代,2014(6):214-221,10.

较为快速地找到事件发生的原因，并且从原因推断责任主体。事件定性框架不仅是对事件基本性质的描述，而且也会对事件的发展趋势进行呈现，如在"非典"事件中，专家会通过数据对"非典"的发展趋势进行说明。但是从对上述案例的分析中我们可以看出，目前在危机传播中，专家话语框架基本多使用事件定性框架和归因框架，但是归责框架使用较少，专家会对事件的原因进行认知说明，如在广东茂名 PX 群体性事件中，专家会对公众抵制 PX 项目的原因进行说明，但是没有说明谁造成了公众的负面认知。

同时，涉事专家多降低自身责任，客观评论专家的归责框架多指向外部因素。突发公共事件中，专家与突发公共事件的关系主要分为参与和非参与两类，专家类型分为涉事专家和非事件参与专家，前者是指专家的行为导致了突发公共事件的发生或对突发公共事件的发展具有影响，后者即为客观的评论者。专家是否参与突发公共事件影响专家的归因和归责。参与事件的专家在归责框架使用时，通常采用否认、回避的策略降低自己对事件发生的责任承担，如在"黄金大米"事件中，论文的作者都说自己对儿童试验并不知情，这种归责框架并没有赢得公众认同。而作为客观评论者的专家，在对事件责任主体的归属进行说明时，多归责为外部因素，在"黄金大米"事件中，尽管很多专家认为科学伦理缺失的原因在于科研人员个人和学术监管机构，但是也将部分责任归于政府部门。

专家话语的持续缺失影响公众对专家的信任。专家话语的持续缺失既可能发生在同类事件的危机传播中，也可能发生在同一事件的不同阶段中。在对典型突发公共事件进行深入考察的过程中，最为明显的是"广东茂名 PX 群体性事件"，尽管此次事件中专家话语的构建相对完善，对 PX 涉及的专业术语和知识都进行了详细的解读，但是由于之前出现的 PX 项目群体性事件中专家话语的缺失，造成了公众抵制 PX 项目的集体记忆，因此此次事件中的专家完善的话语框架并没有取得良好的传播效果，尽管专家话语值得信赖，但是同类事件中专家话语的长久缺失无法建立公众对专家的信任。

目前媒体报道在呈现专家话语时，提升了专家身份的明晰化程度，明确标明专家的身份，包括专业、单位和姓名，专家身份的明晰化增加了专家群体的可信度，利用整体概念如"专家""业内人士"代替专家个体的报道现象较以前的危机传播逐渐减少。模糊性或整体性指代对于专家话语的传播效果无法起到积极的作用。同时,突发公共事件发生后,媒体呈现较多的是较具独立性的科研机构的专家,对于政府部门专家的话语呈现相对较少。科研机构专家的专业性不容置疑,而科研机构的独立性背景也保证了专家话语的客观性和独立性,有助于增加公众的信任。从外部环境社会转型的角度考虑,专家信任遭遇危机的原因在于专家自身受到政治、商业权力影响,而自我身份认同存在模糊,而公众对这种政治、商业权力对专家的掌控也有一定的认识,因此建立专家的独立的形象对于专家话语的传播具有积极的作用。综上所述,本书提出专家话语的危机传播新模式,见图 6 - 1。

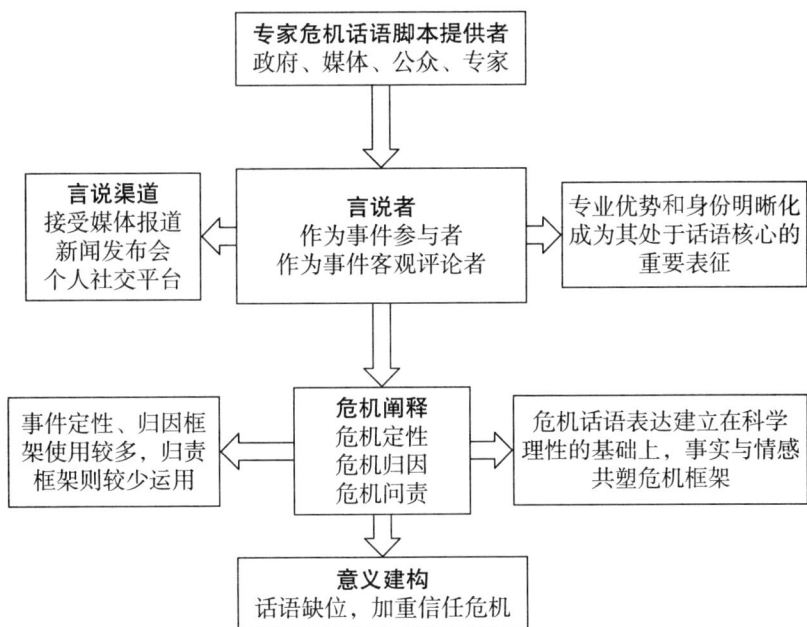

图 6 - 1　专家话语的危机传播新模式

第七章 特殊话语样态如何在
多元话语博弈中形成？

　　全球传播时代,危机传播被认为是多元危机主体、复杂情境和多重话语相互联系、调适、内化的动态传播过程。在国内危机传播的场域中,由于社会背景、历史记忆及危机场域中的话语不对接,互动关系的错位,一些特殊的话语形态随之出现,谣言和流行语是其中最为典型的两种。这些特殊话语的存在既可能在当时的危机中形成公众的集群行为,也可能就此烙印在公众的脑海中,引发政府的信任危机。从场域的角度来看,网络谣言、网络流行语不仅是场域内部彼此作用的结果,更是场域之间相互博弈的表现。可从元场域的变化中透视各种危机话语形态的角力,考察场域中的行动者——政府、媒体、公众、专家如何以网络谣言、网络流行语为纽带进行话语互动和话语协商。网络谣言和流行语其实是多重话语博弈之后的产物,因此从这些话语类型的生成与发展过程中亦可看到不同话语的争夺与相对关系。而在国际话语场域,由于文化鸿沟、信息流动的不对等性,国际话语对于我国突发公共事件的危机认知有时存在一定的失衡与偏颇,这种负面影响不利于我国政府的国际形象塑造。

　　由此,本章以网络谣言、网络流行语、国际话语三种特殊的话语形态为考察对象,分析这些特殊话语形态如何在多元主体的互动中形成,为何在公众中广泛传播,对于危机阐释、危机应对有何影响。通过对这些问题的厘清,探析多元主体间的互动关系及话语互动的结果,为危机话语生态圈的构建提供更加明晰的路径。

第一节 网络谣言:加剧信息证实危机

谣言自古有之,古罗马诗人维吉尔[拉丁译文为普布留斯·维吉留斯·马罗(Publius Vergilius Maro),常据英文 Vergil 或 Virgil 译为维吉尔]在他的诗作《埃涅阿斯纪》中如此描述谣言女神:"身上长着羽毛无数,羽毛下仿佛奇迹般,有着许多警惕的眼睛,还有那许多舌头,说着话的嘴和偷听的耳朵……"①而今天,谣言不仅没有消失,反而在新媒体环境下呈现出更多的形式,从面对面的口口相传发展到依赖网络的群体传播。网络的加入助长了谣言的滋生蔓延,例如,2005 年"松花江水污染事件"中的地震谣言通过网络 BBS、QQ 聊天等方式迅速在哈尔滨市民中传播,一度扰乱了市民的生活秩序和交通秩序;2008 年四川广元"蛆橘事件"让全国柑橘严重滞销;2010 年 2 月通过手机短信、网络论坛传播的山西地震谣言使得数百万群众在寒冬中的街头"避难";2011 年 3 月日本福岛地震后,通过 QQ 群传播食盐碘可以防辐射谣言,引发全国抢盐风波;2011 年 11 月网络和手机短信中流传的"新疆籍艾滋病人血滴食物传播多人感染"引发社会恐慌,不利于民族团结。这些谣言都因为借助了网络这一媒介,因此在短时间内引发较大范围公众的关注和恐慌情绪。网络谣言带来的负面效应不仅影响公众的日常生活,而且不利于地方经济发展、民族团结、社会稳定和国家安全。对此,国家相继出台了相关政策,对网络谣言进行治理。那么谣言如何出现? 为何被广泛传播? 对于危机阐释与应对有何影响? 下文将重点围绕这些问题展开论述。

一、追根溯源:谣言的历史

在以美国为代表的西方,谣言涉及的领域多与经济、金融、商业、市场有关。在美国经济大萧条时期就出现了谣言引发的危机,据《纽约时报》的报道,1930 年 11 月一则商人散布某银行拒绝兑换其股份的谣言,导致了当日的挤兑风波,次日,该银行倒闭,并波及 600 家银行;知名品牌宝洁因被人怀疑和撒旦教会有联系而改掉了已经使用了一百多年的"月亮人"商标;斯耐普饮料公司曾被公司产品标签中的"K"代表着三 K

---

① 转引自:易言. 谣言的前世今生[J]. 新天地,2013(10):58-59.

党人的谣言困扰;肯德基、麦当劳公司隔段时间就要面对"长着六只翅膀的鸡"的谣言①。

而在中国,谣言自古多出现于政治话语中。《史记》中记载陈胜、吴广"乃丹书帛曰'陈胜王',置人所罾鱼腹中……夜篝火,狐鸣呼曰'大楚兴,陈胜王'"。这被认为是较早出现的有史料记载的谣言,清朝学者姚苎田点评道:"鱼腹、狐鸣等事,看似儿戏,而人心魅惑,不可复回。正以举事之初,恐众心疑惧,聊借此以镇定之。"②此后中国历史上有记载的谣言多半与农民起义、政治运动有关,如东汉末年,黄巾军起事前散布"苍天已死,黄天当立,岁在甲子,天下大吉";元朝韩山童、刘福通策划举事时,散布"莫道石人一只眼,挑动黄河天下反"③。在中华人民共和国成立初期,带有政治色彩的谣言达到了一个高峰,有学者认为:"20世纪50年代,社会潜在的集体记忆与一些民间话语构成了一种不安的气氛,在一些突发事件的诱发下……多种因素结合起来形成了谣言。"④

近年来,谣言涉及的领域逐渐增多,从政治领域扩展到卫生、经济等领域,而危机中的谣言和谣言引发的危机一定程度上给公众生活、社会日常秩序带来隐患和威胁。以公共卫生事件中的食品安全谣言为例,关于四川柑橘生蛆、海南香蕉感染艾滋病、西瓜膨大剂风波等,每一次谣言都给当地农民收入、地方经济发展带来一定的负面影响。在另一些由自然灾害引发的重大突发公共事件的危机中,一些谣言也让人瞠目结舌,"非典"中加碘盐因谣传能够预防"非典",遭到部分公众的哄抢;而时隔数年后的禽流感甲流中,加碘盐又被谣传能够抵抗甲流,"非典"时期公众抢盐的一幕再度上演。

越来越多谣言现象的出现,与互联网、手机等新媒体的发展存在较为密切的关系。新媒体在拓宽公众获取信息渠道、优化信息传播速度和方式的同时,也为谣言的传播打开了便利之门。原本受限于口口相传等人际传播模式的谣言,在新媒体环境中可能突破时间和空间的局限,流

① 弗恩-班克斯.危机传播——基于经典案例的观点[M].陈虹,等,译.4版.上海:复旦大学出版社,2013:77-78.
② 司马迁.史记菁华录[M].姚苎田,选评.北京:中华书局,2010:3-5.
③ 纪连海.莫道石人一只眼——中国历史之水淹七军(八)[N].新民晚报,2011-01-16(B-2).
④ 李若建.虚实之间:20世纪50年代中国大陆谣言研究[M].北京:社会科学文献出版社,2011:12.

言、小道消息、传闻等可能在瞬息之间传遍整个网络,甚至突破国界。越来越多的突发公共事件中,谣言依托网络平台传播的现象不容小觑,传播范围、传播速度、传播路径、传播力度等呈现出广泛化、迅速化、复杂化等倾向,这也给以突发公共事件为代表的危机应对提出了新的挑战。

二、概念界定:谣言的真相

谣言现象存在已久,其含义也在漫长的历史中发生了一定的变化。

国外学者对谣言目标及谣言传播主体(公众)的认知有了一定程度的改变。在我国学者梳理的国外谣言定义中①,最初"未经证实"是谣言的基本属性,"使人相信"是谣言生产和传播的目标。罗伯特·纳普(Robert Knapp)认为谣言是一种"旨在使人相信的宣言"②,G. W. 奥尔波特(G. W. Allport)和L. 波斯曼(L. Postman)认为谣言"是一个与当时事件相关联的命题,是为了使人相信"③。克罗斯(Chorus)在其提出的谣言公式"谣言 = 事件重要性 × 事件模糊性 ÷ 公众批判能力"中突出了事件模糊性,但是在其定义中出现了一个转向,即开始关注公众批判能力,谣言的传播中受众不再是完全的被动接受者,是对大众主观能动性的肯定④。目前被社会心理学领域较多研究者接受的N. 迪方佐(N. DiFonzo)和P. 博尔迪亚(P. Bordia)对谣言的定义是,"谣言是一些未经证实却被广为传播的信息,其内容具有不确定性同时暗示环境中可能存在潜在的威胁,能够提高人们对环境的警觉"⑤。班克斯认为:"谣言是一种由口头或者电子通信手段进行传播的信息,它不需要证明内容的真实性也不需要明确信息的源头。"⑥这些学者多从谣言的效果进行阐述,认为谣言对社会具有一定的警示作用,对个人则可以疏解负面情绪。上述学者对于谣言的定义都没有阐释谣言的真伪,谣言是一种缺乏证据或是未经证实的信息,可能是好消息,亦可能是坏消息。

①④ 雷霞."信息拼图"在谣言传播中的作用研究[J].新闻与传播研究,2014(7):65 – 79.

② KNAPP R. A psychology of rumor[J]. Public opinion quarterly,1944,8(1):22 – 37.

③ ALLPORT G W,POSTMAN L. An analysis of rumor[J]. Public opinion quarterly,1946,10(4):501 – 517.

⑤ DIFONZO N,BORDIA P. Rumor, gossip and urban legends[J]. Diogenes, 2007, 54(1):19 – 35.

⑥ 弗恩-班克斯.危机传播——基于经典案例的观点[M].陈虹,等,译.4 版.上海:复旦大学出版社,2013:63.

在我国,谣言的词性从最初的中性发展到后来的负面偏向。先秦两汉时期,无论是程本《子华子》中的"三年而举国善之,谣言四达,公将致其所以赏",还是班固《汉书》中的"孟康曰:鲁文成之世,童谣言'稠父丧劳,宋父以骄'",谣言更多具有民谣、歌谣的含义。而民谣本身就含有一种朴素的思想,客观上具有对信息来源未知的含义,但这种未知并非有明确的贬义或者褒义之分。但是从近代开始,谣言的词性开始出现了偏向,在1854年中文报纸《遐迩贯珍》"佛山观看情形因省中谣言纷纷不一未知究竟何如"①的表达中,谣言已经带有虚假信息等负面的含义了。《申报》自1872年第26期开始使用负面含义的谣言,"之事恐难免此劫倘或谣言欺人甘当男盗女倡之咎"②。之后多次使用并强化这种负面含义,通过将"造作谣言者"比作"抢夺者"③,报道"百余人抢瓜园谣言"④,并将谣言与"匪徒"⑤、"匪人"⑥、"棍徒"⑦等负面的主体相关联,同时在对待谣言时,又呼吁"各安居乐业切勿轻信谣言"⑧、"谨守法纪不得轻信谣言"⑨、"保鸣钲传谕居民勿听谣言"⑩、"禁止捏造谣言"⑪等。在这样的媒体报道和社会传播过程中,谣言逐渐与不良动机的行为主体相关联,抵制谣言成为"正确"的做法,"谣言"一词逐渐被赋予相对消极的色彩。

目前在我国学者中形成了对谣言的两种不同的认知。第一种认为谣言是包含贬义的词,谣言与事实相背离,是凭空想象或根据主观意愿刻意编造的传言,而这种传言的发展和传播过程就是"造谣""传谣"的过程。例如,王国宁将谣言定义为"传播开的虚假的消息"⑫;刘建明认为,谣言作为舆论出现,是众人传播虚假事件的行为,但多数传播者并不认为是假的⑬。在这种观点中,"不真实"成为谣言的主要特征。尽管在

① 近日杂报[N].遐迩贯珍,1854(8):28.
② 外国新报传播善事[N].申报,1872-05-30.
③ 绎西字新报[N].申报,1872-06-06.
④ 莱州欲修城垣[N].申报,1872-08-13.
⑤ 罢市讹传[N].申报,1873-03-15.
⑥ 辨偷挖儿睛非指西人事[N].申报,1873-04-09.
⑦ 上海县业邑尊查禁墙血谣言告示[N].申报,1873-07-15.
⑧ 四明公所董事等禀请改筑等情并准[N].申报,1874-05-05.
⑨ 译法工部局叙曾记列公议事[N].申报,1874-05-06.
⑩ 汉阳近事[N].申报,1874-05-28.
⑪ 会衔出示[N].申报,1884-08-25.
⑫ 王国宁.从传播学角度看谣言及其控制[J].新闻研究资料,1991(53):41-56.
⑬ 刘建明.舆论传播[M].北京:清华大学出版社,2001:291.

中文语境中谣言存在这样的负面含义，但并非所有的中国学者都认可这一观点，持第二种观点的学者就不再给谣言加上虚假的名义，如胡钰认为谣言是指特定环境下，以公开或者非公开渠道传播的对公众感兴趣的事物、事件或者问题的未经证实的阐述或诠释①。雷霞认为，谣言是被广泛传播的、含有极大的不确定性的信息②。这种观点与西方语境中的最初的谣言认知类似。本书对于谣言的观点放在了更为中性的立场上，并不将谣言限定为虚假的信息，认为谣言只是未经证实的信息。

三、媒介依托：网络谣言的新特点

随着网络媒体的兴起，谣言开始借助网络传入千家万户，网络谣言概念自此诞生。但是从本质上来看，网络谣言只是从载体角度限定"谣言"这一概念，可将其定义为在网上生成或发布并传播的未经证实的特定信息③。就负面效果而言，网络谣言会给国家政治经济、公众社会生活等带来诸多不良后果，而国家也加大了对网络谣言的治理和打击力度。为了降低或消解谣言产生的消极影响，首先要明晰网络谣言的传播特征，进而分析其产生的原因。

网络谣言的传播特征离不开其传播过程与传播要素。为大部分研究者接受并认可的是，奥尔波特和波斯特曼最早提出了谣言传播过程。基于谣言形成的过程，他们指出，谣言是一个典型的"事实真相"被歪曲的过程。这种对"事实真相"的歪曲主要体现在三个方面，即对信息的"简化"（leveling）、"强化"（sharpening）和"同化"（assimilation）。信息的简化、强化和同化成为谣言传播的重要因素。在奥尔波特和波斯特曼的研究基础上，罗凯特通过实验，将失真的"自然思维"三段式加以提炼，谣言传播要素被描述为：省略或空变、加强、归属、泛化、超细节化（滚雪球效应）④。而这也得到了霍华德·贾尔斯和其同事们的印证，他们通过对传播学"顺应理论"⑤的研究，发现谣言的传播基本上是一个顺应的过程，在传播过程中，顺应的两方面——趋同和趋异，同样在起作用。基于

---

① 胡钰. 大众传播效果［M］. 北京：新华出版社，2000：114－115.
② 雷霞. "信息拼图"在谣言传播中的作用研究［J］. 新闻与传播研究，2014（7）：65－79.
③ 王国华，方付建，陈强. 网络谣言传导：过程、动因与根源——以地震谣言为例［J］. 北京理工大学学报（社会科学版），2011，13（2）：112－116.
④ 勒莫. 黑寡妇：谣言的示意及传播［M］. 唐家龙，译. 北京：商务印书馆，1999：104.
⑤ 小约翰. 传播理论［M］. 陈德民，叶晓辉，译. 北京：中国社会科学出版社，1999.

传播的类型和传播的具体形态,格雷格·达尔奇尔(Greg Dalziel)认为谣言包括五个要素[①]:传播渠道(communication channel),如20世纪早期,大多数谣言通过口口相传的形式进行传播;语法性(syntax),如有些谣言以"你听说过……"为开端;暂时性(temporality),这一点强调谣言基于最近事件而产生,并且会随着时间的流逝和事件重要性的减弱而逐渐消散;互文性(contextual),谣言总是出现在特定的时期,并伴随着不确定性、含糊性、危机、灾难或者产生于特殊的文化和社会语境中;功能性(functional),即谣言总是出于一定的个人目的或者社会动机。

结合格雷格·达尔奇尔对谣言传播五要素的界定以及网络平台特征,网络谣言的传播特征表现在以下几个方面:其一,广泛性。依托网络的传播一定程度上扩大了网络谣言的传播范围,首先体现在信息流通速度的加快,新媒体环境下信息的加速流通让谣言的扩散也随之加快,容易在短时间内造成巨大社会影响[②];其次体现在谣言的受众进一步扩大,这主要源于网络使用主体数量的增加。其二,谣言传播主体复杂化。"接受到谣言并继续传播的人进入'有人'这个序列,'有人'构成了集体言辞的发出者"[③]。理论上任何一个人都可能担任谣言的发布者和传播者。其三,"把关"的弱化使信息流通变得难以控制,信息证实亦变得更加困难,这主要源于网络规范的制度性缺失。其四,复杂性。信息间的交互影响不断强化,信息源头难以考证,亦包括谣言的源头。由于网络的互动性特征,很多网络谣言也是在公众的信息互动中形成并传播的,谣言是信息拼图[④]的结果,随着信息拼图的可能性增加,谣言的不确定性也随之增加,因此很难查证谣言的原初信息和信源。其五,非理性。这是网络谣言传播的特征及心理因素。网络信息情绪化表达更容易激发人们的关注度,情绪掩盖了理性的分析和评判,导致人们丧失应有的理性分析能力[⑤]。除此之外,网络谣言还具有诱惑性更强、应变更灵活[⑥]的

---

① DALZIEL G. Rumor and communication in Asia in the Internet Age[M]. London:Routledge, 2013:4.

② 白树亮.网络谣言成因及治理对策研究[J].新闻界,2010(4):82-83.

③ 诺伊鲍尔.谣言女神[M].顾牧,译.北京:中信出版社,2004:XI.

④ 此处"信息拼图"的概念来源于雷霞.雷霞."信息拼图"在谣言传播中的作用研究[J].新闻与传播研究,2014(7):65-79.

⑤ 姬浩,苏兵,吕美.网络谣言信息情绪化传播行为的意愿研究——基于社会热点事件视角[J].情报杂志,2014(1):34-39,28.

⑥ 丁先存,王芃.国外网络谣言治理及启示[J].中国行政管理,2014(9):154-156.

特征。诱惑性主要源于意见领袖的影响,一旦谣言经过意见领袖的传播,都会得到更多公众的关注,而一旦意见领袖对此谣言持肯定态度,那么这种态度就会影响公众。应变主要针对谣言生产者而言,这与信息拼图的实时性有关,谣言生产者或加工者可根据公众的反应随时修改谣言信息,并且将其再次抛给公众。

四、网络谣言产生和传播的原因探析

关于网络谣言产生和传播的原因,学者的分析多从社会背景、平台特征、信息传播和心理因素四个方面切入。谣言的产生与社会环境、群体特点和官方信息发布效果均紧密相关①。

在社会背景方面,我国正处于社会转型期,矛盾多发易发,多种社会思潮并存,导致人们在人生观、价值观方面出现矛盾,因而为谣言的产生提供了土壤②。我国存在多种社会阶层,这些社会阶层在经济收入、生活环境等诸多方面都有较大差距,尤其在这些差距被媒体过度呈现之后,一定程度上加剧了社会阶层之间的矛盾。诸多的社会矛盾令人们处于焦躁不安的状态,当谣言出现时,这种焦躁状态极易导致人们对谣言的盲信和盲目传播。有学者对灾后谣言的定性分析发现,很大比例的谣言指向社会优势群体——富人和官员,灾害事件中,对社会优势群体的批判和谴责,可使自我的位置更有安全感,在表达愤怒和不满的同时可直接缓解内心的失衡张力③。

在平台方面,网络平台的高开放度和易使用性,使谣言在网络上能够迅速被公众知晓并传播,未证实的谣言尤其其中具有夸张信息的谣言的传播更加快速。在网络平台上,谣言制造者传播谣言更加便捷,从依靠手机短信、论坛等,到如今依靠微博、微信等新型网络应用,谣言传播速度加快,传播主体范围不断扩大,而在多人都进行传播的氛围中,更多公众加入谣言传播大军,这主要源于心理学中所谓的群体情绪的感染。

---

① 戴佳,曾繁旭,黄硕.环境阴影下的谣言传播:PX 事件的启示[J].中国地质大学学报(社会科学版),2014(1):82－91.
② 朱继东,李晓梅.网络谣言泛滥的根源及对策[J].新闻爱好者,2013(9):11－13.
③ 孙嘉卿,金盛华,曹慎.灾难后谣言传播心理的定性分析——以"5·12 汶川地震"谣言为例[J].心理科学进展,2009(3):602－609.

在信息层面,信息的模糊性是谣言产生的重要原因,这从奥尔波特和波斯特曼提出的谣言公式就可看出,其中事件的模糊性是谣言的重要构成。学者认为,谣言的产生往往与危机、紧张感、和不确定性有关的场景相关①。在这些不确定的场景中,由于信息的不对称,大众往往只是凭靠自认为已经"掌握"了的信息或者情况来"填空"和进行"拼图",自认为还原了信息的真相②。信源的不确定性极易造成传播的风险,而在诸多传播形式中,群体传播由于群体成员身份的匿名性、群体情绪的相互感染、群体身份的相互叠加等特性最有可能形成传播风险,而这种风险一旦进入人际传播,有了人际传播所具有的确定关系及信任特征,无信源的传播就会得到正名③,从而使得谣言的传播更加广泛。除此之外,官方持续性地进行新闻管制或者信息封锁,则会导致谣言的定期化和常态化④。就长远意义而言,这种行为还会造成公众信任度的降低,导致谣言澄清的无效。在信息明晰化的前提下,信息内容的丰富性对于谣言危机的应对同样具有重要作用,尤其是在突发公共事件中,公众急需知道危机各方面的相关信息,如果危机传播主体仅仅表明谣言中信息不正确,但是并没有告知公众谣言来源、谣言产生原因等更深入的背景信息,公众仍会认为谣言并非空穴来风,会继续对谣言进行传播。

在心理层面,谣言传播的基础建立在社会心态和心理上,这一观点得到心理学研究视角的论证。早在 1942 年的美国,有心理学家通过对 1000 则谣言的分析发现,谣言均在表达公众的敌视、恐惧或者期望。谣言背后的社会和心理诉求需要被关注⑤。网络谣言的传播情形与谣言传播类似,对此,学者的讨论主要集中于造谣者的发泄、娱乐、功利性心理,满足自身无目的、不负责的游戏心理及享受影响他人的快感的支配心理⑥。传谣者的盲从心理,具体到情绪而言,有学者对大学生的调查显示,恐惧是谣言传受中的主流情绪,此外,宣泄释放感、焦虑情绪也是谣

① 戴佳,曾繁旭,黄硕.环境阴影下的谣言传播:PX 事件的启示[J].中国地质大学学报(社会科学版),2014(1):82-91.

②⑤ 雷霞."信息拼图"在谣言传播中的作用研究[J].新闻与传播研究,2014(7):65-79.

③ 隋岩、李燕.从谣言、流言的扩散机制看传播的风险[J].新闻大学,2012(1):73-79.

④ 胡泳.谣言作为一种社会抗议[J].传播与社会学刊(香港),2009(9):67-94.

⑥ 刘子菱,王小雨,李自.网络谣言传播的心理动因分析及其疏导措施初探[J].商,2013(5):174.

言传受的主导情绪①。而纳普对于谣言情感的分类则更为全面,他的谣言投射心理,将谣言情感分为愿望型、恐惧型、敌意型②三种基本类型,并补充了善意型、中立型等③。荣格和勒莫从集体记忆角度探究谣言的生成,认为集体潜意识是谣言研究必须考虑的因素,谣言酝酿的时期和环境更值得研究④。其中勒莫提出的昆虫变态的社会理论为理解谣言的产生和传播提供了崭新的视角,他认为,一则谣言的历史,首先应该是某一群体有能力互相交流的历史,集体记忆、实验的社会空间和机遇则是用不同方法促成谣言形成的工具⑤,心理因素尤其是情绪对谣言的生成和传播具有重要影响。

五、危机传播中的谣言剖析

从上述分析可以看出,危机话语与谣言存在着密切的关系。突发公共事件可能催生出谣言,而谣言有可能伴随着危机话语的意义建构延伸出次生危机。特别是随着新媒体的兴起,网络谣言的传播呈现出全新的特征。谣言在网络媒体的渲染之下表现更为错综复杂,影响的范围更加广泛。网络谣言的传播过程不仅仅受到互联网技术的驱使,更受到社会环境、危机话语主体的社会心态与危机话语本身特点的共同作用与影响。在危机传播情境下,网络谣言的传播与扩散伴随着危机话语的建构与解读。网络谣言的生成与传播不仅体现了危机话语的意义建构与表达,也反映出各个话语主体特别是公众话语的情感情绪表达,进而反映出危机话语背后的社会意义指向。

如在 2005 年"松花江水污染事件"中,当地政府对于此次事件的信息采取封锁回避的态度,而当时手机短信、网络论坛等媒介形式如火如荼,相关信息在新媒体平台上传播与扩散,催生谣言,进而引发危机。而

---

①　尹良润,林森.微博谣言的传受心理及防控策略——基于态度理论的大学生实证分析[C]//天津市社会科学界联合会.科学发展·协同创新·共筑梦想——天津市社会科学界第十届学术年会优秀论文集(上).天津市社会科学界联合会,2014:279.

②　KNAPP R. A psychology of rumor[J]. Public opinion quarterly,1944,8(4):22-23.

③　阮璋琼,尹良润.微博谣言的类型与话语焦点——基于 307 条微博谣言的内容分析[J].当代传播,2014(4):77-78,84;王理,谢耘耕.公共事件中的网络谣言传播实证分析——基于 2010—2012 年间网络谣言信息的研究[J].上海交通大学学报(哲学社会科学版),2014(2):86-92.

④⑤　杨慧琼.从个体记忆到集体记忆:论谣言研究之路径发展[J].国际新闻界,2014(11):65-80.

在事件发生的一周之后,当地政府发布公告,以"对市政供水管网进行检修"为由全市停水4天。随即诸如"停水至少一周,甚至半个月""哈尔滨将发生地震"等谣言便在网络论坛、QQ聊天室、手机短信等信息渠道中传播开来,引发公众的恐慌与不满情绪。同时,这些谣言对于公众的生活也造成严重影响,抢购水的现象持续高涨。由于全市大面积停水,公众生活处于混乱状态。在这样的状态下,当地政府不得不发出第二次公告,将事件发生的主要原因、危机应对与处理等相关情况告知公众,随后危机关注热度逐步衰退。在此次松花江水污染事件中,由于权威性话语的缺失,导致了大量谣言的生成与传播,进而使危机不断加速升温。同时,政府信息发布采取模糊回避的态度,并不能使公众信服,反使得公众对于停水的原因无端猜测,公众恐慌的情绪在信息缺失的状态下愈演愈烈。

网络媒体尤其是社交媒体的兴起,使社会中的每个个体有了话语权,对于社会事务的卷入程度逐步加深。由于网络传播的虚拟性与匿名性,在危机发生时,如果政府采取封锁消息的方式遏制信息的传播,很容易引发谣言,进而产生危机。政府往往缺乏这种危机意识,对于公众话语中的谣言缺乏监控与应对,导致在危机话语互动过程中处于被动的状态,不利于危机应对与解决。

谣言传播不仅停留在网络媒体等网民公共议题表达空间中,更有可能受到主流媒体的推波助澜,而主流媒体包括传统媒体及媒体网站、微博账号等,可能在传递组织机构信息的同时,也因其影响力反而扩大了谣言的传播。在2009年杭州飙车案中,网络媒体设置了飙车案中出庭受审是否为胡斌本人的议题,而近94%网友投票倾向于"替身",这一结果间接推动了谣言的传播范围。对于上述突发公共事件而言,正是由于谣言的传播和扩散,并结合媒体与以网民为代表的公众话语的集体表达,使得原本简单的事件变得复杂化,酿成了危机。

不仅仅是政府话语在谣言的传播过程中有重要的影响,媒体话语以其强大的传播效力,在谣言的传播与扩散中也起到不容忽视的作用。尤其是对于传统的主流媒体来说,由于受到网络新兴媒体的强烈冲击,常常将网络不实信息进行二次加工而传播给公众,将自身的新闻专业主义抛于脑后,摒弃了新闻传播的真实性与媒体的社会责任,转而成为谣言的发布者。如在"8·12"天津滨海新区爆炸事故中,网易、搜狐资讯、

《渤海早报》、头条新闻等主流媒体曾争相转发"在塘沽爆炸核心区域附近,有交警队长拿着喇叭,称接上级命令,要求距离事发核心区方圆两公里内的人员迅速撤离。一名特警称,'那东西可能在附近,所有人撤离,连指挥部也撤了'"①。这一不实信息随后被天津市公安消防局辟谣。媒体发布的不实新闻放大了事故的后果和影响,一度引发小范围的社会恐慌。此外,报道内容中诸如"编外消防员率先救援,很多人处于失联状态""涉事企业海瑞国际公司背景复杂,与央企中化集团有诸多交集""天津爆炸后污染物已向北京扩散"等谣言的传播引发公众的强烈关注,对公众的社会生活有着一定影响与危害。

在谣言扩散期之后,伴随着事件相关信息的逐渐丰富和完善,机构相应举措的出台,或者受到其他事件转移注意力的影响,谣言的传播和影响也逐渐降低,并可能暂时退散。但谣言并不会从此消失,当有新的相关事件或议题出现时,可能又会有似曾相识的新谣言出现。并且谣言的情感是可以积累的,如在"马航 MH370 失联事件"中,有关客机下落的不实信息不断出现,导致微博等传播平台上谣言遍布,进而出现"上午造谣,下午辟谣,晚上竞猜"的奇特现象。而一些传统媒体为了抢占舆论高地,寻找新闻落脚点,在没有证实消息来源和真假的情况下,对不实消息加以转发、引用,使得马航 MH370 失联客机真相更加扑朔迷离,加剧了谣言的传播。

正是上述政府话语、媒体话语的不明确性与不真实性,成为谣言肆虐的重要条件,导致公众在面对突发公共事件时,产生恐慌情绪,尤其在网络虚拟空间内,群体效应更容易使公众形成非理性的集体紧张与恐慌心理,从而在网络传播环境下不加控制地进行宣泄。例如在灾难性突发公共事件中,如2003"非典"事件,汶川、雅安地震等事件中,公众舆论在网络上迅速形成,人们恐慌、紧张以及不安的情绪在信息量最为密集的网络平台上得以发泄,通过网络的裂变式传播"一传十、十传百",导致真假信息混杂,谣言不断产生,引发危机进一步扩散或次生危机的形成。

同时,虽然网络媒体融合了海量的信息资源,但由于网络非线性的传播,信息传播形式没有一定的逻辑性,因而呈现出碎片化的状态。公共事件突发时,公众渴望获得真正有价值的信息,满足自身对于信息的

---

① 王文伟. 已致 112 人遇难! 天津港爆炸进入第 5 天,27 个谣言全汇总[EB/OL].［2018－11－26］. http://news.cnr.cn/native/gd/20150816/t20150816_519552 884. shtml.

强烈渴求。这一动因客观上也导致了网络谣言的滋生。在"马航MH370 失联事件"中,飞机失事 5 小时后,马来西亚官方才发布第一份声明,称飞机失事。之后又过了 3 天才发布乘客信息,且发布的乘客信息多次出现错误,降低了话语本身的说服力,导致受众对政府话语不信任。而针对飞机的相关详细数据和航空飞行信息,马来西亚政府在发布会上前后矛盾,导致谣言滋生。受众无法获得有关事件的真实情况,国内媒体也处于被动状态。于是,微博上任何一条消息都会引起受众的关注和转发,正是受众对信息的强烈渴求,引爆马航 MH370 失联事件谣言的扩散。

在网络谣言的辟谣期,一些权威专家可能参与其中,对谣言的不科学、不真实性进行反驳。如在"转基因大豆致癌"谣言事件中,在谣言传播一天之后,政府、媒体、专家对此次谣言事件进行辟谣,指出"转基因大豆致癌"这一论断缺乏科学依据,如国家食品安全风险评估中心研究员、中国工程院院士陈君石,中国农业大学食品科学与营养工程学院副教授朱毅等专家均指出,"转基因大豆油中不存在转基因成分""转基因大豆诱发癌症的说法在流行病学上没有证据,到目前为止也没有任何科学证据证明转基因食品对消费者的健康造成危害""黑龙江大豆协会所引用的转基因大豆致癌致不育试验,早在首次公布后很短时间内就被权威机构和科学界推翻了"①。然而,关于此次谣言事件的讨论并没有结束。由于公众对于专家身份的刻板印象与的成见,所谓权威专家话语早已失去说服力与公信力,专家辟谣话语并没有引起公众的认同,因而谣言没有就此消除,反而进一步传播扩散,使舆情热度持续上升。

综上而言,无论是危机催生的谣言还是谣言产生的危机,都具有共同的传播特征,包括谣言的传播速度加快,谣言信息在危机话语的互动中不断得到补充和完善,谣言传播主体隐秘性进一步增强,谣言传播内容的蛊惑性与影响力加大,谣言传播心理因素加剧谣言传播以及谣言的传播影响力加强等。同时,应对网络谣言,危机主体的辟谣也受到新媒体环境的影响,呈现出越来越快捷、多样化的趋势。对危机阶段的谣言进行分析,能够为谣言应对提供更多参考。

① 马爱平.转基因大豆真的会致癌吗?[N].科技日报,2013 – 06 – 23(1).

第二节　网络流行语:加深公众集体记忆

同谣言一样,网络流行语也是被广泛传播的话语形态。但是与谣言不确定性的特征相反,流行语是确定的表达,是针对事件的公众情绪、态度的反映,是公众话语挑战权威、表达民意的重要形式。

在对网络流行语进行界定时,对其与网络热词之间的辨析必不可少。在一定情况下,网络热词可能成为网络流行语。网络流行语与网络热词有着一定的重叠之处。就表现情况而言,网络热词传播影响力更大,热度更高,词汇表达更为精练,更像是流行语的一种特殊类型。而网络流行语除兼有网络热词的基本特征外,也具有一些网络热词不具备的特征。例如流行语概念的诞生更为悠久,每个年代都有符合当时社会背景的流行语,而网络流行语是流行语在网络时代的传承和延续;网络热词仅仅只有数年发展历史。网络流行语更多是一种话语,包括词组,亦包括句子;网络热词更多是一个短语或者词,字符上相对有限;网络流行语存在一些特殊的发展变化形式,可能包括语义的泛化和格式的框填,而网络热词是相对固定的特指。

我国学者对流行语的定义基本包括了两个基本内涵:广泛性及社会、心理反应。陈思认为,流行语是一定时期、一定范围内广为流传的语汇,是一定时期社会的政治、经济、文化、环境及人们的心理活动等因素的产物[1];任龙波认为流行语是在一定社会时期广为流传的并且能够反映当时的社会文化、风土人情的语言[2];张蕾认为,流行语是一种语言时尚,它是在一定时期内使用频率很高,且被广泛传播的话语形式,并作为一定时期内的焦点话语被反复使用的词素、词、词组、短语、句子或格式[3]。这种在一定时期内反复出现的语言形式是折射社会生活的一面镜子,能透视出各种深层次的社会动机和心态,与社会存在着互相依存的

---

① 陈思.2002 年北京高校流行语状况调查[J].中国青年研究,2002(5):14－18.
② 任龙波.从 20 世纪的英语流行语看英美社会文化的变迁[J].四川外语学院学报,2001(4):57－59.
③ 张蕾.近三十年中国流行语的文化阐释[J].文艺研究,2011(12):32－41.

关系①。梳理流行语的历史概念,发现流行语的历史变化实际上折射出的是整个社会的变化,而网络流行语尽管出现得较晚,但表现出强大的生命力,网络流行语不仅仅在网络中流传,更可能影响到网下生活的方方面面。

一、追根溯源:流行语的历史

在阐释网络流行语之前,需要回到对流行语的辨析。就字面的意义而言,能够被广为流传的语言可以称为流行语。就更通俗意义而言,"又称潮流用语(简称潮语),是指顺应时代潮流,感化的意思极强,热门的民众使用语。很多潮流用语源自年轻人之间自创和使用的俚语或网语"②。而比较有戏剧性的是,"潮流"用语的表达也是一种流行语,很快被"流行语"所取代。

在中国古代并没有流行语这种表达,近代意义上出现了流行语表达,以《申报》居多。但据现有资料发现,该词最早出现在 1909 年《图画日报》中"妓院中流行语有所谓砍斧头者"③。而《申报》从 1912 年开始多次使用"流行语",例如 1912 年《申报》第 14286 号提到"征蒙二字为一时之流行语"④,1913 年《申报》第 14626 号写道"忽有强有力之新流行语"⑤等,当然从断句的角度看,流行语并非是一个固定词组,有时候也采取"某某之流行""语曰"的表达方式,但流行语的用法在这一过程中逐渐得到固定,并广为流传。结合《申报》中的流行语的具体内容,发现流行语能够呈现当时的国内外政治经济形势、社会生活和文化,例如1915 年的"参劾"、"解职"、"传讯"⑥、"模范"⑦成为当时的流行词汇;1916 年第一次世界大战期间,《申报》报道"欧洲大战有议和消息"⑧是对国际形势的反映;1922 年的"外交者必先言先言内政"涉及当时民国

---

① 夏中华.关于流行语流行的基本理据的探讨——基于近三十年汉语流行语的考察与分析[J].语言文字应用,2010(2):89 - 96.

② 维基百科.流行语[EB/OL].[2018 - 11 - 27].http://zh.wikipedia.org/wiki/流行語.

③ 上海社会之现象 妓院砍斧头之重叠[N].图画日报,1909 - 10 - 17.

④ 涉以敦睦诅俄使当答以此事必须先达敝国政府俟得政府训令再为正式答复云[N].申报,1912 - 11 - 28.

⑤ 无名.杂评一[N].申报,1913 - 10 - 25.

⑥ 无名.近日之流行语[N].申报,1915 - 07 - 20.

⑦ 端趋.模范家庭[N].申报,1915 - 08 - 06.

⑧ 时评 和(冷)[N].申报,1916 - 12 - 15.

政府的对内对外政策;1924 年《申报》评论的"羊肉当狗肉卖""毛出在羊身上"①则暴露出当年"商界"存在的问题,流行语的出现与一定时间内的社会环境息息相关。

除《申报》外,早期的《小说新报》《太平洋》《改造》《晨报副镌》《学衡》等都使用过流行语的表达②,但无论在使用规模还是影响力上,都远不及《申报》。当然《申报》的流行语的选择标准并不完全符合今天对流行语的认识。一方面,《申报》所评定的是完全由媒体主导并设置的,多关注政治、军事、经济等较为重大的议题,民生话题涉及较少,且多半并非真正的市井民生,而是舞场流行语如"灌米汤""吃豆腐"③;另一方面,一些流行语,仅仅是一些新的词汇,如"车,大概是时髦的流行语"④,而这仅仅是"流行"并不完全符合今天对"语"的要求。

流行语具有强烈的时代特征。事实上,中华人民共和国成立后的每一个时期都有流行语出现,例如 20 世纪 50 年代的"多快好省""人人为我 我为人人""跑步进入共产主义";60 年代的"一颗红心两手准备";70 年代"文革"期间的一些口号,样板戏中的一些唱词;80 年代的"摸着石头过河""不管白猫黑猫捉到老鼠就是好猫";而随着改革开放的进程,1990 年以来出现的流行语无论在内容还是涉足领域上都有了进一步的扩展。通过简单的回顾,我们发现在改革开放以前的中国,流行语更多带有政治色彩,而政治流行语的传播方式是一种自上而下传播的流行方式。改革开放以后的流行语涉及更多的领域,主要依托人们的口口相传,而流行语发生量和质的变化是在网络流行语出现后。

二、媒介依托:网络流行语的诞生与发展

互联网等新技术的发展为网络流行语提供了平台,网络流行语开始在我国出现。一开始网络流行语并不完全是文字语言,网民在网络聊天时使用的一些形象的符号以及符合网络习惯的文字表达等被认为是网

① 梅花馆主.羊字典[N].申报,1924 - 05 - 28.
② 例如,1920 年 2 月《小说新报》第六卷第一期第 63 页中有"忽成都市中小儿之流行语";《太平洋》第一卷第五号第 6 页有"国家者即吾国现时流行语之所谓造法机关也造法",1921 年 1 月 15 日《改造》第三卷第五号第 33 页有"梁启超……而其流行语则有所谓'中学为体西学为用'者"。
③ 小田.舞团写影[N].申报,1939 - 10 - 14.
④ 蔷媛.游艺场门口[N].申报,1932 - 08 - 25.

络流行语,有研究者称其为"键盘语言"①或者是"人们在网上交际时使用的别致的、活泼的、新鲜的词语"②。而在互联网诞生的早期,区别于日常言语的表达,网络流行语具有标新立异之感,对网络流行语的关注是在"网络"上,其内涵和外延相对比较狭小,一定程度上受到网民人数的限制,网络流行语一开始只是在小众范围流行。网络中相对可以自由言说的状态,使公开的、流行的对权力的话语抵抗成为可能③。

随着我国互联网的快速发展,网民人数与日俱增,越来越多的人意识到网络语言背后的强大生命力。网络流行语的应用重点,不再仅仅是网络交流的表达,而回到现实社会中。网络流行语被认为是"伴随现实社会新闻事件的发生,在网络几近同步产生、迅速流行风靡于网络内外、短时间内生命力极其强大但并不长久的热门词语"④。网络流行语的内涵进一步扩大,流行和生命力短暂被强调。但往往被认为是与"网络雷语""网络热词语""网络新词"等具有相同的含义,网络流行语自身的特性尚未凸显。除了与现实产生关系外,网民积极传播和网民认可、接受并使用也是网络流行语区别于其他流行语的重要维度。这种定义考察提出了对使用者主体的考察,但相对忽略了对流行语本身的分析。另一种对网络流行语定义的基础分析,是从网络流行语、网络热词和网络语言等角度进行差异化的比较⑤,但总体而言,在对网络流行语概念的阐释上,比较多的是对特征和现象的描述,但事实上,对于网络流行语的定义,还存在一些分歧和争议。

国内对网络流行语的研究,最早出现于2001年⑥,但直到2008年,对网络流行语的研究才开始增多。这一情况与对网络热词的研究相当。2008年成为网络流行语、网络热词的关键年份,其原因在于:技术上,中

---

① 郑丹娘."网络流行语"与青少年"自说自话"[J].中国青年研究,2001(4):21-23.

② 汤玫英.网络语言新探[M].郑州:河南人民出版社,2010:76.

③ 刘国强,袁光锋.论网络流行语的生产机制——以"躲猫猫"事件为例[J].现代传播,2009(5):54-56.

④ 陈一民.语言学层面的网络流行语解读[J].中南林业科技大学学报(社会科学版),2008(6):94-97.

⑤ 孙洁,樊启迪,巢乃鹏.网络流行语的概念辨析与传播过程[J].南京邮电大学学报(社会科学版),2011(9):15-19.

⑥ 作者以"网络流行语"为检索关键词,以中国知网全文数据库CNKI收录的论文为文献来源,进行搜索后得出的相关数据资料。

国正式成为"Web2.0 强国"①,社交网络兴起发展;政治政策上,国家领导人胡锦涛、温家宝注重互联网,数次与网民展开对话;此外,在 2008 年前后频发的突发公共事件中网络发挥着越来越重要的作用等。

通过进一步梳理网络流行语的研究议题,发现在十余年中,早期的研究主要从语言模因论、语言经济学、语音语义变异、语言规范②等视角展开。稍后,随着网络流行语影响力的扩大,教育学③、新闻传播学④、社会学⑤、心理学⑥等不同学科不同研究者开始从社会层面关注网络流行语,网络流行语的议题进一步扩大到社会心理及公众行为、生成传播机制与效果、网络舆论、话语效果及社会影响等方面。对于流行语产生和传播的原因研究,学者多从社会背景和心理两个方面进行讨论。从流行语产生的社会背景来看,在中国当下"断裂社会"的结构中,社会已经开始进入不同利益主体形成和利益博弈的时代,最基础的问题是形成能够协调利益关系的机制,其中,利益表达是首要问题⑦。而在中国利益表达机制并不健全的当下,弱势群体的利益表达问题更为突出,因为这一群体在政治构架中缺少利益代表,既无制度化的利益表达渠道,亦无非制

---

① 白承宰.Web2.0 新强者——中国走在了美国前面[EB/OL].[2008 - 09 - 10].http://cnnews.chosun.com/.

② 彭嘉强.尊重创新讲究规范——谈谈网络流行语的规范[J].语文建设,2001(8):16;刘念.网络流行语的语言经济学原则[J].华中科技大学学报(社会科学版),2004(3):91 - 94;陈一民.语言学层面的网络流行语解读[J].中南林业科技大学学报(社会科学版),2008(6):94 - 97.

③ 钟志奇,刘利.网络流行语对大学生教育的影响及对策探析[J].重庆交通大学学报(社会科学版),2008(6):109 - 111;曹宣明,罗鑫.青年网络流行语与价值观教育研究[J].广西青年干部学院学报,2010(6):48 - 50.

④ 刘影.流行语变迁与大众文化传播[J].编辑学刊,2009(6):42 - 45;张晋升,等.网络政务监督流行语解读——"躲猫猫"事件的符号特征与传播意义[J].国际新闻界,2010(3):90 - 94;方毅华,罗鹏."年度十大网络流行语"编码规律解析[J].现代传播,2011(12):77 - 88;傅国春.从网络流行语看舆情之嬗变[J].新闻知识,2012(2):26 - 27.

⑤ 郑丹娘."网络流行语"与青少年"自说自话"[J].中国青年研究,2001(4):21 - 23;梅艳."网络流行语"的社会学解释[J].内蒙古电大学刊,2006(7):59 - 60;盛若菁.网络流行语的社会文化分析[J].江淮论坛,2008(4):119 - 121;王臻.隐喻的魅力——网络流行语"井喷"的社会背景分析[J].新闻知识,2009(3):81 - 83;祖明远.网络流行语背后的话语表达——以"俯卧撑"、"躲猫猫"等为例[J].新闻世界,2010(6):25 - 16;姜胜洪.当前我国网络流行语中的舆情分析[J].未来与发展,2010(6):104 - 107.

⑥ 廖友国.网络流行语兴盛的心理动因探析[J].牡丹江教育学院学报,2009(1):116;郝静.2008 年大学生网络流行语的心理剖析[J].上海青年管理干部学院学报,2009(1):8 - 9.

⑦ 孙立平.博弈:断裂社会的利益冲突与和谐[M].北京:社会科学文献出版社,2006:32.

度化的为自己争取利益的方式①。在流行语产生的心理学层面,有学者认为,流行语的产生基于两种路径:情感驱动路径和利益驱动路径,其中包含了社会认同和群体情绪两个关键变量。目前我国流行语的产生多源于情感驱动路径,愤怒、恐惧情绪是生成流行语的主要情绪②。同时,流行语又是抗争的表现,是民意的表达。在研究方法上,基本采用个案研究方法,围绕网络流行语的理论取向进行研究,运用认知语言学或其他传播学理论来探讨其传播规律,运用符号学来探讨其话语及权力,分析网络流行语的生产及传播规律。总体而言,方法相对单一,实证研究和统计分析略显薄弱。

三、危机传播中的网络流行语剖析

在分析了从流行语到网络流行语的变化之后,我们再来关注网络流行语是如何传播的。就现有研究而言,不同视角下的网络流行语类型与特点各有不同,但流行性、短暂性等特性得到了研究者的普遍认同。而网络流行语的传播其实是在包括政治、经济、文化等在内的社会环境和公众的社会心态共同作用下完成的。在危机情境下,网络流行语的生成和扩散在一定程度上与突发公共事件紧密联系,而 2013 年上半年的流行语之一"校长开房找我",具有较强的典型性。流行语的传播过程中不仅体现了话语扩散的直接使用、语义泛化和格式框填等基本阶段,而且也折射出涉及危机的网络流行语成为公众表达情感、进行宣泄的手段。当然,网络流行语的传播对网络社会和现实社会的影响是二元的,如何趋利避害,发挥其正面功能,成为网络流行语研究的重要课题之一。

(一)网络流行语的类型特点

由于研究取向和视角的不同,网络流行语的类型与特点标准亦不同。当将网络流行语视为一种网络上的语言时,从语言表现形式出发,网络流行语被分为首字母缩略、数字谐音、符号语言、汉语谐音词、语码混合及语义迁移③等类型;而与此类似的,从造词特点区分,网络流行语

---

① 章平.新闻事件流行语之构建与传播——以"躲猫猫"为个案[J].当代修辞学,2011(6):12 – 21.
② 石晶,崔丽娟.群体行为驱动:流行语的社会心理分析[J].当代修辞学,2011(6):22 – 27.
③ 谢亚军.网络流行语的类型与结构特征探讨——省力原则的视角[J].内蒙古民族大学学报,2009(1):49 – 50.

又有语义偏离、语法偏离、借形赋义①等类型特点。从语言形式的类型分类,有助于从语言结构和变化视角对流行语进行进一步的了解,但缺点在于过于关注流行语本身的特点,而这种归纳可能会陷入对不断涌现的新形式的无止境的总结。

从关注语言文本出发,另一种分类形式考虑到网络流行语与社会的联系,从产生途径将网络流行语分为"社会生活及政治生活变化中产生的新词""旧词语的重新流行""外来语词的使用""影视作品、流行歌曲等大众传媒中的经典语言"②等。同样持这种观点的,将来源与形式进一步整合成为"单纯流行语"和"格式流行语"。前者指以完整的词语形式出现的流行语,如"打酱油""范跑跑"等;后者指来源于书籍、广告、电视剧、电影等呈现一定语言格式的流行语③。从产生途径进行分类,同样存在可能陷入对不断产生的新形式的概括的问题,导致分类过于细致或过于宽泛,甚至可能丧失分类的意义。尽管语言学视角强调了流行语的构词构句的特点,但由于流行语本身的概念界定缺乏标准,存在周期短暂,并不能引起更多语言学家的关注,导致此方面的理论研究不足。甚至诸多分类,既可以套用在网络流行语上,亦可以应用于网络热词,甚至网络谣言。网络流行语的主体性并未得到突出。

不同于对语言文本类型的分类,传播学视角更为关注语言在传播过程中的机制。从传播来源的角度,有人将其分为源于方言词语、外来词语、影视文学作品、网民个性创造和新闻事件等几种类型④;而从来源的视角分类,又有一般网络用语、网民自创流行甚广的网络俏皮话、与社会公共事件相关的网络流行语⑤。而从传播效果和利益、情感诉求入手,有研究者将其归为利益诉求类流行语、情绪宣泄类流行语、价值追求类流行语⑥等类型。尽管涉及类型特点,但就传播学视角的研究而言,分类并非是研究的主要目的,其分类标准借鉴了语言学、社会心理学等其他学科的分类成果。

---

① 伍凌.网络流行语的构成方式及形成原因——以2008年网络流行语为例[J].宁波广播电视大学学报,2009(3):43-44.
② 姜红.试论当代中国的社会流行语[J].安徽农业大学学报,2005(6):108-112.
③ 汤玫英.网络语言新探[M].郑州:河南人民出版社,2010:85-89.
④ 陈绍富.基于新闻事件的网络流行语研究[D].重庆:重庆工商大学,2011:10.
⑤ 杨萍.网络流行语:网民自主话语生产的文化景观[J].新闻前哨,2010(4):102-104.
⑥ 王仕勇.理解网络文化——媒介与社会的视角[M].重庆:重庆出版社,2011:42-43.

基于不同的研究视角和分类标准,对于网络流行语的特征概括也体现出不同的学科差异。语言学视角的网络流行语一般与流行性、简洁性、可复制性、娱乐性等特征相联系;传播学视角则考虑语料来源的广泛性、使用群体的层次性、使用目的的多样性、传播范围的无界性等特征①;符号学视角则认为网络流行语具有现实性和象征性、隐喻性和反讽色彩、衍生性和推广性、蹿红快和周期短等特点②。

尽管分类标准和特点各有不同,但网络流行语的流行性、短暂性等一些共性在不少研究者中能够达成共识。换而言之,对网络流行语的分类和特点的分析,其最终是服务于不同的研究目的和价值取向。

(二)流行语的话语传播

网络流行语作为一种现象,其话语的生成和传播过程实际上是网民意见、公众情绪表达的折射,最终能够形成网络舆论。关于网络流行语的生成,"沉默的螺旋"机制可以做出部分解释。这一机制在新媒体作用、受众影响和语境关联推动③三个方面发挥了重要的作用。从更广泛的社会背景看,社会生活的变迁带来的外部社会、经济、文化和内部公众心理的变化亦对网络流行语的生成和传播起到推进作用,其中一些研究者将其社会和文化原因概括为"公共言论空间的匮乏和当代中国以后现代为精神标签的文化表征"④。而复杂的社会心理作为网络流行语生成的内部因素,包括"从众心理、逆反心理、求变心理、求异心理"等⑤,而公众通过网络流行语能够实现自我满足、质疑批判、娱乐消遣、宣泄等目的。其中情绪的宣泄和另类的表达生成的网络流行语是公众对突发公共事件的心态的折射,而诞生网络流行语的突发公共事件又存在"官方的解释中另有隐情,信息公开的程度不高"⑥的特点,网络流行语流露出

---

① 陈绍富.基于新闻事件的网络流行语研究[D].重庆:重庆工商大学,2011:10-12.
② 黄碧云.新生代网络流行语的符号学解析[J].新闻与传播研究,2011(2):106-108.
③ 伍文忠.论网络流行语的流行机制[J].黄石理工学院学报(人文社会科学版),2011(4):73-76.
④ 刘国强,袁光锋.论网络流行语的生产机制——以"躲猫猫"事件为例[J].现代传播,2009(5):54-56.
⑤ 方毅华,罗鹏."年度十大网络流行语"编码规律解析[J].现代传播,2011(12):77-80.
⑥ 祖明远.网络流行语背后的话语表达——以"俯卧撑"、"躲猫猫"等为例[J].新闻世界,2010(6):25-26.

的是网民"对公权的质疑""对公共利益真相的期盼"①。

越来越多的突发公共事件诱发了流行语现象成为不争的事实。流行语在表达方式上,往往与一般语言相反——普通话语是场景优先,用什么表达方式均可;而流行语的构成是语言优先,流行语的形式成为传达思想、情感的手段。流行语扩散和传播过程在某种程度上与危机阶段有着一定的联系。

以 2013 年一起校长带小学生开房事件②为例,此事件中"校长开房找我,放过小学生"一语最早由网友举牌并发布在微博上,稍后得到众多网友的呼应,并形成了"#校长开房找我#"的微话题。回顾这一流行语的扩散过程,其实是经历了研究者提出的语言扩散的三个阶段:直接使用、语义泛化和格式框填③。在该话题产生之初,"校长开房找我,放过小学生"中,校长和小学生在语义上是具有专指性的。校长指的是时任海南省万宁市后郎小学的校长,而小学生则是具体指受害者。这一话语能够引起广泛关注,在于"校长"这一词最初的能指形式是正直的、为人师表、责任感强的人,是一种褒义的抽象符号。但网友所使用的流行语中的"校长",能指已经发生了改变,褒义转向了贬义。在网友大量的表达中,"校长开房找我",不仅仅是针对校长侵犯女童的事件,还表示出对其他的所谓"校长"的不满。而在这一过程中,"开房"一词逐渐与"开放"混用。这一流行语并没有随着海南校长带小学生开房事件的消退而消散,反而随着媒体对其他多起校园猥亵性侵幼女事件的报道而愈传愈广。

该流行语在网络传播中被压缩成"校长开房找我",之后语义出现了一定程度的泛化。泛化不同于类化,类化指无论怎么扩散传播,"校长开房找我"的表达仍然是针对此起事件的。但泛化则意味着,流行语在扩散中,在保留基本语义的情况下,意义成分被减少,以适用于更多的对象。时逢 6 月酷暑,各地高校学生各种"奇葩"的降温方式又一次引发了对高校寝室装空调的诉求,而这也引起了包括《人民日报》官方微博在内

---

① 姜胜洪. 当前我国网络流行语中的舆情分析[J]. 未来与发展,2010(6):104 – 107.

② 该事件发生在 2013 年 5 月 8 日,海南省万宁市后郎小学 6 名女生被校长陈在鹏等带去开房,并对未成年人进行了性侵害,该事件引起舆论哗然。5 月 27 日,女权维护者叶海燕在海南万宁某小学门口举着"校长:开房找我,放过小学生"的牌子,并将其发布到微博上。稍后,微博等平台上不少网友模仿叶海燕的举牌照片,拍摄相关的内容,并将其发布到网上。"校长开房找我,放过小学生"一时成为流行语。

③ 辛仪烨. 流行语的扩散:从泛化到框填——评本刊 2009 年的流行语研究,兼论一个流行语研究框架的建构[J]. 当代修辞学,2010(2):33 – 49.

的"校长,你怎么看?"①的调侃,而一些网友则使用"校长开房找我,请装空调"的表达。此时,最初的意义已经改变,保留下的是对校长的带有不满的诉求,该流行语跨界扩散到原先适应的一类对象之外,产生泛化。最后,在流行语的框填式机制下,"校长开房找我"的框架被保留,"校长"和"开房"这两个词语被替换。而"××开房找我"或者"某某××找我"成为一种风靡一时的流行语,用以调侃,表达不满,甚至宣泄。

从功能主义来看,网络流行语及其传播对网络社会乃至现实社会都会产生一定的作用,亦会对网民表达和行为产生一定的影响。影响一般又可分为积极和消极的影响。网络流行语在舆论监督、民意表达、推进民主、安全阀作用等方面可能发挥正面功能,但亦可能对社会稳定带来负面的影响。在突发公共事件中形成的流行语会造成之后的危机,话语的传播和使用加深了公众的集体记忆,流行语的不断扩张会降低公众对政府的信任,不利于政府形象的塑造。我们应关注网络流行语的传播,引导形成正面意义的流行语,特别是危机中的网络流行语传播更需要将其纳入转型期的社会综合考量,促进表达渠道的畅通和完善,减少网络流行语的社会负面功能,发挥其积极作用。

第三节　国际话语:引发危机传播的失衡与偏见

在现代风险全球化的背景下,全球范围内各国的联系愈加紧密。同时,随着我国国际地位的提升,国际话语场对我国的关注与讨论也愈加频繁。尤其在发生重大突发公共事件时,国外媒体的传播活动,对我国突发公共事件的信息发布、国际舆论环境的塑造以及我国危机的解决等产生重要的影响。本部分重点讨论危机传播中,国际话语场之于我国危机传播话语的影响与作用机制。

本部分将国际话语纳入危机传播话语体系中,研究议题具体涉及国际话语空间的特点规律、角色地位和功能作用;国际话语对我国突发公共事件的话语表达,分析国外媒体在我国突发公共事件传播中的话语议题、话语引用、态度倾向、话语指向以及意义框架,进而总结在国际话语

---

① ＠人民日报新浪微博[EB/OL].[2013-06-20]. http://weibo. com/2803301701/zCiTPsSJv#! /2803301701/zCiTPsSJv? type = comment#_rnd1415575635986.

场的影响下我国应对负面传播议题的话语策略,为我国危机传播效果的研究提供参考。

一、国际话语场的生成与传播

基于全球化背景,以及风险社会、媒介化社会的到来,一国发生的突发公共事件很容易受到国际话语场的关注,从而进入国际舆论场的话语表达与传播实践中。国际话语场对危机话语的形成、传播及其影响等均产生重要的变化。因而,我们有必要对当前国际话语传播环境、特征以及角色功能进行梳理与分析,使我国话语主体在应对国际负面议题传播中,由被动转向主动,变"危机"为"契机",从而提升我国危机传播的国际话语表达能力。

(一)全球化背景下的国际话语环境

近年来,国外媒体特别是西方主流媒体的涉华报道开始受到学界与业界的关注与重视。它"既像一面镜子,折射出中国在国际舞台上的形象;又像一把标尺,为中国政府对外关系决策提供参照"①。而随着国内外交往与互动的深入,以国界为划分依据形成了"国内舆论场"与"境外舆论场"两个相对的概念。"境外舆论场是相对国内舆论场而言的。在全球传播时代,中国舆论场格局不再局限于境内,境外还有广阔的舆论'公海'"②。从境外舆论场与国内舆论场之间的关系看,两个舆论场内部结构与要素之间相互建构与影响。

较之国内舆论场,境外舆论场更具扩散性与复杂性。就扩散性而言,随着资本、技术、信息的国际流动,全球化早已超出单纯经济的范围,转向知识、意识形态、价值观等多个领域的跨国传播与流动,进而引起各种文化间的博弈与渗透。由此,在全球化的进程中,各国间政治、经济、文化等诸多方面的联系也日益深入。各国在共享利益的同时,也意味着需要共同承担伴随而来的风险。某一国家或地区发生的突发公共事件,很快会引起他国的关注,而出于政治目的、价值观、商业利益等多方考量,对突发公共事件的话语表达也呈现出差异性的立场与观点。就复杂性而言,全球化背景为我们提供了看待世界话语格局的全新视角。从全球化的角度来看,不同国家、组织形态、社会公众以及不同意识形态与价

---

① 程曼丽.美、俄、日、德主要报纸涉华报道分析[J].国际新闻界,2002(4):22.
② 张涛甫.改变舆论场失衡格局[N].中国社会科学报,2016-04-29(5).

值体系相互竞争,相继进入国际舆论场域。在这样的场域中,各种因素构成了多元性的、相互交叉渗透的权力关系、话语形态与体系,使得国际话语传播观念与范式产生深刻的转变。

但实际上,"在传播权力分配不平衡的全球传播场域中,西方发达国家主宰传播议程,掌控舆论议题话语权"①。西方媒体仍然控制着国际舆论的主动权,在网络空间中占据主导优势,导致全球媒介力量的失衡状态。因而,在国际舆论场的话语竞争中,中国需要调整以往在国际传播中的边缘心态,增强主动传播的意识,密切关注国外媒体话语对于我国突发公共事件传播的影响与意义表达。

(二)媒体话语成为国际危机话语流动的联络纽带

媒介组织在国内外信息流动中发挥着十分重要的作用,在信息传播与流动过程中具有跨国性特征。互联网普及之前,境外舆论场主要由西方媒体所控制,我国媒体很难在国际舆论中发声。互联网普及之后,在互联网技术驱动下,媒介不仅加速了信息的跨国传播,而且"深刻改变了我们赖以日常行动和处世的信息结构"②,同时也在一定程度上改变了西方媒体的话语霸权。尤其在移动互联网深入普及与发展的背景下,信息传播的方式更具时效性、互动性、空间延展性,改变着公众的认知。因而,新兴媒介技术作为重要的传播载体,使全球逐渐成为紧密联系、相互联动的信息整体,在建构与引导国际舆论方面发挥着十分重要的作用。

媒体话语作为国际话语场各主体间沟通的中介与桥梁,是作用于"他者认知"与"自我定位"之间的联络纽带③。在当前全球化背景下,国家之间的联系日益紧密,相互依存程度日益加强,信息流动日益加快,各个话语主体间的互动日益频繁。发生于中国的突发公共事件更容易引起国际话语场的关注,进而在国际舆论场中形成一定的"他者认知",以西方主流媒体为代表的国际媒体话语发挥了至关重要的作用,它们通过话语议题建构议程,运用多种手段丰富话语表达形式,进而建构了"他者"对于事件本身与中国国家形象的认知。

① 张涛甫.改变舆论场失衡格局[N].中国社会科学报,2016-04-29(5).
② 托夫勒.第三次浪潮[M].朱志焱,潘琪,张焱,译.北京:新华出版社,1996:173.
③ 郑华,黄曦.政府国际公关的话语策略研究——基于《纽约时报》对新疆"7·5"事件报道的分析[J].社会科学,2013(2):13.

西方媒体对中国的报道从 19 世纪已开始,到 20 世纪初,关于中国的报道不断出现,各大媒体开始陆续向中国派驻记者①。随着中国国际地位的提升,西方媒体对华报道越来越多。然而,传播于世界各地的新闻,90% 以上由美国等西方国家垄断。西方 50 家媒体跨国公司占据了95% 的传媒市场,其中美国控制了全球 75% 的电视节目的生产和制作②。全球化语境下的强势媒体依照"美国人的日程表,决定着人们谈论什么、思考什么,媒体创造着世界的景象"③。长期以来,西方媒体凭借其在综合实力、技术装备、品牌人才等方面的绝对优势,牢牢掌握了国际突发事件报道的话语权④,其新闻报道的价值取向在一定程度上决定了国际舆论的走向。

尽管当前互联网是开放的、跨国界的,但信息流动仍处于一个封闭的网络中,呈现出国家间的差序与区隔。即使目前中国在经济上已成为世界中心,但在文化产业的竞争上仍处于边缘角色,要想在国际话语场中占据主导权,还有很长的路要走,中国并没有走向强势。虽然中国声音正日益被国际媒体引用,但却经常陷入被"负面引用"的尴尬局面⑤。可以看出,全球传媒格局呈现出十分失衡的现状,在全球化发展的社会背景下,一国出现的危机极容易扩散为全球性的危机,那些占有更多"信息资本"的国家出于国家利益与国家形象维护等诉求,往往拥有更多的话语权,对危机的传播与应对主动设置议程,更为有效地引导国际舆论,赢得国际舆论的广泛支持。

(三)国际话语表达的失衡与偏见

已有的研究对国际舆论局势的基本判断是:当今的国际舆论格局仍

① 孟慧丽.话语权博弈:中国事件的外媒报道与中国媒体应对——以拉萨"3·14"事件以来《纽约时报》与《人民日报》的"西藏问题"话语策略为例[D].上海:复旦大学,2012:5.

② 胡正荣,关娟娟.世界主要媒体的国际传播战略[M].北京:中国传媒大学出版社,2011:208.

③ 博克,丁伯成.大洋彼岸的中国幻梦——美国"精英"的中国观[M].北京:外文出版社,2000:4.

④ 胡智峰,刘俊.主体·诉求·渠道·类型:四重维度论如何提高中国传媒的国际传播力[J].新闻与传播研究,2013(4):6.

⑤ 吴瑛.信息传播视角下的话语权生产机制研究[J].四川大学学报(哲学社会科学版),2011(3):49-56;吴瑛,李莉,宋韵雅.多种声音　一个世界:中国与国际媒体互引的社会网络分析[J].新闻与传播研究,2015(9):5-21,126.

由欧美媒体主导,中国处于英语霸权和西强我弱的舆论格局之中①;我国一些媒体不由自主地被西方国家的议程设置所引导,处于被动境地②。从国际传播的信息流动趋势看,国际传播的信息亦呈现从西向东、由北到南、从发达国家流向发展中国家的状态③。因此,需要了解国际话语表达中产生偏见观念的原因,并主动面对这种信息失衡的状态。

无论是哪个国家,媒体与政治紧密联系,在信息传播过程中以国家利益为主导,从而设置媒介议程。由于意识形态、价值体系的本质差异,不同国家在面对同一事件时会形成各自的政治倾向性,导致报道偏见的产生。如 2008 年发生的一系列突发公共事件——"3·14"西藏打砸抢烧事件、奥运火炬境外传递事件以及"5·12"汶川地震事件等,国际媒体对我国突发公共事件的报道常采取一边倒的负面报道。有研究表明,在西方媒体关于"3·14"事件的 147 篇相关报道中,直接或间接引用的信源数量达 537 次,其中,涉及西方政府及西藏问题批评者、境内外"藏独"分裂势力和打砸抢烧的不法分子等的负面信源达到 363 次,占总信源数的 67.6% 。同时出现了大量歪曲事实的报道,其中引起我国公众愤怒的明显图像错误就达 7 处④。在以政治立场为判断标准的报道中,西方媒体对我国政府存在严重的偏见。

除了政治因素,商业利益也是影响西方媒体对外报道的重要因素。政府对西方媒体起到间接的监管与制约作用,而当前西方媒体被各大财团直接拥有、操纵。在这样的关系背景下,媒体在很多情况下不能坚持独立、客观的立场观念,而以谋取最高商业利润为目的的新闻生产机制影响了媒介的议程。同时,文化价值的差异也导致国外话语表达的误解。不同的文化传统与价值观导致新闻报道中不同的表达形式与倾向,从而产生误解与误读的现象。

在全球化和信息化的时代背景下,国际传播环境"趋于扁平化,地域的界限逐渐被打破,美国等西方媒体对他国媒介所有权、结构、发行或传

---

① 徐桂权,方若琳,苏幼真,等.主体建构与利益博弈:现实建构主义视角下亚投行报道的框架分析[J].国际新闻界,2016(6):46.

② 程曼丽.如何提高我国媒体的国际传播力——亦此亦彼辩证眼光的培养[J].新闻与写作,2010(5):69.

③ 黄廓,姜飞.国际主流媒体发展战略研究及其对中国国际传播的启示[J].现代传播,2013(2):48.

④ 张成良.偏见比无知距离真相更远——西方媒体对拉萨"3·14"事件报道解析[J].新闻记者,2008(5):9.

播内容构成单方面强大压力的媒介帝国主义现象呈加速态势"①,一种话语实践可能介入另一种话语实践中,相对弱势的话语可能被压制、被沉默,这种过程"虽然隐蔽、虽然表面上无人控制,但它是社会中的真实权力"②。其话语的实践过程受到内在的特定文化、宗教信仰、民族、情境等因素的制约,其本身不能自由地被表达,而是通过社会主体相互影响和相互渗透,进行信息与权力的碰撞和较量。因此,从话语分析的角度来看,研究国际话语对于我国突发公共事件的表达,不仅要关注生成文本的内在语言逻辑结构,而且要重点考察以媒体为主要言说主体的国际话语的价值体系与观念是如何被构建起来的,而媒体话语的建构过程离不开特定的环境与国家语境。

二、国际话语对中国突发公共事件的话语表达

国际话语表达在其实践过程中,通过话语主体直接或潜移默化地影响我国突发公共事件的话语表达,进而逐渐实现意识形态和价值体系的建构。媒介组织成为突发公共事件传播的主体与载体。媒体的危机议题设置、话语框架叙述是国际话语表达的重要环节③。通过了解国外传媒组织的危机话语生产与表达,我们可以掌握国际话语对于我国突发公共事件的意义阐释。

当今国际话语场的竞争和争夺,是不同国家的话语主体通过媒体进行议程设置的过程。在信息全球化的时代,媒介技术的发展为信息的流通提供了便利,各国的议程设置能力显得尤为重要,而议程设置的实践过程和效果也成为国际话语竞争的核心策略。

框架建构是一种结构性的方式,在危机传播中能够发挥积极作用。在国际话语场中,媒介组织的话语实践隐藏着认知框架。由主流媒体设置的议题或新闻报道会事先被嵌入符合国家及媒体利益、政治立场和道德评价等的内容。国际舆论场在框架作用下,某一强势话语主体通过对

---

① 赵瑞琦."三个舆论场"与对印传播战略——"一带一路"下的中国国际话语权建构[J].齐鲁学刊,2016(1):74-79.

② 郑乐平.超越现代主义和后现代主义——论新的社会理论空间之建构[M].上海:上海教育出版社,2003:65.

③ 袁三标.西方媒介话语权力生产机制研究[J].山东社会科学,2015(4):133-137;吴瑛.信息传播视角下的话语权生产机制研究[J].四川大学学报(哲学社会科学版),2011(3):50-56.

事件的叙述和意义的再生产,不仅能够对具体人物、事件产生认知的定势,而且能够促使其他话语主体接受框架和框架背后的意义。

由此,本部分以"8·12"天津滨海新区爆炸事故为例,通过对国外媒体对我国突发公共事件的议题设置与框架叙述等方面的内容的分析,考察国外主流媒体对我国突发公共事件的话语实践过程,进而了解国际话语对于我国危机传播的影响。2015 年 8 月 12 日,位于天津滨海新区的瑞海国际物流有限公司所属危险品仓库发生爆炸事故。此次事故给社会公众的生命与财产安全造成巨大损失,并对当地的环境造成严重污染,引发国内外各界人士的广泛关注。国外主流媒体对此次事件做出相关报道,由于自身立场与价值观的影响,各国媒体对"8·12"天津港爆炸事件的报道呈现出一定的差异性。基于 Lexis Nexis Academic 学术大全全文数据库中的新闻数据库,以"Tianjin port"为关键词,将搜索时间限定为 2015 年 8 月 12 日至 2015 年 9 月 12 日,选择数据库类型为"世界主要出版物",进而对数据库全样本进行精确搜索,剔除不相关、重复的样本后共获得 99 篇相关报道。

(一)国外媒体对于"8·12"天津滨海新区爆炸事故报道的基本特征

在媒体地域分布方面,英国媒体对于此次事件报道量最大,超过半数(56 篇,占比 56.6%)的新闻报道源于英国媒体,其次为美国媒体(23 篇,占比 23.2%)。此外,在此次事件报道中还涉及澳大利亚、俄罗斯、加拿大、新加坡、日本、泰国、南非等国家媒体(见图 7 - 1)。其中,英国广播公司监听部(BBC Monitoring)有关此次事件的报道有 26 篇,对此次事件报道数量最多。此外,《纽约时报》(*The New York Times*)、《澳洲人报》(*The Australian*)、《国际纽约时报》(*International New York Times*)、镜报官网(mirror. co. uk)等英美澳国家主流媒体对于此次事件有较多的关注。报道议题从事故现场情况及遇难人数的更新、事件搜救工作、事件造成的环境污染、事故原因探究、中国政府的危机应对等多个报道角度展开。

从国外媒体反应时效看,报道集中于 2015 年 8 月 14 日(见图 7 - 2),即事故发生后的第二天,在报道时效上相对滞后一天。议题设置涉及事故遇难人数、受灾情况、对国外涉事企业的影响等。如英国《镜报》

官网(mirror.co.uk)引用了中国公众在社交平台上的秒拍视频①,并将视频中一名男子表达震惊的语言直接运用到新闻标题当中(China explosion:Man screams "Oh my God" after capturing moment blasts devastate factory),报道中用"dramatic video""rocks"等词语体现出此次事件的严重性与危害性,同时在副标题使用了"deadly",直接指明有人员伤亡情况。此后出现环境污染议题以及随着事故原因调查的持续开展,8月17日出现报道的小高峰,报道针对环境污染、事故追责等框架展开叙述。

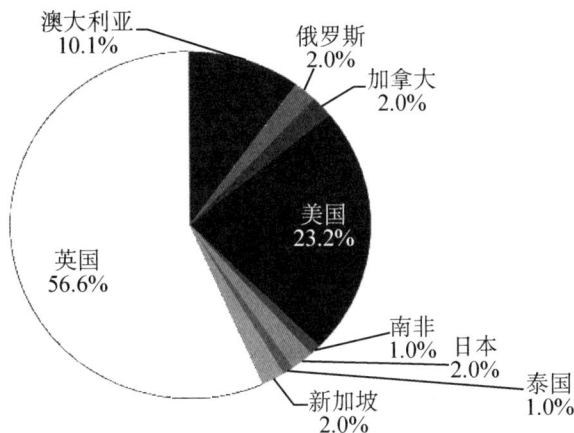

图7-1 国外媒体关于"8·12"天津滨海新区爆炸事故报道地域分布统计

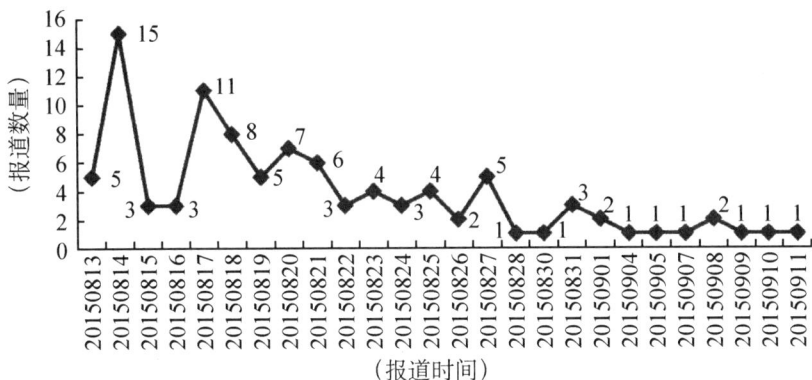

图7-2 国外媒体关于"8·12"天津滨海新区爆炸事故报道时间统计

在媒体类型方面,传统媒体成为此次事件的重要报道方,反映出国

---

① China explosion:live updates as massive blast rocks Tianjin[EB/OL].[2015-08-13].http://www.mirror.co.uk/news/world-news/china-explosion-live-updates-massive-6241984.

外媒体在中国突发公共事件传播中,报纸、电视等传统媒体对国际事务有更多的关注。其中国外报纸占据主导,46篇相关报道由报纸这一媒体类型发出,占比46.5%(见表7-1)。BBC等媒体通过电视直观反映事故现场,通过引用中国主流媒体(如新华社、《人民日报》)等消息源,对天津爆炸事件进行了持续的关注与报道。同时,《镜报》《独立报》《泰晤士报》等通过其报纸官网也对此次事件进行了报道。

表7-1　国外媒体关于"8·12"天津滨海新区爆炸事故报道的媒体类型统计

媒体类型	数量	占比
报纸	46	46.5%
电视(文字记录)	26	26.3%
通讯社	2	2.0%
新闻网站	14	14.1%
杂志	11	11.1%
总计	99	100.0%

(二)国外媒体对"8·12"天津滨海新区爆炸事故的话语框架分析

1.注重事故现场环境描述,设置事件定性框架

在此次突发公共事件的国外媒体报道中,一部分媒体对事故现场的环境进行详细的描述,同时配以我国微博用户拍摄的视频、图片等,强调事故的严重性与危害性。

(1)为突发公共事件命名,突显事件的严重性

国外媒体多以"中国致命的爆炸"(fatal China blasts)、"中国近年来发生的最严重的、消防员死亡人数最多的工业生产事故"(among China's worst industrial accidents in recent years and the deadliest on record for the country's firefighters)、"创亚洲纪录的最大的人为事故之一"(one of the biggest man-made losses to hit Asia on record)、"中国港口历史中的最严重的事故"(the most serious accident in China port history)、"全球第十大港口遭到灾难性的毁灭"(vast areas of the port-the 10th largest in the world-were devastated)、"糟糕的事故"(terrible accident)等描述,对此次危机定性,同时更为具象地表述两次爆炸的能量等同于3吨和21吨TNT炸弹,显示爆炸的威力。美国地质调查局更把此次爆炸事件定性为"地震事件"(seismic events)。

报道中采用"worst""deadliest""largest"等形容词最高级来描述事件本身,同时多使用"hazardous""highly-toxic""disastrous""terrible"等负面的形容词,同时将一个地区发生的爆炸事故置于更宏观的地域下,如"亚洲""全球"等,目的在于强调与突显此次事件给我国公众带来的严重灾难。

（2）运用比喻等修辞手段,突出爆炸的猛烈程度

《纽约时报》在"Deadly Explosions Hit China's Port of Tianjin"的报道中,以"thunderous"和"fiery"等形容词来突出爆炸的猛烈程度,并用"traumatize"一词来强调这次爆炸会对天津造成的伤害。同时用一个细节来增强爆炸的威力,即爆炸的威力甚至能用地震的级别(earthquake scale)来计算。同时《镜报》官网在8月13日的报道中,将爆炸时发生的火灾描述为"火球冲上天空"(fireballs shooting into the sky),将被烧毁的集装箱比喻成"火柴棍"(match sticks)、港口附近的建筑仅剩下"烧毁的空壳"(burned-out shells)。报道中采用比喻等修辞手法,而非客观地陈述事故的受灾情况,更能引发公众的情感诉求。

在描写消防员灾难救助场景时,《纽约时报》在8月18日的报道中,引用中国国务院总理李克强的用语,将其比喻为"守护天使"(guardian angels)①,旨在树立消防员的英雄形象。报道中隐含着西方所崇尚的个人主义的价值取向,个人首先被当作一个个体而存在,在处理个人与国家的关系方面,西方媒体观念认为国家不能逾越或践踏个人的权利而义无反顾地去保护人民的权利②。因而从此次事故的相关报道中可以看出,西方媒体注重对于消防员个体形象的塑造。在政府迟迟没有公布失踪的消防员名单时,也极力地建构了消防员家属的诉求与情感框架,突出个人与国家的强烈冲突性,这与我国在面对危机议题时重在构建"和谐""整体"等话语框架有着显著的差异性。

2.体现报道中的冲突框架

学者塞米科(Semetko)和瓦尔肯堡(Valkenburg)在其研究中提出五种最常见的议题框架,即责任归因、冲突、经济后果、人情味及道德③。其中,冲突框架强调存在于个人、团体、组织之间的冲突以捕捉受众兴趣,

① JACOBS A. China blasts take big toll on fire crews[N]. The New York times,2015-08-18.
② 冯捷蕴.中西媒体危机话语的研究[J].江淮论坛,2013(5):142.
③ SEMETKO H A,VALKENBURG P M. Framing European politics:a content analysis of press and television news[J]. Journal of communication,2000,50(2):93-109.

强调戏剧性。而西方媒体典型的"冲突型话语"报道模式是特定意识形态媒体功能和历史传统等因素复杂作用的产物①。面对中国突发公共事件,国外媒体在新闻报道的过程中,很大程度上反映了这一议题框架的设置。在"8·12"天津滨海新区爆炸事故中,国外媒体主要从以下两个方面呈现出突发公共事件发展的冲突性。

(1)国外媒体称采访受阻,中国官方媒体澄清谣言

爆炸事故发生后,一名美国有线新闻网的记者在天津一家医院的大门外,通过 Skype 与 CNN 总部连线进行直播报道。但在播报的过程中突然被一群人围住,要求其"停止录像""删除视频"。由于此事发生时,这名记者正与 CNN 方面进行连线直播,节目主播在没有了解事情实际情况的状态下,指出"官方"(officials)在阻拦采访,引发美国当地公众的不满,指责中国政府阻拦外媒记者采访,是封建保守的象征②。此事未被澄清之前,其他国外媒体也对这一事件进行了报道,话语指向中国政府一方,对我国政府危机话语表达造成不良的影响。

随后我国媒体《环球时报》针对此次事件做出回应,对不实信息进行辟谣。报道中引用了其他在场网友的信息作为消息来源,指出当时有遇难者和牺牲的消防战士的遗体进入医院,医院门口聚集了不少悲伤的家属、亲友和公众。围住记者的人是遇难者的朋友和亲属,而非政府一方。而后,CNN 一方也通过社交平台 Twitter 对此次事件进行更正,指出阻拦 CNN 记者的是遇难者或受伤者的朋友与家属(Correction:CNN Correspondent Interrupted in a Live Report by Upset Friends and Relatives of Victims Killed and Injured in the China blast)。

(2)事故救助者家属抗议,要求政府予以回应

在此次爆炸事件中,遇难的消防员人数是中华人民共和国成立以来发生的突发公共事件中最多的。因而,事故给这些消防员的家属带来极大的打击。在许多消防员失联,政府一方没有给出相关回应的情况下,许多家属纷纷来到当地政府办公地点进行抗议,同时中断了当地政府的新闻发布会,要求政府一方对此次事件做出回应与解释。一个国外媒体针对这一议题进行了相关的报道,并在一定程度上夸大了公众与当地政

---

① 冯捷蕴.中西媒体危机话语的研究[J].江淮论坛,2013(5):142.

② 美国记者在天津采访被"围殴"? 真相在这里[EB/OL].[2017 - 08 - 13].http://news.sohu.com/20150813/n418808112.shtml.

府之间的冲突性,设置负面倾向的报道议题。

《纽约时报》在 8 月 18 日"China Blasts Take Big Toll on Fire Crews"
这篇报道中,用"take big toll"指出此次事件中消防员遭受巨大的损失。
报道开始对消防员的形象进行了生动表述,"瘦弱的、年轻的、他们中的
一些人刚刚才能刮胡子"(their thin frames puffed up by insulated coveralls,
some of them barely old enough to shave),暗含着对于这些年轻消防员的
惋惜,给报道赋予情感。报道指出,接到的最初报告是"一辆汽车着火",
他们并没有意识到事件的严重性,把水龙带对准了火焰,导致了一个"致
命的错误"(a deadly mistake)。报道还呈现出事件归责框架,话语指向
事件与政府的关联,导致事件发生的原因还是"一个谜"(a mystery),同
时指出由于政府的隐瞒助长了公众的质疑声音(fueling public speculation
of an official cover-up),对政府一方呈现负面的态度倾向,同时反映出政
府与公众之间的对立性与冲突性。

报道还引用了我国媒体《中国经营报》官网中的信息,消息中详细陈
述了一名失踪消防员的父亲的一封信,信中质疑为什么不能给予这些消
防员以更多的重视与关注,政府一方为什么没有对失踪信息做出相应的
解释等。但报道指出,该网站信息已经被删除,没有得到广泛的转载与
重视,话语指向当地政府的不作为,对其进行了负面的形象建构。

3. 关注环境污染议题以及公众安危

此次爆炸事故本身具有复杂性,据报道,事故现场有危化品 40 余
种,其中氰化钠约 700 吨、硝酸铵约 800 吨、硝酸钾约 500 吨,能确定的
危化品数量约 2500 吨[①]。化学品本身具有一定不确定性与严重性,不能
用灭火的方式处理,导致此次事故救灾工作的高难度。同时,事故涉及
诸多专业知识,给媒体与公众带来很多未知信息,其中环境污染议题成
为国外媒体报道关注的重点。

《独立报》官方网站(Independent. co. uk)在 8 月 21 日报道了有关港
口出现大量死鱼的新闻,指出这些死鱼与天津港附近水域氰化物含量超
标 277 倍有直接关联。报道中还呈现出现场的照片(见图 7 – 3),指出
这些死鱼出现在距离爆炸地点不到 4 英里的水域里,照片呈现相对广阔
的全景,以大量的死鱼充满整张图片,极具视觉的震撼力。同时,在表述

---

① 天津应急指挥架构首次公开[EB/OL].[2018 – 11 – 28]. http://news. ifeng. com/a/
20150818/44457531_0. shtml.

化学品的危害性时,报道表述为"deadly chemical sodium cyanide";BBC Monitoring 更是在新闻标题中将化学品表述为"toxic(有毒的)",使用具有消极的、负面的色彩的形容词来叙述仓库中这些化学品的危害性以及对环境造成的严重污染。

图7-3 "8·12"天津滨海新区爆炸事故发生后港口出现大量死鱼①

《镜报》官方网站(mirror. co. uk)对上述死鱼现象进行深入的报道,报道引用天津环保局一名官员的话语,指出这种现象并不鲜见,并通过列举过去大量类似的案例,指出死鱼的出现是由于缺乏氧气,与化学品含量没有直接的联系。但报道使用多个数字证明爆炸地点存在多种危险化学品,涉及 2500 吨 40 种"危险品"(the warehouses contained 2500 tonnes of 40 types of dangerous goods),指出这些化学品种类的复杂性与严重性。同时,报道指出当地街道发现"神秘的泡沫状物质,导致当地人对周围环境的担忧"(a mysterious foam-like substance has been spotted in the streets, leading to local people expressing fears over their surroundings),报道反映出对于天津环境问题的关注,同时建构了事故影响以及当地政府应对议题框架,报道指出附近居民已经被迫疏散与撤离(thousands of residents were forced to evacuate),当地政府也表示会把这一地区化工厂重新选址(relocate chemical plants away from the area),改善工业生产的安全。

---

① Thousands of dead fish wash up in river less than four miles from site of Tianjin explosion[EB/OL].[2015 - 08 - 21]. http://www. independent. co. uk/news/world/asia/thousands-of-dead-fish-wash-up-in-river-less-than-four-miles-from-site-of-tianjin-explosion-10465342. html.

4.呈现公众与政府相对立的议题,话语指向事故归责

此次爆炸事故给当地居民造成极大的物质损失与精神上的恐慌。国外媒体直接引用当地居民(目击者)的话语,如8月17日《澳洲人报》"Fears Tianjin Deaths Will Spike"报道的11处引语中,6次引用当地居民的话语,内容涉及对爆炸事件表示恐惧与担忧,如"have not been able to sleep for several days now. I was so scared. I don't know how we were able to escape";对政府信息不公开不透明表示愤怒,如"The government has just told us to wait";对环境问题表示困惑与迷茫,如"We don't know if it is safe to live here,who can tell us? Is it toxic after such chemicals were leaked?"体现公众议题,反映公众诉求。同时通过引用公众话语,建立与政府相对立的话语框架,话语暗含着指责政府的意义指向。

国外媒体在对此次爆炸事故报道的议题中,主要涉及两个主要的归责主体,即涉事企业与中国政府。而在报道过程中,又将涉事企业海瑞公司与当地政府的相关组织相关联,话语指向企业拥有者有政府背景,而公司拥有危险化学品许可也是通过当地政府相关部门而获得的。多篇报道引用新华社采访涉事企业负责人的受访话语,呈现涉事企业关于企业许可、背景身份等一些细节,反映事故归责框架。

如《纽约时报》在8月20日"Report Details Role of Political Connections in Tianjin Disaster"报道中,标题直接点明事故中的"政治联系"。报道开始就指出天津市长为此次事件负责(took responsibility for the disaster),并引用其在一次新闻发布会中的话语"有不可逃避的责任"(unshirkable responsibility)。同时报道指出,大量证据表明政治渎职(political malfeasance)以及猖獗的安全违章行为(rampant safety violations)是事故发生的重要原因。

在消息源方面,报道引用新华社、《人民日报》、*China Daily* 等多家中国媒体报道内容,同时还引用中国专家的话语(中国人民大学政治系教授张鸣)。呈现事故归因归责框架中的具体细节报道指出,涉事企业瑞海公司中的几位名义股东并非该公司的实际控制人,海瑞公司实际负责人于学伟和董社轩两人利用与政府官员的个人关系获得公司许可。其中澎湃新闻指出,实际控制人之一董社轩是天津港公安局原局长董培军之子。从表面上看国外媒体将事故归责于当地的涉事企业,但其背后的话语表达隐喻涉事企业与政府的勾连,报道旨在说明中国官员问责制度

的不健全,政府官员滥用职权,导致腐败问题产生。

(三)国外媒体对"8·12"天津滨海新区爆炸事故报道信源引用分析

美国学者卡尔·霍夫兰(Carl Hovland)等认为,传播效果的差异在很大程度上取决于信息的来源者是谁,信息中引用的是谁的话,或者信息的传播渠道是什么①。在国际媒体报道中,引用信源的可信度与影响力成为影响传播效果的重要指标。对本部分所选取的99篇相关样本进行统计得出,国外媒体有关"8·12"天津爆炸事故报道具有信源多样性的特征,具体集中在中国政府、中国主流媒体以及中国公众等信源类型上。

统计显示,国外媒体对于此次事件的信息引用共869次,信源种类共计45种,涉及中外媒体、中外政府、中外企业、中外专家、国际NGO、中国公众、其他等11大类。其中,"中国中央政府及组织""习近平""李克强""中国地方政府及组织""中国地方政府官员"等来自中国政府的信源引用量达237次,占引用总量的27.3%。其次为引用中国媒体信源(引用总量为212次,占比24.4%),新华社、CCTV、《新京报》、《人民日报》等多家中国媒体成为国外媒体在此次事件报道中的重要信源。此外,中国公众也成为国外媒体报道中重要的消息源,引用数量达131次,占总体引语的15.1%,其中包括事故发生时附近的居民,参与救灾工作的消防员及其家属,微博、微信平台上的网民等(见图7-4)。

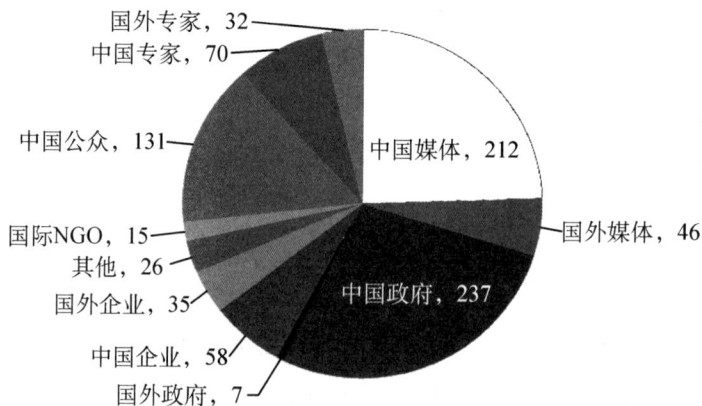

图7-4　国外媒体关于"8·12"天津滨海新区爆炸事故报道的信源分布

---

① 转引自:陆佳怡.媒体外交视野下的国际争端:以美俄媒体对叙利亚化武事件的媒介话协商为例[J].国际新闻界,2016(10):91.

1. 官方引语旨在塑造报道的权威性

国外媒体在此次事件的报道中,采用多元化的消息源,尽可能地平衡各方声音。但从统计结果看,来自中国政府以及中国主流媒体的声音占据主要比例。即使在报道中采用较为模糊的引语表述,也多以"state media""the government""authorities""officials"等表明主体的官方特征,试图建构报道的权威性。

就媒体而言,国外媒体较多地选取了新华社、CCTV、《人民日报》(见图7-5)等主流媒体作为消息源。在对这些媒体的表述上,多使用"state-run media""state-controlled news media"等,对媒体的性质有明确的表述,旨在说明这些媒体在一定程度上代表以及传达了中国政府的态度与立场。

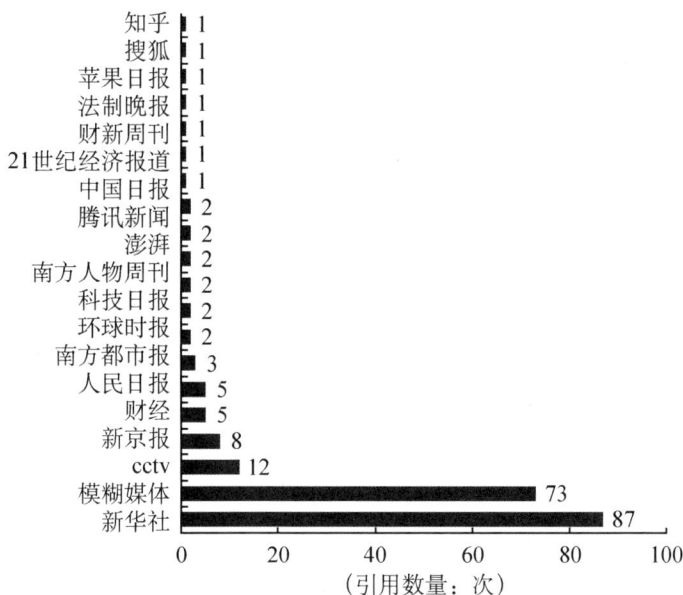

图7-5 国外媒体关于"8·12"天津滨海新区爆炸事故报道的中国媒体信源分布

2. 直接引用目击者话语,增强可感性

从上述统计数据可以看出,国外媒体报道较为重视对"公众"声音的表达,15%左右的报道消息源使用了中国公众的信源类型,旨在从目击者以及亲历者的口中获得有关事故的第一手素材,增强新闻的真实可感性。报道多采用直接引语的方式,以目击者或亲历者个人的经历与感受向受众讲述事故发生时的场景,内容涉及目击者的恐慌心理、对政府监管不够的不满、家属对编外牺牲人员显示在官方信息中的抗议、公众对政府公布数据的质疑等。

如英国《卫报》(*The Guardian*)在8月13日的报道中,以"China Explosion:Huge Blasts in Tianjin Kill at Least 17 and Injure Hundreds"①为题,用"devastating blasts"(毁灭性的爆炸)来描述爆炸的场景,同时强调在城市的另一头的房屋都受到震动,而燃烧物飞起的高度比附近的高楼还要高(……causing explosions so strong that they shook homes on the other side of the city and sent flaming debris arching over nearby high-rise buildings)。同时报道中3次直接引用距离事故发生现场4千米的目击者的语言,旨在更加生动、真实地描述事故发生时的环境:"感觉像地震……整个楼都在震动……所有的窗户都被震碎了……看见受伤的人坐着或躺在里面……"

3.引用模糊消息源,造成报道偏见与失实

在选取的国外媒体报道中,存在诸多引用模糊消息源的现象,所谓的"模糊信息源"主要是指那些无法确定身份、姓名甚至国籍的消息来源②,比如"local media said"(当地媒体指出)、"it is reported that"(据报道)等。在此次事件报道中,约1/5(170次)的引语为模糊引语,引语身份类型主要涉及当地媒体(local media)、当局(authorities)、港口消息人士(sources)等。

如《卫报》8月13日"China Blasts:Fireball from Tianjin Explosions Injures Hundreds and Kills at Least 44"的报道中,共使用引语42处,其中引用模糊信息源就有7处,采用"官方媒体"(state media)、"当局"(authorities)、"据报道"(according to reports)、"目击者"(eyewitnesses)等表述,引语中涉及"不清楚失联的消防员是否已经死亡"(it is not clear that……)这样十分模糊、不确定的表述,"住在事件发生地点附近的住户损失了所有东西"(lost everything)这样绝对化的表述,以及"爆炸如此威力,以至于附近的车辆与碎片飞入空中"(the blasts-so violent they sent vehicles and debris flying into the air)这样夸张的表达等话语表达形式。因而在呈现报道议题时,引用模糊信息源带来的倾向性更加具有隐蔽性。就新闻报道真实性与客观性而言,引用模糊信息源带来信息解读的偏颇

① Huge blasts in Tianjin kill at least 17 and injure hundreds[EB/OL].[2015-08-12]. https://www.theguardian.com/world/2015/aug/12/explosion-chinese-port-city-tianjin.
② 邵静.《纽约时报》和《华盛顿邮报》的涉华报道研究[D].上海:上海大学,2011:35.

甚至失实。

三、国际话语对我国危机传播的影响及应对

综上所述,国外主要媒体对"8·12"天津滨海新区爆炸事故的报道,主要集中在爆炸事故产生的负面影响,从事故现场的环境叙述中反映爆炸事件的严重性与危害性,报道议题反映出事故发生后导致的负面效应。在语言表述上,较多地采用负面的、消极的形容词来讲述事故影响及危害。同时,在没有深入了解事故发生真相的情况下,直接批评政府的危机应对能力,并产生不实报道。此外将公众与政府置于对立的框架叙述中,体现两者之间的冲突,国外媒体报道反映出其背后利益集团权力话语的价值取向。

从选取的国外媒体报道中,我们可以看到诸如新华社、《人民日报》、中央电视台等中国主流媒体在国际传播中所做出的努力。中国主流媒体在有关中国突发公共事件的国际报道中能够作为消息源,从而拥有媒介议程的能力,但其话语权、影响力以及公信力还远远不够,因而在面对国际话语对于我国突发公共事件的负面报道时,我国应增强中国话语在国际发声的传播能力,积极融入国际舆论场中,在接受差异的同时,寻求与他国话语对话的可能性,在引导国际舆论的公共议程,特别在处理中国议题方面,进一步提升进而掌握话语的主导权。

具体说来,首先在危机发生的第一时间,我国话语主体应向国际话语场积极传递突发公共事件的基本信息,以透明、开放的话语表达形式向国际话语场做出客观、全面的危机认知,进而在国际传播场域中获得话语的主导权,为危机话语框架的建构提供议题设置,进而营造良好的舆论环境与广泛的国际社会基础①。中国话语应建立一种"常态化"的传播机制与范式,在国际话语场中梳理自身话语风格,在广泛、持续的报道中创造自身的传播价值,进而塑造一个真实的国家形象。

其次,应深入了解国际话语表达的特征规律,全面掌握国际话语对于我国危机形象的认知与意义建构,从话语边缘的角色走向中心,并积极与国际舆论场形成良性互动的信息流动体系。从上述案例分析中可以看出,国外媒体话语十分重视对于公众声音的表达,多采用直接引语的话语表达方式,直观地反映社会公众的真实看法。因而,我国话语主

---

① 杨魁,刘晓程.危机传播研究新论[M].北京:中国社会科学出版社,2010:464.

体应针对国际话语场传播特点,更加关注社会公众的需求,针对其普遍关心的热点与疑点问题对危机进行深入阐释。面对国际话语中的不实信息、倾向性话语表达,应做出及时的更正,在危机的基本事实定性中占据主动,为危机处理与应对营造良好的条件。

同时,有效地与国际舆论场中的多元传播模式进行合作,实现共同应对危机的"命运共同体"。这里的多元传播模式具有多重含义,既指国际舆论场中的多元话语主体,也指传播渠道与平台的多元①。当前,中国议题越来越成为国际舆论的焦点,国家间的交流与沟通不再局限于官方层面,而向多种身份主体的全民传播模式转变。我国在面对国际话语场对于我国的危机表达时,更应全面地分析不同主体的危机话语表达,建立国际合作交流机制,从话语被动角色转向主动应对与合作,从而树立我国在国际社会中的负责任的大国形象。

---

① 刘笑盈.从一流媒体研究到核心竞争力研究——多元传播环境下国际传播能力建设的新思路[J].电视研究,2014(11):55.

本章小结：特殊话语形态生成危机传播新议题

网络谣言、网络流行语、国际话语在一定历史阶段中被社会环境赋予了特定的意义。这些话语从产生到传播，综合了技术、政治、媒体、社会以及公众心理等多种因素，不仅仅是多元话语互动的话语形态，更是话语博弈的结果。

从技术层面看，网络为公众的表达提供技术支撑；而受新闻体制等影响，媒体可能通过议程设置或把关等形式，有限制地表达民意，新闻舆论监督也可能因此打折扣；而专家、知识分子可能被政治或政治文化所规训，甚至部分专家受限于政治、经济利益，丧失了独立批判精神，不仅不能成为民意代言人，甚至可能成为网民眼中的"砖家"和利益集团的仆从。当新闻媒体和专家不能完整承担公众的诉求时，公众表达渠道受到一定的制约，网络技术的发展为公众表达带来便利，网民可以通过网络谣言、网络流行语等方式表达民意、发挥舆论监督等。对上述网络谣言、网络流行语生成和传播机制的分析，反映了多元话语权力的互动与博弈。

具体到社会方面，中国正处于转型期，而且这种转型具有"三重"性——文化转型、社会转型与政治转型[①]。在转型期的中国，经济快速发展的同时伴随着各种复杂的问题、各种不正常的现象滋生，一些社会矛盾也逐渐尖锐，突发公共事件、极端事件、危机事件等频频发生。面对这一现实，少数政府部门推卸责任、处理问题不纳入法制轨道甚至只做表面工作等行为进一步催生了网络谣言、网络流行语，使得危机愈演愈烈。《人民论坛》的问卷调查也表明，引导社会心态的误区前三位分别为："一味把心态问题归咎为百姓的'不理性''不淡定''不宽容'"（67%），"出现矛盾后不纳入法制"（61%）和"仅停留在口号与姿态上"（51%）[②]。其中，信息不透明或者说信息公开程度不够，加上官员态度上的傲慢与偏见或漠视民意的"雷语"等，进一步刺激了公众心态的不满

---

① 汪丁丁.制度分析基础讲义［M］.上海：上海人民出版社,2005：2.
② "骂声"蔓延恶化社会心态［EB/OL］.［2018－11－28］. http://news. cntv. cn/20110710/100332. shtml.

和愤怒,诸多网络谣言、"不管你信不信,反正我信了"等网络流行语就在这样的情况下产生,并引发网络舆论风暴。网络谣言与网络流行语等表达的背后"与其说是为弱者伸张正义,不如说是借群体的力量为自身这个弱势阶层伸张正义"①。

同时,近几年中国开始主动介入国际舆论场,在网络空间宣示"主权"②。随着中国话语力量的崛起,如何向国际舆论讲述中国故事、讲好中国故事,成为中国国际话语建构的重要挑战。特别是在遇到负面问题的时候,更要有会讲故事、善化危机的实力。从"他者"认知的角度出发,从国际话语场建构的话语模式与话语策略进行我国危机话语的传播与应对,是提高我国危机传播效果的重要路径之一,目的是让中国的声音不再是只关注自我意识表达的"独白",而成为真正有信息互动和意义共享的"对话与交流"③。

---

① 李铁锤.网络热词传播现象研究[D].武汉:华中科技大学,2012:128.
② 张涛甫.改变舆论场失衡格局[N].中国社会科学报,2016-04-29(5).
③ 苏翌暄,陈先红.中美主流媒体对"8·12天津港爆炸事件"报道的框架分析——以《人民日报》与《纽约时报》为例[J].武汉理工大学学报(社会科学版),2016(5):810.

第八章　如何在颠覆中重构危机传播话语？

生存主义、风险社会、全球化、新媒体，当代社会的特征颠覆了危机传播的宏观语境，也颠覆了危机话语主体之间的传播关系，而关系的变迁又反作用于危机传播的微观实践，从传播视野、话语主体角色到传播本质，都在颠覆中经历着分裂、拼凑和重构。作为本书的最后一章，我们将在之前的研究基础上，对本书的主旨——颠覆与重构，从传播关系层面进行深入和全面的探讨：在当下新媒体环境形成的传播关系中，危机传播的什么被颠覆？需要重构怎样的新型危机传播？重构的目的和意义在哪里？而这些问题最终都服务于我们最为根本的目的，即在建立基于利益相关者的危机传播多元话语主体关系模型的基础上，实现危机传播多元主体互动范式的创新，在应对与化解危机本身的基础上"化危为机"，并将每一次危机作为多元话语主体互动并努力达成共识的契机，进而建构危机传播的多元主体话语互动范式。

第一节　信任缺失成为核心危机

后现代社会中，解构成为突出的社会现象，颠覆了对现代性的信仰。重构信仰才是现代危机最根本的问题，而这种信仰的重构需要建立在信任重构的基础之上。信任的缺失是这个时代最为根本的危机，正是因为缺乏信任才造成不同话语之间的抗争，才造成危机传播中认同的缺失。重构全球化、重构整合、重构主体扮演、重构价值等都是为信任的重构提供依据。当前我国的危机话语主体多元，各主体形成了自己的话语空间。为了主体间信任的重构，共建公共话语空间并形成价值层面对话的新型话语秩序成为关键，而落实到四大话语空间及话语主体上，理性和协商则成为关键。

一、互动缺位形成的信任危机

在 20 世纪 50 年代以前,信任并没有进入研究领域,它的存在犹如空气,虽然不可或缺,但是人们却只将它当成自然存在。20 世纪 50 年代以后,由于各国社会结构都发生了不同程度的改变,人们开始探寻这一改变产生的原因或结果,信任开始进入研究视野。20 世纪 70 年代以后信任问题成为社会学的专门课题。到了 20 世纪 80 年代,有关信任的研究得到了政治学、经济学、社会学、心理学等多学科领域学者的普遍重视,但在如何定义信任的问题上,却"是一个与许多命题同样重要和难以研究的概念"①。

信任作为一个抽象的概念,既是人类的一种情感,也是人类的一种行为方式。信任的定义起始于人际信任,随后逐步扩展至群体信任与其他类型的信任。就个体行为与认知层面,德国社会学家尼可拉斯·卢曼(Niklas Luhmann)认为,信任在其最广泛的含义上是指对某人期望的信心,它是社会生活的基本事实②;美国科学社会学家伯纳德·巴伯(Bernard Barber)将信任定义为一种"期望",即信任是对被信任者愿意履行他的信托义务的一种确信③。从宏观层面的社会互动而言,美国社会学家弗朗西斯·福山(Francis Fukuyama)认为信任可以在一个行为规范、诚实而合作的群体中产生,它依赖于人们共同遵守的规则和群体成员素质④;我国学者翟学伟认为,信任的本质是社会成员在面对社会不确定性和复杂性增加时体现出的对自己的依赖对象所维持的时空性特征⑤。无论是从个体层面还是社会层面,学者均强调前期期望与后期结果的一致性,其中包括对他人的期待、对不确定未来的信心、对风险情势的积极感知等⑥。就具体内涵而言,卢曼将信任定义为信心,也可以将其理解为信心程度,这里存在衡量及等级划分的含义;而巴伯和我国学者翟学伟将

---

① 巴伯.信任的逻辑和局限[M].牟斌,等,译.福州:福建人民出版社,1989:153.
② 卢曼.信任:一个社会复杂性的简化机制[M].瞿铁朋,李强,译.上海:上海人民出版社,2005:1.
③ 巴伯.信任的逻辑和局限[M].牟斌,等,译.福州:福建人民出版社,1989:11.
④ 福山.信任:社会美德与创造经济繁荣[M].彭志华,译.海口:海南出版社,2001:34.
⑤ 翟学伟.信任的本质及其文化[J].社会,2014(4):1-26.
⑥ 全燕.信任在风险沟通中的角色想象[J].学术研究,2013(11):58-62.

信任定义为确信，或者说是对被信任者的相信，具有心理或状态的含义；而福山并没有针对信任本身进行定义，而是对信任发生的条件进行了界定，这是对信任因素的阐释，从侧面反映出信任存在的背景。

在信任的定义中，信任与人的社会期待相关，成为维护社会正常运转的基础要素，基于信任的社会关系才能得到维护，而这种信任即便在出现不确定性时依然保持不变，这是危机决策的根本。当信任嵌入充满风险不确定性的危机中时，信任成为应对不确定性的一种心理机制①。信任来源于公众对沟通者专业性、知识性，以及对公众福利的关切的认知②，这就是所谓的价值层面的交流和共鸣。学者郑也夫提出，信任包含三种性质："第一，时间差与不对称性。行动和兑现较之诺言和约定必然是滞后的。言与行，承诺与兑现之间存在着时间差。信任者与被信任者之间存在着某种不对称性。第二，不确定性。具备了确定性，就不存在风险与应对风险的这一特定方式了，也就不叫信任了。第三，因为没有足够的客观根据，信任属于主观的倾向和愿望。"③因而，信任的形成需要建立在相互认知与信息对称的基础上，是一种包含着风险和期望的心理活动。突发公共事件发生时风险骤增，而主体间互动的缺位形成风险认知的差异，各方利益诉求没有达到期望，形成了信任危机。

在当前的社会语境中，信任的缺失成为常态，公众不信任政府、专家，而政府、专家对公众也缺乏基本的信任，媒体对危机的放大和夸张也失去了信息传播中介的权威。在这样信任缺失的情况下，各方都在自说自话，无法认同其他主体的言语行为，也就无法形成有效对话，而沟通不善又加重了彼此之间的不信任状态。危机决策之时，尽管各主体都需要参与——这是建立在更全面地应对危机的考虑之上，但是并不是所有的观点都将被采纳。尤其在风险社会这种不确定的未来中，在此转折的关键时刻，决策需要主体间的彼此认同和充分信任，否则就将引发抗争，因此信任的重构是危机传播的基本。

二、信任重构的基本条件

全球化、新技术，这些因素将具有边界的国家整合在一起，形成了

---

① 伍麟."信任危机"的心理学解释[J].苏州大学学报(教育科学版),2014(4):50-57.
② 全燕.信任在风险沟通中的角色想象[J].学术研究,2013(11):58-62.
③ 郑也夫.信任论[M].北京:中国广播电视出版社,2001:19.

"地球村"。危机的发生不再仅仅是一地、一国之事,在全球化的推动下,经由新媒体的传播,或者波及全球,或者受到全球范围的关注,原有的危机传播的地域边界被打破。在此情况下,如果危机传播效果不佳,那么国家形象就将受到损害。由于突发公共事件的类型有所差异,不同类型的突发公共事件在国际舆论场中形成差异化的话语内涵。有些具有明显地域特征的事件更应重视的是地域的差异化传播,尤其需要依托当地公众的心理诉求与期望。我国地域辽阔,文化多元,社会阶层多样,不同群体的利益诉求有较大差异,因此,以突发公共事件的类型及其影响范围为标准,重构全球化与区域化兼容的危机传播视野,打破不同国家与区域间的信息壁垒与不确定性成为重构信任的重要工作。

而在我国危机传播场域中,政府话语和公众话语往往呈现出对立和竞争的抗争状态,这种对立和竞争关系并非天然存在而是深受社会关系影响。在政府话语同公众话语的冲突关系以及由"不公"导致"共意动员"①的共同作用下,不同话语主体冲突对话关系凸显。危机中对立的双方没有形成常态利益共同体,双方的期望值和实际结果的落差,加上制度的不完善与诉求的不平衡,会引发矛盾,而这种矛盾可能在公共话语空间中形成集体记忆,并在新一轮的危机中被进一步固化。在这样的循环过程中,日益增强的公众维权意识和公众认同共同支配着公众话语,与对知识权力和公众切身利益的复杂诉求形成合力,进而能够在危机中孕育出同权威话语的对抗。而出于维系公共话语空间的需要,并受到社会转型执政方式的改善等影响,一些危机中也出现了政府话语部分让渡的现象。在公众话语等不同话语对政府话语产生怀疑时,政府话语能够广泛听取社会公众的声音,并采纳部分公众话语的诉求,进而推动事件的良性发展。这有助于危机的解决,实现公共话语空间的均衡稳定。这种现象具体表现为政府接受公众话语诉求,开展第三方调查,采取弥补行动或发表道歉等形象修复举措。

---

① 共意动员是指某种动员目标受到了某个地理社区内全体人口的广泛支持,并且在追求社会变迁时,很少或根本没有碰到有组织的反对。在共意动员原则下,只有在极具新闻效应的事件中,抗争议题具有正当性、合法性,网络舆论高度一致,与传统媒体有效互动的互联网参与才能引发成功的集体行动,这一过程是社会行动者、媒体和社会成员共同阐释、定义和重新定义形式的过程。参见:麦卡锡,沃尔夫森.共意性运动、冲突性运动及其对基础设施的占用[C]//莫里斯,缪勒.社会运动理论的前沿领域.北京:北京大学出版社,2002:314-317;KLANDERMANS B. The Social Psychology of Protest[M]. Oxford:Blackwell,1997:44.

就危机传播微观传播关系而言,话语主体的原有角色也在发生着潜移默化的替换或者弱化;每一个话语主体可能具有多种角色,但是这些角色存在主体间流动、替代或者主体内部弱化的现象。在危机传播中,政府依然是信息传播的中心和决策中心,但是信任中心的角色有所弱化。在社交媒体日益发展的背景下,社会公众开始成为扭转局面的一分子,但是多数情况下仍无法真正进入议程。在危机传播过程中,媒体构建信息传递全局,但也成为构建危机的一部分。专家是决策的权威主体,但在传播链条中其专业的角色身份往往得不到重视。因而,如何改善不同话语主体的角色定位与责任,使其在危机传播场域中形成良性互动,提升危机传播效果成为重塑信任的重要因素。

危机传播过程中,尽管公众的话语是零散的,但是公众话语背后的价值却是十分明显的,社会不公、阶层固化等问题在公众话语中时常出现,但是这些价值的表达并没有得到回应。危机过后,推动这些深层问题解决的政策、法律等的建立十分迟缓,这在主体关系和传播中心的研究中得到了解释,主要源于公众的议程只有在被媒体放大或者经由意见领袖阶层才能进入政府决策议程,而多元阶层的公众形成的利益诉求多元化,在经过不同圈子的过滤之后所形成的价值诉求,并不一定是最初的价值诉求,在经过替换意义或替代价值的言说后,原有的价值建构可能被消解。因而,在危机传播实践中,各个主体应在其互动缺位的问题中意识到危机传播的本质问题,比如政府的"人文关怀"的价值传播,媒体中"对人民负责"的意义找寻,在这种价值传播的意识中重塑话语主体间的信任,形成认知上的统一和稳定性,达成话语共识与认同。

三、信任重构面临的多重话语困境

在对多重话语意义与困境进行梳理之前,需要简要回顾并梳理危机传播中四大话语的特点。就政府话语而言,当政府的言语行为被视为主要考察对象时,政府形象的塑造和维护成为危机传播中政府话语的重要目标之一。自2003年我国危机传播兴起以来,政府话语呈现的典型变化为:信息公开在曲折中不断加强;官方发布信息应对危机的时效性不断增强。政府话语主体随着政府体制改革和新媒体技术的发展呈现多元化。话语表达形式和表达平台也日趋多样,出现了政务微博、政务微信等新形态,但信息发布仍然以政府新闻发布会为主,并出现了对新闻发布制度的反思。相对理性、客观的表达成为政府话语的选择和重要策略，宣传和说教成为重要话语特征，但政府话语的过于程式化可能会引发其他话语的不满，产生负面效应。

就媒体话语而言，危机传播中的媒体扮演着信息传递和风险沟通的中介者角色，同时自身亦可能因话语引发或者陷入危机。更好地进行危机中的话语呈现成为媒体话语的重要目标，而信源管理和议程设置被认为是实现目标的重要方式。不同危机中媒体话语呈现不同立场倾向，出于新闻体制下"宣传"需要或专业主义的追求，报道中通过对信息源、议程设置等要素的选择较多呈现出对立或多元关系，而媒体话语态度隐藏在新闻的标题、新闻词汇、短句、句子的表达中。在危机时效性和平台方面，媒体话语是四种话语中反应最快的，而传播渠道几乎涉及所有的媒体平台，在不同危机中侧重不同，有时话语矛盾也成为媒体话语的一大特点。

危机中的公众话语深受公众情绪感染和情绪扩散的影响，利益的诉求成为公众话语表达的驱动力。作为话语主体的公众成员相对复杂，其话语呈现也是多元的，但由于在不少危机中公众处于相对弱势地位，不少公众话语的呈现以情感宣泄为主，或强调个人和集体境遇，或表达利益诉求，当然也有部分公众话语表现出理性反思。求助于传统媒体和通过网络表达成为两种重要的公众话语表达方式。前者经由媒体筛选和加工进入媒体话语；而网络表达的束缚更小，因此成为公众话语的主要平台。在公众话语中，价值层面的信息受到公众关注，尤其是以批判为主的信息更易得到转发。这些信息一定程度上降低了政府公信力，不利于信任的重建。

危机中的专家话语在很多情况下被作为判断对错的重要依据。一方面追求理性和科学，使用专业化术语表达的专家话语在危机中能起到还原真相、左右舆论的关键作用，为决策提供重要参考。但另一方面，科技范式下话语表达可能带来负面效应，相对忽略了个体情感和利益需求；而过于专业化进而生僻的话语表达，还可能导致距离感的产生。此外，专家体制困境中的专家话语也可能因不慎产生信任危机，激化矛盾。传播要素方面，进入一定危机阶段后，专家话语作用才会凸显，时效性相对较差；同时专家话语作用的发挥往往需要借助传统媒体平台。在这种情况下，观望中的专家话语，往往是对政府话语、媒体话语和公众话语的补充。

总体上,政府话语以宣传/说教为主的话语模式和公众以揭露/抵触为主的话语模式存在潜在的竞争和冲突。在话语情感选择、话语文本特点等方面出现了较为明显的二元对立色彩:话语呈现中官方理性态度与公众的感性态度形成鲜明对立;前者表现出正式和完整的话语措辞,后者则表现为情绪化、碎片化。同时,两者互为话语目标受众。在话语空间的时效性争夺中,公众话语略占上风;传播渠道上,政府话语以传统媒体为主,而公众话语以网络平台为主。媒体话语在信息传播和风险沟通中地位凸显,话语文本特点以新闻规范为标准,介于正式和口语之间。道义的情感选择具体表现在追求真实、同情弱者的话语立场上,但也因此呈现出摇摆的话语模式——在政府话语和公众话语的冲突对话关系中,媒体有时与前者结盟有时偏向后者立场。相比之下,专家话语的理性和科技范式特征尤为显著,但危机时效性上的相对滞后、提供决策依据、依赖传统媒体表达等,呈现出补充的话语模式。

不同危机传播主体通过话语创建了一种危机情境,在突发公共事件中确定主体角色或者身份,促成主体之间的某种关系。主体通过自身的话语符号或知识体系承担话语意义,以不同的方式发挥作用[①]。在当前新媒体格局下,多元主体的多种声音令危机传播情境更加复杂,信息量的大幅增加提升了危机应对的难度。危机的形成不仅在于突发公共事件对平衡的瞬间打破,更在于日常中的行为积累和信任机制的破坏。因此在危机传播的实践中,需要建立危机传播多元主体话语关系模型,重新构建与完善危机传播的对话范式与话语生态。

第二节　建立基于利益相关者的
危机传播多元主体话语关系模型

对突发公共事件的话语关系研究表明,政府仍是传播关系链条中的最终指向。政府作为主要信源和决策者,成为其他话语的重要指向,无论政府是否作为显性核心行动者,但其存在都成为危机传播的关键。我

[①]　吉.话语分析导论:理论与方法[M].杨炳钧,译.重庆:重庆大学出版社,2011:99-100.

国的危机传播面临着全球化、新媒体双重语境的共同作用。全球化的语境令发生在国内的突发公共事件成为国际关注的焦点,政府传播不能仅仅关注国内各界态度,还需要实时关注国外舆论状态的演变。新媒体语境则拓宽了危机传播中的话语网络,在多元话语主体聚焦于同一事物且不同主体的利益诉求呈现差别时,危机产生的可能性逐渐增大。政府是危机传播和应对的权力主体,王勇和李怀仓认为,在为政府传播进行概念界定时,需要依托当前政府传播的实践,在学术研究领域,一般不将面向国外的传播作为政府传播范畴进行研究[①],但是我国当前的危机传播场域发生了重构,国外政府、媒体的介入既影响国内各方危机传播的理念与内容,也影响社会公众对危机的认知。在此情况下,我们需要重新考虑危机传播领域中政府传播的概念与实践范围,将对公众与对外的传播行为纳入政府传播体系。

一、话语关系中的利益相关者

在突发公共事件的传播过程中,事件的发生发展情况是公众首先需要了解的事实层面的信息,但是对受众的信息接收以及信息转发关系的结果进行分析发现,受众更愿意接收价值层面的信息,尤其是对权力机关表达不满的信息,更易成为公众关注和转发的对象。而这种对权力机关负面的信息传播则加剧了政府信任下降的危机。

利益相关者理论最初产生于企业管理层面,后来逐渐被政府管理领域所采纳,最初学者更多将其看作"受影响者",之后才发掘其"可能施加影响者"这一角色[②]。本书在此论述的利益相关者从话语关系网络中得出,主要解决两个问题:①在新形势下的危机传播中,我国的政府传播面临着哪些利益相关者? 他们与政府存在何种关系? ②面对不同的利益相关者,我国的政府传播应采取何种态度,以达成消解危机、形成社会共识的最终目标? 在突发公共事件中,政府传播面临的利益相关者颇多,即便在只涉及政府与公众直接关系的事件中,介入媒体的性质也会使其成为利益相关者。除此之外,企业、专家等,都可能成为传播中的某

---

① 王勇,李怀苍.我国政府传播研究述评[J].昆明理工大学学报(社会科学版),2014(5):102.

② 刘小燕,崔远航.论政府传播的客体——"利益相关者"视角[J].山西大学学报(哲学社会科学版),2012(4):128 – 129.

一关键节点。

(一)合作的利益相关者

合作的利益相关者,是指在危机传播的话语生产与传播过程中,与政府立场相对一致,且能够成为政府话语的阐释者的一方或多方。我们对突发公共事件中不同主体的话语内容做了分析,其中对媒体的研究结果显示其是政府最为紧密的合作伙伴,尽管媒体与政府之间并不存在利益相关者理论中强调的直接利益关系,但是鉴于我国的媒体性质,政府与媒体的合作关系从未中断。尽管在新媒体时代,政府的危机传播渠道更加多元,政务微博、微信、官方网站等都成为政府自产的媒介渠道,这些渠道的拓展有利于政府与公众之间的直接沟通。但是媒体对政府决策、行为的报道仍是公众的主要信息来源。除媒体之外,专家也是政府的重要合作者。对专家话语及公众话语的研究结果表明,公众对专家的信任程度较低,对其话语多持负面态度。尽管在一些突发公共事件中,专家内部出现意见分歧,如在广东番禺垃圾焚烧事件①中,不同专家对政府选址、政府对项目建设的决策出现不一致的观点,但是在多数突发公共事件中,专家成为政府决策行为的解释方。

(二)对抗的利益相关者

对抗的利益相关者,是指其利益诉求、用以追求目标的话语内容与政府话语出现不一致甚至是对立的一方或多方。当前的危机传播中,公众话语呈现出与政府话语、专家话语明显的框架差异,或戏谑,或反讽的表达成为公众发泄不满情绪的重要话语表达方式。解构成为公众话语的核心。因传统媒体形式而被排除在核心话语之外的边缘话语,开始进入话语中心,尤其是占据话语资源的意见领袖群体。这一部分群体往往在突发公共事件中引领话语发展,其对事件的呈现及观点为普通公众所拥护,对普通公众对事件、事件主体的认知以及态度产生较为深刻的影响。尤其在价值层面的传播过程中,这一部分群体对权威话语的对抗更易为普通公众所接受。

---

① 广东番禺垃圾焚烧事件:2009年,广州市政府决定在番禺区大石街会江村与钟村镇谢村交界处建立生活垃圾焚烧发电厂,计划于2010年建成并投入运营。但遭到选址地附近的数百居民严重反对,甚至就焚烧厂建设问题到广州市城管委上访,抗议情绪高涨。最终番禺区政府表示暂停垃圾焚烧厂的建设项目,并重新进行环评。

（三）认知偏差的非利益相关者

这一类型的利益相关者更多指向政府传播中的对外传播层面。就国内的突发公共事件而言，国外政府、媒体与公众都非直接利益相关者，但是全球化的传播语境拓展了传播关系网，国际话语也介入我国公共事件的话语关系中，甚至在一部分事件中成为公众的核心关注点。鉴于国家之间存在政治体制、社会文化环境等差异，国外媒体与公众基于不同的视角和多元出发点，对于同一事件的认知和理解也多有不同。国外媒体与公众的话语成为国内主导话语权的争夺方，而其在诸多层面对事件的报道和信息的挖掘也可能造成次生危机，甚至降低我国政府传播的公信力。这一类型的非利益相关者对我国危机传播的影响逐渐增强，成为危机传播中不容忽视的话语主体之一。

二、新媒体环境下危机传播多元主体话语关系模型构建

为应对危机而重塑的共识需要在话语互动和意义共通两者共同作用下形成。为此，本节建立了基于核心话语的多元主体话语关系模型（见图 8 - 1），为新媒体时代危机传播研究和实践提供参照。

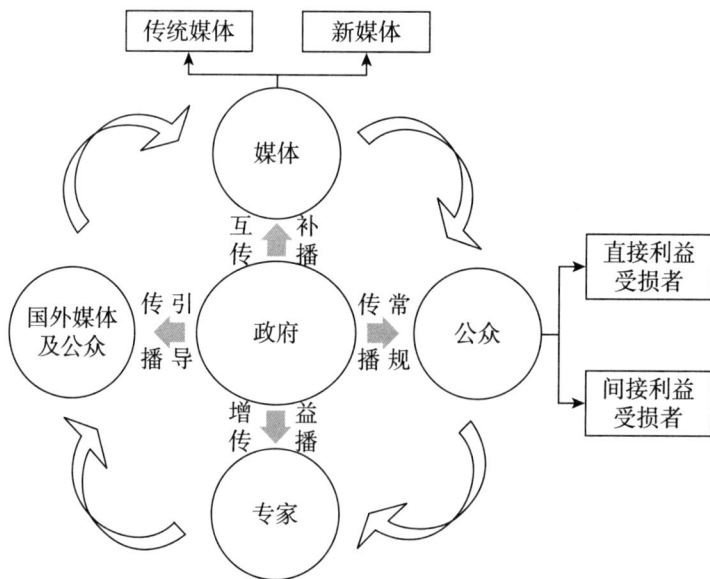

图 8 - 1 基于核心话语（政府）的多元主体话语关系模型

哈贝马斯提出的交往行动理论中对于主体间性的概念的建构强调主体与主体之间的关系，即互为主体的主体之间的相互对话、相互沟通、相互协商和相互理解的过程①。主体间性体现的是在话语情境中主体间的平等性与平衡性。而基于我国危机传播的话语关系,政府作为危机传播的话语核心,在危机情境中处于主导地位,并与媒体和专家处于合作关系。在突发公共事件中,媒体是政府的主要合作者,媒体信源多来自政府,同时对政府行为具有一定的监督功能。尽管新媒体时代政府拥有了自己的发声平台,但是媒体对其声音的扩散功能依然强大。而作为政府决策制定依托的专家,并没有进入政府话语范围内,政府与专家在突发公共事件中的交集并不多,在决策制定中应相互依托的二者在危机传播中的互动较少,这样既降低了政府话语的专业性,同时也降低了专家的权威性。因此,二者应该重建话语互动合作机制。同时,对于国内公众与国外媒体、公众,政府应建立常规沟通机制和引导机制。

对突发公共事件危机传播的研究结果表明,单纯在危机产生之时进行沟通,效果并不显著,对政府话语的对抗式解读已经成为公众话语惯性。因此政府需要重视日常传播,通过常规传播工作让公众了解政府对危机的预防,在日常传播中逐渐建立与公众的常规沟通模式。但是这种模式只存在于危机传播最为基本的话语层面,信任的重建与共识的重塑需要在话语沟通基础之上考虑社会环境等因素的影响,为建立最终的话语共识提供路径。

(一)政府—媒体:互补传播模式

媒体话语通常与政府话语呈合作之势。新闻发言人制度的建立是政府对媒体的良好回应。新闻发布会是政府与媒体直接关联的场景,政府对媒体发布已掌握的信息,而媒体对政府的提问则是对危机发生后社会最为关切问题的提炼,这种类型的场景最初沟通的是突发状况形成的危机。对80起突发公共事件中政府话语的内容进行分析后发现,当政府回应与公众关注点发生偏差时,次生危机由此爆发,而主导次生危机最为核心的元素是政府公信力的坍塌,这也是危机传播中价值层面的缺失。在政府失去公信力的传播关系网络中,其他主体将代替政府成为核心话语。公众话语中的意见领袖阶层如在价值层面出现与政府话语的抗争话语,则更易引发粒子公众的关注,也更易成为传播网络的核心,进而引导话语态度和趋势。

---

① 哈贝马斯.交往与社会进化[M].张博树,译.重庆:重庆出版社,1989:101-108.

而媒体是政府成为传播话语核心的有效助力,政府应与媒体形成互补传播之势,尤其应重视对媒体欠缺反思功能进行弥补。媒体危机反思功能的欠缺是指媒体对事件的片段式关注,在事件结束后,既不对政府的后期行为进行监督,也缺乏对类似危机预防的提醒。突发公共事件中公众的心理和社会秩序都处于混乱状态,这种混乱加剧了对责任主体更加负面的认知。对此,政府应当重视危机反思信息的自发传播,如利用政府官方网站、政务微博/微信等系统进行自我跟踪式监督信息的发布,形成政府对危机的自我反思和预防体系建设。

当前媒体在事件过程中的报道已经相对完善,在危机传播中与政府形成一定程度的配合,两者之间的互动相比于政府与其他危机传播主体的互动较高,但在此过程中媒体需要注意对各方信源的平衡报道,既有利于政府决策,也有利于其他各方对政府决策模式的理解。目前在很多突发公共事件中,媒体对政府一方的危机应对及决策呈现相对滞后,降低了公众对政府的信任。因此,媒体应充分利用互联网技术更快速地向公众传播信息,如多种新媒体的实时、及时推送。而更为重要的是,媒体在突发公共事件过后应继续关注各方的行动,既是对政府危机应对与传播工作的推动,也可以增强公众的认知。

(二)政府—公众:常规传播模式

政府与公众甚少达成一致是当前我国危机传播的常态。在某些突发公共事件中,尽管政府不是直接责任人,但是往往在事件的发展过程中,就会成为事件的主要责任归属。在当前的传播平台上,核心话语的存在较为分散,身份多元化,网络大V、专家、当事人都可以成为传播网络中的核心行动者,形成"多核心意见领袖—分散公众"的传播格局。不具有特殊身份的粒子公众在舆论场中形成影响力的重要条件,就是与意见领袖主体的互动。

因此,在面对公众的危机传播中,短暂的危机回应并不能缓解信任缺失。在危机发生时,我们总是希冀政府可以及时回应、准确回应、对公众关心问题有针对性地进行回应,但是这些暂时的回应行为都无法修复已经失去的信任关系。政府需要建立常规传播体系,与公众建立日常互动式传播,而非仅仅针对危机做被迫式回应。

新媒体时代,政府与公众的沟通具备了技术支持,但目前仍缺少系统建设。常规传播模式要通过政府与公众的日常互动实现,须建立在政务信息开放的基础之上,电子政务应成为政府对公众、媒体开放的资源平台。在国外,电子政务的应用已经深入社会,但是在我国却属于起步阶段。电子政务中,信息资源共享是最基本特征,也是加深公众对政府了解的前提。政务新媒体平台不仅是向公众提供更便利的生活方式,还应成为政府开展日常工作、公众咨询的端口,使公众更便捷地了解政府的公共决策,打破政府与外界的信息壁垒。

（三）政府——专家:增益传播模式

专家是政府决策的支持者,这一身份使其成为政府决策的最佳阐释者。由于专家群体掌握专业知识,对风险的评估和决策建立在科学理性的基础之上,因此是社会发展的重要决策者。在危机传播中,专家所掌握的专业知识能够为危机原因、发展趋势解读提供参考,成为政府话语策略的重要辅助者。但是在长期的危机传播实践中,政府对专家有很大程度的忽略,政府与专家在传播过程中基本呈现为两个平行且独立的个体。

增益传播模式重视的是专家对政府决策的阐释行为,需要政府重视过程的传播而非仅仅是结果的告知。过程传播是对政府应对危机时的决策、危机预警的过程等信息的分享。在当前的危机传播中,政府一般只注重决策结果的发布,而这也是造成政府与公众意见不一致的关键点。面对危机,政府与公众通常有不一致的利益诉求,政府的决策需要在综合考虑各方利益诉求的基础上确立,而这种决策可能会在一定程度上使得公众利益诉求不能完全实现,因此引发公众的质疑甚或不满。而政府也缺乏对最终决策所以形成的原因的解释。因此,在增益传播模式中,政府需要注重决策过程的阐释,而既然专家是具有专业知识且是决策制定的参与者,因此应对政府决策行为进行充分的阐释。尽管政府拥有新闻发言人,但是在具体问题的回应中,通过专家的专业阐释则更能说明决策的充分性与合理性。

（四）政府——国外媒体与公众:引导传播模式

我国的突发公共事件,正日益吸引着国际的注意力。国外话语的加入形成了对危机新的解读,也会形成新的危机。在突发公共事件中,国外媒体对我国政府的报道一定程度上呈现负面趋势,对政府行为的批评话语较多,且在报道过程中更易采用将我国政府与公众置于对立状态下的话语框架。这些报道倾向都影响我国公众对危机的实质认知,也会造成政府与公众关系的紧张。

面对具有偏差认知的国外媒体与公众,政府应以引导式传播为主。第一时间开放信息,向社会各界说明危机的发生,不遮掩、不回避,表明积极应对危机的态度。对于国际注意力聚焦我国负面信息的态势,我国政府应予以正视,主动设置危机传播议程。对于外媒和国际公众对危机不同侧面的关注,我国政府也应积极回应,尤其是对谣言,需要及时澄清,以防止其扩大过程中造成的负面情绪的扩散。

在政府对外媒及国际公众的引导传播模式中,议程引导是其中的一部分,而更重要的是传播关系的引导。当前我国政府缺乏与外媒的传播网络建设,在危机传播中,政府与外媒的沟通渠道较少,不利于政府对外发声。在危机传播系统的建设中,政府应加强与外媒的多元沟通网络建设,在新媒体平台上,政府媒体应在日常的信息发布中建立与外媒的互动关系,在危机发生时,可通过这些传播网络主动阐述危机状况以及政府相关应对决策、行为,以使国外媒体与公众获得第一手资料,同时日常的互动行为也有利于国际媒体与公众对中国政府的了解,消解认知偏差。

三、各利益主体话语关系的调整与协商

突发公共事件的产生打破了既有话语空间秩序,事件的突发性与信息不确定性开启了各方主体协商与互动的可能性。哈贝马斯指出,为了达成交往主体间的相互理解,一个理想的话语情境与交往资质是必需的。而主体间的交往过程应满足交际的三个效度:真实性、正当性、真诚性。具体而言,真实性要求话语交际主体在交际过程中所涉及的内容应与客观世界相符,真实可靠;正当性要求交往主体在谈及其他交际主体时应本着负责任的态度出发,不可损害其利益;真诚性则要求话语交际主体在交际过程中,表达个人情感需真诚①。在危机传播过程中,不同利益主体存在不同的内部秩序。

政府话语的形成并非通过直接的暴力和强制,而是在长期的社会话语和权利运动过程中被体现。就话语表征和表达方式而言,政府话语首先表现为政府机构的法律法规、新闻发布内容、通告和通知、官网通知

---

① HABERMAS J. Reason and rationalization of society(the theory of communicative action, Volume 1)[M]. Cambridge, UK: Polity Press, 1986: 3 – 5.

等,由政府机构直接发布,话语措辞严谨、简洁,极少使用情感激烈的修辞,力求危机脚本的真实可靠,并本着为人民负责的态度形成自身的话语框架;叙事逻辑上,政府话语遵循宏大叙事的模式。政府话语空间内部的话语秩序具有科层特点,中央政府机构的话语具有绝对权威性,而地方政府话语对此予以坚决遵循和服从,政府话语空间内部的话语秩序呈现出垂直分层的特点,同一层级但隶属不同上级的政府话语之间很少发生联系。危机中的地方政府,当面临危机处理不妥或政府言论遭到普遍质疑时,最终会由上一级政府直接出面或敦促其解决。

媒体话语通过议程设置、"把关人"和新闻框架等方式建构,且在具体的社会实践中,在政府话语和公众话语中不断转化。媒体话语的实现往往通过潜在的议程设置和直观的标题、新闻来源的选择来实现,新闻用语的情感表述程度介于政府话语和公众话语之间,而言语措辞的正式程度也介于两者之间。媒体话语空间内部也存在类似于政府话语的层级,中央媒体对地方媒体具有较强的约束力,但这种层级关系并不是严格执行的。在以党报为代表的传统媒体中,报道立场和口径的统一规则类似政府话语空间中的秩序。但在越来越多的以都市报为代表的传统媒体和以网络新闻为代表的新媒体中,时常发生从立场到观点的对立,并在新闻话语中体现,在不少由媒体引发的危机中该现象比较典型。从结构形式上看,话语秩序带有垂直分层的特点,但同一层级的媒体话语之间互动、对立、合作等关系时常发生;此外,媒体话语中存在跨级别或跨层级的对话或对抗。

公众话语随着新媒体技术的发展、个人表达空间和方式的多元和公众维权意识的增强得以发展和巩固。公众话语的实现方式往往借助微博等新媒体以及人际传播,口语化、情绪化和非理性成为其情感特点,具有特殊表达形式的网络谣言、网络热词、网络流行语等往往诞生于公众话语或者在公众话语中发展壮大。公众话语空间内部的秩序结构受到话语主体关系的网络分布影响,危机中公众话语呈现出社会网络结构的分布,不同的中心点代表着危机中的关键话语,公众话语内部关系是双向的,不存在森严的、强制的等级秩序,但处于中心地位的意见领袖话语可能对普通公众话语产生极大的影响力。

专家话语通过学术讨论和知识权力的争夺而实现,往往需要依托媒体话语与政府话语,形成共谋。专业性的学术词汇在传播过程中,存在二次解读的现象。专家话语尚未形成独立的体系，其话语空间内部秩序尽管不如上述三种话语那样明晰，但也呈现出自身特点。例如专家话语存在圈内和圈外两种不同话语文化，一些专业性的话语仅在圈内传播，而进入圈外的专业性术语可能会发生一定的变形或重新解读。专家话语之间的遵循或对抗关系并非完全由专家身份决定，而是由科学、理性等内在逻辑制约，并一定程度上受到外部政治、经济权力的影响。

公共话语空间内部的公共话语经历了生产、冲突和整合过程，而公共话语的形成是四种话语共同作用的结果。理想状态下的四种话语在空间中的位置是平等的，相互间的关系是双向沟通良性循环的。实际上，危机中的政府话语处于中心和正统的地位，这种地位背后由政治权力支撑。在公众话语等的竞争和对立中，政府话语出现了部分让渡甚至局部妥协的情况，而这很大程度上是受到体制转型和执政能力要求的影响，是政府话语的主动行为。公众话语力量和影响力日益扩大，折射出公众参政议政意识和需求的增强。而公众话语出现与政府话语的对抗，是对自身权利的维护和情感诉求，当目标实现后，具体危机中的对抗关系就会消解。情感宣泄和非理性成为公众话语的重要特征，但同时公众话语也受其他话语影响，内部出现追求理性和自我反思的倾向。媒体话语在话语空间的角色定位是重要的中间协调者，通过表达、沟通和调停等手段协调不同话语关系，为话语空间发展提供活力，但需要警惕危机中的媒体建构偏颇、放大风险等负面效应。同媒体话语一样，危机中专家话语也是协调者角色的定位，但不同的是媒体话语可能侧重于双方的信息、观点和态度的协调，即侧重对人的协调。专家话语提供决策证据，往往是对事件因果逻辑和解决方案的协调。在危机实践中，专家话语更多处于与政府话语和媒体话语互动的关系中，与公众话语存在一定的疏离。当然，这种疏离在新媒体环境下得到了一定的改善，专家话语能够直接通过微博、微信等平台进行信息传播，而不再完全依赖媒体，专家话语逐渐走向前台。然而，专家话语独立体系的缺失、专家体制的局限性使得专家话语陷入信任危机。

互联网语境加剧了突发公共事件的复杂性与不确定性，一方面引发深层次的危机与社会冲突，另一方面也为多元话语主体协商、对话、重塑共识带来契机，由此形成了政府、媒体、公众、专家等多元话语竞争、协商的公共话语空间。空间内部不同话语主体之间彼此关联、相互影响、互动博弈,并受社会制度、文化心理等外在因素的影响,共同建构多元、互动、共生的危机话语生态圈。不同话语主体的危机话语行为过程面对危机带来的不确定性、冲突及话语秩序的断裂。危机的应对,不仅仅是为了应对危机本身,更应以每一次危机的化解作为同类危机情境的价值依据,在解决危机的基础上,建立多元话语主体对话与协商的价值体系,从而实现各方话语主体的共识与社会认同。

第三节 构建危机传播多元主体话语互动范式

不论是不同危机话语主体,还是特殊的话语形态,都是话语相互作用的结果。新媒体将话语主体融合在同一平台,各方观点在此平台汇聚、传播、更新,形成了话语互动,各种话语主体在话语实践中的角色发生了变化,各种话语都可能成为话语事件的起源。在话语实践形式、平台、内容及话语主体角色都发生改变的背景下,危机传播话语也随之变化。新媒体技术的发展和网络应用平台的出现为实现话语互动提供了技术基础,推动了公民意识的觉醒,技术、平台、公民意识共同作用于话语互动实践,从而形成危机传播的多元主体话语互动范式。

一、话语互动的目的协商本质及过程

互动语言学强调,"语言的意义是在人与人之间的互动交流过程当中出现并不断发生变化的"①。话语则更具社会性,在人与人的互动过程得以呈现,话语互动是目的协商的外在表现形式,目的协商是话语互动的内在本质②。由此,话语互动实质上是话语主体之间及其与社会的对话。

语言是人类的基本交流载体,而人们交流的重要出发点就是目的的达成。主体之间的交往就是意义的互动,主体性体现在话语中就是词汇的静态意义,而主体间性则主要体现话语中动态意义的生成过程,它以主体性为基础实现主体之间的目的协商,并依托话语互动来建构。话语

---

① 林大津,谢朝群.互动语言学的发展历程及前景[J].现代外语,2003(4):410-418.
② 谢群.话语互动的目的协商论[J].外语学刊,2014(3):55-60.

互动即是意义协商的过程,最终达成目的协商①。而在互联网络中,应该将话语互动理解为对话和协商。互联网公共论坛协商模式最主要的特征就是话语互动,所有的标准也都是话语互动过程的体现。话语不仅仅是福柯所言的"一系列事件",更是突发公共事件的信息载体,网络话语互动过程其实就是突发公共事件网络舆论的表达过程②。由此,话语互动的实践前提即话语表达,而在话语表达中暗含了话语互动的目的。在此基础上,本书认为危机传播中的话语互动是危机传播各主体出于危机应对目的而进行的信息交流。

话语互动主要分为两个过程:一是话语的选择,二是话语的交流。这两个过程既存在于目的的支配下,也存在于社会意识的支配下。根据符号互动论,不同危机传播主体的话语选择首先出于泛化他人的期待,取决于对自身角色的认知,除此之外,话语的选择还取决于危机传播目的,这是目的协商论中的重要内容。在危机传播中,政府、媒体、公众、专家的角色有所差异,这是针对主体的一般社会角色而言,而在不同的突发公共事件中,由于主体对危机的认知、掌握的危机信息、其他主体对自身角色的期待等差异,也形成了不同主体在突发公共事件中的不同话语目的。有些事件中政府为了减轻自身责任,就会采用否认、回避的话语策略,而公众为了促成政府对危机负责,也会采取归责政府的话语策略,这就需要选择不同的话语,以达成自身的目的。而在不同主体都发声后,为使双方目的达成,必须有话语的交流。谢群认为,话语互动过程由语步、话轮、对应和序列等逐级构成,因此话语互动背后的目的的协商也是通过各个层面表现和实现的。在宏观层面上,话语互动表现为互动结构的选择;而在微观层面上,则表现为引发语与应答语的构成模式③。在危机传播中,话语互动的过程除了需要考虑危机本身的性质,还需要考虑已经形成的危机语境,在自身角色认知和泛化他人态度之上进行话语沟通。

---

① 刘立华,孙炬.话语实践中的意义互动与磋商——互动社会语言学视角[J].山东外语教学,2015(6):42-48.
② 严利华,高英波.从个案激情、话语互动到公共理性——基于突发事件中的网络舆论分析[J].当代传播,2015(1):44-46.
③ 谢群.话语互动的目的协商论[J].外语学刊,2014(3):55-60.

二、话语互动的实践路径

多元主体话语互动范式的建立旨在为今后的危机传播实践提供策略参考,从而营造良性互动的危机话语生态。媒体技术的发展是实现话语互动的基础,而公共治理理念和公民意识的崛起是话语互动的推动力。

(一)媒体技术的发展是话语互动的基础

媒体在形式上的偏向建构了不同社会中不同的话语权分配,传统媒体的话语集权使得政府掌握核心话语权,公众被边缘化;而新媒体的产生促成了公众话语的传播,使集中的话语权开始逐渐分散给各个危机话语主体。从传统媒体发展到新媒体,多元话语主体拥有不同程度的话语权。

首先,从传统媒体的所有权来看,它们都属于某一具有资金、技术、大量人员的机构,很少有公众能够拥有齐备的传统媒体运作所需的资源。直到现代,报纸、电视、广播等传统媒体由于其硬件设备的复杂、高价等特征,这些媒体仍然掌控在权威机构手中。因此,从媒介形式角度看,其对话语权的分配就存在不平衡。其次,传统媒体的运营权需要由权威部门授予,新闻监管权归权威部门所有。权威部门进行新闻监管成为自古以来中外不可避免的重要阶段,即便在媒体成为第四权力的欧美国家,也经历过特殊时期的新闻检查制度。在我国,新闻监管的权力一直属于政府。因此在一定程度上,传统媒体从诞生起就与权力紧密相关,二者互为辅佐。最后,传统媒体的媒体特征决定了自上而下的控制与管理权。传统媒体的特征决定了其自上而下的传播方式,在我国,传统媒体具备双向传达作用,但是主要的传播方向仍是将政府话语转达给公众,这在主流媒体里表现得更加明显。传统媒体所有权和运营权的分配形成了单向话语传播方式,话语互动的实现可能性较小。

新媒体诞生之后,有关新媒体对社会权力结构、话语权结构的调整之争充斥着学界。有学者认为新媒体使得社会权力逐渐从国家管理者转向公众,平衡了社会权力的分配,赋予了传统媒体建构的边缘群体话语权,这种观点主要从载体即网络平台的技术特征、传播特征方面进行论述。也有学者认为新媒体并没有真正平衡话语权,社会权力仍然掌控在国家管理者手中,普通大众仍然处于权力边缘,偶尔的权力抗衡也只是昙花一现。持这种观点的学者主要从人的层面,即网络应用主体的具体传播行为和传播角色扮演角度出发进行论争。

网络诞生后,网络媒介天生拥有的开放性让公众话语权进入了"黄金时代"。在此,我们对新媒体是否真正给予了公众话语权这一问题进行分析。之前我们讨论了话语权形成的三个过程:话语的表达、话语的关注和话语的社会力量。以我国的新媒体为例,在论坛、博客、微博等新媒体出现后,我国公众对于公共事务的推动作用愈加明显。从"躲猫猫事件"中对看守所这一权力部门的声讨、"唐慧案"中劳动教养制度的废除、"微博打拐活动"中的社会公益运动,到"抵制PX项目"中的群体性事件等。在互联网快速发展的十几年中,公众不论在推动信息传播还是公共事务的讨论方面,都彰显了力量,这一力量的出现在很大程度上与新媒体环境下公众对话语权的掌握有关。新媒体给予公众自由表达的权力,同时也聚合了公众的力量,赋予公众直接参与国家、社会管理相关话题讨论的权力。那么,新媒体是如何突破传统媒体的桎梏,将原本管理者控制的话语权分配给公众的?

首先,新媒体对话语权的分配来自于媒介自身特征。新媒体引起的最根本改变的是传受关系。传统媒体偏向信息单向流动,新媒体偏向信息的多向流动,即所谓的"一对多""多对一""多对多"的交叉传播。在信息流动改变的情况下,无论政府、媒体还是公众,都变成了传者和受者的结合,公众随即拥有了话语表达的平台。而后新媒体改变的是对传播主体的接纳度。传统媒体时代,传统媒体相对来说较为封闭,传者一方相对固定;而新媒体的开放程度较高,允许各类人群在平台上表达,只要有网络,就可以发声。此外,互动是新媒体区别于传统媒体的最显著特点。互动功能的开通给予了使用者与他人交流的机会,同时也扩大了人际交流的范围,新媒体时代我们可以与熟人交流,也可以同现实中毫无瓜葛的人对话,更加可以与不同国家、地域、文化的远方朋友联系,这种互动使得个体获得更多的关注。新媒体对传受关系的改变,以及其开放、互动的媒介特征给予公众话语表达的权力,是公众掌握话语权的第一步。

其次,新媒体聚合了公众力量,赋予公众改变现状的能力。传统媒体时代,公众以个体样态存在,由于时空限制,公众内部之间无法形成群体交流。而新媒体的开放性令公众在此平台聚集,共同参与话题讨论,公众不再是由于缺乏中介而零散存在的个体,而是拥有了联合的场域。公众在新媒体平台上关注同一个话题,围绕话题发表观点,交流意见,甚至发展成现实中的群体性事件伴以公开表达意愿。新媒体对公众的聚集已经不满足于虚拟社会动员,而往往发展为现实群体性事件。例如近几年在我国出现的"什邡事件""瓮安事件""PX 项目抵制运动""番禺垃圾场焚烧事件"等,都首先发酵于新媒体平台。这些事件中,公众为表达某种意愿、抵制某项政策而聚集,公众的行为一定程度上转变了管理者的行为方式,公众具备了一定时间对某一事件的变革力量。个体的力量是分散、微弱的,新媒体平台将这些个体力量聚合在一起,形成与其他社会主体抗衡的能力。此外,公众单独个体的声音无法形成大范围传播,只有众多公众共同发声才能引发社会的关注。新媒体的聚合力量让公众话语受到关注,并且形成了集聚的社会力量。

最后,新媒体平台融合了政府、媒体、专家等多元社会主体,新媒体平台为公众的发声提供平台和契机,进而形成主体对话,公众话语权得到巩固。公众得到话语权是为了改变现状,而只有当公众话语得到其他社会主体的关注时才能达到这一目标,新媒体助推了社会主体之间的关注和对话。比如"唐慧案"中引发舆论热点的劳动教养制度,首先由专家提出,进而引发公众大规模传播,话语在新媒体上的发酵引发了政府关注,最终废除了存在多年但已不合时宜的制度。公众话语在此过程中得到其他社会主体的重视,也彰显了力量,巩固了自己的权力。

（二）公共治理理念的兴起是话语互动实现的前提

伴随着欧美国家公共管理领域的"新公共管理"运动兴起,"治理"理论出现①。20 世纪 90 年代,新型公共治理概念开始在西方兴起。一般认为,旧治理的核心是政府,体现了一种自上而下的层级结构;新型公共治理指的是政府与社会之间的伙伴关系②,新型概念强调政府、公众的角色转变,政府成为公共治理的参与者,并非唯一的指挥者,而一向处于被动地位的公众同样作为公共治理主体存在。新媒体的出现为公共治理理念的实现创造了多维渠道,既是公共治理实现的推动力量,同时由于新媒体平台自身的局限性,也在一定程度上不利于公共治理。

话语权结构的平衡是实现公共治理的基础,新媒体对于话语权体系

---

①　李晓红,刘蓼. 新媒体对社会治理的影响[J]. 决策与信息旬刊,2015(9):138－139.

②　余军华,袁文艺. 公共治理:概念与内涵[J]. 中国行政管理,2013(12):52－55,115.

的重塑对公共治理既产生了推动作用,又产生了抑制影响。一方面,新媒体对于话语权的重新分配给予了公众发声的机会,有利于公众在网络中的利益诉求进入公共议程。另一方面,由于经济、政治、文化等结构性因素的不平衡,在新媒体平台上仍然存在政府话语和媒体话语占主导地位,公众话语不被重视的现象。同时,新媒体虽然重构了话语权体系,赋予原本话语权缺失的公众以表达、参与的权利,但是新媒体的监管不力也造成了网络话语秩序的混乱,"网络暴力"行为、"网络暴民"群体的存在,造成情绪化的话语表达和不实言论,导致群体盲从和冲动,最后发展为网络群体事件,不利于社会稳定。

网络问政是公共治理中协同对话的主要表现及促进方式。网络问政的出现和兴起,挑战了传统政府行政理念和模式,有利于政府倾听民意,制定科学、合理、合情的公共政策,并且网络问政的公共传播效应促进了群众诉求表达,降低了公众利益诉求成本,在此基础上,网络问政有利于社会的协同治理。但是我国学者研究表明,由于权威与民众缺乏互动、信息鸿沟的存在、网络话语权分配不均、理性缺失等问题,造成了网络问政效能低下。对此,我国学者从制度建设、公民意识培养、政府网络问政意识培养及平台建设和维护层面,提出了提高网络问政效能的策略。这些策略的实施要求政府、媒体、公众、专家等多元主体的共同参与,在此基础上,网络问政效果才能具有显著性。

网络民主是现实民主的延伸,是公共治理实现的新兴路径。网络民主有利于民主论政、民主监督的实现,有利于变革传统行政集权体制。网络民主的兴起也从侧面反映了现实社会治理的缺陷。我国学者研究表明,网络民主的实现受到多项因素的限制,主要体现在制度、参与主体和技术三个方面。我们对于网络民主建设对现实民主、公共治理的推动作用的思考不应忽略其局限性,网络民主如何才能真正实现,将成为未来新媒体与公共治理研究的重要课题。

(三)提升公民素养是良性话语互动实现的核心

1933 年,英国文化研究学者利维斯和丹尼斯·汤普森在文化批评论著《文化与环境培养批判的意识》一书中首次倡导媒介素养教育①。1992 年,美国媒介素养研究中心提出了媒介素养的六种核心能力:媒介

---

① 袁军.媒介素养教育的世界视野与中国模式[J].国际新闻界,2010(5):23 - 29.

素养是指人们面对媒介各种信息时的选择能力、理解能力、质疑能力、评估能力、创造和生产能力以及思辨的反应能力①。我国学者认为,作为现代公民素养的重要组成部分,媒介素养格外关心两个问题:受众如何处理所接触到的媒介信息(特别指向是否具有质疑和批判意识),以及在多大程度上介入媒介内容的生产和创造②。彭兰认为,在社会化媒体时代,公众的媒介素养应该包括媒介使用素养、信息生产素养、信息消费素养、社会交往素养、社会协作素养、社会参与素养等③。由此可以看出,公众的媒介素养主要集中于媒介使用、媒介参与、信息创造及信息批判四种能力。

如果以这四种能力对当前公众的媒介素养进行考量,其中信息批判能力是较弱的。在本书所分析的谣言的生产与传播过程中可以看出,公众对于谣言的传播虽然有理性部分,但是非理性仍然占据主流,这与公众的社会角色、教育程度等密切相关。相对于谣言,流行语的生产与传播一定程度上反映了公众的智慧及对社会现实的思辨,但是这种智慧仅仅集中于一小部分公众中。尽管网络时代拓宽了公众参与公共事务的渠道,但是对于大部分公众而言,并没有掌握媒介参与的技能。尤其在突发公共事件中,一旦公众面临危机,极易引发各种负面情绪,对于信息的甄别能力就会下降,开始变得盲从,这就刺激了谣言的传播。因此,提升公众的媒介素养,提升其信息甄别能力和寻找信息的能力是关键。在危机发生时,公众需要在理性认知的基础上与危机应对方进行对话,而只有在各方话语形成良性互动时,才可能抑制住由于负面信息广泛传播造成的社会不稳定。

三、话语互动实现的可能

危机是对平衡状态的打破,危机传播作为一个动态发展演变过程,受社会语境、传播媒介、话语主体、文化心理等外在和内在多种因素影响。新媒体时代,媒介技术的迅猛发展推动中国社会进入众声喧哗时代,对危机传播理念、主体角色、话语表达方式等产生了深刻影响,使危

---

① CONSIDINE D. An introduction to media literacy[M]. New Jersey:Prentic Hall,Inc,1993.
② 陈国明. 媒体教育[M]. 北京:中国人民大学出版社,2007.
③ 彭兰. 社会化媒体时代的三种媒介素养及其关系[J]. 上海师范大学学报(哲学社会科学版),2013(3):52-60.

机传播具有网络化、交互化、移动化、生态化等特征。随着网络舆论场和现实舆论场的形成，以及包含政府、媒体、公众、专家在内的四大危机传播主体的相对稳定，"政府主导，多元主体互动"的新型危机传播理念建立。危机传播信息逐渐由传统的单向线性传递转为多向互动，政府、媒体、公众、专家等多重危机话语主体之间彼此关联、相互影响、互动博弈，形成多元危机传播主体的话语交织，共同建构起多元、互动、共生的危机话语生态圈。在建构基于利益相关者的危机传播多元主体话语关系模型的过程中，协商理性的公共话语空间是基础，"互联—互通—互信"是其基本过程。

（一）共建协商理性的公共话语空间

危机传播中，话语抗争出现在对公共话语空间的争夺中，而话语的整合和合作同样发生在公共话语空间中。在公共话语空间的建设中，政府话语、媒体话语、公众话语和专家话语各自发挥着不同的作用，而协商和理性成为共建公共话语空间的关键。

政府话语的协商"让渡"，一方面是服务型政府的转型和执政理念的提升，标志着政府话语对公众话语和舆论的重视。例如在一些有争议的危机情境中，尊重公众诉求，引入第三方调查机制，吸纳专家、媒体、公众话语。另一方面，出现局部妥协的直接诱因，可能在于危机中的部分政府部门应对和话语欠妥，并导致社会公众的理解偏差，这种情况下的主要责任在于政府部门。例如在多起"邻避"型环境危机中，由于前期信息沟通不畅等，导致公众的不满和抗议，并诱发群体性运动。而危机应对的结果是不少地方政府最终取消了诱发邻避运动的"PX"或"垃圾焚烧场"等项目建设，变更此前决策，或求助于专家话语，或与公众进行充分沟通，尝试获得社会对项目建设决策的支持，科学性和理论性话语成为征求支持的依据。

公众话语的极端情绪宣泄和非理性表达成为阻碍公众话语发展的重要因素。公共话语空间的共建中，呼吁公众话语的理性表达，保障公众的媒体近用权成为关键。一方面要依靠公众话语内部的自省机制和自我净化功能，提高公众媒介素养等；另一方面，公共话语空间中需要保障并畅通公众表达渠道，实现危机中公众和其他主体的有效沟通，适当鼓励第三方机制和"民间组织的嵌入参与"①,并进行适度的舆论引导,以促进公众话语的理性表达。在公共话语空间中,公众言论自由的重要保障之一就是对公众接近和使用媒体权的重视,以满足公众表达的"补助性原则"②。但值得警惕的是,尽管新媒体环境给公众话语提供了前所未有的相对宽松和自由的空间,但实际上数字鸿沟和新媒体中的信息过滤现象③仍然存在,网络舆论并不能代表整个社会舆论。在重视互联网上的公众话语的同时还需要对社会舆论做出深入的考察。

公共话语空间中还出现媒体话语的自我反思,有助于媒体角色定位和功能的发挥。危机传播中,需警惕媒体由于自律力不逮或其他原因导致报道失衡、谣言等产生的风险放大和次生危机。在媒体话语参与公共话语空间共建中,一方面,要适当肯定以公民的媒体近用权等制约媒体滥用新闻出版自由的权利;另一方面,需要依靠媒体的理性和科学选择,在危机传播中进行自反性思考。具体到媒体话语方面,需要从信源、报道标题、词汇的选择方面均衡报道,并注重媒体话语的主题、结构特点和符合危机情境的表达。此外,媒体工具论视角在将媒体视为一个风险载体的同时也认为其是参与治理的主体之一④,作为危机的重要参与者,媒体话语同其他话语一样,同样需要遵循客观表达、理性选择等原则。

此外,专家话语的独立性和其他话语对其信任感的培育尤为重要。一方面,专家权威性的重建需要依赖知识分子自我身份的认同和对良知的坚守,不献媚于政治、商业和大众权力,坚持自己的学术和科学知识;另一方面,依托于媒体表达的专家话语需要借助媒体呈现相对全面和科学的表达,而微博等新媒体和自媒体的发展,也为专家直接在公共话语空间中的表达提供了可能。公共话语空间中还应当提倡对专家的人文关怀,宽容看待专家话语内部因专业差异或历史局限性导致的谬误。

(二)危机传播多元主体话语互动范式的构建

政府居于危机传播话语的核心,也是主要的危机决策者,各方话语

① 陈发桂.嵌入性治理:公众利益诉求理性表达的路径探析——以民间组织嵌入基层征地拆迁纠纷为视角[J].唯实,2011(8-9):81-85.

② "补助性原则"指"政府要为其居民得到其自己无论如何无法得到的需求或自己无法做的需求。对于所有人们自己可以做好的事,政府不应去干预"。考夫曼.法律哲学[M].刘幸义,等,译.上海:法律出版社,2004:317-318.

③ 闫海.表达自由、媒体近用权与政府规制[J].民主与法制,2010(5):46-56.

④ 郭小平."怒江事件"中的风险传播与决策民主[J].国际新闻界,2007(2):26-29;谢进川.传媒治理论[M].北京:中国传媒大学出版社,2009:11.

希冀得到政府对危机的阐释及应对。因此在政府与其他多元主体话语关系模型建立之后，还需考虑话语受到的政治、文化等因素，建构从互联、互通到互信的多元主体话语互动范式。

互联，主要指话语文本间的"互文性"，存在于每一种话语内部和话语主体之间。根据符号互动论，每一个危机传播主体都是一个"自我"，自我是在个体与他者互动中形成的。危机传播的任何一个主体的话语生产与传播都建立在自我认知和他者认知基础之上，在他者话语建构的语境中调适自己的话语。例如危机传播中政府何时发声、应用何种方式生产话语，这些很大程度上取决于公众建构的话语情境。比如在"7·23"甬温线特别重大铁路交通事故中，政府采用情感方式和陈述方式就得到了不同的传播效果，相比较客观事实的陈述方式，情感方式的话语表达拉近了与媒体、遇难者家属的距离，体现了人文关怀，提升了公众对政府的信任。这就是在外力作用下发生于话语主体内部的互动。话语主体之间的互动是指不同主体在危机传播场域中的相互作用。因而，建立多元主体话语互动范式成为在危机传播复杂性和动态性基础上的一种尝试。

危机传播主体在危机中的传播活动几乎都发生在话语场域中，在新媒体语境下，多重危机话语主体间的互动、沟通在复杂的社会语境和危机情境中，通过多模态的话语文本，线上、线下联动的传播媒介实现，形成了动态、多维度的话语互动模式。危机传播的实质是关于"常规姿态"的交流，也就是危机背后的意义指向——不同主体对于危机背后的意义指向是否统一，是否在同一意义层面进行交流成为决定危机传播效果的关键因素。基于此，本书尝试提出"危机传播多元主体话语互动范式"，即将符号互动论引入危机传播研究中，在动态层面探析不同危机传播主体对于危机的认知以及危机传播话语策略。本书将政府、媒体、公众、专家视为"自我"，通过危机传播主体多重话语的内部策略和外部互动，考察不同话语主体在自我认知与他者认知共同构筑的危机语境中，使用不同话语框架进行互动、抗争与调适，通过话语关系的调试建立新共识。

互通，主要指话语主体建构的意义的互通。根据批判视角，危机传播其实是旧有文化体系的坍塌和新共识的建构过程，而共识是指对话语意义的认知达成一致和认同。在危机传播场域中，不同传播主体都试图建构一个新生意义以应对危机。从本书分析的案例中可以看出，不同危机传播主体都在努力塑造不同的意义：政府试图塑造人文关怀的意义框架；公众话语中暗含的是社会信任缺失的意义框架；媒体在不同危机传播场域中塑造的意义框架有所差别；专家作为危机传播辅助者，意义框架的建构不甚明显。不同主体在危机传播中的意义建构都是为了在危机传播中建构新的共识，然而这种单方的意义如何赢得其他各方的认同，需要在话语互动中寻找他者对意义的寻求以及将自身意义传达给他者并取得他者认同。这种意义的认同需要话语策略的介入，同样也需要考虑政治、经济、文化、社会等大环境。

互信，主要指不同危机传播主体之间共识的达成。对同一意义的相同认知就是共识的建构，共识建构的前提是信任的存在。信任在话语互动和意义共通中形成，并且反作用于前两者。对案例的研究结果发现，在突发公共事件中，公众对于政府与专家的信任程度较低。其中一部分原因在于风险社会中的不确定性，包括危机发展的不确定、危机应对结果的不确定，都造成了公众对于危机应对者、危机决策制定者的不信任。而最重要的原因则是政府、专家话语内部的反复、话语策略的不得当以及不考虑公众话语情境的危机话语的生产。例如在"烟台套袋苹果事件"中，专家内部对于套袋苹果是否对人体健康造成危害意见不一致，对于缺乏专业知识的公众而言，无法对危机进行准确认知，因此无法信任提供信息的信源方。不恰当的话语策略同样无法赢得公众信任，比如单纯否定策略的使用，在很多突发公共事件中，政府或专家对于公众的疑问总是以"并非大家所想"的口气做出回应。当一些谣言出现时，比如对于 PX 项目，公众对其最大的担心就是 PX 项目是否对身体健康造成负面影响，对此，政府和专家的回答一直是不会造成影响，但是这种结果的得出是否通过了科学的验证、验证的程序如何、验证过程的监管者是谁等问题，公众从未得到明确且详细的答案。在这些话语都不清晰的情况下，危机传播主体之间的信任机制很难建立，进而就会影响到主体间共识的达成。由此可以看出，为应对危机而重塑的共识需要在话语互动和意义共通两者共同作用下形成，而话语互动、意义互通和互信前提下的共识重塑才是新媒体时代危机话语体系的题中应有之义。

由此，本节构建了危机传播多元主体话语互动范式。图 8 - 2 中的 A 层代表危机传播动态体系的话语互动，主要指政府、媒体、公众和专家建构的危机传播场域。在这一场域中，四大危机传播主体在对他者的话语进行认知之后不断调整自我的话语文本,在调适过程中建构了动态话语体系。在这一动态体系中,政府需要成为价值传播中心、决策中心和信任中心,在危机之时引导价值传播,具有决策能力并赢得其他话语主体的充分信任;媒体需要成为信息中心和传播中心;专家需要成为决策辅助和信任辅助;公众则需要成为价值表达中心和议程参与主体。

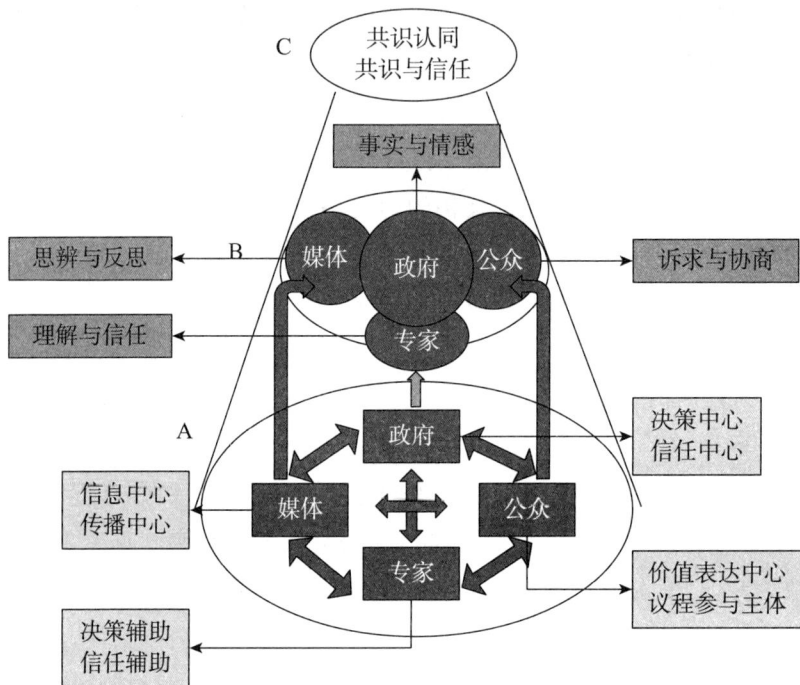

图 8 - 2   危机传播多元主体话语互动范式

B 层代表话语意义的共通。在危机自身特征、社会、心理、话语互动等因素共同作用下,每一个危机传播主体的意义开始形成,这些意义之间的交叉代表的是主体在建构相同的意义框架。在意义框架的建立过程中,政府占据话语场域的核心位置。

在哈贝马斯看来,"话语是一种认识活动,但它有别于科学的认识活动,它以语言为媒介,以交往理性为指导,在交往行为中展开,以生活世界为背景,以主体间达成理解共识为目标"[①],达成一种话语民主模式。美国学者查尔斯・J. 福克斯(Charles J. Fox)和休・T. 米勒(Hugh T. Miller)进一步继承与发展哈贝马斯的话语民主理论,认为造成民主困境的

---

①   杨礼银.哈贝马斯的"话语认识论"疏解[J].哲学研究,2009(7):84 - 89.

原因在于公共话语的衰败,公共话语的失真导致了传统民主形式和治理方式的式微①。在现代民主与公共治理中,应重视公众的公共事务参与,通过多主体彼此的对话、协商与沟通,达成共识和形成公共舆论,从而影响公共决策。

在这些共同意义框架的表达和巩固过程中,话语主体间达成共识,即 C 层所代表的内容。共识的达成不仅需要主体间意义的相互认同,各方更应重视常规危机传播体系建设,这是一个代表长时间不可颠覆的、具有长久性的意义的一致。至此,动态的危机传播多元主体话语互动范式形成。

---

① 福克斯,米勒.后现代公共行政——话语指向[M].楚艳红,曹沁颖,吴巧林,译.北京:中国人民大学出版社,2002:4.

结语:中国危机传播"合和式"治理的
实践路径

合抱之木,生于毫末;九层之台,起于垒土。我们回到本书的两个关键词——"颠覆"与"重构",旨在回答在新媒体时代中,危机传播理论与实践面临哪些颠覆?这些被颠覆的要素是怎样形成的?如何重构新的危机话语生态?这些问题既是本书尝试探讨的重要内容,更是当前危机传播研究面临的意义指向。

新媒体理念与技术的发展构建了新型的危机传播场域,打破了场域内部主体间及其与外部场域间的平衡,涌现出多元性与复杂性特征。社会多元主体协商治理理念的兴起,以往自上而下线性管理思维的危机传播研究,已难以从本体论和认识论层面解释危机情境的复杂性与动态性①。传播理念的多元开放性促使政府与组织机构更加重视危机应对与决策,容纳多元主体协同参与,强调在信息公开与信任构建的基础上,达成价值共识与社会认同。从危机场域内部主体间关系来看,互联网、移动新媒体等的出现,普通民众被赋予话语权。詹姆斯·格鲁尼格认为,公众不仅会主动进行信息搜寻,还会积极地选择信息和与他人分享信息②。传统社会不对称的、单向性的、局域式的传播格局被打破,隐匿的公众由后台走向前台,形成多个意见阶层。同时主体间的界限不断突破,话语开始进行跨越式的流动和融合。主体关系的多元化与话语边界的模糊化,使危机传播不再局限于一方,其过程在话语互动与调适中日趋复杂化。具体深入到场域内部话语形态与表达方式而言,新媒体技术

---

① 胡百精."非典"以来我国危机管理研究的总体回顾与评价——兼论危机管理的核心概念、研究路径和学术范式[J].国际新闻界,2008(6):12-16.

② GRUNIG J E. Paradigms of global public relations in an age of digitalisation[J]. Prism,2009,6(2):1-19.

不断更新,危机话语的生产与传播技术趋于多元化,不断丰富危机传播的话语形态。口语、文字、图像、信息图表等多模态的话语表达方式更清晰、细致地呈现出危机的本质,帮助各方形成更全面、清晰的危机认知。

媒介生态的变迁从根本上改变了危机传播格局,颠覆了危机传播场域的理念、话语关系、话语边界、话语表达模式等多种要素,危机传播趋向复杂情境中多元话语主体相互联系、多种话语相互竞争、协商的动态过程。新媒体对危机传播场域的颠覆最终反映的是对危机本质认知的转变,这种转变不仅在于危机信息的复杂性与多元性,更在于危机演化过程中的传播主体及其关系。一直以来,"信息传导"成为传播的主流想象,而嵌入传播之中的"关系讯息"却常常被忽视①。学者陈先红指出"新媒介即关系"②,新媒体带来的人际关系与社会关系必将对社会结构、商业模式、社会文化、自我意识等进行重构③。基于此,本书基于危机传播场域介入危机传播"颠覆与重构"的过程,引入社会网络理论与符号互动论,从关系—话语—价值三个维度,探讨危机传播主体内部的话语关系,主体间话语互动关系,以及社会环境与话语之间的互动关系。基于对危机传播四大主体政府、媒体、公众、专家的内部话语关系确立其话语意义,进而建立符合中国社会情境的危机传播话语互动路径。

在危机传播中不同主体的话语实践方面,政府即主导与领航。作为各方资源的整合中心,政府成为危机的脚本提供者,为危机定性,澄清不实信息。政府通过多元政务新媒体平台等建设,在危机传播中发挥主导作用,从一定程度上提高了信息公开度、谣言澄清力度以及决策透明度,初步显现出重塑共识的理念。在危机话语表达方面,政府开始转向理性与情感并重的话语表达,不仅针对相关事实信息进行较积极的危机应对,而且开始注重建立"人文关怀"的话语框架、在危机传播构建中"为人民负责""以人为本"的意义指向。尽管政府具有信息中心的潜力,但在危机传播中并未成为态度中心,舆论引导能力较弱。尤其是新媒体平台的众声喧哗,针对某一突发公共事件引发的危机往往造成社会不同层面的利益诉求,作为话语中心的政府,由于危机应对策略不恰当、话语表达不

① 陈先红.以生态学范式建构公共关系学理论[J].新闻大学,2009(4):116 - 125.
② 陈先红.论新媒介即关系[J].现代传播,2006(3):54 - 56.
③ 李红.网络公共事件:符号、对话与社会认同[M].北京:中国社会科学出版社,2015:
269.

适宜导致政府话语在很大程度上被对抗式解读,消解了政府的公信力。

媒体即责任与桥梁。新媒体时代话语生态的演化推动媒体从事实的报道者转向责任主体的找寻者,信源和沟通桥梁的角色仍然存在。媒体在危机传播中常扮演着议题传播桥梁的角色,随着多元主体进入危机信息交换网络中,为媒体话语提供了多种信息来源,主体间的话语互动机制建构着危机话语意义。媒体在与其他主体信息交换互动的过程中,不再只是政府的传声筒,而是更注重对其他主体所提供的危机脚本进行融合,将自身定位在监督者与社会守望者的角色。一方面,媒体监督政府的危机决策,关注政府层面的话语权力的分配;另一方面,媒体更注重危机传播中的人。危机最终的责任归属直接影响着公众的社会信任程度,但是媒体话语具有较强的内部信源偏向和对公众的偏离。反思功能的缺失是其未能很好地充当危机消解者的重要原因。

公众即伙伴与镜像。在新媒体平台中,公众内部传播网络分为三种:当事人作为核心行动者、符号化意见领袖作为核心行动者、粒子公众(无特殊身份的普通公众)作为核心行动者。就主体间关系而言,只有符号化意见领袖可成为态度中心,这部分群体多具有相对独立的批判意识,在危机传播中将话语指向社会根源问题传向众多粒子公众,形成了公众对问题根源的惯性反应。危机传播中公众更多扮演了建构危机、深化危机的角色,使危机外显化,加剧信任与认同危机。同时,公众话语力量的提升促进了公众的危机认知与行为,面对一个突发公共事件,个体的危机认知很快得到其他公众的共鸣,形成一种共享情境认知①,促进多主体间的良性关系。就公众话语诉求而言,"正义与幸福"价值框架成为公众的话语指向,如何使公众话语与其他主体话语达成价值层面的共识成为重塑信任的关键。

专家即智囊与瞭望。专家掌握的专业知识能够为危机归因归责、影响后果等提供理性解读,成为社会治理和危机应对的重要参与者。在涉及专业问题或专家作为当事人之一的事件中,专业性优势和专家身份明晰化使其处于话语中心,专家的中间中心性普遍较高,发挥重要的信息掌控和传递的作用。但由于在危机认知与风险评估中,专家往往采用科

---

① 祝哲,彭宗超.共享危机情景认知与突发事件应对的多主体协调绩效——以上海外滩踩踏事件为例[C]//童星,张海波.风险灾害危机研究(第六辑).北京:社会科学文献出版社,2018:152-172.

学性、专业性话语,导致其与其他主体未在同一语境下达成话语互动,使专家话语处在话语网络的边缘位置,没有受到足够的重视。各方对专家的关注较少,专家很少成为引领舆论的态度中心,并未搭建起独立的话语体系。专家话语的持续缺失影响公众对专家的信任,建立专家的权威形象与独立话语体系成为重要前提。

在危机传播的话语关系维度,新媒体环境下危机传播场域中的话语结构与话语中心被颠覆。对危机话语权的争夺日益激烈,公众一方在新媒体环境下,形成了以开放个人为主体的意见表达机制、以开放性互联网为技术平台的意见组织机制,呈现出群体力量争夺危机阐释权的态势。媒体和公众中的符号化意见领袖更易成为话语中心,价值层面的批判信息更易获得传播。但是,政府和媒体尚未适应新的危机传播语境,对于突发公共事件的危机传播常常受到质疑和批判。从话语关系的角度而言,突发公共事件是有关人与人的事件,其核心是话语主体之间的关系,作为能动性的话语主体,"对他的认识只能是对话性的"①。"人在本质上是一种类的存在和社会的存在,这一本质决定了每一个生存个体都必然要超越自身的个体性,不断地进行交互性的活动,发生各种各样的主体间的关系"②。因而,危机传播中只有主体间形成对话关系才能认知主体,为达成话语间的信任与共识奠定基础。

危机传播中不同主体之间何以在公共话语空间内建立理性协商的对话关系,达成认同与共识? 基于交往理性,即要求不同主体在危机信息的互动与协商中重新构筑一套伦理规范与行为策略,确立多元主体间的交往理性,特别是彰显价值理性。"交往行为的目标是导向认同。认同归于相互理解、共享知识、彼此信任、两相符合的主体间的相互依存"③。交往理性生发于生活世界,在人与人互为主体的对话中得以形塑。它强调多元主体之间遵循地位平等、机会平等、无强制性等原则,借由互动、对话、反思、批判达成理解和共识④。

就"危机"一词而言,由"危"和"机"两个字组成。然而,从当前的危机传播理念来看,当某一公共事件突然发生时,参与危机传播与沟通的

---

① 巴赫金.巴赫金全集(第四卷)[M].白春仁,等,译.石家庄:河北教育出版社,2009:430.
② 王晓东.西方哲学主体间性理论批判[M].北京:中国社会科学出版社,2004:1.
③ 哈贝马斯.交往与社会进化[M].张博树,译.重庆:重庆出版社,1989:3 – 28.
④ 胡百精.互联网与对话伦理[J].当代传播,2015(5):6 – 11.

相关利益者的第一反应更多的是"危",而没有把由事件引发的危机当作一次多元主体协商对话与重塑共识的"机会"。危机涉事者甚至将危机视为丑闻,千方百计地将其封堵起来,不让其扩散,反而弄巧成拙①。本书以突发公共事件为研究资料,将某一突发公共事件的产生当作常规话语情境的打破与断裂。具体而言,突发公共事件的产生打破了既有话语空间秩序,已有的危机传播理论已无法更加清晰、全面地解释当前多元语境下事件的复杂性,进而认知危机的本质。

危机传播与多领域的社会问题相关联,在全球化、多样性文化的背景下,主体间由于文化价值的差异造成认知的偏差,使冲突危机频频发生,创设了一种高风险状态的社会语境。多种类型的社会风险相互交织、共存,人类社会的价值理念、关系结构、运行方式正在被系统化地重构。危机传播构建了一种动态传播过程,在这一过程中多元危机主体、复杂情境和多重话语之间相互联系、调适与内化。国内与国际各种风险互相耦合,线上与线下多种风险复合关联,由此引发"复合式"危机的出现。这要求相关决策者充分考虑当前危机的多元性、复杂性特征,实践危机传播治理理念创新与价值重构。

现有公共危机治理理念的发展,强调在多元社会文化体系中,执行群体通过与其他社会群体的协商和谈判,达成价值观和意识形态上的共识,政府、非政府组织、媒体、企业、公众共同参与到公共危机管理实践中,发挥各自作用,编织成和谐有序高效的危机传播治理行动网络。由于我国危机传播实践与西方不同,国际危机传播治理方式不能适应中国的现实需求。本书尝试提出中国危机传播"合和式"治理的实践路径(见图9-1),旨在从中国历史文化传统中,寻找我国危机传播治理的创新思想体系,将国际危机传播相关理论与中国实践经验相结合。

从古至今,"和"是政治的最高境界,是国家稳定和谐的基本特征,更是中国传统文化的核心价值,它强调的是天—地—人之间的和谐共处。现实的社会情境所构成的条件往往为"和而不同",也就是说"和"以不同为前提,而"不同"的结果之一便是冲突的形成。"合和"理念也由此产生,旨在强调通过互动合作来实现和谐的状态,进而"融合传统民本、

---

① 张涛甫."8·12"大爆炸后政府危机沟通的短板[J].青年记者,2015(25):92.

链式治理、合作治理和合作博弈的理念"①。

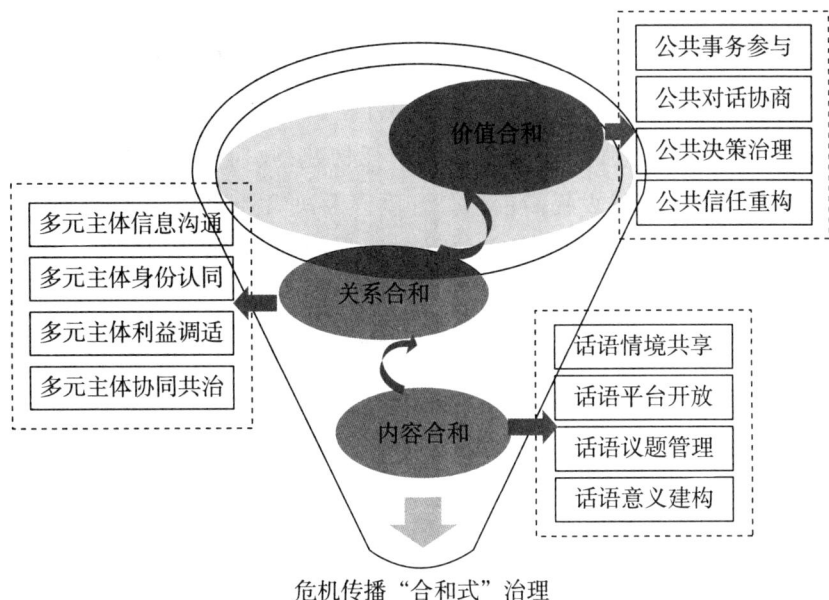

图 9 - 1　危机传播"合和式"治理的实践路径

危机主体的多元性特征,极有可能引发衍生性及复合性风险与次生危机,在此过程中政府、媒体、公众、专家等不同利益相关主体基于内容、关系、价值等层面的不同而导致话语冲突。"合和式"危机传播治理实践路径突显"既冲突又融合"的理念,"让冲突的双方在保持各自独立的前提下而融合共生"②。

从内容"合和"层面,各个危机传播主体在共享的话语情境中,实现话语平台的开放、话语议题的管理,并以公共利益为本质诉求,构建危机话语意义。不同话语主体实现话语协商与互动,从而化解危机、转危为机。危机传播通过一系列的符号网络和陈述系统,将隐藏的科学知识、道德规范、文化伦理进行生产与传播,从而形成对话语场域内行动者的身份认同以及话语权力的维护,实现了对现实社会的阐释与批判,为危机决策的合法性建构提供依据。

从关系"合和"层面,各个危机传播主体形成不同危机阐释的过程,

① 马奔,徐佳君.合和式社会主义民主——种可能的中国民主模式探讨[J].经济社会体制比较,2010(6):98-106.
② 张立文.和合学:21世纪文化战略的构想[M].北京:中国人民大学出版社,2006:10.

寻找此过程中具有重大影响的话语中心,对危机相关信息进行沟通与互动,探究危机传播主体间认同缺失的原因,从而在冲突调适中实现危机主体身份的认同。其中,政府权力运行方向从自上而下变为上下互动、横向合作,实现容纳社会多元主体的共同管理,促进系统的有序性和良性运行。公共治理强调信息公开和信任构建,政府应通过电子政务平台、政务新媒体等建设提高信息公开度以及决策透明度,加强各部门间整体高效联动协作,提升政府自身效率,促进政府资源效用的最大化,推进管理变革。

互联网改变社会资源配置方式和权力结构,网络空间赋予社会公众话语表达和权利诉求的能力和渠道,让每个人都有机会参与公共事务,改变了我国传统社会话语权力分配格局,扩展了公众话语表达空间。公众个体话语权被激活,成为错综复杂信息传播网络中的一个个节点。在危机传播场域中,公众不应被视为危机信息传播的被动接收者和旁观者,而应成为组织的合法性伙伴,危机话语生态的共建者,危机治理的合作者。媒体作为信息传输中介,在危机话语生态中肩负协调、沟通多元危机主体的重任。在危机传播中,专家所掌握的专业知识能够为危机发生原因、发展趋势解读提供参考,成为政府话语策略的重要辅助者。不同话语主体在危机传播场域中通过主体间的协商、对话,各方应从理性交流与价值共创角度出发,形成多元主体利益的调适,实现多元话语共识与协同共治。

从价值"合和"层面出发,危机被认为是"一种更新系统的力量",为重塑组织形象提供了新的契机,危机传播研究旨在重建新的社会认同和社会共识,"创造更高位系统"。① 在危机传播的价值维度,一个交往理性的公共话语空间的构成需至少满足三个要素:具有批判意识的公众;拥有自由交流、充分沟通的媒介;能够形成公共舆论。② 具体而言,公众应在理性交往的基础上就公共利益展开讨论,形成独立的话语体系与批判意识。而具有大量信息脚本的媒介则应实现双向的沟通模式,设置相关话题提供互动协商的资源与平台,这样在理性批判的基础上达成共

---

① 陈虹,秦静.多元语境中的话语场:危机传播研究新视野[J].编辑之友,2019(2):80 – 85.

② 熊光清.网络公共领域的兴起与话语民主的新发展[J].中国人民大学学报,2014(5):88 – 96.

识,影响公共事务的决策。危机的突发性与信息不确定性开启了各方主体协商与互动的可能性,作为危机主导者与决策者的政府在危机传播过程中不仅应重视解决与平息危机的进一步扩大,更应重塑危机传播理念,以危机中人的认知与行为作为核心议题,在与其他话语主体的互动关系中不断调整话语策略与传播理念,由"主体性"转变为"主体间性",搭建基于同一价值层面的危机共享情境,以信任与共识为价值与意义导向,构建危机传播多元主体话语互动范式。

在当前新媒体格局下,多元主体的多种声音令危机传播情境更加复杂,信息量的大幅增加提升了危机应对的难度。危机的形成不仅在于突发公共事件对平衡的瞬间打破,更在于日常中的行为积累和信任机制的破坏。危机传播不再仅仅是为了危机发生后的被动应对策略,而旨在化解危机传播的信任困境,关注多元治理主体之间的复杂性联系,从"多元和合"理念出发达成利益的协商。在现代民主与公共治理中,应重视公众的公共事务参与,通过多主体彼此的对话、协商与沟通,达成共识和形成公共舆论,从而影响公共决策。由此,危机传播应更加重视长远规划,从长效性危机治理机制着手,形成全社会的危机认知,重构跨场域、跨层级与跨主体的危机传播治理体系。

附 录

序号	时间	案例名称
1	2003	非典事件
2	2003	孙志刚事件
3	2003	哈尔滨宝马肇事案
4	2004	西安宝马彩票案
5	2005	圆明园湖底防漏事件
6	2005	松花江污染事件
7	2006	唐慧案
8	2006	彭宇案
9	2007	华南虎事件
10	2007	太湖蓝藻事件
11	2008	上海磁悬浮事件
12	2007	"最牛钉子户"事件
13	2007	台湾阿里山竹桥断裂事件
14	2008	范跑跑事件
15	2008	贵州瓮安事件(俯卧撑)
16	2008	家乐福事件
17	2008	周久耕天价烟事
18	2008	汶川地震
19	2009	张海超开胸验肺事件
20	2009	杭州飙车案(欺实马)
21	2009	湖北石首事件
22	2009	云南省晋宁县看守所死亡事件(躲猫猫)
23	2009	唐福珍自焚抵抗暴力拆迁事件
24	2009	广东番禺垃圾焚烧事件
25	2009	湖北巴东邓玉娇案
26	2010	钱云会事件
27	2010	药家鑫杀人案
28	2010	李刚门(我爸是李刚)

348

序号	时间	案例名称
29	2010	江西宜黄拆迁自焚事件
30	2010	大连新港原油泄漏事件
31	2011	"康菲漏油"案
32	2011	佛山小悦悦事件
33	2011	广东乌坎事件
34	2011	郭美美炫富事件
35	2011	南京梧桐树事件
36	2011	"7·23"甬温线特别重大铁路交通事故
37	2012	三亚宰客门
38	2012	宁波镇海 PX 项目事件
39	2012	江苏启东反对污水排海工程事件
40	2012	哈医大医生被刺事件
41	2012	四川什邡钼铜项目
42	2012	"7·21"北京特大暴雨事件
43	2012	"5·26"深圳交通事件
44	2012	毒胶囊事件
45	2012	苹果套袋事件
46	2012	黄金大米事件
47	2012	"微笑局长"事件
48	2013	昆明 PX 事件
49	2013	"6·7"厦门公交车纵火案
50	2013	黄浦江漂流死猪事件
51	2013	温岭袭医事件
52	2013	校长带小学生开房事件(校长开房找我)
53	2013	"转基因大豆致癌"谣言事件
54	2013	"11·22"青岛输油管道爆炸事件
55	2014	湘潭产妇死亡事件
56	2014	南京官员殴打护士事件
57	2014	广州"7·15"公交爆燃事件
58	2014	"4·10"兰州水污染事件
59	2014	广东茂名 PX 项目群体性事件

续表

序号	时间	案例名称
60	2014	马航 MH370 失联事件
61	2014	上海外滩踩踏事件
62	2015	湖北安良百货商场电梯吃人事件
63	2015	"8·12"天津滨海新区爆炸事故
64	2015	青岛天价虾事件
65	2015	MERS 病毒事件
66	2015	东方之星沉船事故
67	2015	常州外国语学校污染事件
68	2016	魏则西事件
69	2016	湖北仙桃垃圾焚烧厂事件
70	2016	"4·3"北京和颐酒店劫持事件
71	2016	徐玉玉事件
72	2016	连云港核循环项目事件
73	2016	雷洋事件
74	2016	山东疫苗事件
75	2016	帝吧出征 Facebook 事件
76	2016	"6·26"湖北仙桃垃圾焚烧发电事件
77	2017	河北渗坑事件
78	2017	于欢案
79	2017	"6·24"茂县山体坍塌事件
80	2017	穿山甲事件

参考文献

一、中文部分

[1] 巴伯.信任的逻辑和局限[M].牟斌,等,译.福州:福建人民出版社,1989.

[2] 巴赫金.巴赫金全集(第四卷)[M].白春仁,等,译.石家庄:河北教育出版社,2009.

[3] 巴特莱特.记忆:一个实验的与社会的心理学研究[M].黎炜,译.浙江:浙江教育出版社,1998.

[4] 白树亮.网络谣言成因及治理对策研究[J].新闻界,2010(4).

[5] 鲍远福.新媒体文本表意论:从语图关系到"语图间性"[J].南京邮电大学学报(社会科学版),2016(1).

[6] 贝克.风险社会[M].何博文,译.南京:译林出版社,2004.

[7] 贝克.世界风险社会[M].吴英姿,孙淑敏,译.南京:南京大学出版社,2004.

[8] 贝克,吉登斯,拉什.自反性现代化——现代社会秩序中的政治、传统和美学[J].赵文书,译.北京:商务印书馆,2001.

[9] 本森.比较语境中的场域理论:媒介研究的新范式[J].韩钢,译.新闻与传播研究,2003(1).

[10] 卞清.修正"成见"建构"象征"——文化社会学视野下危机传播研究的想象和可能性[C]//中国传媒大学第四届全国新闻学与传播学博士生学术研讨会论文集,2010.

[11] 博克,丁伯成.大洋彼岸的中国幻梦——美国"精英"的中国观[M].北京:外文出版社,2000.

[12] 布尔迪厄.言语意味着什么——语言交换的经济[M].褚思真,刘晖,译.北京:商务印书馆,2005.

[13] 布尔迪厄,华康德.实践与反思:反思社会学导引[M].李猛,李康,译.北京:中央编译出版社,1998.

[14] 曹宣明,罗鑫.青年网络流行语与价值观教育研究[J].广西青年干部学院学报,2010(6).

[15] 陈发桂.嵌入性治理:公众利益诉求理性表达的路径探析——以民间组织嵌入基层征地拆迁纠纷为视角[J].唯实,2011(8-9).

351

［16］陈峰.一切发生在意料之外——孙志刚事件采访记［J］.今传媒,2005(3).

［17］陈刚.精英文化的衰落与大众文化的兴起［M］.南京大学学报(哲学社会科学版),2001(4).

［18］陈国明.媒体教育［M］.北京:中国人民大学出版社,2007.

［19］陈虹,高云微.关于完善中国新闻发言人制度若干问题的思考［J］.现代传播,2014(1).

［20］陈虹,高云微.医患关系中的话语权重构［J］.新闻与传播研究,2013(11).

［21］陈虹,李明哲,郑广嘉,等.政府新媒体平台信任度影响因素研究——基于上海市9所高校的调查分析［J］.新闻与传播研究,2015(4).

［22］陈虹,秦静.国外危机传播研究前沿与趋势——基于2014—2015年Web of Science数据库的分析［J］.新闻记者,2015(11).

［23］陈虹,郑广嘉,李明哲,等.互联网使用、公共事件关注度、信息公开评价与政府信任度研究［J］.新闻大学,2015(3).

［24］陈娟.新媒体图像话语权建构的三个维度［J］.当代传播,2014(4).

［25］陈龙.对立认同与新媒体空间的对抗性话语再生产［J］.新闻与传播研究,2014(11).

［26］陈绍富.基于新闻事件的网络流行语研究［D］.重庆:重庆工商大学,2011.

［27］陈思.2002年北京高校流行语状况调查［J］.中国青年研究,2002(5).

［28］陈卫星.社会调解的话语光斑(代序)［C］//椿桦.舆论尖刀.广州:花城出版社,2007.

［29］陈伟球.新媒体时代话语权社会分配的调整［M］.国际新闻界,2014(5).

［30］陈先红.论新媒介即关系［J］.现代传播,2006(3).

［31］陈先红.以生态学范式建构公共关系学理论［J］.新闻大学,2009(4).

［32］陈先红,张凌.草根组织的虚拟动员结构:"中国艾滋病病毒携带者联盟"新浪微博个案研究［J］.国际新闻界,2015(4).

［33］陈一民.语言学层面的网络流行语解读［J］.中南林业科技大学学报(社会科学版),2008(6).

［34］陈怡如.格鲁尼格伉俪:卓越公共关系［J］.国际公关,2005(3).

［35］陈勇.组织危机传播的策略应用［D］.苏州:苏州大学,2006.

［36］程曼丽.美、俄、日、德主要报纸涉华报道分析［J］.国际新闻界,2002(4).

［37］程曼丽.如何提高我国媒体的国际传播力——亦此亦彼辩证眼光的培养［J］.新闻与写作,2010(5).

［38］戴佳,曾繁旭,黄硕.环境阴影下的谣言传播:PX事件的启示［J］.中国地质大学学报(社会科学版),2014(1).

［39］戴克.精英话语与种族歧视［M］.齐月娜,陈强,译.北京:中国人民大学出版

社,2011.

[40] 德赖泽克.地球政治学:环境话语[M].蔺雪春,郭晨星,译.青岛:山东大学出版社,2012.

[41] 邓遂."微博问政"热潮的冷思考——当前政务微博发展存在的问题及对策分析[J].对外传播,2011(8).

[42] 丁方舟."理想"与新媒体:中国新闻社群的话语建构与权力关系[J].新闻与传播研究,2015(3).

[43] 丁先存,王芃.国外网络谣言治理及启示[J].中国行政管理,2014(9).

[44] 窦卫霞.中美官方话语的比较研究[D].上海:上海外国语大学,2011.

[45] 段红伟.青少年网络犯罪诱因分析——基于符号互动论视野[J].人民论坛,2010(2).

[46] 段丽杰.新闻发布会的话语构建模式[J].中州学刊,2011(9).

[47] 方付建.网络社会思潮的表现形态与主要特征分析[J].思想教育研究,2018(1).

[48] 方毅华,罗鹏."年度十大网络流行语"编码规律解析[J].现代传播,2011(12).

[49] 费尔克拉夫.话语与社会变迁[M].殷晓蓉,译.北京:华夏出版社,2003.

[50] 费斯克.理解大众文化[M].王小珏,等,译.北京:中央编译出版社,2001.

[51] 冯捷蕴.中西媒体危机话语的研究[J].江淮论坛,2013(5).

[52] 弗恩-班克斯.危机传播——基于经典案例的观点(第四版)[M].陈虹,等,译.上海:复旦大学出版社,2013.

[53] 福克斯,米勒.后现代公共行政——话语指向[M].楚艳红,曹沁颖,吴巧林,译.北京:中国人民大学出版社,2002.

[54] 福山.信任:社会美德与创造经济繁荣[M].彭志华,译.海口:海南出版社,2001.

[55] 傅国春.从网络流行语看舆情之嬗变[J].新闻知识,2012(2).

[56] 甘斯.什么在决定新闻[M].石琳,李红涛,译.北京:北京大学出版社,2009.

[57] 高晓虹,隋岩.国际危机传播[M].北京:中国传媒大学出版社,2011.

[58] 高宣扬.布迪厄的社会理论[M].上海:同济大学出版社,2006.

[59] 格鲁尼格,郭惠民.公共关系是一种传播管理[J].国际新闻界,1998(2).

[60] 葛熠.浅谈主我和客我在自我构建中的特征和关系——对米德自我构建理论的研究[J].剑南文学:经典教苑(下),2012(7).

[61] 宫留记.布迪厄的社会实践理论[D].南京:南京师范大学,2007.

[62] 龚伟亮.传播学的双重公共性问题与公共传播学的"诞生"[J].新闻界,2013(9).

[63] 郭海沛.当代图像传播的特征[J].青年文学家,2010(9).

[64] 郭赫男.媒介融合与公民社会话语"场域"的萌发[J].当代传播,2012(5).

[65] 郭景萍.库利:符号互动论视野中的情感研究[J].求索,2004(4).

[66] 郭小安,杨绍婷.网络民族主义运动中的米姆式传播与共意动员[J].国际新闻界,2016(11).

[67] 郭小平."怒江事件"中的风险传播与决策民主[J].国际新闻界,2007(2).

[68] 哈贝马斯.交往与社会进化[M].张博树,译.重庆:重庆出版社,1989.

[69] 海德格尔.世界图像时代[C]//孙周兴.海德格尔选集.上海:生活·读书·新知三联书店,1996.

[70] 韩丛耀.中国近代图像新闻传播的兴起与发展[J].江海学刊,2010(3).

[71] 韩鸿.民间的书写[M].北京:中国传媒大学出版社,2007.

[72] 韩运荣,高顺杰.微博舆论中的意见领袖素描———一种社会网络分析的视角[J].新闻与传播研究,2012(3).

[73] 郝静.2008年大学生网络流行语的心理剖析[J].上海青年管理干部学院学报,2009(1).

[74] 何海翔.后危机时代:媒介话语表达风险及其治理[J].新闻爱好者,2017(6).

[75] 何晶.媒介与阶层———一个传播学研究的经典进路[J].新闻与传播研究,2014(1).

[76] 何苏湘.对企业危机管理的理论界定[J].商业经济研究,1998(5).

[77] 何舟.中国政治传播研究的路向[J].新闻大学,2008(2).

[78] 何舟,陈先红.双重话语空间———公共危机传播中的中国官方与非官方话语互动模式研究[J].国际新闻界,2010(8).

[79] 胡百精.危机传播管理[M].北京:中国传媒大学出版社,2005.

[80] 胡百精."非典"以来我国危机管理研究的总体回顾与评价———兼论危机管理的核心概念、研究路径和学术范式[J].国际新闻界,2008(6).

[81] 胡百精.中国危机管理报告(2008—2009)[M].北京:中国人民大学出版社,2009.

[82] 胡百精.互联网与集体记忆构建[J].中国高校社会科学,2014(3).

[83] 胡百精.互联网与对话伦理[J].当代传播,2015(5).

[84] 胡百精,高歌.公共关系对公众的想象[J].新闻大学,2017(6).

[85] 胡春阳.话语分析:传播研究的新路径[M].上海:上海人民出版社,2007.

[86] 胡范铸.突发危机管理的一个语用学分析———兼论语言学的研究视界[J].华东师范大学学报(哲学社会科学版),2002(6).

[87] 胡泳.谣言作为一种社会抗议[J].传播与社会学刊(香港),2009(9).

[88] 胡钰.大众传播效果[M].北京:新华出版社,2000.

[89] 胡悦.危机媒介化与媒介化危机[J].现代传播,2017(3).

［90］胡正荣,关娟娟.世界主要媒体的国际传播战略［M］.北京:中国传媒大学出版社,2011.

［91］胡智峰,刘俊.主体·诉求·渠道·类型:四重维度论如何提高中国传媒的国际传播力［J］.新闻与传播研究,2013(4).

［92］华清.政府新闻发布工作60年:进展、经验与前瞻［J］.对外传播,2009(12).

［93］黄碧云.新生代网络流行语的符号学解析［J］.新闻与传播研究,2011(2).

［94］黄博,刘祖云.精英话语与村民诉求——对乡村精英治理现象的双重透视［J］.求实,2012(3).

［95］黄廓,姜飞.国际主流媒体发展战略研究及其对中国国际传播的启示［J］.现代传播,2013(2).

［96］姬浩,苏兵,吕美.网络谣言信息情绪化传播行为的意愿研究——基于社会热点事件视角［J］.情报杂志,2014(1).

［97］吉.话语分析导论:理论与方法［M］.杨炳钧,译.重庆:重庆大学出版社,2011.

［98］吉登斯.现代性的后果［M］.田禾,译.南京:译林出版社,2011.

［99］纪莉,刘偲.中国都市类报纸气候变化议题的报道框架与关注周期——以《南方都市报》为例［J］.社会科学研究,2013(5).

［100］江根源,季靖.媒介建构论:权力、意义及其现实互动［J］.中国传媒报告,2010(2).

［101］姜红.试论当代中国的社会流行语［J］.安徽农业大学学报,2005(6).

［102］姜胜洪.当前我国网络流行语中的舆情分析［J］.未来与发展,2010(6).

［103］蒋宏,徐剑.新媒体导论［M］.上海:上海交通大学出版社,2006.

［104］卡斯特.网络社会的崛起［M］.夏铸九,等,译.北京:社会科学文献出版社,2003.

［105］凯杜里.民族主义［M］.张明明,译.北京:中央编译出版社,2002.

［106］克里斯特尔.语言与因特网［M］.郭贵春,刘全明,译.上海:上海科技教育出版社,2006.

［107］匡文波."新媒体"概念辨析［J］.国际新闻界,2008(6).

［108］来向武,王朋进.缘起、概念、对象:危机传播几个基本问题的辨析［J］.国际新闻界,2013(3).

［109］赖泽栋.问题解决情境理论:公众情境理论的新进展［J］.国际新闻界,2014(2).

［110］蓝燕玲.媒体公信力的多元内涵解析［J］.新闻界,2012(20).

［111］郎劲松,杨海.数据新闻:大数据时代新闻可视化传播的创新路径［J］.现代传播,2014(3).

［112］勒莫.黑寡妇:谣言的示意及传播［M］.唐家龙,译.北京:商务印书馆,1999.

[113] 雷霞."信息拼图"在谣言传播中的作用研究[J].新闻与传播研究,2014(7).

[114] 雷跃捷,沈浩,薛宝琴.我国广播电视媒体公信力的受众认知调查与研究[J].现代传播,2012(5).

[115] 李博.生态学[M].北京:高等教育出版社,2000.

[116] 李畅.微博的文化分析:"惯习"和"场域"的视角[J].新闻界,2015(11).

[117] 李春雷,凌国卿.风险再造:新媒体对突发性事件的报道框架分析[J].新闻界,2013(16).

[118] 李红.网络公共事件:符号、对话与社会认同[M].北京:中国社会科学出版社,2015.

[119] 李凌燕.新媒体话语引发的文化问题及制导策略[J].当代传播,2013(6).

[120] 李凌燕.从话语的双重功能看新媒体的文化角色含义[J].现代传播,2014(1).

[121] 李明哲,陈玮,郑广嘉.互联网改变中国——2003—2012年网络舆情事件十年盘点[C]//谢耘耕.舆情蓝皮书——中国社会舆情与危机管理报告(2013).北京:社会科学文献出版社,2013.

[122] 李若建.虚实之间:20世纪50年代中国大陆谣言研究[M].北京:社会科学文献出版社,2011.

[123] 李特约翰.人类传播理论[M].史安斌,译.北京:清华大学出版社,2004.

[124] 李铁锤.网络热词传播现象研究[D].武汉:华中科技大学,2012.

[125] 李晓红,刘蓼.新媒体对社会治理的影响[J].决策与信息旬刊,2015(9).

[126] 李艳红,张培富.风险社会中的专家体制:困境与出路[J].山西大学学报(哲学社会科学版),2010(1).

[127] 李勇,张科,周明.基于社会网络分析的网络论坛舆论管理探讨[J].重庆大学学报(社会科学版),2010(3).

[128] 廖炳惠.关键词200[M].南京:江苏教育出版社,2006.

[129] 廖为建.公共危机传播管理[M].广州:中山大学出版社,2010.

[130] 廖友国.网络流行语兴盛的心理动因探析[J].牡丹江教育学院学报,2009(1).

[131] 林爱珺,张晓锋,童兵.我国社会的媒介影响与媒介依赖[J].新闻界,2007(6).

[132] 刘国强,袁光锋.论网络流行语的生产机制——以"躲猫猫"事件为例[J].现代传播,2009(5).

[133] 刘海龙.中国语境下"传播"概念的演变及意义[J].新闻与传播研究,2014(8).

[134] 刘吉冬.论网络场域下的信息崇拜及网络风险形态[J].求索,2012(7).

[135] 刘建明.宣传舆论学大辞典[M].北京:经济日报出版社,1993.

[136] 刘建明.舆论传播[M].北京:清华大学出版社,2001.

[137] 刘珂.精英话语与转基因论争[D].深圳:深圳大学,2009.

[138] 刘念.网络流行语的语言经济学原则[J].华中科技大学学报(社会科学版),2004(3).

[139] 刘宁雯.中国政务微博研究文献综述[J].电子政务,2012(6).

[140] 刘锐,谢耘耕.中国政务微博运作现状、问题与对策[J].编辑之友,2012(7).

[141] 刘涛.环境传播话语、修辞与政治[M].北京:北京大学出版社,2011.

[142] 刘小燕,崔远航.论政府传播的客体——"利益相关者"视角[J].山西大学学报(哲学社会科学版),2012(4).

[143] 刘笑盈.从一流媒体研究到核心竞争力研究——多元传播环境下国际传播能力建设的新思路[J].电视研究,2014(11).

[144] 刘影.流行语变迁与大众文化传播[J].编辑学刊,2009(6).

[145] 刘于思,亓力.在风险与利益间传达不确定性:科学事实查验对转基因食品议题信息误解的影响[J].新闻与传播研究,2017(7).

[146] 刘喆.布迪厄的社会学思想研究[D].武汉:武汉大学,2005.

[147] 刘子菱,王小雨,李自.网络谣言传播的心理动因分析及其疏导措施初探[J].商,2013(5).

[148] 卢曼.信任:一个社会复杂性的简化机制[M].瞿铁朋,李强,译.上海:上海人民出版社,2005.

[149] 卢山冰.公共关系理论发展百年综述[J].西北大学学报(哲学社会科学版),2003(2).

[150] 陆佳怡.媒体外交视野下的国际争端:以美俄媒体对叙利亚化武事件的媒介话协商为例[J].国际新闻界,2016(10).

[151] 陆学艺.中国社会阶级阶层结构变迁60年[J].北京工业大学学报(社会科学版),2010(3).

[152] 罗福辉.关于民族主义的若干思考[J].中南民族大学学报,2009(1).

[153] 罗斯诺.后现代主义与社会科学[M].张国清,译.上海:上海译文出版社,1998.

[154] 罗选民.话语的认知模式与翻译的文本建构[J].外语与外语教学,2002(7).

[155] 马博森,任绍曾.话语分析及其运用——1982—1991年国外话语分析研究述评[J].现代外语,1995(1).

[156] 麦库姆斯.议程设置理论概览:过去,现在与未来[J].郭镇之,邓理峰,译.新闻大学,2007(3).

[157] 麦库姆斯.议程设置:大众媒介与舆论[M].郭镇之,徐培喜,译.北京:北京大

学出版社,2008.

[158] 毛浩然,徐赳赳.单一媒体与多元媒体话语互文分析——以"邓玉娇事件"新闻标题为例[J].当代修辞学,2010(5).

[159] 梅荣政.用马克思主义引领社会思潮[M].武汉:武汉大学出版社,2008.

[160] 梅艳."网络流行语"的社会学解释[J].内蒙古电大学刊,2006(7).

[161] 孟慧丽.话语权博弈:中国事件的外媒报道与中国媒体应对——以拉萨"3.14"事件以来《纽约时报》与《人民日报》的"西藏问题"话语策略为例[D].上海:复旦大学,2012.

[162] 孟建,卞清.我国舆论引导的新视域——关于官方话语和公众话语互动、博弈的理论思考[J].新闻传播,2011(2).

[163] 米德.心灵、自我与社会[M].赵月瑟,译.上海:上海译文出版社,2005.

[164] 米尔斯.权力精英[M].王昆,等,译.南京:南京大学出版社,2004.

[165] 米勒,波格丹诺.布莱克维尔政治学百科全书[M].邓正来,译.北京:中国政法大学出版社,2002.

[166] 诺伊鲍尔.谣言女神[M].顾牧,译.北京:中信出版社,2004.

[167] 庞亮.危机传播视野下的媒介素养教育[M].北京:中国传媒大学出版社,2015.

[168] 彭嘉强.尊重创新讲究规范——谈谈网络流行语的规范[J].语文建设,2001(8).

[169] 彭兰.社会化媒体时代的三种媒介素养及其关系[J].上海师范大学学报(哲学社会科学版),2013(3).

[170] 齐曼.元科学导论[M].刘珺珺,等,译.长沙:湖南人民出版社,1988.

[171] 全燕.信任在风险沟通中的角色想象[J].学术研究,2013(11).

[172] 任龙波.从20世纪的英语流行语看英美社会文化的变迁[J].四川外语学院学报,2001(4).

[173] 阮璋琼,尹良润.微博谣言的类型与话语焦点——基于307条微博谣言的内容分析[J].当代传播,2014(4).

[174] 上海交通大学舆情研究实验室社会调查中心.2014年居民社会信任度调查报告[C]//谢耘耕.民调蓝皮书:中国民生调查报告(2015).北京:社会科学文献出版社,2015.

[175] 邵静.《纽约时报》和《华盛顿邮报》的涉华报道研究[D].上海:上海大学,2011.

[176] 沈承诚.论环境话语权力的运行机理及场域[J].学术界(月刊),2014(8).

[177] 沈阳,刘朝阳,芦何秋,等.微公益传播的动员模式研究[J].新闻与传播研究,2013(3).

［178］盛若菁.网络流行语的社会文化分析[J].江淮论坛,2008(4).

［179］施春宏.网络语言的语言价值和语言学价值[J].语言文字应用,2010(3).

［180］施旭.媒体话语中的文化制衡——中国理论与实证分析[J].新闻与传播研
究,2006(7).

［181］石晶,崔丽娟.群体行为驱动:流行语的社会心理分析[J].当代修辞学,2011
(6).

［182］石彭辉.基于社会网络分析的网络舆情实证研究[J].现代情报,2013(2).

［183］史安斌.危机传播与新闻发布[M].广州:南方日报出版社,2004.

［184］史安斌.危机传播研究的"西方范式"及其在中国语境下的"本土化"问题[J].
国际新闻界,2008(6).

［185］宋剑华.精英话语的另类言说——论 20 世纪中国文学的"民间立场"与"民间
价值"[J].暨南学报,2011(2).

［186］苏蕾.建构危机传播的批判取向、主体意识与话语理性[J].编辑之友,2012
(6).

［187］苏翌暄,陈先红.中美主流媒体对"8.12 天津港爆炸事件"报道的框架分
析——以《人民日报》与《纽约时报》为例[J].武汉理工大学学报(社会科学
版),2016(5).

［188］隋岩,李燕.从谣言、流言的扩散机制看传播的风险[J].新闻大学,2012(1).

［189］孙大平.社会媒介场域话语符号权力的探索与反思——以新浪微博为例[D].
合肥:中国科学技术大学,2011.

［190］孙嘉卿,金盛华,曹慎.灾难后谣言传播心理的定性分析——以"5·12 汶川地
震"谣言为例[J].心理科学进展,2009(3).

［191］孙洁,樊启迪,巢乃鹏.网络流行语的概念辨析与传播过程[J].南京邮电大学
学报(社会科学版),2011(9).

［192］孙立平.博弈:断裂社会的利益冲突与和谐[M].北京:社会科学文献出版
社,2006.

［193］孙启耀,黄倩倩.主体间性十余种情态表达的人际意义——以 2012 年美国总
统辩论为例[J].赣南师范学院学报,2012(1).

［194］谭笑.技术问题决策中的专家话语和公众话语——柯林斯《重思专能》的方案
[J].开放时代,2014(6).

［195］汤景泰.危机传播管理[M].北京:经济日报出版社,2015.

［196］汤筠冰."史上最牛钉子户"事件的视觉文化传播解读[J].新闻知识,2007
(6).

［197］汤玫英.网络语言新探[M].郑州:河南人民出版社,2010.

［198］特纳.社会学理论的结构[M].邱泽奇,张茂元,译.北京:华夏出版社,2006.

[199] 托夫勒.第三次浪潮[M].朱志焱,潘淇,张焱,译.北京:新华出版社,1996.

[200] 庹继光.拟态环境下的"媒介化风险"及其预防[J].新闻知识,2008(2).

[201] 万生云.中西方灾难性事件新闻摄影报道的差异性研究[J].国际新闻界,2001(2).

[202] 汪丁丁.制度分析基础讲义[M].上海:上海人民出版社,2005.

[203] 汪兴明,李希光.政府发言人15讲[M].北京:清华大学出版社,2006.

[204] 汪臻真,褚建勋.情境危机传播理论:危机传播研究的新视角[J].华东经济管理,2012(1).

[205] 王东.基于社会网络分析的民间信仰社会治理研究[D].北京:中国科学院大学,2014.

[206] 王芳.危机传播经典案例透析[M].北京:中国社会科学出版社,2010.

[207] 王国华,方付建,陈强.网络谣言传导:过程、动因与根源——以地震谣言为例[J].北京理工大学学报(社会科学版),2011,13(2).

[208] 王国宁.从传播学角度看谣言及其控制[J].新闻研究资料,1991(53).

[209] 王慧.基于危机生命周期理论的企业危机管理策略探讨[J].企业经济,2009(10).

[210] 王晋军.国外环境话语研究回顾[J].北京科技大学学报(社会科学版),2015(5).

[211] 王娟.影响公众对专家信任的因素——北京公众对建设垃圾焚烧厂的风险感知调研分析[J].自然辩证法通讯,2014(5).

[212] 王磊.权力的修辞——美国外交话语解析[M].北京:北京出版社,2000.

[213] 王理,谢耘耕.公共事件中的网络谣言传播实证分析——基于2010—2012年间网络谣言信息的研究[J].上海交通大学学报(哲学社会科学版),2014(2).

[214] 王璐,方晓强.网络民粹主义的潜流:2000—2010年中国网民行为意识的个案分析[J].内蒙古社会科学(汉文版),2011(1).

[215] 王庆.媒体归因归责策略与被"雾化"的雾霾风险——基于对人民网雾霾报道的内容分析[J].现代传播,2014(12).

[216] 王绍光.中国公共政策议程设置的模式[J].开放时代,2008(2).

[217] 王仕勇.理解网络文化——媒介与社会的视角[M].重庆:重庆出版社,2011.

[218] 王晓东.西方哲学主体间性理论批判[M].北京:中国社会科学出版社,2004.

[219] 王勇,李怀苍.我国政府传播研究述评[J].昆明理工大学学报(社会科学版),2014(5).

[220] 王振林,王松岩.米德的"符号互动论"解义[J].吉林大学社会科学学报,2014(5).

[221] 王臻.隐喻的魅力——网络流行语"井喷"的社会背景分析[J].新闻知识,

2009(3).

[222] 韦德曼,克劳伯格,舒茨.领会复杂风险事件的放大:应用于电磁场案例的风险情境模式[C]//皮金,卡斯帕森,斯洛维奇.风险的社会放大.谭宏凯,译.北京:中国劳动社会保障出版社,2010.

[223] 韦路,丁方舟.论新媒体时代的传播研究转型[J].浙江大学学报(人文社会科学报),2013(4).

[224] 韦正峥,张淑杰,杨瑞星,等.2014年我国环境与健康事件网络舆情分析[J].环境与健康杂志,2015(5).

[225] 魏加宁.危机与危机管理[J].管理世界,1994(6).

[226] 温琼娟.框架分析视野下的政府危机传播策略——以中国政府网的玉树地震报道为例[J].湖北大学学报(哲学社会科学版),2012(5).

[227] 文卫华,李冰.从美国总统大选看大数据时代的数据新闻报道[J].中国记者,2013(6).

[228] 沃瑟曼,福斯特.社会网络分析:方法与应用[M].陈禹,孙彩虹,译.北京:人民大学出版社,2012.

[229] 吴鼎铭.影像格局的民间重构——新媒体语境下的民间影像研究[J].福建师范大学学报(哲学社会科学版),2012(1).

[230] 吴少华,崔鑫,胡勇.基于SNA的网络舆情演变分析方法[J].四川大学学报(工程科学版),2015(1).

[231] 吴宜蓁.危机传播——公共关系与语艺观点的理论与实证[M].苏州:苏州大学出版社,2005.

[232] 吴瑛.信息传播视角下的话语权生产机制研究[J].四川大学学报(哲学社会科学版),2011(3).

[233] 吴瑛,李莉,宋韵雅.多种声音一个世界:中国与国际媒体互引的社会网络分析[J].新闻与传播研究,2015(9).

[234] 伍麟.“信任危机”的心理学解释[J].苏州大学学报(教育科学版),2014(4).

[235] 伍麟,王磊.风险缘何被放大?——国外“风险的社会放大”理论与实证研究新进展[J].学术交流,2012(1).

[236] 伍凌.网络流行语的构成方式及形成原因——以2008年网络流行语为例[J].宁波广播电视大学学报,2009(3).

[237] 伍文忠.论网络流行语的流行机制[J].黄石理工学院学报(人文社会科学版),2011(4).

[238] 夏中华.关于流行语流行的基本理据的探讨——基于近三十年汉语流行语的考察与分析[J].语言文字应用,2010(2).

[239] 项男.符号学视角下的媒体语言研究[D].哈尔滨:黑龙江大学,2012.

[240] 小约翰. 传播理论[M]. 陈德民,叶晓辉,译. 北京:中国社会科学出版社,1999.

[241] 谢进川. 传媒治理论[M]. 北京:中国传媒大学出版社,2009.

[242] 谢群. 话语互动的目的协商论[J]. 外语学刊,2014(3).

[243] 谢亚军. 网络流行语的类型与结构特征探讨——省力原则的视角[J]. 内蒙古民族大学学报,2009(1).

[244] 谢渊明. 你也可以成为博客高手[M]. 北京:中国纺织出版社,2007.

[245] 谢耘耕. 舆情蓝皮书——中国社会舆情与危机管理报告(2013)[M]. 北京:社会科学文献出版社,2013.

[246] 谢耘耕. 舆情蓝皮书——中国社会舆情与危机管理报告(2014)[M]. 北京:社会科学文献出版社,2014.

[247] 辛仪烨. 流行语的扩散:从泛化到框填——评本刊2009年的流行语研究,兼论一个流行语研究框架的建构[J]. 当代修辞学,2010(2).

[248] 熊光清. 网络公共领域的兴起与话语民主的新发展[J]. 中国人民大学学报,2014(5).

[249] 徐桂权,方若琳,苏幼真,等. 主体建构与利益博弈:现实建构主义视角下亚投行报道的框架分析[J]. 国际新闻界,2016(6).

[250] 徐尚青,潘元金. 移动新媒体时代的拍客对"景观社会"的构建[J]. 新闻界,2012(22).

[251] 徐涛. 机构话语的"越界"[J]. 外语教学,2006(3).

[252] 许燕. 以近年热点事件及其应对为例看中国社会各阶层媒介话语重构(上)[J]. 新闻大学,2012(6).

[253] 许正林. 欧洲传播思想史[M]. 上海:上海三联书店,2005.

[254] 薛澜,张强,钟开斌. 危机管理——转型期中国面临的挑战[M]. 北京:清华大学出版社,2003.

[255] 闫海. 表达自由、媒体近用权与政府规制[J]. 民主与法制,2010(5).

[256] 严利华,高英波. 从个案激情、话语互动到公共理性——基于突发事件中的网络舆论分析[J]. 当代传播,2015(1).

[257] 阎安. 民间影像时代的电视传播策略[J]. 视听界,2003(5).

[258] 杨慧琼. 从个体记忆到集体记忆:论谣言研究之路径发展[J]. 国际新闻界,2014(11).

[259] 杨魁,刘晓程. 危机传播研究新论[M]. 北京:中国社会科学出版社,2010.

[260] 杨礼银. 哈贝马斯的"话语认识论"疏解[J]. 哲学研究,2009(7).

[261] 杨萍. 网络流行语:网民自主话语生产的文化景观[J]. 新闻前哨,2010(4).

[262] 杨雪冬. "有组织的不负责任"与复合治理[N]. 学习时报,2006-06-26.

[263] 叶皓. 对温州高铁事故新闻发布的反思[J]. 现代传播,2011(10).

［264］易言.谣言的前世今生［J］.新天地,2013(10).

［265］殷莉.全国"两会"新闻发布会历史回顾［J］.新闻与写作,2009(4).

［266］殷琦."治理"的兴起及其内涵衍变——以在中国传媒领域中的使用为例［J］.
国际新闻界,2011(12).

［267］尹良润,林森.微博谣言的传受心理及防控策略——基于态度理论的大学生实
证分析［C］//天津市社会科学界联合会.科学发展・协同创新・共筑梦
想——天津市社会科学界第十届学术年会优秀论文集(上).天津市社会科学
界联合会,2014.

［268］余军华,袁文艺.公共治理:概念与内涵［J］.中国行政管理,2013(12).

［269］喻国明."关系革命"背景下的媒体角色与功能［J］.新闻大学,2012(2).

［270］喻国明.新媒体环境下的危机传播及舆论引导研究［M］.北京:经济科学出版
社,2017.

［271］喻国明,王威.危机管理中的风险传播趋同效应分析［J］.辽宁大学学报(哲学
社会科学版),2012(4).

［272］喻国明,张超,李珊,等."个人被激活"的时代:互联网逻辑下传播生态的重
构——关于"互联网是一种高维媒介"观点的延伸探讨［J］.现代传播,2015
(5).

［273］袁军.媒介素养教育的世界视野与中国模式［J］.国际新闻界,2010(5).

［274］袁三标.西方媒介话语权力生产机制研究［J］.山东社会科学,2015(4).

［275］袁婷婷,王岩.论网络民粹主义的三重维度——基于网络生态建设的视角
［J］.电子政务,2016(11).

［276］臧国仁.新闻媒体与消息来源——媒介框架与真实建构之论述［M］.台北:三
民书局,1999.

［277］曾繁旭,戴佳,杨宇菲.风险传播中的专家与公众:PX 事件的风险故事竞争
［J］.新闻记者,2015(9).

［278］翟学伟.信任的本质及其文化［J］.社会,2014(4).

［279］张蓓.论现代传媒对专家话语的误读［J］.今传媒,2013(8).

［280］张炳杰.新媒体场域精英话语权的消解与重构［J］.当代传播,2016(5).

［281］张成良.偏见比无知距离真相更远——西方媒体对拉萨"3.14"事件报道解析
［J］.新闻记者,2008(5).

［282］张德禄.多模态话语分析综合理论框架探索［J］.中国外语,2009(1).

［283］张国良.20 世纪传播学经典文本［M］.上海:复旦大学出版社,2003.

［284］张洪忠.社交媒体的关系重构:从社会属性传播到价值观传播［J］.教育传媒
研究,2016(3).

［285］张谨.精英文化的式微及其与大众文化关系的再思考［J］.前沿,2013(7).

[286] 张晋升,谢璇.网络政务监督流行语解读——"躲猫猫"事件的符号特征与传播意义[J].国际新闻界,2010(3).

[287] 张蕾.近三十年中国流行语的文化阐释[J].文艺研究,2011(12).

[288] 张涛甫.新闻转场与表达空间之变——以柴静为例[J].新闻记者,2015(4).

[289] 张涛甫."8·12"大爆炸后政府危机沟通的短板[J].青年记者,2015(25).

[290] 张艳.论数据新闻的图像表意与审美转向[J].编辑之友,2015(3).

[291] 张峥.网络论坛参与下的"议题互动"对"华南虎事件"的传播学分析[J].东南传播,2008(2).

[292] 张志安.新闻场域的历史建构及其生产惯习——以《南方都市报》为个案的研究[J].新闻大学,2010(4).

[293] 章平.新闻事件流行语之构建与传播——以"躲猫猫"为个案[J].当代修辞学,2011(6).

[294] 赵蓉英,王静.社会网络分析(SNA)研究热点与前沿的可视化分析[J].图书情报知识,2011(1).

[295] 赵万里,李路彬.情境知识与社会互动——符号互动论的知识社会学思想评析[J].科学技术哲学研究,2009(5).

[296] 赵勇.批判·利用·理解·欣赏——知识分子面对大众文化的四种姿态[J].探索与争鸣,2011(1).

[297] 郑保卫,唐远清.试论新闻传媒的公信力[J].新闻爱好者,2004(3).

[298] 郑丹娘."网络流行语"与青少年"自说自话"[J].中国青年研究,2001(4).

[299] 郑华,黄曦.政府国际公关的话语策略研究——基于《纽约时报》对新疆"7·5"事件报道的分析[J].社会科学,2013(2).

[300] 郑乐平.超越现代主义和后现代主义——论新的社会理论空间之建构[M].上海:上海教育出版社,2003.

[301] 郑磊,任雅丽.中国政府机构微博现状研究[J].图书情报工作,2012(3).

[302] 郑也夫.信任论[M].北京:中国广播电视出版社,2001.

[303] 支庭荣.大众传播生态学[M].杭州:浙江大学出版社,2004.

[304] 钟志奇,刘利.网络流行语对大学生教育的影响及对策探析[J].重庆交通大学学报(社会科学版),2008(6).

[305] 周海燕.媒介与集体记忆研究:检讨与反思[J].新闻与传播研究,2014(9).

[306] 周庆安,孟祥夫.从焦点事件理论看公共安全危机的新闻发布[J].新闻与写作,2014(7).

[307] 周永生,蒋蓉华,赵瑞峰.企业危机管理(ECM)的评述与展望[J].系统工程,2003(6).

[308] 朱继东,李晓梅.网络谣言泛滥的根源及对策[J].新闻爱好者,2013(9).

［309］祝哲,彭宗超.共享危机情景认知与突发事件应对的多主体协调绩效——以上海外滩踩踏事件为例［C］//童星,张海波.风险灾害危机研究(第六辑).北京:社会科学文献出版社,2018.

［310］庄和诚.英语词源趣谈［M］.上海:上海外国语教育出版社,1997.

［311］祖明远.网络流行语背后的话语表达——以"俯卧撑"、"躲猫猫"等为例［J］.新闻世界,2010(6).

二、英文部分

［1］ADAMS G D. Abortion:evidence of an issue evolution［J］. American journal of political science,1997,41(3).

［2］ALLPORT G W,POSTMAN L. An analysis of rumor［J］. Public opinion quarterly, 1946,10.

［3］BEAUGRANDE R D,DRESSLER W. Introduction to text linguistics［M］. London: Longman Group Ltd,1981.

［4］BECK U. Risksociety:towards a new modernity［M］. New Delhi:Sage,1992.

［5］BECK U. The reinvention of politics:rethinking modernity in the global social order (Vol. 1)［M］. Cambridge,UK:Polity Press,1997.

［6］BOURDIEU P. Distinction:a social critique of the judgement of taste［M］. Cambridge: Harvard University Press,1984.

［7］BOURDIEU P. Outline of a theory of practice［M］. Cambridge,UK:Cambridge University Press,1977.

［8］BOURDIEU P. Practical reason:on the theory of action［M］. Stanford:Stanford University Press,1998.

［9］BRADFORD J L,GARRETT D E. The effectiveness of corporate communicative responses to accusations of unethical behavior［J］. Journal of business ethics,1995,14 (11).

［10］BRESCHI S,LISSONI F. Mobility of skilled workers and co-invention networks:an anatomy of localized knowledge flows［J］. Journal of economic geography,2009,9 (4).

［11］BRUMMETTE J,SISCO H F. Using Twitter as a means of coping with emotionsand uncontrollable crises［J］. Public relations review,2015,41(1).

［12］BURCH E A,HARRY J C. Counter-hegemony and environmental justice in California newspapers:source use patterns in stories about pesticides and farm workers［J］. Journalism & mass communication quarterly,2004,81(3).

［13］CAMPBELL B L. Uncertainty as symbolic action in disputes among experts［J］. Social studies of science,1985,15(3).

[14] CÁRCAMO P F,GARAY-FLÜHMNN R,SQUEO F A,et al. Using stakeholders' perspective of ecosystem services and biodiversity features to plan a marine protected area[J]. Environmental science & policy,2014,40.

[15] CARMINES E G,LAYMAN G C. Issue evolution in post-war American politics:old certainties and fresh tensions[C]//SHAFER B E. Present discontents, Chatham, New Jersey:Chatham House,1997.

[16] CARMINES E G,STIMSON J A. Issue evolution:race and the transformation of American politics[M]. Princeton:Princeton University Press,1989.

[17] CHILTON P. Analysing political discourse:theory and practice[M]. London:Routledge,2004.

[18] CHILTON P,SCHAFFNER C. Discourse and politics[C]//VAN DIJK T A(Ed). Discourse as social interaction. London:Sage Publications Ltd. ,1997.

[19] CONSIDINE D. An introduction to media literacy:the what,why and how to's[J]. The journal of media literacy,1995,41.

[20] COOMBS W T. An analytic framework for crisis situations:better responses from a better understanding of the situation[J]. Journal of public relations research,1998, 10(3).

[21] COOMBS W T. Impact of past crises on current crisis communications:insights from situational crisis communication theory[J]. Journal of business communication,2004 (41).

[22] COOMBS W T. Protecting organization reputations during a crisis:the development and application of situational crisis communication theory[J]. Corporate reputation review, 2007,10(3).

[23] DALZIEL G. Rumor and communication in Asia in the Internet Age[M]. London: Routledge,2013.

[24] DIFONZO N, BORDIA P. Rumor psychology: socialand organizational approaches [M]. Washington,DC:American Psychological Association,2007.

[25] DOOB C. Social inequality and social stratification in U. S. society,upper Saddle River[M]. New Jersey:Pearson Education,2012.

[26] DOWNS A. Up and down with ecology:the issue-attention cycle[J]. The public interest,1972,28.

[27] EINWILLER S A,STEILEN S. Handling complaints on social network sites-an analysis of complaints and complaint responses on Facebook and Twitter pages of large US companies[J]. Public relations review,2015,41(2).

[28] FAIRCLOUGH N. Critical and descriptive goals in discourse analysis[J]. Journal of pragmatics,1985(9).

[29] FOUCAULT M. Power/knowledge:selected inerviews and other writings,1972—1977 [M]. New York:Pantheon Book,1980.

[30] FOUCAULT M. The history of sexuality:a introduction[M]. New York: Vintage Books,1980.

[31] FRANDSEN F,JOHANSEN W. Crisis communication and the rhetorical arena:a multi-vocal approach[C]//Paper presented at the annual meeting of the International Communication Association,TBA,San Francisco,2007.

[32] FRANSEN K,et al. Who takes the lead? Social network analysis as a pioneering tool toinvestigate shared leadership within sports teams[J]. Social networks,2015(43).

[33] GIULIANI E,BELL M. The micro-determinants of meso-level learning and innovation:evidence from a Chilean wine cluster[J]. Research policy,2005,34(1).

[34] GREEN J C,GUTH J L. The missing link:political activists and support for school prayer[J]. Public opinion quarterly,1989,53(1).

[35] GRUNIG J E. Paradigms of global public relations in an age of digitalisation[J]. Prism,2009,6(2).

[36] HABERMAS J. Legitimation crisis[M]. Boston:Beacon Press,1975.

[37] HABERMAS J. Reason and rationalization of society(the theory of communicative action,volume 1)[M]. Cambridge,UK:Polity Press,1986.

[38] HEARIT K M. The use of counter-attack in apologetic public relations crises:the case of general motors vs. dateline NBC[J]. Public relations review,1996,22.

[39] HEPP A,HJARVARD S,LUNDBY K. Mediatization:theorizing the interplay between media,culture and society[J]. Media,culture & society,2015,32(2).

[40] HUANG Y H. Trust and relational commitment in corporate crises:the effects of crisis communicative strategy and form of crisis response[J]. Journal of public relations research,2008,20(2).

[41] HUSAIN K,ABDULLAH A N,ISHAK M,et al. A preliminary study on effects of social media in crisis communication from public relations practitioners' views[J]. Social and behavioral sciences,2014,155.

[42] INGLEHART R,ABRAMSON P R. Measuring postmaterialism[J]. American political science review,1999,93(3).

[43] KHON H. The idea of nationalism:a study of its origins and background[M]. New York:The Macmillan Company,1946.

[44] KIM J N,GRUNIG J E. Problem solving and communicative action:a situational theo-

ry of problem solving[J]. Journal of communication,2011,61.

[45] KIOUSIS S. Explicating media salience:a factor analysis of New York Times issue coverage during the 2000 U. S. presidential election[J]. Journal of communication, 2004,54.

[46] KNAPP R. A psychology of rumor[J]. Public opinion quarterly,1944,8(4).

[47] KNIGHT M. Data journalism in the UK:a preliminary analysis of form and content [J]. Journal of media practice,2015(1).

[48] LINELL P. Approaching dialogue[M]. Amesterdam:John Benjamins,1998.

[49] LOEWENSTEIN G F,WEBER E U,HSEE C K,et al. Risk as feelings[J]. Psychological bulletin,2001,127(2).

[50] LYOTARD J. The postmodern condition:a report on knowledge[M]. Minneapolis:University of Minnesota Press,1984.

[51] MANOVICH L. The language of new media[M]. Boston:MIT press,2001.

[52] MARKEN G A. Social media...the hunted can become the hunter[J]. Public relations quarterly,2007,52(4).

[53] MCCOMBS M,ZHU J-H. Capacity,diversity,and volatility of the public agenda[J]. Public opinion quarterly,1995,59(4).

[54] MITROFF I M, PEARSON C M. Crisis management [M]. San Francisco:Jossey-Bass,1993.

[55] MONAGHAN S,GUNNIGLE P,LAVELLE J. "Courting the multinational":subnational institutional capacity and foreign market insidership[J]. Journal of international business studies,2014,45(2).

[56] MUMBY D K,CLAIR R P. Organizational discourse[C]//VAN DIJK T A. Discourse as social interaction. London:Sage Publications Ltd. ,1997.

[57] OLSSON E-K, HAMMARGARD K. The rhetoric of the president of the European commission:charismatic leader or neutral mediator? [J]. Journal of European public policy,2016,23(4).

[58] PAKARINEN E. News communication in crisis:a study of newspaper coverage of Scandinavian newspapers during the Russo-Finnish note crisis in the autumn of 1961 [J]. Communication monograph,1967(2).

[59] PETERS B G,HOGWOOD B W. In search of the issue-attention cycle[J]. The journal of politics,1985,47(1).

[60] POSTER M. The second media age[M]. Cambridge,UK:Polity Press,1995.

[61] POWELL J L,CHAMBERLAIN J M. "Power elite"[C]//RITZER G,RYAN M J. The concise encyclopedia of sociology,John Wiley & Sons,2007.

［62］ RACHFAL E. Towards a linguistic model of crisis response（CRModel）：a study of crisis communication in the phone hacking scandal［J］. Journal of language and politics,2016,15（2）.

［63］ ROCA E,VILLARES M,OROVAL L,et al. Public perception and social network analysis for coastal risk management in Maresme Sud（Barcelona,Catalonia）［J］. Coast conserv,2015,196.

［64］ SARAH L,KAY W C,DEBASHISH M,et al. The self-organising of youth volunteers during the Rena Oil Spill in New Zealand［J］. New Zealand journal of marine and freshwater research,2016,50（1）.

［65］ SCOTT I M. Green symbolism in the genetic modification debate［J］. Journal of agricultural and environmental ethics,2000,13（3）.

［66］ SEMETKO H A,VALKENBURG P M. Framing European politics：a content analysis of press and television news［J］. Journal of communication,2000,50（2）.

［67］ STEED R P,MORELAND L W. Ideology,issues,and the South Carolina party system,1980 – 1996［J］. The American review of politics,1999,20（Spring）.

［68］ SUNG M-J,HWANG J-S. Who drives a crisis? The diffusion of an issue through social networks［J］. Computers in human behavior,2014,36（36）.

［69］ SUTTON J,PALEN L,SHKLOVSKI L. Backchannels on the front lines：emergent uses of social media in the 2007 Southern California Wildfires［C］//In proceedings of the 5th international ISCRAM conference,Washington,DC,2008.

［70］ Encyclopedia Britannica The new encyclopedia Britannica［Z］. Chicago：Encyclopedia Britannica Inc. ,1993.

［71］ THOMPSON P B. The ethics of truth-telling and the problem of risk［J］. Science and engineering ethics,1999,5（4）.

［72］ TURNER B. The organizational and interoranizational development of disasters［J］. Administrative science quarterly,1976（21）.

［73］ VAN DIJK T A. Multidiscplinary CDA：a plea for diversity［C］//WODAK,MEYER（Eds.）. Methods of critical discourse analysis,London：Sage Publications Inc,2001.

［74］ WASSERMAN S,FAUST K. Social network analysis：methods and applications［M］. London：Cambridge University Press,1994.

［75］ WATERS R D,BURNETT E,LAMM A,et al. Engaging stakeholders through social networking：how nonprofit organizations are using Facebook［J］. Public relations review,2009,35（2）.

［76］ WEBER,M. From Max Weber：essays in sociology［M］. New York：Oxford University Press,1946.

［77］WEINER B. An attributional theory of achievement motivation and emotion［J］. Psychology review,1985,92(4).

［78］ZELIZER B. Reading the past against the grain：the shape of memory studies［J］. Critical studies in mass communication,1995,12(2).

［79］ZHU J-H. Issue competition and attention distraction：a zero-sum theory of agenda-setting［J］. Journalism quarterly,1992,69(4).

后　记

　　2006年,我从上海广播电视台入职华东师范大学传播学院,主要从事媒体与社会发展方向的研究工作。我的第一个省部级课题是2007年的上海社科项目,研究的题目是"上海不同社会群体的精神文化需求研究"。我带着问卷走进了上海市民中,了解不同社会群体对媒体的关注点和兴趣点,思考媒体如何在传播过程中采取有效的传播策略以满足受众的精神文化需求。这次调查对我产生了强烈的冲击,使我开始思考媒体与社会的关系、媒介化社会的特点和走势、媒介化社会中的各种话语形态等问题。这些年间,这种思考从未间断。

　　随着中国社会突发公共事件的频繁发生,我把目光投向媒介化社会语境下的危机传播和舆论风险研究。危机传播有许多研究范式,有从危机管理角度入手的,有从危机公关领域切入的,这些研究往往在宏观层面做出战略指导,而在微观层面涉及甚少。对于有着十多年话筒前经验的我来说,尝试将各方主体如何运用话语应对危机作为研究的突破口。

　　我认为所谓危机传播话语研究,是指不同危机主体如何围绕危机议题展开文本表达、话语生产与意义争夺。新媒体的飞速发展使中国社会进入众声喧哗年代。它提升"公共空间",强化"言论平台",与传统媒体形成互补。公众通过新媒体直抒胸臆,对各类突发公共事件发表意见,对国家和政府决策建言献策。由口头舆论形成的人际舆论场、由社会化网络平台形成的自媒体舆论场与国家的报纸、电视台形成的传统媒体舆论场在传播渠道、传播方式和传播内容等方面差异明显,在危机传播场域中形成"线下"和"线上"的互动。

　　在互联网环境下,舆论场的边界已被打破,国际舆论对中国问题的参与性解读已经直接影响到危机传播的效果,中国舆论场的整合如何与国际舆论场进行博弈,才能形成有利于化解中国问题的舆论生态是当前更需要解决的问题。同时,新媒体进一步扩大了危机传播主体,出现了多个新兴"意见阶层",目前在我国的危机传播中已形成相对稳定的四大危机传播主体——政府、媒体、专家、公众,四大主体在突发公共事件中的话语表达与互动很大程度影响了事件的发展趋势。

四大舆论场、四大危机传播主体的出现奠定了我国特有的危机传播话语系统。在这个系统中,话语的互动对话语各主体都产生影响,一方话语的实践改变另一方话语的实践路径,产生新的话语情境,而各方话语在对话过程中为达成一致必然需要采取新的话语策略以适应话语情境。由此,各个危机传播主体进行话语博弈,助推了危机传播动态演变。政府话语、公众话语、媒体话语和专家话语这四种话语体系既互相博弈又互为补充,形成一个充满变化的话语模型。而在其中,又有网络谣言、网络流行语等话语样态,形成了一个个独特的话语场。我们把这些新的话语形态一一解构,期望能看出危机传播中的话语变迁。

随着全球化进程的加剧,危机不再局限于一城一地,而呈现出跨媒介、跨地域、跨国界等特点。新媒体平台的出现使得危机传播过程更加复杂,危机传播已由"政府主导、媒体执行、公众接受"的单向模式,转为"多元主体各自发声、互相回应、交叉传播",在这样的背景下,危机传播研究面临着诸多新机遇和新挑战。本书尝试将危机传播研究和话语分析结合起来,将话语分析置于时空规制的社会情境中,根据信息传达的载体与方式,探讨新媒体语境下的危机话语结构。通过新媒体语境,透视中国转型过程中交织的各种社会力量,包括政府、公众、媒体和专家之间的互动关系。本书对四大主体话语的互动机制进行探索,并且对互动机制产生的谣言等特殊话语形态进行研究,以发现不同话语策略、话语互动方式产生的不同效果。在研究视角上实现危机传播话语由静态向动态的转变,强调话语的动态建构;在研究层次上,既包含微观层面对话语内容的分析,亦考虑宏观层面不同话语之间的互动。

传统危机传播理论中,危机情境由危机产生原因进行定位,但是在危机的传播话语研究中,话语的生成和传播背景将更加泛化,不同危机传播主体不仅仅需要考虑其在危机中的角色,还要考虑在危机语境中的角色,进而选择话语策略。而这种角色的定位主要包括三个方面:自我认知、他者认知、自我对他者认知的理解。在危机传播研究中,政府、媒体、公众、专家都被视为一个个"自我",这些自我都通过符号进行互动和角色确认,通过话语关系进行自我定位,而这种话语关系的形成和演变主要通过话语互动进行。符号互动在危机传播中主要体现为危机传播主体的话语关系、话语角色定位、统一意义语境的建立,这也延伸了情境式危机传播理论中的危机情境。

福柯强调在语境中分析和思考话语,"不应该把话语推回到遥远的出场,而是应该在审定它的游戏中探讨它"。我们强调不同话语对社会语境的动态构建过程,力求沟通话语生产的微观文本与宏观场域的联系。同时也注意到:各种社会思潮对于同一个危机事件的态度和着眼点不一,不同话语汇聚形成相互交织、碰撞、对立的局面。本书尝试构建多向度话语系统,将政府、公众、媒体、专家四重话语联系起来,强调各话语体系间协调和整合,寻找社会阶层差序价值观中的普遍共识,在话语的互动和博弈中去探寻新媒体时空规制下的危机话语形态变迁,着力培育缓解阶层隔阂,政府、公众、媒体、专家四者平衡的全新话语范式,其目的是提供一种接近并认识危机情境的话语图景和传播实践。

方汉奇先生曾对治史者提出"多打深井""多做个案研究"的谆谆教诲。其实不仅是治史,任何领域都需要好的个案研究。近年来,我和学生们一道对2003年至今的数百起个案进行了细致的解读。入乎其中,出乎其外,从案例入手,在理论上突破。通过对数百起个案进行"话语—关系—价值"分析,发现危机传播的最终目的是要应对危机造成的文化坍塌和原有共识的断裂。话语互动是重塑共识的关键,危机传播应建立在对话基础之上,在话语互动中寻找话语认同,建构共识。针对中国当下的舆论风险,我尝试提出"危机传播多元主体话语互动范式",以期能为转型期中国危机传播研究提供新的视角。

本书出版之时,我的前三届博士生高云微、郑广嘉、秦静都已顺利毕业。本书的写作过程,贯穿着我们无数次的探讨、交流甚至争论。我们都把这种学术的探索过程当成人生珍贵的经历,享受着砥砺思想的快乐,体会着共同成长的幸福。感谢我的博士研究生潘玉在本书打磨过程中所作的格式调整、文稿校对工作,感谢华东师范大学传播学院2016级研究生对本书部分案例所做的绘图和数据分析工作,亦师亦友的师生情谊成为苦熬枯坐写作画面中温暖美好的记忆。感谢家人对我的支持和关爱,这是我坚持学术研究的不绝动力。感谢本书写作过程中借鉴过研究成果的诸多学者,感谢审阅本研究成果并给予指导的专家,是你们的真知灼见给我启迪和指引。感谢美国宾夕法尼亚大学安纳堡传播学院为我提供的访学机会,让我有时间能静下心来思考这部书稿。无数次雪夜阅读,无数次与世界各地新闻传播学者的对话,激活了我新的写作思路。此书是危机传播研究的阶段性成果,种种遗憾和不足激励我在未来的研究中努力完善,感谢读者的宽容和理解。

陈虹

2019 年 3 月